연출가를 위한 핸드북

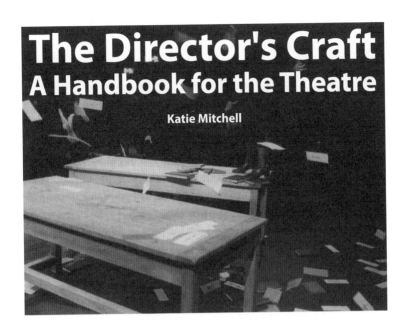

The Director's Craft
A Handbook for the Theatre

Katie Mitchell

연출가를 위한 핸드북

대본 읽기부터 공연 분석까지
연출 입문자를 위한 모든 것

———

케이티 미첼 지음 최영주 옮김

태학사

연출가를 위한 핸드북

대본 읽기부터 공연 분석까지, 연출 입문자를 위한 모든 것

초판 1쇄 발행 2020년 9월 7일
초판 3쇄 발행 2024년 2월 20일

지은이 | 케이티 미첼
옮긴이 | 최영주

펴낸곳 | (주)태학사
등록 | 제406-2020-000008호
주소 | 경기도 파주시 광인사길 217
전화 | 031-955-7580
전송 | 031-955-0910
전자우편 | thspub@daum.net
홈페이지 | www.thaehaksa.com

편집 | 조윤형 여미숙 김태훈
마케팅 | 김일신
경영지원 | 김영지
인쇄·제책 | 신화프린팅

북디자인 | 이보아

ⓒ 최영주, 2020. Printed in Korea.

값 22,000원
ISBN 979-11-90727-29-7 03680

이 도서의 국립중앙도서관 출판시도서목록(CIP)은 e-CIP홈페이지
(http://www.nl.go.kr/ecip)와 국가자료공동목록시스템(http://www.nl.go.kr/kolisnet)에서
이용하실 수 있습니다.(CIP제어번호: CIP2020035653)

연출가의 기술

하나의 희곡 작품을 연출하는 과정은 대본을 처음 읽는 순간부터 최종 연습을 하는 밤까지 계속된다. 이 여정을 계획하는 모든 사람에게 이 책은 소중한 길잡이가 될 것이다.

이 책은 영국의 가장 명망있는 연출가 중 한 사람인 케이티 미첼이 배우와 제작 팀들 그리고 희곡 텍스트로 작품에 접근하는 자신만의 방법을, 매우 중요하고도 실제적인 방법을 통해 알려주고 있다. 케이티 미첼은 다음과 같이 다양한 방식으로 그 핵심 논제들을 다루고 있다.

- 희곡 텍스트를 구성하는 핵심적인 생각들
- 즉흥극 준비하기
- 배우와 작업하기 위한 열두 개의 황금률
- 연습실에서 극장으로 이동하는 과정 관리하기
- 연습을 끝낸 뒤 작업 분석하기

자신의 기술의 특정한 부분을 향상시키려는 경력자들을 위해, 그리고 연출가의 역할을 한 걸음 한 걸음 쫓고 있는 초보자들을 위해,

각 장은 이상적인 기준을 제시하고 그 내용의 핵심적인 부분을 요약하면서 결론을 내릴 것이다.

케이티 미첼은 로열 셰익스피어 극단, 로열 내셔널 시어터, 로열 코트, 영 빅, 돈마 웨어하우스 극장에서 연출을 했다. 스웨덴의 로열 드라마틱 시어터, 독일의 콜롱 샤우슈필하우스, 이탈리아의 피콜로 테아트르에서도 연출을 했다. 그 밖에 웰시 국립 오페라 극장, 글린데본 페스티벌 오페라, 영국 국립 오페라 극장에서도 연출을 했다. 그녀는 두 번의 타임아웃상과 이브닝스탠더드상 시상 때 최고 연출가상을 수상했다.

차례

에디에게

일러두기

1. 이 책에 소개된 희곡 작품의 원제는 '찾아보기'를 참고하라.
2. 이 책에 소개된 희곡 관련 전문 용어는 '용어 해설'을 참고하라.
3. 이 책의 고유명사는 국립국어원의 표기 원칙을 따랐으나, 체호프의 희곡 「갈매기」에 등장하는 인명은 러시아어 원음에 가깝게 표기했다.

감사의 말

울라 아베르그, 세바스티안 보른, 엘렌 보먼, 윌 코이, 폴 컨스터블, 스티븐 컴스키, 개럿 파라이, 아나스타시야 힐러, 니콜라 어빈, 앨런 드 조지프슨, 엘레나 킨클, 이반 킨클, 클레어 리지모어, 스투루안 리슬리, 마이클 미첼, 샐리 미첼, 비키 모티머, 타티아나 올레, 비키 폴, 수니타 판디아, 로빈 테벗, 탈리아 로저스 그리고 국립 과학예술 진흥 기금위원회에 감사한다. 나와 함께 작업한 배우들과 내가 가르친 모든 연출가에게도 감사한다. 특히 린제이 터너에게 감사한다.

이 책에 실린 사진들은 거의 20년간 나와 함께 작업한 천재 사진작가 이반 킨클의 작품이다. 이반은 2004년에 갑자기 영면했고, 그래서 같은 해에 내가 연출한 연극 「갈매기」의 작품 사진들을 찍을 수 없었다. 독자가 보게 될 이미지들은 그의 예술성과 비전에 바치는 경외의 증거들이다. 이 사진들이 독자에게 공연 사진술의 가능성에 대한 영감을 불어넣기를 희망한다.

여전히 영국 연극계에서는 "나는 연출가다!"라고 말하곤 누군가가 그 말을 믿어주리라 희망하면서 연출가로 행세하는 경우가 대부분이다. 어떤 사람은 배우를 하다가, 또 어떤 사람은 무대 감독을 하다가 연출가가 되었다. 그러나 요즈음에는 대개 아이디어가 넘쳐나거나 아니면 거의 아무것도 모른 채 대학을 졸업하면서 연출가가 된다. 운이 좋다면, 스스로가 얼마나 무지한지 깨닫는 기회라도 얻는다. 현명하다면, 연극이 실제로 어떻게 이루어지는지에 대한 나름의 견해를 만들어가기 시작할 것이다. 재능이 있다면, 유리할 수도 불리할 수도 있다. 자신의 재능을 유용하게 활용할 방법을 알아내기도 훨씬 전에 세간의 주목을 받고 있음을 알게 되기 때문이다. 그들은 고무되어 스스로를 예술가라고 생각하겠지만, 그래도 연출가의 기술을 익혀야 한다.

마침내 여기, 연출가가 희곡에 대해 생각하기 시작한 순간부터 공연이 끝나는 순간까지 그 모든 과정을 보여주는 한 권의 책이 나왔다. 연기에 관해 여러 탄복할 만한 책이 있고, 그중 몇 권은 연출가가 썼다. 연극의 목적에 대해 영감을 주는 책들도 많다. 운율에 맞춰 말하는 것에 관한 책, 조명과 음향에 대한 지침서, 의상의 역사에 대한 책도 있다. 그러나 나는 이 책처럼 명료하고 정확하게 서술된 책을 이전에는 본 적이 없다. 이 책은 지도자가 자신보다 더 전문적인 기술을 지닌 구성원들을 이끌어야 하는 직업, 즉 연출가의 실제적인 자격 요건에 대해 주장하고 있다.

내가 국립 극장의 극장장으로 임명되었을 때, 제일 먼저 해야 했던 일 중 하나는 케이티 미첼에게 그곳에 터전을 마련해주는 것이었다. 그녀의 작품들은 언제나 목적의 진지성과 정서적 강렬함을 뛰어난 연극적 노하우와 결합시킴으로써 내게 깊은 인상을 심어주었다. 나는 희곡에 대해 언제나 그녀에게 동의한 것은 아니지만, 그것에 생명을 불어넣는 그녀의 방식에 대해서는 한 번도 매료되지 않은 적이 없었다. 수년 동안 나는 무한한 존경심으로 그녀의 여정을 지켜봤다. 그래서 초보 연출가들이 나처럼 그녀를 존경한다는 것에 놀라지 않았다. 그들은 다른 누구보다도 (우리 세대가 피터 브룩을 인용했던 것처럼) 케이티를 자신들의 귀감으로 인용했는데, 그것은 그녀가 비교할 만한 다른 연출가들보다 가르치는 데 더 많은 시간을 쓴다는 것 때문이 아니었다. 그녀의 작품들을 봤다면, 당신이 보고 있는 것은 심오한 사고와 세부적인 것들에 대한 굉장한 관심의 결과임을 의심하지 않을 것이다. 그녀의 창의적인 삶은 연극의 무한한 표현 가능성에 대한 그녀만의 열정적인 애착에서 나오는 것 같다. 많은 젊은 연출가가 그녀를 닮고 싶어하는 것은 상당히 고무적인 사실이다.

케이티가 쓴 이 책은 희곡을 무대로 가져가는 과정에 대해 누구라도 무엇이든 알고 싶어 한다면 그(녀)를 다독여 이해시키듯이 도움을 줄 것이다. 그녀는 거의 모든 것을 다루고 있다. 이 책은 그녀가 발견한 '배우에게 영감과 지침을 주는 방법'을 세세하고도 도전적으로 전해주고 있다. 이 책은 연출가의 준비 작업이 얼마나 포괄적이어야만 하는지에 대해, 그것에 착수하려는 사람에게 그것이 얼마나 엄격해야 하는지에 대해 타협을 허용하지 않는다. 이 책은 연습실에서 커피와 차를 내오는 것에서부터 테크니컬 리허설 진행까지 모든 것에 대한 조언을 아끼지 않으며, 연습이 끝날 때마다 가혹할 정도로 자기 분석을 해야 한다는 점을 강조한다. 무엇보다도, 모든 연출가가 배워야만 하는 기본적인 기술이 있음을 알려준다. 아이디어는 쉽게 떠오른다. 모든 사람이 그것을 가지고 있기 때문이다. 그녀는 아이디어가 무대에서 생명력을 얻으려면 무엇이 필요한지를 강조한다. 케이티는 그녀의 시범 사례로 체호프의 희곡 「갈매기」를 활용했는데, 이 사례는 그녀의 접근 방식이 얼마나 완벽한지를 보여준다. 여러분은 그녀의 작업 과정을 그 희곡을 직접 연출할 때 적용할 수 있으며, 2007년 로열 내셔널 시어터에서 공연된 그녀의 작품과는 완전히 다른 작품을 만들어낼 수도 있을 것이다. 하지만 그녀가 강조한 것처럼 연출할 때 총체적인 진실성을 가지고 작품에 접근해야 한다는 점에 있어서는 다르면 안 된다. 이 책은 연출가를 위한 핵심적인 안내서가 될 것이다.

2008년 6월 내셔널 시어터에서
니컬러스 하이트너(뮤지컬 「미스 사이공」의 감독)

사뮈엘 베케트의 「엔드게임」에서

초보 연출가들은 간단하더라도 확실한 도구들을 가지고 있지 않기 때문에 여러 가지 시도를 해보면서 허둥댈 수 있다. 이러한 도구들이 없다면 연출은 기교보다는 우연에 기댄 과정이 될 수 있다. 이 책에서 소개하는 도구들은 당신이 보기를 원하는 것, 즉 당신이 상상해온 것에 더 많이 접근하는 작업이 가능하도록 도움을 줄 것이다. 또한 이 책은 연출이란 시간이 지나면서 습득되고 축적될 수 있는 기교skill로 이루어진 기술craft이라고 생각하도록 이끌어줄 것이다.

대체로 연출 훈련에 대한 두 가지 관점이 있다. 혹자는 연출이 공연을 만드는 과정 중 연습실 마루에서만 발전하는 천부적인 재능이라고 생각한다. 또 다른 혹자는 교육적 환경에서 시간이 지나며 습득되는 기교라고 생각한다. 나는 후자의 견해를 지지하고 있다. 또한 대부분의 배우들이, 적어도 영국의 경우, 체계적인 훈련을 받는 반면, 연출가는 그렇지 않다는 것은 이상하다고 여겨진다. 나는 나 자신이 연출을 배우지 못한 것을 유감스럽게 여기며, 연기처럼 연출도 예비단계의 훈련 기간을 유용하게 활용할 수 있다고 여긴다. 연출 초기 단계에서 많은 연출가는 어떻게 해서라도 멋진 연출을 보여줘야 한다는 기대감에 압도당한다. 몇 가지 기본적인 기교만 가지고 있어도 일관성 있게 연출을 할 수 있고, 자신감도 가질 수 있다. 이 책에 수록된 훈련법과 조언을 선택하면서, 나는 연출가 경력을 시작했을 때 필요했던 도구들을 되돌아보려고 애썼다. 그러나 내가 만든 작품들과 이 책에서 설명한 도구들을 구분하는 것은 중요하다. 열 명의 연출가들이 이 도구들을 사용하더라도, 그 결과들은 근본적으로 다를 것이다. 그럼에도 불구하고 연출가의 비전, 견해 혹은 해석과는 관계없이 어떤 작품을 만들 때 꼭 사용해야만 하는 특정한 기본적 기교들이 있다. 그것들이 내가 구분하여 설명하려는 기교들이다.

이 책은 텍스트를 선택하는 것에서부터 마지막 공연까지 제작 과정의 각 단계마다 필요한 핵심적인 실질적 기교들을 개괄하고 있다. 가장 강조하고 싶은 것은 배우들과 작업 부분이다. 그러나 이 책은 또한 크리에이티브 팀 구성원들과 작품을 구축해가는 중요한 단계들도 포함한다. 그리고 세트, 의상, 조명, 음향, 동작, 목소리, 음악에 대한 작업도 포함한다. 현존 작가와의 관계는 다루지 않는다. 나는 고인이 된 작가의 희곡을 주로 작업하기에, 최신 희곡과 관련하여 희곡작가들과 작업해본 경험이 일천하다. 맥스 스태퍼드 클라크와 제임스 맥도널드 같은 연출가들은 많은 경험을 쌓은 전문가들이며, 새로운 희곡들에 대한 그들의 생각과 글은 뛰어나다.

이 책에서 설명된 도구들 중 대부분은 제2의 해석자에 의해 매개되고, 나 자신의 작업에서 시험해보았던 꼰스딴찐 스타니슬랍스키의 가르침에서 유래한다. 일부는 감정생물학the biology of emotions에 대한 내 최근 연구로 만들어졌다. 나머지는 상식과 연습실 바닥에서 어렵게

깨우친 교훈의 결과물이다. 제작을 할 때 내가 겪은 과정을 묘사하고 설명하기 위해서 특정한 희곡, 즉 안톤 체호프가 쓴 「갈매기」를 사용했다. 마이클 프레인이 번역하여 1998년 매튠 출판사에서 출간한 네 편의 체호프 희곡 모음집에 실린 작품이다(러시아의 시골에 살던 어느 가족 그리고 그들과 가까웠던 친구들의 사랑과 좌절을 소재로 했다). 그럼에도 이 책의 내용은 어떠한 작품 ─ 체호프식 사실주의, 베케트와 핀터 같은 부조리 작가의 추상적 텍스트 혹은 새로운 희곡들─에도, 심지어 18세기 오페라 같은 아주 고도로 양식화된 작품들에도 적용될 수 있다.

당신은 연습하면서 직면하는 문제들을 해결하기 위해 이 책을 대충 읽어볼 수도 있고, 「갈매기」와 관련하여 아주 세밀하게 연구할 수도 있다. 그렇게 함으로써 제작 과정에 대한 보다 더 포괄적인 관점을 찾아낼 수 있을 것이다. 그렇지 않으면 당신은 아마 이 책의 일부를 당신의 생각과 결합하여 새로운 도전을 극복하기도 하고, 이 책의 아이디어를 활용하여 작업 과정의 취약점을 보완하기도 할 것이다. 연출가로서의 발전 과정 중 당신이 어느 단계에 있는지에 따라, 작업 과정의 약점과 강점을 미리 목록표로 작성해놓는다면, 이 책이 도움이 될 것이다. 그렇게 하면 책을 읽을 때 당신은 일종의 목적의식을 가지게 될 것이다. 또한 자료에 대한 당신의 이해를 심화시키는 데 과제들이 도움이 되는지 알기 위해 현재 작업하고 있거나, 혹은 연출을 하겠다고 염두에 두고 있는 희곡에 대한 예비 과제들을 시험해보라. 내가 기술한 과정의 모든 측면에 동의할 필요는 없다. 만약 이 훈련을 이해하지 못하겠다면, 리허설에서 사용할 필요가 없다. 반만 알 수 있거나 반만 이해가 되는 훈련을 한다면, 분명히 배우를 당혹시키거나 좌절에 빠뜨리면서 끝날 가능성이 현실적으로 발생할 수 있다.

그렇게 되면 당신은 자신에 대한 확신은 물론, 그들의 존경심마저 잃을 수도 있다.

이 책은 실제 삶을 이루는 요소들과 텍스트 자체에서 제시된 상황들을 이용하여 배우들이 살아갈 상상의 세계를 구축하는 데 관심이 있다고 전제한다. 이 책은 또한 연출이란 리허설을 시작하기 전 사려 깊고 세심한 준비가 요구되는 일이라고 전제한다. 리허설 그 자체가 매우 중요하기는 하나, 효율적으로 준비함으로써 많은 시간을 절약할 수 있다. 꼼꼼하게 준비함으로써 리허설 기간을 훨씬 더 경제적으로 사용한다는 점을 확신시켜줄 것이다. 철저히 준비한다고 해서 리허설에 참여한 배우들의 창의성이나 반응이 위축되지는 않는다. 오히려 그것은 배우들이 작업을 만족하게 하고, 집중시키며, 영감을 준다. 준비는 또한 당신을 연출가로서 더욱 자신감 있게 만들며, 그로 인해 배우들이 당신을 신뢰하도록 할 것이다.

이 책의 제1부는 배우들 외에 제작에 참여하는 모든 사람과 관계를 구축하는 것에 대한 조언을 포함해 리허설을 시작하기 전 당신이 혼자서 해야 할 일들을 다루고 있다. 제2부는 리허설 과정을 설명하고, 제3부는 테크니컬 리허설, 드레스 리허설 그리고 총연습 중 공연에 착수하는 방법을 익히도록 도울 것이다. 제4부는 스타니슬랍스키로부터 물려받은 것과, 그의 작품과 관련하여 내가 발전시켜 만든 과정을 설명한다.

먼저, 당신이 하나의 희곡 작품을 연출하려고 생각할 때 혹은 그 희곡에 관한 작업을 시작할 때, 그 희곡을 어떻게 읽어야 할지에 대해 몇 가지 제안을 하겠다. 희곡을 해석하기 전에 그것이 무엇으로 만들어졌는지 정확히 알아야 한다. 당신 자신의 생각을 가지고서 자료에 돌진하려는 욕망을 자제하고, 한 발 뒤로 물러나 작가의 생각들과 당신 앞에 있는 종이 위에 실제로 무엇이 있는지를 판단해야 한다.

연출하려는 텍스트를 읽을 때, 당신은 종종 심장이 빨리 뛰고 체온이 오르는 것을 느낄 것이다. 그건 사랑에 빠졌을 때와 비슷한 느낌이다. 당신은 아마 흥분할 수도 있다. 그래서 당신은 항상 텍스트를 매우 주의 깊게 혹은 천천히 읽지는 않을 것이다. 그 대신 당신의 눈은 단어 위를 지나치고 미끄러지면서, 어쩌다가 가끔 특별히 좋아하는 부분에 집중할 것이다. 직접 관심을 끌지 않는 부분들은 건너뛸 것이다. '그 부분은 나중에 정리해야지' 하고 중얼거릴 것이다. 만약 이런 초기 독해에 근거해 그 희곡을 연출한다면, 공연은 당신의 불안정한 흥분을 반영할 것이고, 균형도 이루지 못할 것이다.

아이스킬로스의 희곡 「오레스테이아」를 연출할 적에 나는 특별히 이피게니아의 제물 이야기에 흥미가 있었다. 「오레스테이아」는 3부작이고, 이피게니아의 제물 이야기는 첫 번째 희곡의 엔진과 같았다. 그것은 두 번째 희곡의 엔진은 아니며, 세 번째에서는 전혀 중요하지 않게 된다. 나는 이피게니아의 이야기 외의 텍스트에는 관심이 거의 없었다. 이런 관심의 결여는 결국 공연에서 드러났다. 저녁이 되면서 공연이 점점 산만해지자, 관객은 더욱 불안해하고 이피게니아의 이야기와 직접 관련이 없는 등장인물들은 외면 받았다. 이피게니아를 대변하면서 3부작 전체를 배회하는 유령을 등장시킨 것은 결국 관객의 혼란만 가중시켰다. 그 공연은 과도하게 흥분했던, 그래서 균형을 잃은 내 텍스트 독해의 정확한 반영이지, 아이스킬로스가 쓴 희곡의 정확한 재현은 절대 아니었다.

그러므로 실제로 텍스트의 모든 장면을 다 읽고 있는지, 몇몇 장면만 읽고 있는 것은 아닌지 확인하기 위해 텍스트를 주의 깊게 천천히 읽는 것은 중요하다. 맑은 머리로 이렇게 하는 것을 배우는 것이야말로 당신이 정말로 그 희곡을 연출하기를 원하는지 여부를 결정하는 데 도움이 될 것이다.

명료한 희곡 독해에 대한 또 다른 장애물은, 마치 당신이 듣고 있는 라디오 방송의 수신을 방해하는 잡음처럼, 텍스트의 이해를 방해할 수 있는 친밀감이다. 친밀감은 당신 자신의 삶이나 세상을 보는 방식과 관련된 것이기에 당신을 희곡으로 이끄는 것들이기도 하다. 친밀감은 유용할 수도 있고, 다소 제한적일 수도 있다. 등장인물이나 텍스트의 어떤 측면에 대한 증대된 통찰을 얻을 수 있다는 점에서도 친밀감은 유용하다. 친밀감이 없었다면 그런 것을 가지지 못했을 수도 있기 때문이다. 예를 들어 당신은 의사의 수술실을 무대로 하는 희곡을 연출하기로 결정할 수 있다. 만약 아버지가 실제로 의사라면 당신은 그 직업에 대해, 공식적으로든 비공식적으로든, 상당히 많은 것을 알고 있을 것이다. 이것은 그 희곡을 연출할 때 도움이 될 것이다. 그러나 의사의 삶에 대해 특별한 통찰을 주는 바로 그 친밀감은 연극에서의 수술 행위를 아버지의 수술 행위와 매우 비슷하게 만들도록 부추기거나 희곡의 다른 측면들을 보는 것을 방해할 수도 있다.

아마도 이와 똑같은 문제가 배우의 작업을 방해하는 것을 볼 수도 있다. 예를 들어 「갈매기」에서 자신 스스로가 배우인 아르까지나 역을 연기하는 배우는 등장인물의 직업과, 그것과 연관된 감정을 분명히 친밀하게 여기고 있기 때문에 등장인물에게 끌릴 수 있다. 그러나 그것은 체호프가 그 역의 배우에게 연기하도록 요구하는 것이 결코 아니다. 아르까지나는 또한 연하의 남자와 사귀면서 자신을 발견하는 어머니이다. 이 희곡에서 대부분의 행동들은 그녀의 직업만큼이나 - 그 이상은 아니더라도 - 이러한 역할들과 관련이 있다. 이는 연출가에게도 똑같이 해당된다. 연출가는 희곡에 포함된 연극 관련 내용이 그들 자신의 직업에 관한 것이기도 하므로 더 친밀감을 가질 수 있다. 이것은 희곡의 다른 주제들 - 이루지 못한 사랑, 파괴된 꿈과 가족 - 이 간과된다는 것을 의미한다. 작품은 균형을 잃게 될 것이다.

머릿속으로 하나의 희곡을 상상하거나 그것을 읽고 있을 때, 아마도 당신은 대사를 하는 등장인물들이 무엇을 하고 있는지, 어디에 서 있는지에 대해서만 상상하고 있을 것이다. 그것은 많은 등장인물이 등장하는 희곡에서 무대에 등장한 모든 사람을 상상하지는 않는다는 것을 의미한다. 그러므로 그 장면을 연출해야 하는 시간이 되면, 당신은 대사가 없는 배우들과 무엇을 해야 할지 모를 것이다. 대사를 하지 않는 등장인물들에 대한 관심의 부족은 관객에게도 분명하게 드러날 것이다. 따라서 그들이 얼마나 많은 대사를 하는지에 상관없이 매 순간의 모든 등장인물에 대해 상상하면서 텍스트를 준비할 필요가 있다. 만약 웨이터나 하녀같이 텍스트가 주어지지 않는 아주 작은 역할이라도, 그 등장인물들은 무대에 있을 것이다. 그러므로 그들이 무엇을 하는지 분명히 제시해야 한다. 예를 들어 「갈매기」의 첫 장면에서 당신은 일꾼들이 마샤 그리고 메드베젠꼬와 함께 있다는 것을 잊을 수 있다. 그들은 일하면서 가설무대의 커튼 뒤에 있다. 그 장면을 준비할 때, 아마도 마샤와 메드베젠꼬가 연기하는 그 부분에 대해서만 작업할 것이다. 그 후에 당신은 리허설에 나타날 것이고, 일꾼 역의 세 배우들은 일하려고 준비할 것이며, 당신은 그저 그들을 멍하니 쳐다만 볼 것이다. 그리고 나서 당신은 준비했던 작업만큼 철저하지는 않은 해결책을 급히 찾아낼 것이다.

당신이 텍스트를 읽을 때처럼 관객이 보게 될 것의 전체 영상을 머릿속에서 그려보는 기술을 익히는 것이 중요하다. 마치 자연주의 영화의 한 장면처럼 머릿속에서 희곡에서의 행위를 진행시킴으로써 그것을 해보라. 프레임마다 관객이 무엇을 보고 있을지 상상하라. 복잡하게 전개되는 영상을 만들지 말고, 그 대신 가능한 한 가장 간단한 배열을 만들어라. 이 훈련은 각 장면을 얼마나 정확하게 연출해내는지에 관한 것이 아님을 명심하라. 그런 일은 연출 과정에서 훨씬 나중에 접근하게 될 과제이다. 오히려 이것은 당신이 희곡을 연출할 때 세심하게 살펴야 할 요소들을 확실히 파악하는 것에 관한 것이다.

이와 같이 행동을 시각화하는 것은 마음속에 장소에 대해 일관된 영상을 유지하도록 상기시켜줄 것이다. 희곡을 읽을 때 가구 하나 혹은 호수와 같은 장소가 한 장면에서 변함없이 존재하고 보인다는 것을 쉽게 잊을 수 있다. 당신은 누군가가 그것들에 대해 이야기할 때 이러한 오브제들과 지리적으로 세세한 내용에 대해 상상하지만, 대화의 주제가 바뀔 때마다 그것들을 잊어버릴 수 있다. 그 결과, 당신은 배우들이 그들의 환경에 대해 정확하고 일관되게 반응하도록 연출하지 못할 수도 있다. 한 장면에서 배우가 날씨가 덥다고 언급하자, 그 장면에 있는 모든 사람이 더운 것처럼 연기하기 시작한다. 5분 후 그 텍스트가 더위에 대해 더 이상 이야기하지 않자, 모든 사람은 그들이 정확히 똑같은 장소에 있으며 날씨에 변화가 없는데도 날씨에 대해 연기하는 것을 멈춘다. 이런 일은 관객을 혼동시킬 것이다.

마지막으로, 당신은 배우들을 위한 구체적인 과제를 만들어내기 위해 희곡을 읽고 있음을 기억하라. 그러니 당신이 지적으로 이해한 자료를 배우들이 수행하도록 구체적인 과제로 변형시키는 연습을 할 필요가 있다. 만약 문학 비평의 언어나 추상적 개념들을 사용하여 배우들에게 말한다면, 그들은 지시에 정확하게 반응하기 위해 고생할 것이고, 그 결과 그들의 작업은 모호해질 것이다. 물론 대부분의 배우들은 희곡에 대해 완벽하게 지적인 대화를 할 수도 있으나, 그것은 그들이 연습실에서 해야 할 일은 아니다. 그들이 할 일은 등장인물이 되어서 감정 안으로 미끄러져 들어가 신뢰할 만한 생각, 행동을 보여주는 것이다. 당신의 일은 그들이 감정 안으로 들어가도록 도와주는 것이다. 자동차 여행을 위한 지시를 누군가에게 어떻게 내릴 것인지 생각해보라. 만약 그들이 찾게 될 풍경에 대해 모호한 지침을 내린다면, 길에 있는 T자 교차로에 대해 혹은 그들의 여행 목적에 대해 말하는 것을 잊는다면, 그들은 길을 잃을 것이다. 운전자는 도로, 표지판, 지형지물에 관한 명확한 기준이 있는 정확한 정보가 필요하다. 지침이 분명할수록 운전자는 목적지에 더욱 빨리 도달할 것이다. 배우들도 마찬가지이다. 이 책의 제1부는 배우들이 수행해야 할 구체적인 과제들을 구성하는 데 있어 도움이 될 정보들을 텍스트로부터 어떻게 추출해야 할지를 보여줄 것이다.

요한 아우구스트 스트린드베리의 「부활절」에서

1

리허설 준비하기

Preparing for rehearsals

사뮈엘 베케트의「엔드게임」에서

***

제1부에서는 리허설을 위해 준비해야 할 모든 것을 알려줄 것이다. 리허설 준비의 목적은 배우가 희곡 속의 등장인물과 상황을 연기하도록 도와줄 정보들을 텍스트로부터 추출하는 것이다.

실제 삶에서 하나의 상황을 바라볼 때, 그 상황과 관련된 개인들의 행동이 복잡한 일련의 요인들에 의하여 결정된다는 것을 알아차릴 것이다. 방에서 논쟁하던 커플을 목격했던 지난번을 회상해보자. 그들이 서 있던 방이 더웠는지, 추웠는지 혹은 통풍이 잘됐는지, 안됐는지 알고 있었는가? 그곳이 주택의 방이었는지, 아니면 아파트의 방이었는지 알고 있었는가? 엿들을 수도 있었던 사람이 가까이 있었는지 없었는지 알았는가? 시간은 알았는가? 그들이 다음에 하려는 것을 상상해보았는가? 그들의 관계에서 현재의 행동을 결정짓는 사건의 과거 영상을 가지고 있는가? 두 사람이 서로에게 하던 말들이 어떤 주제도 직접 언급하지는 않았더라도, 당신은 이런 질문들 중 어떤 것을 알아차릴 수 있는가? 각자가 상대방으로부터 무엇을 원했는지 알고 있었는가? 그들은 용서받기를 혹은 이해받기를 원했는가?

이러한 많은 정보는 그 커플의 몸짓에서 드러날 것이다. 그들이 어떻게 앉아 있는지, 어떻게 움직이는지, 토스트에 버터를 어떻게 바르는지, 혹은 외출할 때 외투를 어떻게 입는지에 의해 정보를 얻을 수 있을 것이다. 예를 들어 날씨가 춥다면 그들은 무의식적이든 의식적이든 따뜻해지려는 제스처를 취할 것이다. 만약 한 사람이 늦는다면, 그의 행동은 상대방의 행동보다 빨라질 것이다. 다른 정보는 그들이 서로에게 말하는 방식, 즉 빠르게 아니면 천천히 말하는지, 조용하게 아니면 크게 말하는지에 의해 드러날 것이다. 이 커플이 자신들에 대해서 그리고 자신들의 관계에 대해서 나누는 정보는 그러므로 언어적이면서 신체적이다. 만약 언어적이라면, 그들이 이야기하는 어조는 그들이 이야기하는 것의 내용만큼이나 중요하다.

희곡을 읽을 때, 희곡의 장면에 등장하는 등장인물의 행동에 영향을 미치거나 만들어내는, (혹은 그들의 행동의 변화를 결정하는) 모든 요소에 대한 정보를 찾아보는 것은 좋은 생각이다. 만약 이러한 요소가 분명하게 명시되어 있지 않다면, 등장인물이 자신을 발견하게 되는 정확한 환경을 추론하기 위해서 장면들을 세심하게 읽을 필요가 있을 것이다. 조사할 필요가 있는 요소들은 다음과 같다.

장소 등장인물들이 놓여 있는 환경.
등장인물의 전기 등장인물들을 형성하는 과거의 사건들.
눈앞의 상황들 각 장 혹은 각 막의 행위에 선행하는 24시간.
시간 행위가 발생한 년도, 계절, 시간 혹은 장이나 막 사이의 시간 경과에 따른 결과.
사건 등장인물의 행동에 영향을 미치는 변화들.

의도 등장인물의 현재 행동을 추동하는 미래의 영상들.

관계 등장인물의 행동을 보정하는 다른 사람에 대한 생각들.

물론 희곡을 연출하기 전에 필요한 다른 준비들도 있으며, 이러한 준비들에 대한 조사는 다음 장들에서 이루어질 것이다. 그러나 등장인물들의 행위나 행동을 결정하는 요소들을 확인하는 일은 당신이 준비 단계에서 해야 할 작업의 핵심이다.

장 주네의 「하녀들」에서

CHAPTER 1

텍스트에 대한 초기 반응들을 정리하기

제1장에서는 텍스트에 대한 당신의 초기 반응을 정리하고, 희곡에서의 행위가 시작되기 전에 존재하는 세계를 구축하는 것에 관한 것이다. 이 장은 다음과 같은 여섯 단계로 이루어진다.

- 사실과 질문의 목록 사용하기
- 희곡에서의 행위가 시작되기 전 존재하는 것에 관한 정보를 정리하기
- 조사
- 텍스트에 관한 어려운 질문에 대답하기
- 장소
- 등장인물의 전기

이러한 단계들을 실천하면 당신은 희곡과 객관적인 관계를 맺고 있다고 확신하게 될 것이다. 당신의 객관성은 특정한 세계를 구축하는 데 도움이 될 것이며 그리고 나중에 배우들이 유용하다고 생각하도록 희곡에 대해 이야기하는 방식에도 도움을 줄 것이다.

(1) 사실과 질문의 목록 사용하기

희곡에 관한 작업을 처음 시작할 때, 당신이 발견한 것들과 반응한 것들을 단순하게 정리할 방법이 필요하다. 사실과 질문의 형태로 정보의 목록을 만드는 것은 이 일에 도움이 될 것이다. 사실들은 텍스트의 타협 불가능한 요소들이다. 그것들은 작가가 텍스트에 관해 당신에게 제공하는 주요 단서들이다. 「갈매기」에서 사실들은 "아르까지 나에게는 꼰스딴찐이라는 아들이 있다", "메드베젠꼬는 학교 선생님이다", "그곳은 러시아다"와 같은 것이다. 질문들은 텍스트에서 분명하지 않거나 혹은 당신이 확신하지 못하는 부분들을 기록하는 방법이다. 간단하지도 혹은 분명하지도 않은 것들에 대해서는 질문을 하라. 질문들은 "꼰스딴찐의 아버지에게 무슨 일이 있었나?", "무슨 계절이지?", "소린의 영지는 러시아의 어디인가?"와 같은 것들이다. 항상 사실과 질문을 단순하고 객관적인 문장으로 기록하라. 일반적으로 당신이 확인했던 것을 즉각적으로 확신할 수 없거든, 그것을 질문으로 바꿔라.

정보를 이런 식으로 정리하면 자료와의 객관석 관세를 유지하는 데 도움이 되며, 희곡을 해석하려는 섣부른 시도를 막아준다. 사실과 질문의 목록은 희곡에서의 행위에 대해 작업할 때 제1장과 제2장에서 할 훈련에서 사용될 것이다.

- **요약**

  | 사실과 질문의 목록을 사용하여 텍스트에 대한 당신의 반응을 정리하라.

(2) 희곡에서의 행위가 시작되기 전 존재하는 것에 관한 정보를 정리하기

희곡에서의 행위가 시작되기 전에 존재하는 것에 대해 정보를 정리하면 희곡에서 신체적, 지리적, 시간적으로 확실한 것들을 작성하는 데, 그리고 각 등장인물의 과거에 대한 영상을 만들어내는 데 도움이 될 것이다. 희곡에서의 행위가 시작되기 전에 무슨 일이 일어났는지에 대해 배우들이 질문하지 않으면 어떠한 리허설 과정도 이루어지지 않는다. 따라서 이런 정보를 확실하게 파악하는 것은 매우 유익하다. 이렇게 함으로써 "내가 방금 어디서 왔지?"와 같은 장소에 관한 간단한 질문들을, 혹은 "내가 언제 뜨리고린을 처음 만났지?"와 같은 등장인물의 인생에서 과거에 있었던 사건들에 관한 더욱 더 복잡한 질문들을 다룰 수 있을 것이다.

희곡에서의 행위 이전에 존재하거나 일어났던 모든 것에 대한 정보를 수집하기 위해서 두 개의 목록을 만들어 사용하라. 하나는 사실의 목록이고, 다른 하나는 질문의 목록이다. 나는 이 두 목록을 과거에 일어난 일을 목록으로 정리한 '과거사의 목록back history lists'이라고 부른다. 사실은 "아르까지나는 가브릴 뜨레쁠레프와 결혼했다", "그곳은 러시아다", "니나의 어머니는 죽었다"와 같은 것들이다. 모든 사실은 아무리 사소할지라도 작성되어야 한다. 그것은 검사보 중 한 사람이 자신의 목소리를 소린이 얼마나 불쾌해했는지에 대한 묘사와 같이 간단하고 외견상 무의미한 사건일 수도, 혹은 "뜨리고린의 글이 다른 나라 말로 번역되어 있다"라는 사실일 수도 있지만, 각각은 등장인물의 지나간 삶을 구성할 때 중요하다. 질문은 "꼰스딴찐의 아버지에게 무슨 일이 있었나?", "소린의 영지가 어디에 있나?", 혹은 "언제 어디서 아르까지나가 춘희를 연기했나?"와 같은 것이다.

어떤 것이 사실인지 혹은 질문인지 확신할 수 없다면, 그것을 질문으로 기록하라. 예를 들어 아르까지나가 셰익스피어의 「햄릿」 1막 1장을 인용하기 때문에, 당신은 "아르까지나가 「햄릿」에서 거트루드를 연기했다"를 하나의 사실로 정리하고 싶어할 수 있다. 그러나 그녀가 거트루드를 연기했다는 직접적인 증거는 없다. 그러니 "아르까지나가 「햄릿」에서 거트루드를 연기한 적이 있나?"라는 질문을 작성하는 것이 가장 좋다. 때때로 작업의 초기에 던졌던 질문의 답변이 그 과정의 후반에서 나올 수도 있다. 이런 일이 생긴다면, 그런 질문은 지우고 답변을 사실의 목록에 추가하라. 그러나 장면들 사이의 사건들 혹은 희곡에서의 행위 중 발생하는 것에 관한 어떤 정보도 기록하지 말아야 한다는 것을 기억하라.

여기서 「갈매기」의 1막을 읽음으로써 확증되는 몇 가지 최초의 사실들이 있다.

그곳은 러시아다.
소린 소유의 영지가 있다.
공원이 하나 있다.
공원에 이르는 넓은 가로수 길이 있다.
호수가 하나 있다.
호수의 정경을 가리는 가설무대가 하나 있다.
자그마한 관목 숲이 있다.
몇 개의 의자와 정원용 테이블이 있다.
커튼이 쳐져 있다.
메드베젠꼬가 알고 있는 한 마샤는 검은 옷을 입고 있었다.

메드베젠꼬는 23루블의 월급을 받는데, 그중 일부는 그의 연금을
위해 공제된다.

마샤의 아버지는 영지의 관리인이다.

거지들이 있다.

메드베젠꼬는 아픈 어머니, 두 누이들 그리고 남동생이 있다. 그는
가족을 경제적으로 부양한다.

꼰스딴찐은 니나를 사랑하고 있다.

메드베젠꼬는 영지로부터 3마일 떨어진 곳에서 살고 있다.

메드베젠꼬는 마샤를 사랑한다고 밝혔다.

메드베젠꼬는 학교 선생님이다.

코담배가 있었다.

마샤는 코담배가 들어 있는 코담배 상자를 가지고 있다.

후덥지근하다.

저녁이다.

1막을 읽음으로써 성립되는 최초의 질문들이 몇 가지 있다.

몇 년도인가?

소린의 영지는 러시아의 어디에 있나(작가가 실제로 아는 장소에 근거
한 곳인가)?

그 영지는 얼마나 넓은가?

그 당시 러시아의 일반적인 영지는 크기가 얼마나 되었나?

그 길의 가로수들은 무슨 나무인가?

그 호수는 얼마나 큰가?

어떤 종류의 관목인가?

마샤는 왜 검은 옷을 입나?

23루블은 오늘날 영국 돈 몇 파운드인가?

그 당시 교사의 연금은 얼마나 되었나?

그 당시 영지의 관리인은 얼마나 벌었는가?

마샤는 직업이 있나?

메드베젠꼬의 어머니는 무슨 병을 앓았나?

메드베젠꼬의 가족 모두의 이름과 나이는?

메드베젠꼬의 아버지는 어떻게 되었나?

메드베젠꼬와 그의 가족은 어디서 사나?

메드베젠꼬는 어디서 가르치나?

그 당시 러시아 시골에서 교사의 삶은 어떠했나?

메드베젠꼬는 언제 자신의 사랑을 마샤에게 밝혔고, 그녀의 반응은
　어떠했나?

그 당시 여성과 남성에게 코담배는 얼마나 흔했나? (당신은 그 사실
　을 어떻게 받아들이겠는가? 그 사실은 당신에게 어떤 영향을 미칠 것인
　가? 코담배를 담는 통의 크기와 형태는?)

이러한 사실과 질문을 작성하는 것은 어떤 종류의 텍스트에도, 그
것이 현대 작품이든 혹은 옛 작품이든, 도움이 될 것이다. 여기에 사
뮈엘 베케트의 「난 아니야」로 작성될 수 있는 최초의 몇 가지 사실과
질문의 예가 있다.

한 여성이 있다.

그 여성에게 귀를 기울이는 누군가가 있다.

그 여성은 한 달 일찍 태어난 조산아였다.

그녀는 기독교회 소속의 고아원에서 자랐다.

몇 년도였나? 1972년?

누가 그 여성의 말에 귀를 기울이고 있나?

이 사람은 얼마 동안 그 여성의 말에 귀를 기울이고 있었나?

그 여성의 말에 귀를 기울이는 그들의 목적은 무엇인가?

듣고 있는 사람의 성별은 무엇인가?

디젤라바djellaba는 무엇인가?

누가 디젤라바를 입으며, 어느 나라 사람들이 주로 입나?

왜 그녀의 부모들은 그녀를 낳자마자 버렸는가?

그녀는 지금 몇 살인가?

그녀는 언제 노란 구륜 앵초를 찾아 들판을 헤맸는가? 최근, 아니면
   아주 먼 과거?

그 고아원은 어느 종파에 속했나?

당신은 아마 처음 몇 장면이나 첫 막에서 생기는 사실과 질문의 수효에 위압감을 느낄 수 있다. 두려워하지 말라. 당신이 희곡을 다 읽어나갈 때쯤 목록은 줄어들 것이다(그렇지 않으면 당신이 읽는 희곡은 순차적인 시간 유형을 벗어난 작품이다). 만약 희곡이 순차적으로 전개되지 않는다면, 훈련을 시작하기 전에 장면들을 순차적 순서로 자르고 붙이는 것이 유용할 수 있다.

이 과정이 끝나갈 무렵 두 개의 긴 목록을 가지게 된다. 하나는 '사실의 목록'이고, 다른 하나는 '질문의 목록'이다. 각 목록을 혼자서 읽

어보고, 그리하여 희곡에 대한 당신의 영상이 어떻게 변화했는지 생각해보라. '사실의 목록'은 희곡에서의 행위에 선행하는 확실한 것들에 대해 안정감과 자신감을 줄 것이다. 그것은 희곡에서의 행위가 발생한 세계에 대한 영상 하나를 제공할 것이다. 당신은 질문들에 답하기 위해서 수행해야만 하는 작업의 양에 관심을 가질 것이다. 그 양을 걱정하는 대신, 질문들을 자료에 대한 이해를 심화시키는 수단으로 그리고 배우들이 등장인물이나 희곡의 세계에 대해 가지게 될 관심들을 예상하는 수단으로 생각하려고 노력하라. 만약 텍스트의 어떤 것에 대한 질문이 생긴다면, 배우도 분명히 연습 기간 중 동일한 질문을 할 것이다. 그러므로 이 과정에 대해 배우가 질문하기 전에 적절한 답변을 생각할 수 있도록 해주는 과정이라고, 혹은 리허설 중 시간을 절약하는 방법이라고 생각하라.

준비가 끝나갈 무렵, 당신은 이 중요한 '과거사의 목록'에 관한 모든 질문에 답하게 될 것이다. 다음 몇 장을 통해 만나게 될 다른 과제들은 이런 질문에 답하는 것을 도와줄 것이다.

■ **요약**

> 희곡에서의 행위가 시작되기 전에 존재하거나 혹은 발생한 것에 관한 두 가지 목록, 즉 '사실의 목록'과 '질문의 목록'을 만들어라. 이것들은 '과거사의 목록들'이다.
>
> 장면들이나 막들 사이에서, 또는 희곡에서의 행위 중에 발생한 것에 관한 어떤 정보도 기록하지 말라.
>
> 희곡을 혼자서 읽어보고 희곡에 대한 당신의 영상이 어떻게 바뀌었는지 살펴라.
>
> 질문 목록의 길이를 걱정하지 말라. 그것을 연습실에서 생겨날 질문들을

예상하는 유용한, 그리고 자료에 대한 이해를 심화시키는 방법이라고
생각하라.

(3) 조사

조사를 통해 당신은 희곡을 더 잘 알게 되고, 구축할 세계를 명료
하게 설명할 수 있으며, 연출가로서 안정감을 느낄 것이다. 그것은
긴 과정이면서도 가치 있는 일이다. 그것은 텍스트를 희곡이 설정된
역사적 시기―19세기 러시아이든 혹은 21세기 런던이든 ― 를 배경으
로 하여 구체적으로 이해하는 데 도움을 줄 것이다. 처음 보았을 때
에는 모호했던 대본의 많은 세세한 사항들이 보다 더 쉽게 느껴질 것
이다. 조사가 잘 진행되면 작성한 '과거사의 목록'에 있는 질문들의
상당 부분이 해소될 것이다. 그러나 인간을 재현하는 플라스틱 마네
킹으로 꾸며진, 박물관 내 시대별 전시실의 진부한 전시품처럼 특정
시기를 역사적으로 재구성해서 보여주기 위해 조사를 하는 것은 아
니라는 점을 기억하라. 그것보다는 배우들이 희곡에서의 행위 속에
서 말하고 행동해야 하는 모든 것을 적절히 말하고 행하도록 도와줄
정보를 모으고 있는 것이다.

첫째, 중요한 '과거사의 목록'의 모든 질문을 통독하고, 조사가 필
요한 모든 질문에 표시하라. 여기에 표시해야 하는 질문 유형의 예가
있다.

몇 년도인가?

소린의 영지는 러시아의 어디에 있나(작가가 실제로 아는 장소에 근거

한 곳인가)?

그 당시 러시아의 일반적인 영지는 크기가 얼마나 되었나?

23루블은 오늘날 영국 돈 몇 파운드인가?

그 당시 교사의 연금은 얼마나 되었나?

그 당시 영지의 관리인은 얼마나 벌었는가?

그 당시 러시아 시골에서 교사의 삶은 어떠했나?

그 당시 여성과 남성에게 코담배는 얼마나 흔했나? (당신은 그 사실
을 어떻게 받아들이겠는가? 그 사실은 당신에게 어떤 영향을 미칠 것인
가? 코담배를 담는 통의 크기와 형태는?)

이제 각 질문에 답하기 위해 필요한 조사에 착수하라. 그런 식으
로 희곡을 적절하게 이해하기 위한 필수적인 사항만을 조사할 것이
다. 만약 조사에 온 정신을 다 기울여 몰입하는 경향이 있다면, 본래
의 목적을 벗어나려는 순간 일을 멈추고 앞에 있는 질문에 답해야 한
다는 것을 스스로에게 상기시켜라. 바람직한 것은 모든 질문에 답하
기 위해 도서관이나 책을 활용하는 것이다. 인터넷을 사용한다면, 반
드시 어떤 사실이든 믿을 만한 인쇄된 자료에 근거하여 점검하라. 언
제나 두 가지 이상의 자료를 이용하고, 하나가 다른 것으로부터 복사
되지 않았는지 확인하라.

당신이 조사해야 할 몇 가지 질문에 대한 답변들의 예가 여기에 있다.

몇 년도인가? 체호프는 이 희곡을 1895년에 썼고, 극 중 행위는 2년에
걸쳐 전개된다. 극 중 행위가 미래에 일어난다고 명시하지 않았던
사실로 미루어보아, 단순한 독해로 1막, 2막, 3막이 1893년 여름에,

4막이 1895년 가을에 일어난다는 것을 알 수 있다.

소린의 영지는 러시아의 어디에 있나? 1895년 6월 체호프는 그의 친구이자 화가인 레비탄을 방문하기 위해 여행을 했다. 레비탄은 연인의 영지인 고리끼에서 머물고 있었다. 이 영지는 볼로고예로부터 50마일 떨어진 호숫가의 기슭에, 모스크바와 상트페테르부르크의 중간에 있는 외진 곳이었다. 이곳이 체호프가 「갈매기」를 위해 설정한 배경이었던 것처럼 보인다. 볼로고예는 모스크바에서 약 200마일 떨어져 있다.

23루블은 오늘날 영국 돈 몇 파운드인가? 1890년대 1루블은 그 당시 환율로 영국 돈 3실링 2펜스, 2002년 환율로 대략 11.01파운드이다. 이 말은 메드베젠꼬가 오늘날 기준으로 한 달에 252.23파운드를 번다는 의미이다. 아르까지나는 은행에 약 77만 파운드를 예금해두었고, 도른은 3막과 4막 사이에 이탈리아로 휴가를 떠나 2만 2천 파운드를 쓴다.

이러한 과정이 끝날 즈음 당신은 구체적인 역사적 사건들이 발생했던 꽤 많은 날에 대한 정보를 가지게 될 것이다. 이러한 사건들을 연대기적 순서로 배열해보라. 이 일은 나중에 등장인물들의 전기를 구축할 때 유용할 것이다. 이러한 배열을 통해 역사적 사건들과 등장인물들의 삶에서의 사건들 사이의 관계를 알게 될 것이다. 「갈매기」에는 역사적 사건의 예가 몇 가지 나온다.

1812 나폴레옹 군대의 패퇴

1820~1880 러시아 문학의 황금시대

1840 에밀 졸라 탄생

1850 기 드 모파상 탄생

1852 알렉상드르 뒤마의 「춘희」 초연

1859 엘레노라 듀스 탄생

1861 러시아 농노 해방

1865~1869 레프 톨스토이가 『전쟁과 평화』를 씀

1875~1877 레프 톨스토이가 『안나 카레니나』를 씀

1879 전깃불이 극장에 도입되어 가스등과 양초를 대체함

1880년대 지주 계급의 장원이 몰락하기 시작

1881 계몽 군주인 알렉산드르 2세의 암살, 독재적인 알렉산드르 3
　　세 계승

1888 레프 톨스토이가 그의 60번째 생일을 축하함

1889 에펠탑 완성

1890년대 프랑스 회사가 유황 생산과 판매 독점권을 확보함

　　스위스는 전 세계의 시계 생산을 주도함

　　퇴폐주의 유파 등장

1892 기 드 모파상의 자살 시도

1893 기 드 모파상 죽음

1894 차르 니콜라이 2세가 26세의 나이로 왕위 계승

연기할 때 특히 유용하다고 생각되는 배우들을 위한 조사 과제들, 그리고 읽으면 도움이 될 책들을 적어두어라. 「갈매기」에서 마샤 역

의 배우는 입담배에 대해 조사할 수 있고, 꼰스딴쩐 역의 배우는 에펠탑에 대한 모파상의 반응을 조사할 수 있으며, 아르까지나와 니나 역의 배우는 그 당시 극장에서 여성들이 어떻게 일했는지를 묘사한 캐서린 슐러의 『러시아 극장에서의 여자들: 은시대의 여배우들*Women in Russian Theatre : The Actress in the Silver Age*』을 읽을 수도 있다. 만약 리허설 기간이 짧다면, 각 등장인물에 대한 핵심적인 조사 과정의 일부를 선택하여 배우에게 해보라고 요구하라.

또한 사진들, 그림들 그리고 때때로 영화에 관한 언급들도 발견할 것이다. 이 모든 자료를 수집하여 배우들에게 보여주라. 정지된 이미지나 움직이는 이미지를 보여주는 것은 장소, 시기 혹은 분위기에 대한 느낌을 이야기하는 매우 유용한 방법이 될 수 있다. 많은 배우가 시각적으로 생각하고, 말보다는 이미지에 더 많이 반응할 수 있다. 이것은 또한 디자이너들과 작업하는 과정에 에너지를 공급하는 데 일조할 수 있는 자료이기도 하다.

새로운 희곡을 연출하더라도, 조사해야 할 과제들이 있음을 알게 될 것이다. 2000년에 나는 마틴 크림프의 「시골」을 연출했는데, 그 희곡의 시대적 배경도 2000년이었다. 등장인물들 중 한 명은 헤로인을 상습적으로 복용하는 의사였다. 주어진 질문들 중 조사가 필요한 질문들은 "헤로인은 무엇으로 만드나?", "그것은 당신에게 어떤 영향을 미치나?" 그리고 "그 의사는 어떻게 아무에게도 들키지 않고서 그것을 구할 수 있었나?"와 같은 것들이었다. 또한 등장인물들이 사는 지역에 있는 로마 시대의 폐허에 대한 언급들도 있었다. 이것은 "로마인들은 잉글랜드 북부를 언제 점령했나?" 그리고 "왜 그들은 직선 도로를 건설했나?"와 같은 의문들을 불러일으켰다. 이 모든 질문에 대한 철저한 조사가 필요했다.

작품의 배경을 작가가 의도한 시대로부터 다른 시기로 바꾸려고 해도, 작가가 희곡을 쓸 당시 염두에 두었던 시대에 대한 조사를 하는 것은 중요하다. 그 시대에 대한 조사는 한 시대에서 다른 시대로 이동시키는 데 있어서 어떤 위험들 혹은 문제들이 있는지 알아내도록 도움을 줄 것이다. 그 후에는 당신이 희곡의 배경으로 삼으려는 시대에 대해 새로운 조사를 해야 한다. 기원전 5세기에 쓰인 「트로이의 여인들」을 연출했을 때, 나는 현대식 창고를 무대로 설정했다. 그러나 이 결정을 내리기 전, 특정한 세 시대에 대한 상세한 역사적 조사에 착수했다. 이 조사는 트로이에서 벌어진 실제 역사적 사건들, 호메로스의 『일리아드』에 나오는 동일한 사건에 대한 묘사들, 그리고 마지막으로 에우리피데스의 시대에 대한 정보들을 읽고 이해하는 것을 의미했다. 이러한 연구에 힘입어, 역사적 진실과 현대적 배경 사이에서 가장 큰 갈등이 생기는 텍스트의 부분에서 배우들이 헤쳐 나오도록 안내할 수 있었고, 그래서 우리는 역사적인 세 시기로부터 하나의 일관된 상상의 세계를 창조했다.

가능하다면, 극적 행위가 설정된 장소로 현장 학습을 가보라. 이런 현장 학습을 통해 독서나 인터넷에서 얻을 수 없는 극의 세계에 대한 감성적 체험이 가능해진다. 1993년에 나는 입센의 희곡 「유령」을 연출하기 위한 준비 작업으로 디자이너인 비키 모티머와 함께 노르웨이로 현장 학습을 떠났다. 우리는 오슬로, 베르겐 그리고 입센이 태어난 시엔을 방문했다. 우리는 사진을 찍고, 꽃과 잎사귀도 모으고, 심지어 새소리까지 녹음했다. 빛, 색깔, 날씨에 대해 우리가 가졌던 인상을 통해 공연에서의 조명, 디자인, 연출이 어떠해야 하는지를 알 수 있었다. 또한 배우들과 공유할 유용한 시각적 자료들도 얻었다. 그래서 배우들은 등장인물들이 어디에서 살았는지 상상할 수 있었다.

이러한 과제들이 끝날 즈음 '과거사의 목록'의 많은 질문에 대해 답변이 이루어질 것이다. 이제는 장소에 관한 나머지 질문들에 답할 준비를 할 수 있지만, 계속하기 전에 당신은 희곡에 관한 어려운 질문들에 어떻게 대답해야 하는지 이해할 필요가 있다.

- **요약**

  중요한 '과거사의 목록'에서 조사할 필요가 있는 질문들을 작성하라.

  질문에 답하기 위해 도서관과 책을 활용하라. 인터넷 이용에 조심하면서, 그로부터 얻은 모든 정보를 재확인하라.

  당신이 알아낸 역사적인 날들을 연대기적 순서로 배열하라.

  특정한 등장인물에 유용한 조사 과제들을 기록하라.

  조사 중에 발견한 시각적 자료 혹은 영상 자료를 수집하라.

  가능하다면, 텍스트에서 언급된 어떤 장소라도 직접 가보라.

(4) 텍스트에 관한 어려운 질문에 대답하기

조사 대상에 관한 질문에 답할 때, 당신은 항상 분명한 사실적 대답에 만족할 것이다. 그러나 '과거사의 목록'에 남아 있는 질문들, 특히 텍스트가 어떤 정확한 정보도 주지 않는 등장인물들의 과거에 일어난 사건에는 대답하기가 그리 쉽지 않을 것이다. 예를 들어 언제 어디서 어떻게 뜨리고린과 아르까지나가 만났나? 언제 어디서 니나와 꼰스딴찐은 사랑에 빠졌나? 이 텍스트는 이런 사건들을 기술하지 않는다. 이런 경우, 당신은 과거의 사건들에 관한 사실적 자료를 유추하기 위해서 텍스트에 대한 인상에 의존해야 한다.

어떤 사실도 담겨 있지 않은 대화에서 사실 정보를 유추하는 일은 우리가 일상적으로 하는 행동이다. 외견상 진부해 보이는 대화도 정확하게 읽혀진다면 많은 정보를 포함할 수 있다. 카페에서 두 사람 사이에 오가는 쇼핑이나 날씨에 관한 일련의 진부한 대화를 듣고 있더라도, 점차 그들의 과거에 대한 정보가 우리의 마음속에서 구체화된다. 아마도 그들이 수년에 걸친 친구라든가 혹은 방금 만난 사이라는 것을 파악할 수 있을 것이다.

'과거사의 목록'에서 해결되지 않은 질문들에 대한 답변을 찾기 위해 텍스트에 대한 인상을 활용하라. 이러한 질문에 대한 답변이 이루어져야 한다. 그래야만 배우들은 자신들의 성격과 관계들을 구축하기 위한 영상들, 즉 과거에 발생한 것에 관한 명료한 영상을 가지게 된다. 실제 삶에서의 관계는 장시간에 걸쳐 두 사람 사이에서 공유된 일련의 사건의 결과로 형성된다. 배우들은 비슷한 방식으로 희곡에서의 인물들의 관계를 구축할 필요가 있는데, 그것은 현재 그들이 맺는 관계를 설정하는 과거 사건에 대한 공유되는 영상을 만들어냄으로써 가능하다.

'인상impression'은 어떤 분명한 사실도 포함하지 않는 희곡의 한 줄 혹은 한 부분을 읽음으로써 유추해내는 정보를 가리키는 용어이다. 이러한 '인상들'은 등장인물들과 그들이 사는 세계에 대한 정보를 짜맞추기 위해 사용될 수도 있다. 작가가 무엇을 의도하는지에 대한 가장 간단하고도 명료한 인상을 유추하기 위해 텍스트를 주의 깊게 읽는 것은 연출가가 계발해야 할 중요한 기량이다. 처음 시도할 때에는 마치 짙은 안개를 뚫고 지형지물을 찾는 것과 같을 수 있다. 당신의 눈이 당신을 잘못 안내하여 아무 것도 없는 곳에서 지형지물들을 볼 수도 있지만, 바로 당신 앞에 내내 있었던 것을 발견할 수도 있다. 이런 과제를 천천히 수행하라. 단숨에 상황을 해결하려고 서두르지 말라. 안개가 걷힐 때까지 그리고 그럴듯한 의미 혹은 의미들이 드러날 때까지 텍스트의 관련 부분들을 계속 읽어라. 중요한 것은 가장 복잡한 것보다는 가장 간단한 혹은 가장 논리적인 텍스트 읽기 방법을 찾아야 한다는 점이다. 가장 간단한 혹은 가장 논리적인 의미가 종종 작가가 의도한 것이고, 그래서 배우가 대사를 할 때 관객이 가장 잘 경청할 것 같기 때문이다. 예를 들어 극적 행위가 시작되기 전 니나가 뜨리고린이 어떻게 생겼는가를 아는지 그리고 그를 매력적이라고 보는지 판단하는 것은, 1막에서 그녀가 꼰스딴쯘에게 "젊은 사람이야?"라고 물었기 때문에 의미가 없다. 그 대사가 관객에게 들려주는 가장 단순한 사실은, 그녀는 뜨리고린이 몇 살인지 그리고 어떻게 생겼는지 모른다는 것이다.

- **요약**
  작가가 직접 언급하지 않은 사실적 정보를 유추하기 위해 텍스트 읽는 방법을 훈련하라.

(5) 장소

장소는 우리의 행동 방식에 영향을 미친다. 시간처럼 말이다. 우리가 야외에서 서서 대화하는 것과 고층 건물 안의 답답한 사무실 안에서 대화하는 것 사이에는 차이가 있다. 희곡에서의 행위가 발생하는 장소 혹은 장소들에 대해 완전한 영상을 구성하는 것은 배우가 등장인물이 존재하는 세계로 들어가 그 세계의 존재를 믿게끔 하는 데 도움이 된다. 리허설 전에 장소에 대한 자신만의 영상들을 구성하면, 당신은 견고하고 실제적인 환경을 마치 건설하고 있는 것처럼 느끼게 될 것이다. 그리하여 배우가 희곡의 세계를 충분히 상상하도록 도울 준비를 하게 될 것이다. 또한 자신만의 영상들을 구성하는 것은 리허설 중 무대 밖 세계를 다룰 때 자신감을 줄 것이며, 장면을 '블록킹blocking'할 때 직면할 수 있는 문제들도 극복하도록 도와줄 것이다. 덧붙이자면 블록킹은 관객에게 행위를 명확하게 보여주는 방법을 묘사하기 위해 사용하는 용어이다. 나중에 제11장에서 블록킹에 관한 많은 것을 다룰 것이다.

장소에 대해 이야기할 때, 우리는 종종 '제4의 벽'이라는 관용구를 사용한다. 앞 무대가 아치형으로 되어 있는 전통적 극장인 프로시니엄 극장에서 방을 전통적 디자인으로 꾸미면, 관객에게는 세 개의 벽이 보일 것이다. '제4의 벽'은 무대 위에 존재하는 방의 나머지 한 벽을 구성하면서도 물리적으로는 존재하지 않는 상상의 벽을 일컫는다. 그 관용구는 극적 행위를 관객과 분리하는 벽면에, 혹은 그 벽면 너머에 무엇이 있는지 배우들이 단지 상상할 필요가 있음을 함축한다. 배우들은 자신들을 사방에서 에워싸고 있는 것을 상상할 필요가 있다. 만약 그들이 무대 가운데에 서서 360도를 돌아야 한다면, 그들은 등장인물이 창밖의 풍경을 보듯이 그들 주변에서 무엇을 볼 수 있는지, 특정한 문 하나는 어디로 향하는지, 그들 위에 있는 다락방은 어떻게 생겼는지 말할 수 있어야만 한다. 만약 배우들이 「갈매기」 1막에서 이렇게 한다면, 그들이 맡은 등장인물은 호수, 농장 건물, 집, 크로켓 경기용 잔디밭을 포함한 공원, 그리고 위의 하늘을 볼 것이다. 반면, 관객들은 디자인에서 명시된 이 풍경들의 부분만을 본다. 아마도 그들은 호수의 일부만, 집의 측면과 공원의 한 부분만 보게 될 것이다. 그들은 배우를 통해서만 다른 모든 것을 볼 수 있을 것이다. 만약 한 등장인물이 마치 사물들이 실제로 거기에 있는 것처럼 행동한다면, 관객들 또한 자신의 상상력으로 그런 장소들을 보게 될 것이다.

때로는 어떤 작품을 관람하고 있을 때, 배우가 장면이 벌어지는 장소에 대한 부분적 영상만을 가지고 있는 것은 아닌지 의심할 수도 있다. 등장인물들이 방에 들어와서 몸을 가누거나 바지의 먼지를 털어내거나 혹은 손을 부비는 방식을 보면, 우리는 그들이 어디서 왔는지에 대한 영상을 그들이 가지고 있음을 알 수 있다. 그러나 그 후 그들이 방안에서 창밖을 내다볼 때 바라보고 있는 것에 대한 어떤 영상도 그들은 가지고 있지 않은 것처럼 보일 수 있다. 바로 가까이 있는 환경에 대한 영상의 이러한 공백으로 인해 배우들은 몇 초, 심지어 몇 분 동안 희곡의 상상적 세계와 단절된다. 그때 그들은 인위적이거나 자의식적인 행동 혹은 제스처로 그 공백을 메움으로써 자신들과 작품을 배신하게 될 수 있다.

'과거사의 목록'에 있는 장소에 관한 모든 사실을 별도의 종이에 기록함으로써 작품의 지형을 준비하라. 「갈매기」에서는 다음과 같은 것들이 포함된다.

그곳은 러시아다.
소린 소유의 영지가 있다.
거실이 있다.

공원이 하나 있다.

공원에 이르는 넓은 가로수 길이 있다.

호수가 하나 있다.

메드베젠꼬는 영지로부터 3마일 떨어진 곳에서 살고 있다.

호수 주변에는 다섯 개의 버려진 영지가 있다.

파리가 있다.

오데사가 있다.

키예프가 있다.

모스크바가 있다.

조사가 끝나고 나면, 이제 목록에는 당시 러시아 영지의 평균 크기와 같은 새로운 사실들이 포함될 것이다. 그다음에는 장소에 대한 나머지 질문들을 다른 목록으로 옮겨보라. 「갈매기」에서 장소에 관한 질문들은 다음과 같다.

그 영지는 얼마나 넓은가?

그 길의 가로수들은 무슨 나무인가?

그 호수는 얼마나 큰가?

어떤 종류의 관목인가?

메드베젠꼬와 그의 가족은 어디서 사나?

메드베젠꼬는 어디서 가르치나?

마을은 영지로부터 얼마나 먼가?

호수 근처의 영지 다섯 개는 왜 버려졌는가?

오데사는 어디에 있는가?

꼰스딴찐은 어디서 대학를 다녔는가?

더 진전된 조사에 착수함으로써, 혹은 단어가 주는 가장 단순한 인상을 얻기 위해 텍스트를 읽음으로써 모든 질문에 답변해보라. 이 과정이 끝날 즈음 장소에 대한 사실들로 이루어진 긴 목록을 가질 것이다. 이 목록은 이전의 사실들과 새로운 사실들을 결합시킬 것이다.

영지들은 약 24제곱 에이커이다.
보리수나무들이 가로수 길에 줄지어 있다.
호수의 길이는 10마일이고, 너비는 1마일이다.
관목은 참억새풀이다.
메드베젠꼬와 그의 가족은 메드베젠꼬가 근무하는 학교가 있는 마
　　을에서 3마일 떨어진 곳에서 살고 있다.
그들이 살고 있는 읍은 영지로부터 5마일 떨어져 있다.
호수 주변의 영지 다섯 개가 버려진 이유는 1880년대 이후 지주 계
　　급이 경제적 이유로 파산했기 때문이다.
오데사는 남쪽으로 200마일 떨어져 있다.
꼰스딴찐은 모스크바에서 대학을 다녔다.

저수지에 던진 돌이 물결을 만들어내듯이, 계속 늘어나는 장소의 범위들을 보게 될 것이다. 「갈매기」에서 장소의 범위들은 다음과 같다.

집 자체.
집 인근의 환경과 호수를 포함한 영지.

소도시, 기차역, 메드베젠꼬의 학교와 집이 있는 시골.

하리코프, 모스크바, 상트페테르부르크 그리고 폴타바와 같은 희곡
　　에서 언급된 장소들을 포함하는 러시아 제국.

희곡에서 언급된 이탈리아, 프랑스와 같은 나라를 포함한 러시아
　　외부의 세계.

　당신이 읽는 모든 희곡은 이와 같이 일련의 장소라는 범위를 가지고 있을 것이다.

　장소들의 각각의 범위에 대한 일련의 대략적인 지도들을 그려라. 이 지도들은 마치 실제 시간에 존재하는 실제 장소의 도면인 것처럼 관객을 염두에 두지 말고 그려져야 한다. 예컨대, 텍스트에 있는 사실과 그 당시 영지의 저택들에 관한 조사를 결합하여 소린의 집의 평면도를 그려라. 혹은 그 집이 있는 영지의 지도를 그려라. 혹은 현대 러시아 지도를 찾아내 텍스트에서 언급된 모든 장소를 표시하라. 그리고 나서 이 장소들의 사진들을 찾아라. 만약 언급된 장소들이 상상에 의한 것이라면, 그러한 장소들을 재현할 수 있는 이미지들을 찾아라. 예를 들어 셰익스피어의 「태풍」에 관해서라면 그 희곡의 텍스트가 묘사하는 모든 지형적 요소를 갖춘 실제로 존재하는 섬의 사진들을 찾고 싶어할 것이다. 「갈매기」에서 영지나 집과 같은 가장 세밀한 장소의 지도들과 이미지들은 디자인 과정에서 토대를 제공할 것이다. 러시아 제국 지도와 같은 보다 더 넓은 범위를 보여주는 지도들은 배우들에게 그들의 행위 중에 언급되나 관객들은 보지 못하는 장소들에 대한 영상을 제공할 것이다.

　일상생활에서 아는 장소나 도시를 언급할 때면, 우리의 마음속에

는 영상이 하나 떠오른다. 만약 '버밍엄'이라고 말하면 복잡한 교차로에 대한 영상이 생기고, '모스크바'라고 하면 양파 모양의 교회 돔 위에 덮인 눈에 대한 영상이 떠오른다. 사람들이 어떤 장소에 관해 이야기하는 것에 주의를 기울이면, 그들은 이야기할 때 그 장소에 대한 영상을 보고 있다는 것을 알아차릴 것이다. 이것은 그들의 목소리의 어조, 시선의 방향, 머리의 각도, 몸을 가누는 방식에서 명백하게 드러난다. 그들이 그 장소에 대해 어떤 태도를 취하든 이것은 사실이다. 마찬가지로, 희곡의 등장인물들이 하리코프나 자신들의 곡물 창고와 같은 장소들을 언급할 때, 그들의 머릿속에는 영상들이 자리 잡고 있다. 배우들은 등장인물이 말하거나 듣고 있는 모든 장소―가까운 곳뿐만 아니라 먼 곳에 있는―에 대해 하나의 영상을 가지고 있어야만 한다. 만약 그들이 마음속에서 그 장소를 본다면, 그들은 어조나 신체를 그것에 맞게 조절할 것이다. 그때 관객은 배우들이 실제 장소를 언급하고 있다는 인상을 가지게 될 것이다.

장소에 대해 작업하는 것은 오래된 희곡에도 유용하지만, 새로운 희곡에는 대단히 이로울 것이다. 만약 새로운 희곡에 대해 작업한다면, 모든 장면이 어디에서 일어나는지 명확히 하기 위해 작가에게 장소에 대해 질문하거나, 혹은 극적 행위에서 언급되기는 하지만 보이지 않는 장소들에 대해 토론하라. 「시골」에서 마틴 크림프는 희곡이 전개된 장소나 등장인물들의 출신 도시들을 텍스트에서 명기하지 않았다. 내가 그것에 대해 물었을 때, 그는 주인공 커플이 처음에는 런던 북부에서 살다가 노섬벌랜드로 이사했다는 상상을 했다고 말했다. 그 후에 나는 두 장소들을 조사했고, 그 조사 덕분에 배우들을 희곡의 세계로 인도할 수 있었다.

사실주의 양식이든 혹은 상징주의 양식이든 모든 희곡을 작업할 때에는 장소에 관한 작업도 할 필요가 있다. 만약 스트린드베리의 「꿈의 연극」과 같은 초현실주의 희곡을 작업하더라도, 장소에 대한 구체적인 영상들을 구축할 필요가 있을 것이다. 꿈에서 장소들은 종종 예상치 못한 조합으로 합쳐진 몇 개의 실제 장소들의 파편들로 구성되는데, 우리는 삶(현실)에서처럼 꿈속에서 장소를 생생하게 경험한다. 「태풍」에서와 같은 상상의 섬에서조차 등장인물들은 그들이 있는 곳을 실제 환경으로서 경험한다.

자, 이제 극적 행위가 일어나는 곳과 텍스트에서 언급된 장소들에 대해 명료하게 의식하게 되어, 누가 행위를 하는지 그리고 그 행위는 과거의 사건들에 의해 어떻게 형성되었는지를 연구할 준비가 된 셈이다.

- **요약**
  > 장소에 대한 모든 사실과 질문을 택하여 별도의 종이에 기록하라.
  > 조사를 더 진행함으로써 혹은 텍스트가 주는 가장 단순한 인상을 위해 텍스드를 읽음으로써 모든 질문에 답하라.
  > '장소의 범위들' 전부에 대한 지도나 도면을 그려라.
  > 장소의 각 범위에 대한 이미지나 사진을 찾아라.

(6) 등장인물의 전기

연출가들은 종종 희곡의 등장인물에 관한 정보를 준비하는 일을 외면한다. 그것은 배우들의 영역이며, 따라서 리허설이 시작되기 전에 조사할 수 없는 텍스트의 영역이라고 여기기 때문이다. 그럼에도 등장인물의 전기를 용의주도하게 준비하면 희곡에 대한 올바른 방향으로 배우들을 안내하는 데 도움이 될 뿐만 아니라, 당신이나 배우들이 막다른 골목에 빠져 시간을 낭비하는 것을 피할 수 있을 것이다. 언제나 등장인물이 희곡의 현재 행위에서 말하고 행동하는 것에 비춰 과거에 대한 추측들을 가능하라. 한 등장인물에 대해 거창한 과거를 구축하고, 그러고 나서 이 인물이 응당 희곡에서 해야 할 모든 것을 말하고 행동하지 못하는 것을 발견한다면, 그것은 아무 쓸모도 없다. 이러한 점을 염두에 두고 전기를 준비하면, 공연을 재미있게 하기 위해 튜바를 연주하는 전직 스케이트 선수인 조울증 환자 같은 배역을 아무 근거 없이 만들어내는 것을 막는 데에도 도움이 될 것이다. 당신 혼자서 한 작업은 돌에 새긴 것처럼 변경 불가능한 것이 아니다. 세부적인 것들은 리허설 중 필요에 따라 혹은 배우들에게서 받은 영감에 반응하며 바뀔 것이다. 어디에서든 출발점을 가지게 될 것이다. 또한 모든 등장인물의 전기를 작업해내면, 각각의 배우가 그러는 것처럼, 한 사람의 눈을 통해 희곡을 보게 된다. 이러한 관점에 의해 당신은 연습에 참여하는 모든 배우의 관심사와 흥미에 부응하게 된다. 그것은 또한 당신을 각 등장인물의 입장이 되어보게 하며, 극단적으로 단순화한 가치 판단을 멈추도록 한다. 마찬가지로 이 관점은 등장인물들이 과거에 상호 작용한 방식과, 그들이 희곡의 현재 행위에서 상호 관계하는 방식 사이의 논리를 이해하는 데 도움이 된다. 만약 과거에 발생했던 것에 관한 영상을 바르게 이해하면, 그것은 더욱 정확해질 것이다. 예를 들어 「갈매기」에서 뜨리고린과 아르까지나가 어떻게 만났고 관계를 시작했는지에 대해 분명하게 공유되는 영상을 그들의 역을 맡은 배우들이 가지고 있다면, 그 장면을 연기하는 데 도움이 될 것이다. 만약 공유되는 하나의 영상을 가지고 있지 않

거나 혹은 서로 다른 영상을 가지고 있다면, 희곡 자체에서의 관계와
상호 작용은, 잘 해봐야 혼란스럽고, 최악에는 믿을 수 없게 될 것이
다. 과거에 무슨 일이 일어났는지 이해하는 것은 그러므로 희곡에서
이루어지는 행위의 연출을 향한 첫걸음인 셈이다.

배역표에 올린 순서대로 등장인물에 대해 작업하라. 그런 식으로
하면, 당신의 호감에 따라 좋아하는 등장인물을 먼저 분석하고 관심
이 덜 가는 다른 등장인물들을 경시하는 것은 방지될 것이다. 하녀나
웨이터처럼 세세한 것이 거의 없는 등장인물일지라도 반드시 상세하
게 연구하라. 각 등장인물의 과거에 무슨 일이 있었는지에 대해 가장
단순하고 가장 논리적인 인상을 얻도록 노력하라.

첫 번째 등장인물을 시작하자. 그러기 위해 사실과 질문으로 이루어
진 '과거사의 목록'으로 돌아가자. 그 등장인물에 관한 모든 사실을 별
도의 종이에 기록하라. 아르까지나에 관한 사실의 목록이 여기 있다.

아르까지나의 아들은 꼰스딴찐으로 불리고, 그녀의 오빠는 소린으
　로 불린다.
아르까지나는 배우이고, 「춘희」라는 연극에 출연했다.
사람들은 아르까지나와 뜨리고린에 대해 신문에 글을 썼다.
아르까지나는 오데사에 있는 은행에 7만 루블을 예금해놓았다.
아르까지나는 마흔세 살이다.
아르까지나는 열여덟 살 때 꼰스딴찐을 낳았다.
아르까지나는 뜨리고린이라는 작가와 관계를 맺고 있다.
아르까지나는 키예프에서 소매업을 하는 집안 출신의 유명 배우와
　결혼했었다.

1873년 폴타바의 축제에서 아르까지나는 공연했다. 그 당시 그녀는 스물세 살이었고, 그녀의 아들은 다섯 살이었다.

아르까지나는 공설 극장에서 일했고, 당시 뜰이 있는 아파트 단지에서 살고 있었다. 그 단지에는 세탁부로 일하는 여성도 살고 있었다. 어느 날 사람들은 그녀가 매를 심하게 맞아 의식을 잃은 것을 발견했다. 아르까지나는 그녀를 계속 방문하면서 그녀에게 약을 먹였고, 욕조에서 그녀의 아이들을 씻겼다. 그 아파트 단지에서는 발레리나도 두 명 살고 있었는데, 종종 아르까지나의 집에 와서 커피를 마시곤 했다. 그들은 독실한 신앙심을 가지고 있었다.

아르까지나와 뜨리고린은 모스크바에서 산다.

아르까지나는 어린아이일 때 가을이면 영지에서 엄마, 오빠와 함께 로또라는 카드 게임을 하곤 했다.

그런 다음에 이 사실들을 대략 연대기적 순서에 따라 배열하라. 출생일을 알려주는 나이 같은 것을 제외하고, 날짜와 시간을 직접 언급하는 정보는 거의 없을 것이다. 예를 들어 「갈매기」의 1막은 아르까지나가 마흔세 살이고, 꼰스딴찐이 스물다섯 살인 1893년에 시작한다. 이러한 사실로 아르까지나가 열여덟 살이던 1868년에 꼰스딴찐을 가졌음을 계산할 수 있다. 실제 날짜가 이따금 언급될 수도 있겠지만(「갈매기」에서 1873년 폴타바 축제 때 아르까지나가 공연했다는 언급이 있기는 하지만), 그런 일은 극히 드물다. 조사를 통해 단서들을 얻게 될 것이다. 젊은 남성들이 대학에 가던 시기와 평균 학위 취득 기간을 확인함으로써 꼰스딴찐이 열여덟 살이던 1886년 대학에 갔음을 알아낼 수 있다. 그러나 텍스트에서 인상들을 읽어내는 것에 기댈 수 밖에 없는 부분들이 여전히 있을 것이다. 이 단계에서 사건들을 가장 단순하게 해석하기로 결정한다면, 큰 도움이 될 것이다. 예를 들어 비록 텍스트에서 날짜가 언급되지 않았을지라도 뜨리고린과 아르까지나의 관계가 언제 시작되었는지를 결정해야 할지도 모른다. 이번이 뜨리고린의 첫 번째 영지 방문이고, 그러므로 내릴 수 있는 가장 단순한 결론은 그들의 관계는 비교적 최근에 시작되었으며(1892년에 시작되어 1년 미만), 정상적인 커플로서 맞는 첫 여름휴가였다는 것이다.

사건들을 단순하게 정리한 예가 여기에 있다.

1850 아르까지나가 태어나다. 그녀에게는 표트르라는 오빠가 있다.

　가을 저녁이면 어머니, 오빠와 함께 로또라는 게임을 한다. 키예프에서 소매업을 하는 집안 출신의 유명 배우 가브릴 레쁠레프를 만나다.

　가브릴 뜨레쁠레프와 결혼한다.

1852 프랑스에서 「춘희」가 초연된다.

1859 엘레노라 듀스가 태어난다.

1868 꼰스딴찐이 태어난다.

1873 스물세 살의 나이에 폴타바 축제에서 공연하다. 그녀의 아들은 다섯 살이다.

　공설 극장에서 일하며, 근처에 여자 세탁부와 발레리나도 사는 아파트 단지에서 산다.

　「춘희」를 공연한다.

　오데사에서 은행 계좌를 트고 저축하기 시작한다.

1886 꼰스딴찐이 모스크바 대학에 간다.

1890 학업을 끝내지 못한 꼰스딴쪈이 모스크바 대학을 떠난다.

1891 꼰스딴쪈은 아르까지나의 오빠, 즉 외삼촌과 함께 살기 위해 영지로 간다.

1892 뜨리고린을 만난 그녀는 관계를 시작한다. 그녀는 뜨리고린과 함께 살기 시작한다. 신문들은 그들의 관계를 기사화 한다.

1893 여름휴가 때 뜨리고린을 그녀 가족의 영지로 데리고 간다.

「춘희」의 초연과 이탈리아 여배우 엘레노라 듀스의 출생처럼 내가 조사하면서 발견한 몇 가지 사실들이 목록에 첨가된 것을 알 수 있다.

이제 '과거사의 목록'에서 등장인물에 관한 모든 질문을 적어보자. 「갈매기」에서 뽑아본 아르까지나에 대한 아래의 질문들이 그 예이다.

왜 아르까지나는 자기 돈을 오데사의 은행에 예금했나? 그곳에서는 세금을 피할 수 있나?

왜 아르까지나는 돈을 나눠주려고 하지 않나?

아르까지나에 대해 사람들은 신문에 뭐라고 썼나?

아르까지나는 얼마나 잘 알려졌고, 무엇 때문에 알려졌나?

뜨리고린과 아르까지나는 언제 만났나?

가브릴 뜨레쁠레프와의 관계는 언제 끝났나? 1893년에 그는 살아 있었나, 죽었나?

어떤 유형의 유명 인사들이 아르까지나의 집을 방문했나?

아르까지나는 가브릴 뜨레쁠레프를 어디서 어떻게 만났나?

아르까지나는 어떻게 배우가 되었나?

아르까지나는 도른과 염문이 있었나?

아르까지나는 「햄릿」의 거투르드를 연기했나?

아르까지나는 언제 담배를 피우기 시작했나?

아르까지나는 영지에서 성장했나?

아르까지나는 얼마나 자주 순회공연하고, 호텔에 묵었나? 그녀는 어디로 순회공연을 갔나? 뜨리고린은 그녀와 동행했나?

아르까지나는 영지에 얼마나 자주 갔나? 여름휴가 때뿐인가? 그녀가 여름마다 모욕을 당했다고 주장할 때, 무슨 사건을 언급하는가?

아르까지나는 그녀의 외출복을 위해 얼마나 지출했나?

아파트에 살 때, 아르까지나가 일하던 공설 극장은 어디 있었나?

어머니와 함께 로또 게임을 했을 때, 아르까지나와 그녀의 오빠는 몇 살이었나?

아르까지나의 어머니와 아버지는 언제 죽었나?

위의 모든 질문에 대답하라. 때때로 정확한 날짜들을 찾아내지 못할 것이므로, 사건들이 발생했을 기간 사이의 가장 최근과 최후의 날짜를 기록하라.

예를 들어, 엄마와 함께 로또 게임을 하는 아르까지나를 묘사하는 텍스트는 그녀가 어린 소녀였다는 인상을 주기는 하지만, 정확히 몇 살이라고는 알려주지 않는다. 나는 아르까지나가 다섯 살과 열두 살 사이였을 때 이 일이 발생한 것으로 설정했다. 그러면 나중에 리허설을 하면서 배우들과의 로또 게임을 위한 정확한 날짜를 정할 수 있다. 때때로 특정한 사건이 일어난 날짜나 연도를 만들어내야 할지도 모른다. 결정한 사항들이 텍스트가 주는 인상과 부합하는지 확실히 하기 위해 텍스트를 주의 깊게 읽고, 언제나 가장 단순한 대답을 찾아라. 다른 등장인물들의 전기를 언급하지 않고서 한 등장인물을 설정하는 것이 불가능하다는 것을 기억하라. 반드시 사실들을 다양한 등장인물들의 전기들 사이에서 상호 참조하라. 그럼으로써 모든 사람에게 해당될 설정을 만들 수 있을 것이다. 등장인물의 전기에 대한 첫 번째 스케치의 내용을 충실하게 하기 위해 이 답변들을 활용하라. 이러한 과정이 완결된 이후 만들어진 아르까지나의 전기에 대한 첫 번째 스케치가 여기에 있다.

1850 아르까지나가 호수 옆 영지에서 태어난다. 그녀에게는 표트르라는 오빠가 있다.

1852 (프랑스에서의 「춘희」 첫 공연)

1855~1862 가을 저녁이면 엄마, 오빠와 함께 로또 게임을 한다.

1859 엘레노라 듀스가 태어난다.

1866 아르까지나의 어머니가 죽다.

1867 키예프에서 소매업을 하는 집안 출신의 유명 배우(45세)인 가브릴 뜨레쁠레프를 만난다. 아르까지나는 영지 가까이에 있는 소도시 볼로고예의 극장에서 그가 공연하는 것을 본다. 그녀는 가족으로부터 도망간다.

1868 열여덟 살 때 가브릴과 결혼하자 그녀의 가족은 그녀를 유산 상속 대상에서 제외시킨다. 꼰스딴찐이 태어난다. 가브릴은 자신이 출연하는 연극에서 그녀가 작은 역을 맡으면서 배우의 직업을 시작하도록 돕는다.

1872 가브릴은 그녀에게 아무것도 남겨주지 않은 채 죽는다.

1873 스물세 살인 아르까지나는 폴타바 추수 감사 축제에서 공연

한다. 꼰스딴찐은 다섯 살이다.

1874~1875 스물네 살 때와 스물다섯 살 때 모스크바에 있는 공설
극장에서 일한다. 아파트 단지에서 살며, 매를 맞은 청소부를 돌
본다. 발레리나 두 명이 규칙적으로 차를 마시러 들른다. 아르까
지나는 가난하다.

1877 그녀의 아버지인 니콜라이가 죽고, 그녀의 오빠 소린이 영지
를 상속받는다. 그녀와 오빠 사이에 화해가 이루어진다.

1878 꼰스딴찐과 아르까지나는 여름휴가를 보내기 위해 매년 영지
를 방문하기 시작한다. 그녀는 의사인 도른을 만나고, 그와 가볍
게 연애를 한다.

1880 아르까지나의 경력은 「춘희」의 공연으로 도약하기 시작하고,
그녀는 오데사에 있는 은행에 예금하기 시작한다. 그곳에서는
세금을 피할 수 있다. 그녀는 모스크바에 좋은 아파트를 마련하
고, 연극하는 예술가들, 음악가들, 화가들을 주변 친구로 사귀기
시작한다. 그녀는 담배를 피우기 시작한다. 그녀는 의상 한 벌당
300~400루블을 지불해야 한다.

1880년대 지주 계급이 소유한 여러 영지가 붕괴되기 시작한다.

1886 꼰스딴찐이 모스크바에 있는 대학에 간다.

1890 꼰스딴찐이 학업을 마치지 못한 채 모스크바 대학을 떠난다.

1890년대 데카당décadent파가 부상한다.

1891 꼰스딴찐은 자신이 평생 살게 될 영지로 돌아온다. 아르까지나
는 그의 모스크바 생활비를 대주는 것을 거부한다. 어머니가 학비
를 지원해준 대학에서 학위를 받는 데 실패했기 때문이다.

1892 아르까지나는 거트루드 역을 연기한 「햄릿」 공연 후 뜨리고린

(30세)을 만난다. 그는 자신의 희곡에 맞는 여배우를 찾고 있다. 그들이 연애를 시작한다. 아르까지나는 모스크바에서 공연된 뜨리고린의 새로운 연극에서 성공적으로 연기한다. 신문사들이 그녀와 뜨리고린의 관계에 대한 가십성 기사를 쓰기 시작한다.

1892 가을 뜨리고린이 아르까지나의 아파트로 이사해서 그녀와 동거를 시작한다. 이로써 그들의 관계가 견고해진다.

1893 아르까지나는 여름휴가 동안 가족의 영지에서 함께 지내자고 뜨리고린에게 제의한다.

이러한 전기의 스케치는 연습실에서 배우들과 작업하는 데 토대가 될 것이다. 희곡의 각 등장인물에 대해서도 같은 훈련을 반복하라.

과거의 정보가 거의 없는 등장인물들은 세심한 배려를 필요로 한다. 만약 그들의 전기에 공백이 있다면, 연출가나 배우가 연기하는 데 도움이 되지도 않을 정보를 조작할 위험이 있다. 그 대신 공백을 메울 가장 단순한 방법을 찾으려고 노력하라. 「갈매기」에서 뜨리고린은 그에 대한 전기를 쓰기가 특히 어려운 등장인물이다. 텍스트에는 그의 가족 배경, 교육 혹은 그가 어떻게 성공적인 작가가 되었는지에 관한 정보가 없다. 간단한 설정을 몇 개 해보자. 그를 교양 있고 대학 졸업장을 소지한 등장인물로 가정하자. 아이들이 초등학교에 들어가거나 대학 교육 과정을 시작하는 나이 등 19세기 러시아 교육에 관한 기본적인 정보를 찾아내어, 뜨리고린의 전기에 추가하라. 그러고 나서 체호프의 작가로서의 경력이 어떻게 전개되었는지에 관해 읽어보고 동일한 기본적인 단계들을 뜨리고린에게 적용하라. 마지막으로, 그가 처한 환경과는 약간 다른 계급의 배경을 그에게 부여하라. 사람들이 자신의 배경에 대한 정보를 밝히지 않는 가장 단순한 이유 중 하나는 그들이 다른 계급 출신이기 때문이다. 체호프는 상인 계급 출신이니, 뜨리고린에 대해서도 같은 결정을 내려라.

또한 희곡에는 등장하지 않으나 무대에는 등장하는 등장인물들 모두 혹은 일부의 마음속에 확고히 존재하는 등장인물들에 대해서도 작업할 필요가 있다. 이런 등장인물들을 '간접적인 등장인물'이라고 부르는데, 그들의 존재는 극의 행위에서 등장인물들이 말하고 행동하는 것에 영향을 미친다. 몇몇 등장인물의 삶에 강력한 영향을 끼친 「갈매기」에서 언급되는 사람들이 있다. 그들에 대한 명확한 영상을 구성하는 일은 중요하다.

　니콜라이 소린

　소린 부인

　가브릴 뜨레쁠레프

　니나의 어머니

　니나의 아버지

　니나의 계모

　메드베젠꼬의 아버지

　메드베젠꼬의 어머니

　메드베젠꼬의 두 누이들

　메드베젠꼬의 남동생

희곡의 등장인물들 각각에 대해 작업할 때, 간접적인 등장인물들에 관한 사실들과 질문들을 적어라. 무대에 등장하는 등장인물들을 위한 전기를 구성하는 일을 다 끝내면, 같은 과정을 활용하여 간접적인 등장인물들을 위한 전기를 구성하기 시작하라. 보이는 등장인물들과 간접적인 등장인물들 모두에 대해 조사한 뒤 모든 등장인물의 과거사를 통합하는 주요 일지를 작성하라. 일지 작성을 통해 모든 등장인물의 삶의 윤곽을 얻을 것이다.

리허설이 시작되기 전 각 등장인물을 위한 전기를 구성하는 일은 또한 새로운 희곡의 연출을 준비하고 있을 때 도움이 될 것이다. 만약 작가가 반대하지 않는다면, 이들의 전기를 구축하기 위해서 작가들과 함께 작업할 수도 있다. 또한 베케트나 핀터의 작품처럼 보다 더 추상적이거나 양식화된 희곡의 등장인물에 대해서도 동일한 방식으로 작업할 수 있다. 베케트의 「난 아니야」를 연출할 때, 나는 등장인물인 마우스에 대한 전기를 체호프 희곡의 등장인물에 대해 했을 법한 방식으로 구성했다. 오페라에서 가수들과 함께 작업할 때도 이 과정을 이용했다. 비록 오페라가 반복의 음악적 구조를 지닌 고도로 양식화된 형식이긴 하지만, 등장인물의 전기들은 실질적으로 가수들에게 근거를 마련해줄 것이다.

이러한 과정이 끝날 즈음, 희곡의 등장인물들 각각의 전기에 대한 별도의 스케치를 가지게 될 것이다. 또한 사실과 질문의 '과거사의 목록'에 있는 대부분의 질문에도 답변이 되었을 것이다. 탁월한 질문은 관계들을 조사하고 즉흥극을 계획함으로써, 등장인물에 대한 작업을 심화시키는 방법을 설명해준다.

- **요약**

별도의 종이에 각 등장인물에 관한 모든 사실을 기록하고, 개략적인 연대
  기적 순서에 따라 배열하라.

별도의 종이에 각 등장인물에 관한 모든 질문을 기록하고 그것에 답변하라.

질문에 대한 대답들을 개별 등장인물의 전기로 옮겨라.

모든 간접적인 등장인물의 전기를 작업하라.

모든 전기를 하나의 중요 목록으로 통합하라.

이 장에서 이루어진 모든 작업의 확인 목록

과거사에 대한 사실들과 질문들로 구성되는 중요한 목록 -'과거사의 목록'

조사가 필요한 모든 질문에 대한 답변의 목록

관련된 역사적 사건들의 연대기

특정한 등장인물들을 위한 모든 조사 과제의 목록

시각 혹은 영상 자료 모음

현장 학습을 통해 얻어진 자료들을 기록하다.

장소에 대한 사실들의 목록

각 '장소의 범위'에 대한 일련의 대략적인 지도들

각 '장소의 범위'에 대한 일련의 이미지들이나 사진들

무대에 등장한 각 등장인물의 전기에 대한 스케치

간접적인 등장인물들의 전기에 대한 스케치

모든 전기를 통합한 주요 목록

CHAPTER 2

각 장면에 대한 정보 구성하기

제2장에서는 각 장면에 대해 어떻게 정보를 구성하는지 살펴볼 것이다. 또한 리허설을 위해 몇 가지 간단한 출발점도 마련할 것이다. 당신이 내리는 결론들을 종이 한 장에 기록하여 관련된 장면 앞의 대본에 끼워 넣을 수 있다. 이 장은 다음과 같은 세 단계로 이루어진다.

– 눈앞의 상황
– 장 혹은 막 사이에 일어난 일
– 시간

(1) 눈앞의 상황

'눈앞의 상황'이라는 24시간 안에 발생한 사건들, 그리하여 한 장면의 행위로 귀결되는 사건들이다. 장면이 시작되기 몇 분 전에 일어났을 수도 있고, 전날 저녁에 발생했을 수도 있다. 이 사건들은 장면의 행위에 직접적인 영향을 미치며, 배우들에게 연기에 필요한 구체적인 것을 즉각 제공한다.

「갈매기」에 관해 사실들과 질문들로 이루어진 최초의 '과거사의 목록'을 작성하면, 호수와 같이 오랜 시간 동안 그곳에 있었던 것들과, 서둘러 가설된 무대와 같이 최근 부가된 것들 사이에 차이가 있음을 알아차릴 것이다. 또한 (아르까지나가 가브릴 뜨레쁠레프와 결혼한 것과 같은) 등장인물을 형성하는 먼 과거의 사건들과, (1막에서 마샤와 메드베젠꼬가 막 돌아온 산책과 같은) 등장인물들에게 방금 일어난 최근의 사건들 사이에 차이가 있다는 것도 알 수 있을 것이다. 최근의 사건들이나, 즉석에서 만들어진 무대나 산책로와 같이 풍경에 덧붙여진 것들은 제1막의 눈앞의 상황을 구성한다.

세심한 조사를 통해 혹은 텍스트로부터 단순한 인상을 받음으로써 최초의 '과거사의 목록'의 대부분 질문에 이미 답을 했으며, 따라서 목록에는 이제 제1장 혹은 제1막을 위한 눈앞의 상황만 포함될 것이다. 「갈매기」의 제1막에 대한 눈앞의 상황의 목록이 여기 있다.

서둘러 만들어진 가설무대가 있다.

호수의 광경을 가리는 무대 단상이 있다.

커튼이 하나 있는데, 드리워져 있다.

마샤와 메드베젠꼬가 산책했다.

그곳은 협소하다.

그곳은 눅눅하다.

황혼 무렵이다.

지난밤 소린은 저녁 10시에 자러 갔고, 오늘 아침 9시에 일어났다.

만찬이 있었다.

소린은 점심때 잠이 들었다.

연극은 오전 8시 30분에 시작될 것이다. 하지만 30분 이상 공연되
　　지는 않을 것이다.

단상 양 측면에 무대의 끝 부분이 있다.

무대에는 배경이 없다.

개가 지난밤과 그 전날 밤에 짖어댔다. 아르까지나는 그것에 대해
　　소린에게 불평했다.

니나는 30분 후인 저녁 9시에 출발해야 한다.

니나의 아버지와 계모는 외출했다.

하늘이 붉다.

지난밤에 도른은 아르까지나와 이야기하며 베란다에 앉아 있었다.

여덟 명이 초대되어 그 공연을 관람했다.

단상 위에는 커다란 돌이 있다.

여기에 이 사실들과 관련된 질문의 목록이 있다.

언제 누가 그 단상을 세웠나? 왜 그것을 서둘러 세웠나?

일꾼들은 어디서 왔고, 그들은 평상시에 영지에서 무슨 일을 하나?

커튼은 어떻게 생겼고, 어떻게 작동하나?

무슨 요일인가?

왜 마샤와 메드베젠꼬는 산책 갔으며, 그들은 얼마 동안 산책했나?

저녁 식사는 몇 시에 있었으며, 누가 식사했나? 그들은 무엇을 먹었나?

누가 그 연극을 볼 사람들을 초대했고, 그들은 언제 초대되었나? 꼰
　　스딴쩬은 그 연극에 대해 아르까지나에게 뭐라고 말했나?

뜨리고린은 언제쯤 영지에 도착했나?

아르까지나가 도착한 후 꼰스딴찐은 그녀를 어떻게 비난했나?

아르까지나는 개가 짖어대는 것에 대해 소린에게 언제 말했나?

무슨 계절인가?

그 개는 밤에 다른 사람도 자지 못하게 했나?

개는 왜 짖어댔나?

꼰스딴찐은 니나가 밤 9시에 떠나야 한다는 것을 알고 있는가? 그녀가 이야기하기 전에 말이다.

니나의 아버지와 계모는 늦게 떠났다. 그것이 니나가 늦은 이유인가?

아니면 다른 이유가 있나?

니나의 부모는 어디에 갔나?

야코프는 꼰스딴찐과 함께 특수 효과를 연습해보았나? 만약 그렇다면, 언제인가?

도른과 아르까지나는 지난밤에 베란다에서 무슨 이야기를 했나? 다른 사람들은 어디 있었나?

도른은 지난밤 몇 시에 떠났나? 그는 오늘 저녁 몇 시에 도착했나?

니나는 연극을 공연하기 위해 무슨 옷을 입고 있나? 누가 그것을 만들었나, 아니면 함께 준비했나? 그녀는 그 의상을 입고 오는가? 아니면 의상이 그 집에 준비되어 있는가?

하얀 돌은 언제 단상 위에, 누구에 의해 놓였나? 그 돌은 얼마나 큰가?

그다음으로 질문들에 답하기 위한 사실적 정보를 추론하기 위해서 텍스트의 인상들을 활용하라. 그러고 나서 그 장면 혹은 그 막이 시작되기 전에 무슨 일이 일어났는지에 대한 연대표의 초안을 작성하라. 제1막에 대한 첫 번째 연대표의 초안이 여기에 있다.

8월 중순

금요일

늦은 오후 꼰스딴찐과 니나는 그들 연극의 마지막 리허설을 끝냈다. 니나는 내일 오후 8~9시 사이에 그녀가 자유롭게 연극을 할 수 있다는 것을 그에게 알려준다. 연극은 단지 30분 미만 동안만 공연된다.

그 전날 밤 도른과 메드베젠꼬가 저녁을 먹으려고 왔다. 식사 중 꼰스딴찐이 다음 날 저녁 연극을 보러오라며 소린, 아르까지나, 도른, 샴라예프, 뽈리나, 마샤, 메드베젠꼬를 초대했다. 그는 공연이 한 시간 미만 진행되는 가벼운 여흥거리라고 말했다. 소린은 밤 10시에 자러 갔다. 아르까지나는 이것으로 소린을 놀렸고, 꼰스딴찐은 아르까지나에게 짓궂게 굴지 말라고 다소 신경질적으로 말했다. 도른은 아르까지나와 늦게까지 이야기하며 베란다에 계속 머물렀고, 음식을 치우며 또 아침을 준비하는 일을 감독하던 뽈리나가 이 광경을 목격했다. 다른 사람들은 모두 자러 갔거나 집으로 갔다. 그들은 지난 여름에 만난 이후 각자의 삶에 대한 밀린 이야기를 나누었는데, 특히 도른은 니나의 아버지가 어떻게 재혼했으며, 니나를 유언장에서 어떻게 제외시켰는지에 대한 새로운 소식을 아르까지나에게 알려주었다. 도른은 자정이 막 넘었을 때 떠났다. 저녁 후 꼰스딴찐과 야코프는 처음으로 특수 효과를 시험했다. 그들은 샴라예프와 도른으로부터 유황과 알코올을 얻었다. 호수로 노를 저어간 보트에서 야코프가 빨간 종이 갓을 씌운 랜턴을 비추자 붉은 점들이 생겨났다. 개는 다시 아르까지나를 깨웠다.

토요일

오전 6시 샴라예프와 일꾼들이 들에서 일을 시작하기 위해 일어났다.

오전 9시 소린이 잠에서 깨어났다.

아침 식사 시간 아르까지나는 이틀째 밤에도 계속 개가 짖었다고 소린에게 투덜댔다. 꼰스딴찐은 그녀에게 구시렁대지 말라고 말했다. (기근으로) 도둑들이 들끓어 그 개가 수수밭을 지키고 있다. 사람들은 그런 일에 매우 익숙해져서 아무도 개 때문에 깨지는 않았다.

하루 종일 집안의 모든 사람이 차 마시는 시간에 도착하는 뜨리고린을 맞기 위한 준비로 바빴다.

점심 이후 소린은 잠이 들었다.

오후 3시 일꾼들은 단상을 세우기 시작했고, 단순한 도르래 장치로 커튼을 조종하는 기구를 만들었다. 그들 중에는 집안의 시종인 야코프와, 추수를 하던 두 명의 농노가 끼어 있었다. 날씨가 악화되어 비가 오기 전에 사람들은 가능한 한 많은 수확을 거두려고 더 오래 일해야 했기 때문에 그들은 늦게 왔다.

늦은 오후 멀리서 들려오는 천둥의 굉음과 함께 날씨는 점점 더 나빠졌다. 뽈리나는 니나의 의상 제작을 끝내고, 그것을 꼰스딴찐에게 건넨다. 지레를 사용해 하얀 돌을 단상 위로 옮겼다.

오후 4시 샴라예프와 아르까지나는 기차역으로 뜨리고린을 마중나갔다.

오후 5시 뜨리고린이 영지에 도착했다.

오후 6시 도른이 도착했고, 그들은 저녁으로 양고기 스튜를 먹었다. 소린, 꼰스딴찐, 뜨리고린, 아르까지나, 도른, 뽈리나, 마샤, 샴라예프가 저녁을 먹었다. 날씨는 덥고 습하다. 천둥소리가 가까워지고 있다. 니나의 아버지와 계모는 이웃집 술 모임에 참석하려고 늦게 떠났다.

오후 7시 30분 마샤와 메드베젠꼬는 산책을 나갔다. 저녁에 초대받지 못한 메드베젠꼬가 일찍 도착했기 때문에, 마샤는 저녁 식탁에서 일어나 그를 데리고 산책을 가야 했다.

첫 장면 혹은 첫 막을 위한 연대표를 끝냈으면, 다음 장면 혹은 다음 막의 눈앞의 상황에 대한 작업에 착수하라. 이후에 오는 눈앞의 상황을 위해 이용할 수 있는 정보는 '과거사의 목록'에서는 전혀 얻을 수 없을 것이다. '과거사의 목록'은 장면들 사이에서 발생하는 것에 관한 정보를 포함하지 않았기 때문이다. 그것은 극의 행위가 시작되기 전에 존재했던 것을 단지 조사만 할 뿐이다. 그러므로 이후의 장면을 위해서는 각 장을 읽고 눈앞의 상황에 대한 두 개의 새로운 목록을 작성해야 한다. 하나는 사실의 목록이고, 다른 하나는 질문의 목록이다. 그리고 나서 질문들에 대답하고, 각 장의 행위에 이르는 24시간의 대략적인 연대표를 만들어라. 친밀감이 이 과정에 개입하지 않도록 하라. 즉, 행위에 연관된 모든 사람이 아니라 핵심 등장인물에게 발생한 것에만 집중하라.

이 과정의 마지막에서 각 장 혹은 각 막에 대한 눈앞의 상황의 연대표가 생겼을 것이다. 별도의 종이에 각 장면에 대한 첫 초안을 작성하고, 관련 행위 앞 대본에 끼워 넣어라. 그런 식으로 그 장면에 대해 작업할 때, 기록한 것들을 쉽게 찾을 수 있다. 또한 대본에 이런 정보를 첨가함으로써, 희곡 전체를 다시 읽을 때 자료를 더욱 정확하게 이해할 수 있을 것이다. 눈앞의 상황—그리고 그 후 장면 사이에서 일어나는 사건들에 대한 작업—은 극의 행위를 더욱 긴 일련의 사건의 고리로 이해하도록 도와줄 것이다. 관객은 이 사건들의 일부를 극의 장면들에서 보게 될 것이고, 일부는 보지 못할 것이다(그것들은 무대 밖에서 혹은 극이 시작되기 전에 발생하기 때문이다). 그러나 연극이 제대로 공연되려면 모든 사건이 충분히 상상되어야 한다.

연대표들은 이후 리허설 중 배우들이 관찰한 것들에 의해 수정될 수 있다. 만약 그들이 어떤 것에라도 동의하지 않는다면, 그때에 쉽게 수정할 수 있다. 각 장면의 눈앞의 상황과 관련된 질문의 목록이 리허설이 끝날 때쯤 답변되고, 동의되고, 처리되는 한에 있어 수정이 가능하다.

배우들이 눈앞의 상황을 연기하는 것이 가장 효율적인 수정 방법 중 하나이다. 이와 같이 간접적으로 한 장면의 행위에 영향을 미치는 것을 익히는 것이야말로 수준 높은 연출 기교들 중 하나지만, 쉽게 간과될 수도 있다. 연출가들은 배우들이 하고 있는 것에 대해 영향을 주는 이러한 메모 없이, 혹은 믿을만한 행동이나 태도를 보여주지 않고 장면의 현재 행위만을 반복해서 메모하는 경향을 보일 수 있다. 그러나 하루 중의 시간 혹은 행위가 시작되기 직전에 등장인물들이 하고 있던 것에 대한 메모는 아주 사소할지라도 장면 전체의 템포, 열기, 톤을 바꿀 수 있으며, 그 장면을 갑자기 활기 있게 만들 수 있다.

이와 같이 간접적으로 메모를 하는 것은 오랫동안 일관된 연기를 선택하는 것으로 이어진다. 예를 들어 만약 배우에게 그가 맡은 역할에서 속도를 내라고 말한다면, 그렇게 이루어진 새로운 속도는 몇 차례 공연까지 지속될 것이다. 그 후에는 아마 메모를 다시 주어야 할 것이다. 반면에, 만약 "니나는 9시에 떠나야 해"와 같은 눈앞의 상황에 대한 구체적 지시를 내리면, 장면의 속도는 빨라지고, 더 많은 공연 동안 지속될 것이다. 속도에 대한 근거 없는 메모에 따라 연기하는 것보다 눈앞의 상황을 연기하는 것이 더욱 흥미롭기 때문일 것이다. 그러니 눈앞의 상황과, 장면을 전개할 방식 사이의 관계를 더욱 의식하도록 노력하라.

눈앞의 상황의 연대표의 첫 번째 초안이 장면을 나아가고자 하는 방향으로 전개시키는지 확인하라. 만약 제1막에 들어가기 전 며칠 동안 니나, 꼰스딴찐, 야코프에게 꼰스딴찐이 쓴 희곡의 리허설을 몇 차례 시킨다면, 공연 중 그 행위가 일어나는 장면은 순조롭고, 등장인물들은 확신이 있어 보일 것이다. 반면에 단 한 번만 리허설을 시켰다면 공연은 들쭉날쭉할 것이며, 그들은 그로 인해 더욱 긴장할 것이다. 이러한 결정들이 자료 해석을 향한 최초의 작은 걸음을 내딛게 하는 데어떤 도움을 주는지 주목하라.

마지막으로, 장면을 연습하기 전에 즉흥적으로 연기하는 데 유용할 수 있는 눈앞의 상황 속의 사건들을 적어라.

- **요약**
  각 장 혹은 각 막에 관련된 눈앞의 상황들에 대한 사실과 질문의 목록을 작성하라.
  각 장 혹은 각 막에 대한 질문들에 대답한 뒤, 각 장 혹은 각 막에 대한 눈앞의 상황들을 연대기적 순서로 배열하라.
  별도의 종이에 각 장 혹은 각 막의 눈앞의 상황에 대한 계획안을 적어라.
  이 종이들을 각 장 혹은 각 막 전의 적절한 시점에 대본에 끼워 넣어라.
  즉흥극을 하려고 계획한 눈앞의 상황을 기록하라.

(2) 장 혹은 막 사이에 일어난 일

우리 모두는 시간의 흐름이 어떻게 우리 몸에 아로새겨지고, 우리의 행동을 어떻게 변화시키는지 알고 있다. 우리는 2년 전처럼 같은 것을 보고 있다고 생각할 수도 있지만, 오랫동안 우리를 보지 못한 사람들을 만날 때, 그들은 우리의 목소리의 톤 혹은 우리가 어떻게 자세를 취하는지에 대해 미묘한 차이를 많이 지적할 수도 있다. 제3막과 제4막 사이 2년의 세월 속에서 니나가 자식을 잃은 것과 같은 어떤 힘든 사건을 경험했다면, 그 결과 우리는 신체적으로나 정서적으로 변해버린 자신을 발견한다. 이러한 변화의 영향을 배우들은 간과할 수 있으며, 따라서 몇 작품들은 수년에 걸쳐 발생한 장면들이 같은 날 한꺼번에 발생했다는 인상을 주게 된다. 배우들이 장면들 사이에서 발생한 사건들과, 이 사건들이 어떻게 그들의 등장인물들을 변화시켰는지에 대한 구체적인 영상들을 가지고 있지 않기 때문이다.

눈앞의 상황은 단지 하나의 장 혹은 하나의 막에 이르는 24시간을 포함할 뿐이다. 많은 희곡에서는 24시간 이상의 시간이 장면들 사이에서 흐른다. 그러니 이러한 사건들을 포함하는 다른 목록을 만들 필요가 있다. 이 목록은 「갈매기」에서 제3막과 제4막 사이에 진행되는 2년의 기간처럼 오랜 기간에 걸쳐 등장인물을 다시 형성하는 사건들을 포함할 것이다. 장면에 이르는 눈앞의 상황을 연기하기 전에, 배우는 이러한 사건들과 그것들이 어떻게 등장인물에게 영향을 미쳤는지에 대해 명확한 영상을 가지고 있을 필요가 있다. 사실들과 질문들을 수단으로 사용하여 이 사건들을 기록하라. 한 예로서 제3막과 제4막 사이에서 일어났던 일들에 대한 정보의 목록이 여기에 있다.

2년이 흘렀다.

응접실은 꼰스딴찐이 작업하기 위한 서재가 되었다.

꼰스딴찐은 문들 중 하나를 여는 열쇠를 가지고 있다.

2년 전 꼰스딴찐의 연극을 위해 지어진 임시 단상은 헐리지 않은 채 그대로 있다.

마샤와 메드베젠꼬는 결혼을 해서 사내아이를 낳았다. 마샤는 메드베젠꼬와 살고 있으며, 그들은 마트료나라는 유모를 고용했다.

꼰스딴찐은 문예지에 그의 작품을 발표했다. 그는 가명으로 글을 쓴다. 그의 어머니는 그 작품을 읽지 않았다.

메드베젠꼬는 다른 지역 학교로의 전출을 약속받았다.

도른은 이탈리아에서의 휴가에 그의 저금 전부를 써버렸다. 그는 그가 좋아하는 제노바의 호텔에서 머물렀다.

니나는 가출해서 뜨리고린과 연애를 했던 모스크바로 갔다. 니나의 아버지와 계모는 그녀와 의절했다. 임신한 그녀는 사내아이를 낳았지만, 그 아이는 죽었다.

뜨리고린은 아르까지나에게로 돌아갔다.

니나는 모스크바 외곽의 여름마다 열리는 극장에서 여배우로 데뷔했다. 그녀는 그때 지방으로 갔다. 꼰스딴찐은 그녀를 쫓아가서 그녀의 공연을 관람했다. 니나는 중요한 역들을 맡았지만, 과장된 제스처와 듣기 싫은 발성으로 조야하고 천박하게 연기했다. 니나는 공연이 끝난 후 꼰스딴찐이 무대 뒤로 찾아올 때마다 만남을 거절했다. 하녀가 그를 들여보내주지 않았다. 얼마 후 꼰스딴찐은 그녀의 공연을 보는 것을 그만두고 집으로 돌아갔다.

니나는 '갈매기'라고 서명한 편지를 꼰스딴찐에게 보내기 시작했다.

샴라예프는 죽은 갈매기를 박제했다.

소린의 건강은 서서히 악화되었다.

「갈매기」의 제3막과 제4막 사이에서 일어난 사건들에 대한 질문들의 목록이 여기 있다.

몇 월인가? 그러므로 3막이 끝나고 나서 정확히 얼마나 흘렀나?

응접실은 언제 꼰스딴찐을 위한 서재로 바뀌었나? 무엇이 바뀌었나? 무엇이 새로 생겼고, 무엇이 제거되었나?

연극이 공연되었던 단상을 왜 아무도 해체하지 않았나?

문 열쇠는 어디에 있나? 그는 왜 문 하나만 열 수 있는 열쇠 하나를 가지고 있나?

마샤와 메드베젠꼬는 언제 결혼했나? 그들은 언제 아들을 낳았나?

꼰스딴찐은 언제, 어느 문예지에 글을 발표했나? 원고료는 얼마나 받았나? 그의 필명은 무엇인가? 왜 그는 필명으로 글을 썼나?

메드베젠꼬는 언제 전근을 갔고, 어디로 갔나? 누가 전근을 제안했나? 메드베젠꼬는 꼰스딴찐에 대한 마샤의 감정을 알고 있나? 그렇다면 어떻게 아는가?

도른은 언제 제노바에 갔나? 얼마 동안 있었나? 그는 왜 휴가에 그의 저금을 모두 낭비했나? 그의 병이 악화되었나?

니나는 언제 고향 집에서 가출했나? 그녀의 가족은 언제 그리고 왜 니나와 의절했나?

니나는 뜨리고린과의 연애를 언제 시작했나? 그녀는 언제 임신했나? 그녀는 언제 아이를 낳았나? 아기는 언제 그리고 어떻게 죽었나? 뜨리고린은 언제 아르까지나에게 돌아갔나?

니나는 언제 모스크바 근교 여름 극장에서 데뷔했나? 그녀는 언제
그리고 얼마나 오래 지방으로 순회공연을 다녔나? 꼰스딴찐은 얼
마나 오래 그녀를 쫓아다녔나? 그는 언제 그것을 멈췄나? 그녀는
언제 그리고 왜 그에게 편지를 썼나? 편지의 내용은 무엇이었나?

샴라예프는 갈매기를 언제 박제했나?

소린의 병은 얼마나 악화되었나? 아니면 악화 단계 같은 것은 없나?

이러한 질문들이 해결되었을 때, 사건들의 대략적인 연대표를 만
들 수 있다. 제3막과 제4막 사이에서 일어난 사건들에 대한 연대표가
여기 있다.

1893

9월 니나는 뜨리고린과 아르까지나가 소린의 영지를 떠난 다음 날 모
스크바로 갔다. 그녀는 뜨리고린이 추천한 호텔에 방을 예약했다.
그녀는 엄마의 보석 약간을 가져갔는데, 살림을 위해 그것을 전당
포에 맡겨 현금으로 바꿨다. 이후에는 뜨리고린이 비용을 지불했다.
둘째 날 밤에는 뜨리고린이 와서 함께 머물렀고, 그들의 관계는 그
렇게 시작되었다. 꼰스딴찐은 니나를 쫓아 모스크바로 왔다. 그때부
터 뜨리고린은 아르까지나에게 이 사실을 숨기기 위해 시간을 안배
하며 두 여자 사이를 오갔다. 니나의 아버지와 계모는 그녀와 의절
했다.

초가을 뜨리고린은 모스크바 근교 극장의 한 작품에서 니나에게 작은
역을 얻어주었다. 꼰스딴찐은 그 작품을 보러갔다. 그는 나중에 무

대 뒤 분장실로 갔으나, 니나는 만나기를 거부했다. 샴라예프는 갈매기를 박제했다.

10월 마샤와 메드베젠꼬는 결혼했다. 마샤는 그의 병든 어머니와 두 누이, 어린 남동생이 사는 메드베젠꼬의 집으로 들어왔다.

11월 니나는 아이를 가졌다.

겨울 니나는 지방으로 공연을 떠났다. 그녀는 중요한 역할들을 맡았다. 꼰스딴찐은 지방까지 그녀를 쫓아갔다. 뜨리고린이 지속적으로 니나의 연기에 대해 비난을 퍼붓자 니나는 자신감을 잃게 된다.

1894

6월 임신 7개월이 된 니나는 일하는 것을 그만두었다. 니나의 임신을 알게 된 꼰스딴찐은 그녀를 쫓아다니는 것을 멈췄다. 그는 진지하게 단편소설을 쓰기 시작했다. 그는 가명으로 글을 썼다.

8월 니나는 아들을 낳았다.

9월 니나는 일을 다시 시작했고, 뜨리고린이 고용한 유모가 아이를 돌봤다. 꼰스딴찐은 모스크바에 있는 잡지에 첫 단편소실을 발표했디.

10월 마샤가 임신했다.

12월 니나의 아이는 생후 4개월 때 이질로 죽었다. 뜨리고린은 니나를 떠난 뒤, 아르까지나에게 돌아갔다. 니나는 신경쇠약에 걸렸다.

1895

1월 니나는 지방에서 다시 일하기 시작했다. 꼰스딴찐의 작가 경력은 도약하기 시작했다. 니나는 꼰스딴찐에게 '갈매기'라고 사인한 편지를 보내기 시작했다.

7월 마샤의 아이가 태어났고, 마샤와 메드베젠꼬는 유모를 고용했다.

8월 도른은 2개월 반 동안 이탈리아로 휴가를 갔다. 그는 제노바와 같은 도시를 방문했다. 꼰스딴쩐은 응접실을 그의 서재로 만들었다. 그것은 그가 쉽게 정원으로 나갈 수 있다는 것을 의미했다. 아르까지나의 배우 경력은 쇠퇴하기 시작했다.

9월 소린의 건강은 매우 악화되기 시작했다.

겨울 아르까지나는 하리코프와 같은 도시의 학생 관객을 대상으로 연기하면서 지방 순회공연을 떠났다. 니나는 예레츠에 있는 지방 극장에서 일을 시작할 예정이었다.

11월 연극 공연이 시작된다.

각 장 혹은 막 사이에서의 행위를 위한 연대표를 작성하라. 그러고 나서 별도의 종이에 각 연대표를 기록하고, 관련된 장면 앞의 대본에 그것을 끼워 넣어라. 이렇게 한 뒤 연대표를 다시 읽어보고 리허설 기간 중 즉흥극을 하기에 유용할 수도 있는 사건들을 선택하라. 예를 들어 배우들이 니나와 뜨리고린의 관계에서 무엇이 잘못되었고, 왜 잘못되었는지에 대한 명료한 인상을 얻기 위해 아이가 태어난 직후로 설정된 두 등장인물 간의 즉흥극을 해보는 것은 도움이 될 수 있다. 마찬가지로, 뜨리고린과 아르까지나 사이의 화해를 즉흥적으로 연기해보는 것도 유용한데, 그렇게 함으로써 배우들은 어떻게 그리고 왜 그들이 재결합했는지에 대한 명확한 영상을 가지게 되기 때문이다.

■ **요약**

각 장 혹은 막 사이에서 발생하는 모든 사건의 목록을 작성하라.

그 사건들에 관한 질문들의 목록을 작성하라.

질문에 답한 뒤 각 장 혹은 막 사이에서 무슨 일이 일어났는지에 대한 연
   대표를 만들어라.

별도의 종이에 각 연대표를 적고, 관련된 부분의 대본에 끼워 넣어라.

즉흥극을 위한 사건들의 목록을 만들어라.

(3) 시간

시간은 우리의 행동에 강력한 영향을 미친다. 예를 들어 오전 3시
에 다림질을 하는 것과 정오에 하는 것에는 차이가 있다. 아마도 잠
이 모자라 고통스러울 오전 3시보다 정오에 다림질을 하는 게 다소
더 상쾌할 것이며, 더욱 집중할 수 있을 것이다. 유사하게, 여름의 태
양 아래 호숫가에 앉아 있는 것과 가을비 속에서 호숫가를 걷는 것에
는 차이가 있다. 멈춰 서서 경치를 볼 수 있는 충분한 시간도 있는 여
름철 오후에 여유 있게 걷는 것에 비해, 비가 내리는 날에는 빨리 걸
어야 할 뿐만 아니라 경치도 충분히 보지 못할 수 있다. 또한 시간이
아주 많을 때와 30분 뒤에는 기차를 타야 할 때 앉아서 이야기하는
것에는 차이가 있다. 이러한 차이를 우리는 정서적으로, 신체적으로,
정신적으로 느낀다. 시간을 연기하는 것은 종종 무시된다. 등장인물
들이 시간의 압박을 받으며 이야기하도록 작가가 의도한 작품에서,
한 배우는 이야기하고 있고 다른 배우는 이야기하지 않는, 아니면 아
무도 이야기하지 않는 장면을 볼 수 있다. 이것은 관객에게 모순된
정보를 주게 되는데, 다른 배우들은 이 세상을 다 가진 듯이 한가한

데 왜 한 배우만 서두르는 것처럼 보이는가 싶어서 관객은 혼란스러울 수 있다. 각 장면의 배경 시간을 결정하면, 이러한 혼돈을 피하는 데 도움이 된다. 이런 결정을 통해 모든 등장인물은 같은 세상 안에서 함께 통합되며, 관객은 무슨 일이 일어나는지 명확히 파악하게 된다.

눈앞의 상황에 대한 작업은 시간에 대한 발견들을 포함할 것이다. 시간은 하나의 장면이 연출된 연도, 월, 요일, 시각 그리고 계절에 관한 세부 사항들을 포함한다. 시간 정보는 연출가에게 배우들을 위한 몇 가지 단순한 출발점을 제공하고, 결과적으로 배우들에게 해야 할 구체적인 것들을 제공한다. 이럴 수 있는 것은 날씨가 그들에게 신체적 영향을 미치기 때문이다. 혹은 그들이 특정한 시간에 무언가를 해야 해서 그 시간에 대한 부담감이 그들의 행동 방식에 영향을 미치기 때문이다. 예를 들어 「갈매기」의 제1막에서 저녁, 8월, 날씨가 후덥지근하고 천둥이 곧 닥쳐올 거라는 일련의 사실들의 결합은, 배우들에게 해야 할 일들을 제공한다. 그들은 부채질을 할 수도 있고, 모기를 잡을 수도 있으며, 조심스럽게 땀을 닦을 수도 있다. 이러한 행위의 강도는 그들의 건강, 옷, 벌레에 대한 반응에 좌우된다. 제3막에서 행위는 정오에 시작된다. 오후 1시에 뜨리고린과 아르까지나를 역으로 데리고 가기 위해 마차가 예약되었다. 그들은 오후 1시 55분에 모스크바로 가는 기차를 탈 것이다. 이 막 전체에서 시간은 강력하게 감지될 것이며, 행위가 전개됨에 따라 등장인물들에게 더욱 강력한 영향을 미칠 것이다. 등장인물들은 시간을 자주 확인하기 시작하며, 이야기하는 것을 서두르고, 마차가 오는지 창문으로 내다볼 것이다. 시간에 대한 결정은 또한 작품의 전반적인 음악적 템포에도 영향을 미치며, 따라서 관객이 보게 될 최종적인 결과의 구축을 향한 또 하나의 작은 발걸음인 셈이다. 「갈매기」의 제1막에서 우리는 꼰스딴쩐의 연극 공연이 오후 8시 30분에 시작되는 것을 안다. 만약 오후 8시 10분에 제1막의 행위를 시작하기로 선택하면, 그 장면의 템포는 느릴 것이다. 8시 20분에 시작하기로 한다면, 템포는 빠를 것이다. 시간에 관한 결정들을 내릴 때, 시간이 장면들 혹은 공연의 각 부분들의 속도에 미치는 영향에 대해 생각하기 시작하라.

작가가 제공한 사실들(우리는 꼰스딴쩐의 연극 공연이 오후 8시 30분에 시작되는 것을 알고 있다)과 제4막에서 뜨리고린의 기차가 오후 6시에 도착하며, 제1막의 행위는 오후 8시 10분에 시작된다는 설정과 같이 텍스트로부터 추측하거나 만들어낸 것들을 결합하여 극 전체에 대한 시간의 계획을 세워라. 계획을 세울 때, 시간에 대한 결정들이 개별 장면의 빠르기, 공연의 전반적인 템포 그리고 리듬에 영향을 미친다는 것을 기억하라. 시간을 표시하는 것은 눈앞의 상황과 함께 당신이 발견한 장면의 행위를 결정하는 또 다른 간접적인 방법이다.

「갈매기」의 네 개의 막을 위한 시간 계획이 여기에 있다. 이 네 개의 막에서 고안된 모든 것을 굵은 활자로 적었다.

1막
1893년이다.
8월이다.
금요일이다.
땅거미가 질 무렵이다.
극적 행위는 오후 8시 10분 직후에 시작한다.
공연은 오후 8시 30분에 시작한다.

니나는 오후 9시에는 떠나야 한다. 그녀의 부모님은 오후 9시 30분에 돌아올 예정이다. 그녀의 영지에서 소린의 영지까지는 말을 타고 가면 15분 걸린다.

날씨는 후덥지근하다.

날씨가 습하다.

천둥이 몰려오고 있다.

1막에서 2막으로

1주가 지났다.

2막

8월이다.

금요일이다.

극적 행위는 정오에 시작된다.

점심은 12시 30분에 있을 것이다.

점심이 늦는다. 보통 점심은 12시에 차려졌다.

매우 덥다.

2막에서 3막으로

1주가 지났다.

3막

9월이다.

금요일이다.

극적 행위는 정오에 시작된다.

기차는 오후 1시 55분에 떠난다. 기차역까지는 마차를 타고 한 시간 남
짓 걸린다. 소린은 마차가 오후 1시에 떠나도록 예약했다. **오후 2시
30분, 읍내에는 새 정부 청사를 쌓는 데 쓰일 돌이 놓여 있다.**

비가 내리고, 구름이 덮여 있다. 이따금 날씨가 어두워져 실내에서
불을 켜야만 한다.

의사는 오전 10시에 도착하기로 되어 있다.

3막에서 4막으로

2년 2개월이 지났다.

4막

1895년이다.

11월이다.

일요일이다.

땅거미가 지고 있다.

밖에는 비바람을 동반한 폭풍이 분다. 바람이 너무 강해서 호수에는
파도가 일고, 굴뚝에서는 소리가 난다.

**트리고린의 기차는 오후 6시에 도착했다. 그들은 오후 7시경 기차
역에서 돌아올 것이다. 극적 행위는 오후 6시 45분에 시작된다.**

이러한 시간 계획은 공연할 때 에피소드들이 느리거나, 상상력이
부족하거나, 혹은 지루할 수도 있다는 것을 예측하게 한다. 예를 들
어 제4막의 절정은, 특히 제4막이 포함된 도입부의 양을 고려할 때,

아르까지나와 뜨리고린이 등장할 때까지 지연될 수도 있다. 그러므로 시간 설계에서 뜨리고린과 아르까지나는 15분 후에 등장하는 것으로 묘사된다. 이러한 결정은 배우들의 연기에 긴장과 속도를 제공하며, 따라서 관객을 몰입시킬 것이다.

체호프와 같은 작가는 시간에 매우 주의를 기울였지만, 이는 모든 작가나 희곡에 해당하는 것은 아니다. 만약 작업할 희곡에 시간에 대한 어떤 언급도 없다면, 리허설을 시작하기 전에 언제 장면들이 진행될지에 대한 결정을 내려라.

자 이제, 별도의 종이에 각 장면의 시간에 대한 모든 정보를 적고, 그것을 관련된 각 장면 앞 대본에 끼워 넣어라.

- **요약**

  각 장 혹은 막에 대해 시간과 관련된 모든 사실을 기록하라.
  각 장 혹은 막 사이의 시간과 관련된 모든 사실을 기록하라.
  텍스트에 관한 간단한 유추를 통해 시간과 관련된 모든 질문에 답하라.
  각 장면마다 시간과 관련된 모든 결정 사항을 계획하라.

이 장에서 이루어진 모든 작업에 대한 확인 목록

각 장 혹은 막을 위한 눈앞의 상황의 대략적인 연대표들
즉흥극을 위한 눈앞의 상황의 목록
각 장 혹은 막 사이의 사건들을 위한 (경과하는 시간이 24시간 이상인 경우의)
　대략적인 연대표
각 장 혹은 막 사이에서 발생하는 사건들의 즉흥극 목록
각 장면에 대한 시간 계획

안톤 체호프의 「세 자매」에서

CHAPTER 3

희곡의 주요 아이디어들을 조사하기

제3장에서는 희곡이 무엇에 관한 것인지, 장르를 어떻게 파악할 것인지와 같은, 즉 작가와 자료의 관계처럼 더 큰 구도를 검토할 것이다.

- 작가와 희곡
- 텍스트를 구축하는 아이디어들
- 희곡의 장르 혹은 스타일

(1) 작가와 희곡

만약 이제는 고인이 된 작가의 오래된 희곡으로 작업하고 있다면, 먼저 작가에 대한 기본적인 사실들을 찾아내어 질문하라. "이런 사실들이 희곡의 이해에 어떤 도움을 주는가?" 예를 들어 체호프에 관한 몇 가지 중요한 사실들이 여기 있다.

그는 의사였다.
그는 단편소설가였다.

그는 '멜리호보'라는 이름의 영지를 소유했다.

그는 20대 이후 결핵을 앓았다.

「갈매기」의 이해를 돕기 위해 활용해도 좋을 방법이 여기에 있다.

희곡에서의 등장인물들 중 한 사람인 도른은 의사이다. 그러므로 그의 직업과 관련된 희곡의 모든 것이 정확하다고 생각할 수 있다. 마찬가지로 약, 병, 과학에 대해 언급한 모든 내용도 적절하다고 생각할 수 있다. 예를 들어 도른과 소린의 건강 상태에 대한 신체적 징후들은 마샤의 알코올 중독과, 그것에서 파생된 우울증 같은 심리적 요인들처럼 정확하게 추론된 것이다. 물론 희곡에서 특정한 병에 대해 언급하고자 하는 작가는 누구라도 병의 상태를 잘 조사할 것이다. 그러나 조사와 실제 경험 사이에는 언제나 차이가 있기 마련이다. 도른을 연기하게 된 배우는 어떻게, 어디서, 얼마나 오래 체호프가 훈련을 받았는지에 대한 상세한 사실을 읽을 것이고, 희곡 이전의 전기를 구성하는 데 도움이 되도록 작업을 할 것이다. 또한 체호프의 전기는 배우에게 그 당시 의사로서 일한다는 것이 어땠는지에 대한 확실한 생각을 제공할 것이다.

단편소설가로서 체호프는 글쓰기의 어려움들, 가령 (꼰스딴찐의 경우처럼) 신예로 출발하는 문제와, (뜨리고린의 경우처럼) 작가 경력의 후반부에 높은 수준을 유지하는 문제 모두를 이해했을 법하다. 1895년경 체호프는 주로 단편소설을 쓰는 것으로 유명했으며, 그래서 아르까지나와 뜨리고린처럼 명성이 사람들에게 끼치는 영향 또한 이해했을 것이다. 뜨리고린과 꼰스딴찐을 연기하는 배우들은 작가로서의 경력이 어떻게 시작되고, 돈을 얼마나 버는지 같은 정보를 얻기 위해 그의 전기를 연구할 수 있다. 희곡 작가로서 체호프는 연극에 대해 권위 있게 이야기할 수 있었을 것이고, 새로운 형식을 탐색하는 일의 어려움도 이해했을 것이다. 꼰스딴찐처럼 그는 그의 첫 희곡「이바노프」로 성공적이지 못한 초연을 경험했고, 그래서 이 부분을 연기하는 배우는 체호프의 초기 희곡의 기원과 평판에 대해 읽으면 좋을 것이다.

소린처럼 영주였던 체호프는 농장 경영의 골칫거리들을 처리하는 데 있어서의 무능으로 인해 어려움을 겪었다. 그러나 소린보다 더욱 경영에 직접 참여하는 영주였던 그는 비용을 절약하고 곡물 저장고를 보호하려는 샴라예프의 시도들에 호의적일 수 있었을 것이다. 동전의 양면은 희곡에서 정확하게 그려질 것이다. 소린과 샴라예프를 연기하는 배우들은 당시의 농장 경영에 대해 많은 것을 이해하기 위해 체호프가 자기의 영지를 어떻게 경영했는지 연구할 수 있다.

불치병 환자로서, 체호프의 죽음에 대한 생각은 다른 작가들보다 더 심오했을 것이다. 죽음에 대한 그의 생각은 극적 행위 동안 꼰스딴찐의 두 번의 자살 시도, 소린의 서서히 진행되는 죽음 그리고 니나가 낳은 아기의 죽음에서 분명하게 나타난다. 그러나 그 생각은 또한 거기에, 즉 극적 행위에 선행하는 죽음들의 횟수에 그리고 극 중 죽음에 대한 모호한 언급들에 은밀하게 존재한다. 아르까지나의 남편처럼, 아르까지나와 소린의 부모는 저세상 사람들이다. 메드베젠꼬의 아버지처럼, 니나의 어머니가 죽은 것은 비교적 최근이다. 뽈리나와 샴라예프는 자식이 한 명뿐인데, 시간의 간격과 효율적인 피임 수단의 부재를 고려하면, 그것은 마샤가 태어났을 때 의료적인 문제가 있었거나, 그 이후 유산을 했거나 혹은 사산을 했을 수도 있음을 함축한다. 희곡에서 제시된 대로, 습한 공기로 인해 뽈리나가 도른의 건강을 걱정하는 것은 그가 모종의 질병 상태에 있음을, 아마도 폐병을 앓고 있음을 암시하며, 그가 이탈리아 휴양에 그의 저금 전부를 날린 이유가 이로써 설명된다. 또한 죽음 자체를 주제로 한 이야기도 상당히 많이 나온다. 희곡을 처음 읽을 때에는 이러한 주제를 간과할지도 모른다. 그러나 이 희곡에서 죽음이 빈번하게 언급되는 것을 작가가 살아가던 시절의 높은 도덕성 탓으로 돌릴 수만은 없다. 두 번째 읽을 때에도 말이다. 그러니 작가가 불치병과 싸우고 있었다는 사실을 유념하면서 텍스트를 읽어야 한다.

그다음으로 희곡에서 특별히 언급되는 세세한 작가의 삶을 찾아보자. 여기에는 등장인물들의 모델이 된 실제 사람들 혹은 희곡에서 일어나지만 작가에게도 실제로 발생했던 사건들이 포함된다. 작가의 전기를 읽고 그것들을 찾아라. 예를 들어 「갈매기」에서 몇 명의 등장인물은 체호프가 알던 사람들을 모델로 했다. 니나는 그의 여자 친구 중 하나인 리카를, 뜨리고린은 한 친구(즉, 체호프로부터 리카를 뺏어간 포타펜코)를 모델로 한다. 체호프는 한 여배우로부터 글자가 새겨진 메달을 받았고, 반면 실패한 자살은 그의 친구이자 화가인 레비탄의 실제 자살 시도에 기대고 있다.

「갈매기」를 집필할 당시 작가의 삶에 무슨 일이 있었는지 살펴보자. 그렇게 하면 작가가 왜 이 희곡을 썼는지 알 수 있다. 마지막으로, 책에서든 신문 기사에서든 혹은 기록물에서든 작가가 「갈매기」에 관해 말한 모든 것에 주목하라. 그러나 작가가 썼다고 주장하는 희곡과 실제 자료, 즉 현재의 희곡 사이에는 언제나 차이가 있으니, 그 말들에 주의하면서 접근하는 것이 현명하다. 나는 그 차이를 마틴 크림프와 함께 그의 작품 「그녀의 삶에 대한 시도들」을 연출할 때 확실하게 깨달았다. 나는 희곡에 나타난 이미지들을 기록하고, 각 이미지가 사용되는 횟수를 세었다. 뜻밖에도 가장 많이 반복된 이미지는 어린이였다. 그 희곡에서 가장 흔한 이미지가 무엇이라 생각하느냐고 물었을 때, 마틴은 자신 있게 전쟁, 그다음은 재떨이 그리고 마지막이 비행기라고 말했다. 그에게 어린이는 아니었느냐고 물었을 때, 그는 손으로 얼굴을 가리며 고개를 숙였다. 이런 결과가 결코 그에게 의식적으로 일어난 것은 아니었다. 하지만 그 사실을 지적하자마자 그가 희곡의 핵심에 어린이에 대한 경험을 넣었다는 것을 알게 되었다.

죽은 작가에 대해 조사하는 것과, 생존 작가와 함께 작업하는 것 사이에는 분명히 커다란 차이가 있다. 그런데 서문에서 밝힌 것처럼 이 책에서는 생존 작가와의 관계가 다루어지지 않는다. 제한된 경험에서 보자면, 생존 작가들에게 그들의 삶과 극의 행위 사이의 관계에 대해 질문을 할 수 있지만, 직접적인 대답을 얻지 못하리라는, 혹은 어떤 대답도 듣지 못하리라는 각오를 해야 한다. 어떤 작가들은 그들의 작품 이면의 사적인 혹은 개인적인 동기들을 드러내지 않으려고 할 것이며, 그것은 이해할 만하다. 아니면 그들은 그것들을 의식하지 못할 수도 있다. 그들의 사생활을 존중하자.

희곡을 쓴 등장인물 그리고 그것을 쓴 이유에 대해 일종의 그림을 그려보려는 시도는 매우 중요하다는 것을 기억하라. 비록 셰익스피어와 같이 작가에 대한 사실적 정보가 거의 알려져 있지 않더라도 말이다. 오래전에 죽은 작가에 관해 알려진 작은 정보의 단편들을 생각하는 데 한 시간 정도 쓰기만 해도 텍스트의 이해에 도움이 될 수 있다. 만약 어떤 정보도 존재하지 않는다면, 그 희곡을 썼을 사람과 그의 열정이 어디에 묻어 있는지를 상상하는 것만으로도 시간을 낭비하는 것은 아닐 것이다.

마지막으로, 작가나 희곡에 대한 비평문을 읽는 것을 반대하는데, 글을 쓴 사람이 연극이 만들어지는 과정을 확실히 이해하고 있다면 괜찮다. 문학 비평은 희곡에 대한 생각에서 일반화나 모호함을 조장할 수도 있다. 이 규칙에는 언제나 예외가 있는데, 어떤 논문이나 책은 희곡과 작가에 관한 정보의 매우 귀중한 자원이 될 수 있다. 나는 죽은 작가의 전기가 희곡을 쓴 사람에 대한 정보를 얻는 데에도, 배우들이 등장인물의 전기를 구성하는 일에도 유용하다고 생각한다.

- **요약**

  > 작가의 삶에 대한 사실 중에서 가장 간단한 사실들을 기록하라.
  > 이러한 사실들이 희곡의 이해에 어떻게 도움이 되는지 자신에게 물어보라.
  > 희곡과 특별히 관련된 세세한 것을 작가의 삶에서 찾아라.
  > 희곡이 쓰였을 당시 작가의 삶에서 어떤 일이 일어나고 있었는지 알아보라.
  > 생존 작가로부터 그들의 개인적 삶에 대한 어떤 직접적인 대답도 얻지 못
  > 하리라는 각오를 하라.
  > 작가나 희곡에 대한 어떤 비평 문헌도 주의 깊게 읽어라.

(2) 텍스트를 구축하는 아이디어들

텍스트를 구축하는 아이디어들은 희곡에서의 행위 중 말해지고 행해진 모든 것을 결정하니 확실하게 파악해야 한다. 그러나 이러한 아이디어들을 확인하는 것과 희곡을 해석하려는 방식에 관한 개념에 도달하는 것 사이에는 차이가 있다. 개념은 연출가가 희곡에 부여하는 어떤 것이다. 아이디어는 집필 중 의식적으로든, 무의식적으로

든 작가가 초점을 맞추고 있는 것이다. 그렇지만 경고할 것이 있다. 텍스트를 구축하고 있는 아이디어들을 조사하는 것을 문학 비평으로 돌아가는 혹은 담론의 추상적 논쟁에 참여하는 자격증으로 오해하지 말라. 아이디어들을 확인하는 과정은 더 간단하다.

대부분의 희곡은 세 개에서 네 개 정도의 주요 아이디어들을 포함하고 있다. 예를 들어 "이 희곡은 무엇에 관한 것일까?"라는 질문을 자신에게 하면서 희곡을 천천히 그리고 반복해서 읽으며 주요 아이디어들을 찾아라. 그 질문에 "희곡은 시간의 흐름에 관한 것이다" 혹은 "희곡은 죽음에 관한 것이다"와 같은 간단한 문장으로 대답하라. 길고 장황한 그리고 복잡한 대답들은 피하라. 종이 한 장에 모든 답변을 적어라. 이 과정이 끝날 즈음, 다섯에서 열 개 정도의 가능한 답변을 가지게 될 것이다. 아이디어는 희곡의 거의 모든 등장인물과 연관되어야 하고, 희곡에서의 행위의 상당 부분은 이 아이디어를 조사하는 것과 관계가 있어야 한다. 가능한 각각의 아이디어를 등장인물들 및 희곡의 행위와 비교하라.

「갈매기」를 처음 읽었을 때, 너무나 많은 등장인물이 사랑 때문에 불행하다는 것에 충격을 받았다. 나는 이것이 가능한 아이디어인지 알고 싶었고, 그래서 내가 조사한 것을 적어봤다.

아르까지나 그녀와 가브릴이 더 이상 함께하지 않는다는 사실은 그들의 관계가 불행했기 때문일 수 있다. 극적 행위에서 뜨리고린에 대한 그녀의 사랑은 뜨리고린과 니나의 애정 문제 때문에 불행한 방향으로 얽혀 있다.

꼰스딴찐 니나에 대한 그의 사랑은 짝사랑이다.

소린 니나에 대한 그의 사랑은 짝사랑이다.

니나 뜨리고린에 대한 그녀의 사랑은 첫 연애가 끝난 뒤 짝사랑이다.

샴라예프 아마도 뽈리나에 대한 그의 사랑은 어떤 면에서는 불행하다. 뽈리나는 도른을 사랑하기 때문이다. 어쩌면 마샤도 샴라예프의 자식이 아닐 수 있다. 그러나 그가 말한 것 혹은 그가 하는 행동에는 그가 이런 식으로 생각한다는 것을 암시하는 어떤 증거도 없다.

뽈리나 그녀는 자신이 사랑하는 도른과의 관계 때문에 불행하다.

마샤 꼰스딴찐에 대한 그녀의 사랑은 짝사랑이다.

뜨리고린 니나에 대한 그의 사랑은 3막과 4막 사이에서 흐지부지된다. 그러므로 당신은 그 뒤 그가 아르까지나와 행복한 사이인지 물어야 한다.

도른 아르까지나에 대한 그의 사랑이 짝사랑일 가능성이 있다. 또한 그는 50세인데도 여전히 미혼이다. 그것은 그의 인생상의 어떤 불행을 암시할 만하다. 40대에 있었던 연애는 아마도 다른 사람에게 어떤 불행을 초래했을 것이다.

메드베젠꼬 마샤에 대한 그의 사랑은, 부부인데도 불구하고, 그녀로부터 응답을 받지 못한다. 제4막에서 그들은 누가 봐도 불행한 부부이다.

야코프 그가 사랑 때문에 불행하다는 증거는 없다.

열한 명의 등장인물 중 여덟 명은 사랑 때문에 불행하고, 그 외에 두 사람(도른과 샴라예프)도 아마 다른 이유로 불행한 것 같다. 비록 이런 사실이 텍스트에 명확하게 명시되어 있지는 않지만 말이다. 희곡의 행위에서 우리는 사랑하는, 눈이 맞은 그리고 사랑 때문에 불행한 사람들을 계속 본다. 불행한 사랑은 많은 등장인물에 적용되기 때문에 그리고 희곡에서의 행위에 영향을 미치기 때문에, 나는 그것을 분명히 하나의 아이디어라고 판단했다.

작가의 삶에 대한 조사 덕분에 죽음/질병이라는 주제도 시험해볼 수 있을 것 같다.

아르까지나 아마 그녀는 남편을 잃었을 수도 있으며, 어머니와 아버지는 (아마 얼마 전에) 돌아가셨다.

꼰스딴찐 그는 자살을 두 번 시도했고, 두 번째는 성공했다.

소린 그는 극 중 내내 아팠고, 제4막 무렵에는 죽음이 가까웠음을 암시하는 심장 발작을 일으켰다.

니나 극이 시작되기 전에 그녀의 어머니는 죽었고, 그녀의 아들은 극 중에 죽는다.

샴라예프 그는 군인이었기 때문에 군사적 활동에 연루되었던 적이 있었을 것이다. 거기서 그는 사람들이 죽어가는 것을 봤다. 둘째 아이가 없었다는 것은 생식력에 문제가 있음을 암시할 수 있다.

뽈리나 그녀는 자식을 하나만 두었는데, 그 당시에는 흔치 않은 일이었을 것이다. 그럼 다른 자식들을 혹시 잃은 것은 아닐까?

마샤 그녀는 상중인 것처럼 검은 옷을 입고 있다.

뜨리고린 극 중 그는 자신의 어린 아들을 잃는다.

도른 직업상 그는 죽음 및 질병과 관련되어 있다.

메드베젠꼬 그의 아버지는 극이 시작되기 전에 죽었다.

야코프 그를 죽음과 질병이라는 주제에 연결시키는 것은 아무것도 없다.

꼰스딴찐, 소린, 니나, 뜨리고린, 도른, 메드베젠꼬는 죽음 및 질병과 관련된 직접적인 경험을 한 적이 있다. 다른 등장인물들은 죽음과 질병을 직접 겪었을 수도 있지만, 명확한 증거는 없다. 죽음과 질병이라는 주제는 모든 등장인물에 영향을 미치지는 않기 때문에, 그것을 아이디어에 포함시키기로 혹은 포함시키지 않기로 결정할 수 있다.

연습실에서 사용하기 위해 내가 따로 구별하는 네 개의 아이디어가 있다. 파괴된 꿈, 불행한 사랑, 가족, 예술이 그것이다. 이러한 묘사들을 통해 거창한 아이디어가 어떻게 배우들이 쉽게 이해할 수 있는 단순하고 구체적인 문구로 변형되는지 주목하라. 그렇다고 이 과정이 아주 복잡한 그림을 과도하게 단순화시키는 환원적 과정인 것처럼 생각하지 말라. 오히려 행동 이면의 복잡한 지적 구조를 효율적으로 그려내는 하나의 방식으로 이해하라. 이 과정이 끝날 무렵 가장 공감이 가는 아이디어가 어떤 것인지 자문해보라. 그다음에 그 과정의 나머지 시간 동안 아이디어 하나에 대해서만이 아니라 모든 아이디어에 대해서 작업하는 것을 잊지 말라.

그다음으로, 당신이 알아낸 가장 중요한 아이디어를 선택하라. 그러면 그 희곡이 무엇에 관한 것인지 이해하는 데 도움이 될 것이다. 때때로 핵심적인 아이디어는 다른 아이디어들보다 매우 분명하게 두드러질 것이다. 만약 그렇지 않다면, 희곡으로 돌아가 모든 아이디어를 염두에 두고 그 희곡을 다시 읽어라. 행동을 연구하면 보통은 답을 얻게 될 것이다. 예를 들어 나는 「갈매기」에서 가장 중요한 아이디어를 '파괴된 꿈'으로 결정했다. 만약 희곡을 다시 읽었으면서도 하나의 아이디어를 선택하느라 고심하고 있다면, 제목이 도움이 될 수도 있다. 희곡의 제목과 관련된 모든 사항을 조사하고, 그것들이 모두 하나의 아이디어로 향하고 있는지 확인하라. 예를 들어 갈매기가 언급되었던 모든 순간을 조사하면, 그것이 단지 니나하고만 연관된 것은 아니라는 사실을 이내 발견할 것이다. 또한 갈매기가 꿈 혹은 이상의 상징이며, 극 중에서 총에 맞아 박제될 때 파괴된 꿈의 상징으로 변모한다.

만약 아이디어들을 올바르게 분석하면, 그 과정을 통해 작가의 머릿속 깊숙이 들어갈 수 있다. 그 자료를 아무리 다른 방식으로 해석하더라도, 이 아이디어들을 소중히 여기는 것은 중요하다. 제10장에서는 배우들과 함께 실용적이고 구체적인 방식으로 아이디어를 이용하는 방법을 다룰 것이다.

- **요약**
  텍스트를 구축하는 아이디어들을 작성하라.
  대부분의 등장인물들이 이러한 아이디어들과 연관되어 있고, 희곡에서의
    행위의 상당 부분은 그것들의 탐색과 관련되어 있음을 이해함으로써
    당신의 선택이 정확한지 점검하라.
  가장 공감이 가는 아이디어를 분리하라.
  희곡이 무엇에 관한 것인지 알아내기 위해 희곡에서 가장 중요한 아이디
    어를 선택하라.

(3) 희곡의 장르 혹은 스타일

스타일과 장르는 관객이 바라보는 세계와, 등장인물들이 그 세계 속에서 상호작용하는 방법을 규정한다. 연출하려는 희곡의 장르 혹은 스타일을 알아내는 것은 정확하게 소통하는 데 도움이 될 것이다. 상징주의로부터 풍자, 블랙코미디로부터 소극에 이르는 각 장르는 각각의 역사와 자체의 논리를 가지고 있다. 예를 들어 (존 오즈본의

「성난 얼굴로 돌아보라」와 같이) 그 장르가 사실주의이면, 등장인물들은 다큐멘터리 영화의 정확함을 지니고서 실제 삶의 행동 논리를 따를 것이다. 만약 장르가 (아우구스트 스트린드베리의 「꿈의 연극」이나 파블로 피카소의 「들켜버린 욕망」과 같이) 초현실주의이면, 등장인물들은 진부한 것과 환상적인 것이 같은 장소에서 의심 없이 공존할 수 있는 꿈의 논리를 따를 것이다.

사실주의와 자연주의는 서구 유럽 연극에서 대표적인 장르이다. 이 용어들은 회화와 문학에서 매우 다른 것들을 묘사하지만, 연극에서는 서로 통용된다. 서구의 배우들은, 다른 방향으로 지도하지 않는 한, 텍스트에 사실주의의 규칙들을 자동적으로 적용한다는 것을 기억하라. 시작부터 교전 수칙을 분명히 하면, 배우들은 많은 장르를 충분히 소화하고도 남을 것이다.

장르에 대한 결정은 작품 위에 희미하게 떠 있거나 머리 안에서 맴돌기만 하는 지적인 구름으로 남아서는 안 된다. 그것은 관객이 관람할 구체적인 행위로 번역되어야 한다. 이것을 어떻게 할지 생각하기 시작하라. 예를 들어 나는 「갈매기」를 상징주의로 연출하기로 결정했다. 이 결정은 공연의 매 단계에서 정교한 기법을 필요로 한다. 예를 들어 제4막에는 꼰스딴찐이 창문을 열자 세찬 바람이 방으로 들어온다는 지문이 있다. 사실주의 작품에서 이것은 대단치 않고 눈에 띄지도 않는 순간일 수 있다. 하지만 상징주의에서 그것은 강렬하게 제시되어 모든 등장인물과, 심지어 관객까지도 체호프가 의도한 괴이한 전조의 불안감을 경험하게 해야 하는 일종의 사건이 된다. 그 사건을 정확하게 말해야 한다면, "작가는 꼰스딴찐이 곧 죽을 것임을 우리가 알도록 했다"와 같이 단도직입적으로 묘사할 수 있을 것이다. 창문에 기계 장치를 해서 창문을 열면 계속 쾅 하고 닫히게 했다. 창문 뒤에는 커다란 선풍기를 놓아서 커튼이 펄럭였다. 바람이 휘몰아쳐 유리잔을 담은 쟁반이 테이블에서 떨어졌고, 꼰스딴찐의 서류들이 방에서 흩날렸다. 만약 사실주의라면, 그 사건을 이런 식으로 보여주지는 않을 것이다. 그것은 더욱 신중한 순간을 연출하여 창문은 조금 열렸을 것이고, 아마 종이 한 장만이 마루로 떨어질 것이다.

또한 배우들을 위해 장르에 대한 구체적인 지침들의 목록을 작성하는 것을 고려할 수도 있다. 예를 들어 초현실주의에 대해 다음과 같은 목록을 적을 수 있다.

그것은 꿈과 같다. 이상한 일이 발생하나, 실제 삶에서 그런 것처럼
　사람들은 그것에 대해 언급을 하지 않는다.
당신은 당신이 강렬하게 원하는 것을 추구한다.
당신은 당신이 말하고 있는 사람들에 의해 종종 오해를 산다.
사물은 그것의 본래 취지와는 다른 의미를 가질 수 있다.
우주의 물리적 법칙들은 변화의 지배를 받기 마련이다.

때때로 매우 예리한 정확성으로 장르를 꼭 집어내기란 불가능할 것이다. 예를 들어 「갈매기」의 한 장면을 읽고 그것이 사실주의적이라고 생각할 수 있으며, 그리고 나서 다른 장면을 읽고서는 그것이 상징주의적이라는 인상을 가지게 될 수 있다. 중요한 것은 그 두 가능성을 염두에 두면서 희곡을 읽고, 희곡 행위에서 어떤 구체적인 증거가 각 관점에 해당하는지를 보고, 그 후에 작품 전체에 일관성 있게 적용할 확실한 결정을 내리는 것이다.

또한 이전의 장과 앞으로 읽게 될 장에서 개괄하는 과제를 희곡의 어떤 장르에도 적용할 수 있다는 것을 기억하라. 파블로 피카소가 1941년에 쓴 희곡 「꼬리 잡힌 욕망」에서 배우가 '빅 풋'을 연기할지라 도, 그가 누구의 발이었는지, 어떻게 잘리게 되었는지, 희곡에서의 행 위의 각 단계에서 무엇을 원하는지 알 필요가 있다.

- **요약**

당신이 연출할 희곡의 장르를 파악하라.

모든 희곡을 다 사실주의적인 것처럼 연출하지 않도록 주의하라.

장르의 이론적 개념을 우리가 이해할 수 있는 배우의 행동으로, 혹은 환경에서
    구체적인 변화를 수반하는 것으로 번역하라.

장르를 연기하기 위해 구체적인 지침들의 목록을 작성하라.

이 장에서 이루어진 모든 작업에 대한 확인 목록

작가에 관한 기본적인 사실들의 목록과, 이러한 사실들이 희곡의 이해에
    어떻게 도움이 되는가에 대한 간략한 기록들

죽은 작가의 삶이 희곡에 어떻게 정보를 제공하는지에 대해 기록하기

텍스트를 구축하는 아이디어들의 목록

장르에 대한 기록

장르를 활용하기 위한 구체적인 지침들의 목록

안톤 체호프의 「이바노프」에서

CHAPTER 4

희곡에서의 행위 분석하기

제4장에서는 대본 준비와 희곡에서의 행위 분석을 다룬다. 이 장은 다음과 같은 다섯 단계로 이루어진다.

- 연출 대본의 계획안 준비하기
- 각 막 혹은 각 장에 이름 붙이기
- 사건들
- 의도들
- 배우들을 위해 텍스트 준비하기

(1) 연출 대본의 계획안 준비하기

지금까지 텍스트에는 어떤 것도 기입되지 않았을 것이다. 그러나 특정 부분에서 눈앞의 상황과 같은 것들에 관한 정보를 제공하는 몇 장의 종이가 대본에 끼워져 있을 것이다.

텍스트를 분석하기 시작하면서, 처음으로 대본의 지면에 글을 쓰기 시작할 것이다. 이 일을 하기 전에 대본을 어떻게 배치해야 모든 것을 알기 쉽게 작성할 충분한 공간을 확보할지, 그리고 스트레스를 받을 때 연습실에서 지면을 훑어보고 필요한 정보를 빠르고 쉽게 뽑아낼지 생각하라. 깨끗하고 알기 쉽게 그리고 세심하게 기획된 대본은 보다 정확하게 연출하는 데 도움이 될 것이며, 연출가는 준비되어 있다는 인상을 배우에게 줄 것임을 기억하라.

만약 고전 희곡으로 작업한다면, 텍스트가 인쇄된 서적을 사용하지 말라. 메모를 보기 쉽게 작성할 공간이 충분하지 않기 때문이다. 그 대신 텍스트를 약간 확대 복사하라. 그것을 파일로 묶어라. 텍스트를 종이의 양면에 복사하는 것은 좋지 않다. 그 대신 각 종이의 뒷면을 비워라. 그러면 복사된 텍스트의 빈 뒷면을 희곡의 분석에 관한 메모로 채우는 데 이용할 수 있다.

다른 메모들을 작성하기 위해서 텍스트 지면의 오른쪽에 충분한 여백을 남겨두어라. 새로 출판되는 희곡들은 대체로 프린트된 지면 맞은 쪽에 빈 지면이 있는, 구성이 잘 이루어진 대본으로 설계되어 있어서 메모를 작성할 수 있을 것이다. 만약 그렇지 않다면, 작가에게 배치를 바꿔도 되는지 물어보라.

- **요약**

  출판된 고전 텍스트로 작업한다면, 그 텍스트를 약간 확대 복사하라. 텍스트를 종이 양면에 복사하지는 말라.

  새로운 희곡으로 작업한다면, 그리고 그 텍스트가 약간 작거나 빽빽하게 배치되어 있다면, 작가에게 그 배치나 공간 두기를 변경할 수 있는지 물어보라.

(2) 각 막 혹은 각 장에 이름 붙이기

'1막' 혹은 '1장'이라는 말은 배우에게 한 장면에서 무엇을 해야 할지에 관한 어떤 구체적인 정보도 제공하지 않는다. 그 말은 실제 상황이 아니라, 희곡 속에 배우가 있다는 사실을 강조한다. 막과 장 대신 희곡에서의 행위 중에 실제로 일어나는 것을 묘사하고, 배우들에게 연기할 구체적인 것을 즉각 제공하는 새로운 제목을 각 막 혹은 각 장에 맞춰 만들어라.

그 막과 장에서 제목들은 모든 사람이 하는 것과 연관되어야 하며, 한순간이 아닌 내내 일어난 일을 묘사해야 한다. 제목은 한 개의 단순한 문장으로 써야 한다는 것임을 명심하라. 문장을 등장인물의 이름이 아닌 일반 명사로 시작하라. 그렇게 하면 모든 등장인물이 제목과 관계를 맺을 수 있다. 가장 중요한 것은, 제목은 배우에게 집중할 그리고 수행할 어떤 것을 즉각 제공해야 한다는 점이다. 예를 들어 「갈매기」의 제1막을 '꼰스딴쩐의 희곡 공연'이라고 다시 이름을 붙여라. 모든 사람은 아마추어 극이든, 즉흥극이든 연극을 보려고 준비하는 게 어떤 것인지 알고 있다. 당신은 시산을 확인하고, 프로그램을 집어들고, 다른 관객들을 쳐다볼 것이다. 제3막의 이름을 '아르까지나와 뜨리고린의 모스크바 출발을 위한 준비'로 지음으로써 모든 등장인물이 해야 할 일을 확인시킬 수 있다. 즉, 그들은 여행을 위해 자두를 싸거나, 책에 사인을 받거나, 작별 인사를 할 적절한 시간을 찾거나, 옷 가방을 싸고 옮기는 것을 돕거나, 시간을 확인할 수 있다.

자신에게 가장 흥미로운 사건만을 언급하면서 막에 이름을 붙이지 않도록 주의하라. 예를 들어 「갈매기」 제2막의 이름을 '뜨리고린과 니나가 그들의 관계를 은폐하다'라고 지을 수 있다. 그러나 다른 등장인물 중 누구도 그 일이 일어난 장면에 관여하지 않으므로 그 제목과 연관하여 연기할 수 없다. 차라리 그 장면을 '귀빈의 여흥'이라고 이름을 붙여라. 그러면 그 장면에서 니나와 뜨리고린 사이에서의 행위를 포함하여, 그 막 내내 모든 등장인물이 하는 일이 묘사된다. '분열과 분리가 있다'와 같이 희곡에서의 행위로부터 얻고자 하는 효과를 묘사하면서 막에 이름을 붙이지 않도록 노력하라. 이 제목은 실천적 차원에서 배우들이 반응하기에 너무나 추상적이다. 마찬가지로, 한 장면에 이름을 붙이기 위해 '모든 사람이 사랑을 하면서 얼마나 불행한지 보여주고 있다'와 같이 전장에서 구별했던 아이디어를 사용하지 말라. 이 제목은 너무 모호하고 일반적이어서 연기에서도 모호함과 일반화를 조장할 것이다.

무슨 일이 진행되는지 아는 것이 어려울 수 있는 것처럼, 각 막에 적합한 제목을 찾아내는 것이 항상 쉬운 일은 아니다. 가능하다면 언제나 가장 단순한 묘사를 찾아내야 하며, 모든 등장인물이 제목과 관련되어야 한다. 제목은 배우들이 그 막 혹은 그 장면을 특정한 방식으로 연기하도록 안내할 것이라는 점에 유념하라. 그러므로 선택은 연출 지시를 내리는 것과 같은 셈이며, 장면에서 수행하는 배우들의 연기에 점점 더 크게 영향을 미칠 것이다.

「갈매기」의 각 막에 대한 제목들이 여기 있다.

1막 꼰스딴찐의 희곡 공연

2막 귀빈의 여흥

3막 아르까지나와 뜨리고린의 모스크바로의 출발을 위한 준비

4막 소린에게 마지막 작별 인사를 하기 위한 모임

제목을 선택했으면, 대본에 있는 '제1막'과 같은 단어를 지우고 새로운 제목으로 대체하라. 제목은 배우들에게 뿐만 아니라, 무슨 일이 진행되고 있는지를 연출가에게도 상기시킨다는 점에서 유용할 것이다. 한 장면 혹은 하나의 막에 포함된 사소한 것들의 홍수 속에서 길을 잃고 방황하다가 이 단순한 아이디어를 잊어버릴 수 있다.

- ▪ **요약**

  무슨 일이 일어났는지를 묘사하는 단순한 이름을 각 막에 붙여라.
  대본에서 '제1막' 등을 새로운 제목으로 대체하라.

(3) 사건들

사건에서는 변화가 일어나고, 그 변화란 지금 여기에 있는 모든 사람에게 영향을 미치는 희곡에서의 행위의 한순간을 이른다. '사건'은 사실상 인생에서 규칙적으로 일어나는 어떤 것을 의미하는 단순한 말이다. 우리가 성취하려는 것을 변화시키는 모종의 사건이 일어날 때마다, 어떤 일을 성취하려고 노력하는 자신을 발견하곤 한다. 그것은 혼자 있을 때 혹은 다른 사람들과 있을 때 일어날 수 있다. 예를 들어 연인 한 쌍이 방금 봤던 영화에 대해 즐겁게 토론하며 소파에 앉아 있다. 갑자기 남자가 여자의 무릎에 머리를 들이밀고 "더 이상은 안 되겠어" 하고 말한다. 여자는 순간 긴장하더니 와인을 한 모금 삼킨다. 그녀는 똑바로 앉았더니 무릎에서 남자의 머리를 밀쳐낸다. "가줘"라고 그녀는 말한다. "미안해"라고 남자가 말한다. 사건은 남자가 여자의 무릎에 머리를 들이밀고 "이렇게 더 이상은 안 되겠어"라고 말한 순간이며, 그것은 그들 모두가 원하던 것을 완전히 바꿔버린다. 애초에 그들 모두 멋진 밤을 보내기를 원했다. 그 사건 이후 여자는 남자가 떠나기를 원하고, 남자는 여자가 용서해주기를 원한다.

사건들은 아주 다양한 형태를 지닌다. 즉, 그것들은 (가령 가족이 식사를 하고 있는데 누군가가 창문으로 돌을 던지는 것과 같이) 돌발적일 수도 있으며, (멀리 떨어져 있는 건물 속 한 무리의 사람들이 건물 밖에 스토커가 있는 것을 서서히 깨닫는 것과 같이) 점진적일 수도 있다. 이러한 '서서히' 진행된 사건은 누군가가 밖에서 자갈을 밟아 겨우 들리는 발자국 소리로 시작해서 현관의 자물쇠를 여는 분명한 소리로 끝날 수도 있다. 이러한 사건에 대한 사람들의 반응은 느릴 수도 혹은 갑작스러울 수도 있으며, 강할 수도 혹은 약할 수도 있다.

단순한 차원에서, 희곡은 한 무리의 사람들에게 일어나는 일련의 변화들인 셈이다. '사건'의 자격을 얻으려면 변화는 어떤 분명한 방식으로 그 장면에 있는 모든 사람에게 영향을 미쳐야만 한다. 「갈매기」에서 사건의 간단한 예는 꼰스딴찐이 그의 공연을 중간에 멈출 때 일어난다. 모든 사람은 자신들의 반응을 말로 표현하든 아니든 간에, 그의 행동에서 분명히 영향을 받는다.

텍스트 분석은 이러한 변화들이 어디에서 일어나는지를 찾는 작업이다. 희곡 전체를 살펴보고 모든 사건을 분리하라. 사건들을 찾아내는 것은 대체로 어려울 것이며, 연습하는 데에도 시간이 걸릴 것이다. 모든 것을 시작하고 끝내는 출구와 입구가 곧 '사건'임을 명심하라. 이것은 출발점을 제공할 것이다. 처음부터 모든 사건을 다 볼 수 없더라도 걱정하지 말라. 중요한 것은 희곡의 행위에서 변화들을 찾기 시작했다는 점이다. 그것은 실제 삶에서 사건들을 연구하는 데 도움이 될 것이며, 변화가 어떻게 발생하는지 그리고 변화가 사람들이 하는 일에 어떻게 영향을 미치는지 관심을 기울이기 시작하는 데 도움이 될 것이다.

일단 위치가 정해지면, 사건들을 중심으로 좀 더 작은 부분으로 텍스트를 세분할 방법을 알게 될 것이다. 연출가 경력을 시작했을 당시에 텍스트를 작은 부분들로 나누기를 원했지만, 실제로 어떻게 나누는지 몰랐다. 인위적으로 두세 쪽마다 대본에 선을 그었다. 이 구역들을 '부분적 단위unit' 혹은 '템포의 단위beat'라고 불렀고, 그렇게 연습했다. 그러나 선이 그어진 곳은 나나 배우들에게 논리적이지도 유용하지도 않았다. 때때로 그것은 명백히 방해가 되기도 했다. 배우들의 마음속에서 장면의 흐름에 잘못된 정지를 만들어냈기 때문이다. 타티아나 올레가 사건들에 대해 가르쳐주었을 때 비로소 사건을 각 부분의 결말로 이용하여 텍스트를 어떻게 나눌지를 돌연 깨달았다. 예를 들어 첫 번째 리허설 부분은 마샤와 메드베젠꼬의 등장에서 시작하여 꼰스딴찐의 등장으로 끝나게 된다.

사건들은 배우들이 연기하는 것을 달라지게 할 뿐만 아니라, 관객이 보는 것에 영향을 미치며, 극 중에서 발생하는 일의 템포도 종종 바꾼다. 그러므로 한편의 희곡을 구성하기 위해 사건을 이용하면 상황은 배우와 관객에게 똑같이 명확해진다. 사건들은 공연의 전체적 구조에서 다양함, 형태, 인생을 결정짓는, 이 책 전체에 있어 가장 중요한 연출 도구인 셈이다. 타티아나가 2000년에 사건들을 내게 소개했을 때, 그것은 하나의 완벽한 계시와 같았다. 또한 작업을 조직화하고 구체화하는 내 능력도 이로써 놀라울 정도로 향상되었다. 희곡을 분석하는 이 방법이야말로 배우들에게도 유용하다는 사실이 입증

되었는데, 그것은 삶에서 언제나 일어나는 단순하고도 손쉽게 관찰 가능한 과정을 바탕으로 하기 때문이다.

대본상에 하나의 사건을 지정할 때에는 연필만을 사용하라. 이후 리허설 중에 배우들이 당신이 범한 사소한 실수를 지적할 수 있고, 사건의 배치 순서를 변경시킬 필요도 있을 수 있다. 아니면 심지어 몇 가지 사건을 더 첨가할 수도 있다.

텍스트는 사건들이 위치한 곳을 가리켜주는 작고도 미묘한 실마리를 언제나 담고 있다. 아래의 예에서 (마샤가 메드베젠꼬에게 그를 사랑하지 않는다고 말한) 첫 번째 사건은 코담배와 관련된 두 가지 행위로 구성되어 있음을 알아차릴 것이다. 첫째 행위는 마샤가 메드베젠꼬를 사랑하지 않는다는 것에 관한 말을 건네기 전 용기를 내기 위해 작은 상자를 꺼내는 것이다. 두 번째는 그녀가 야기한 상심을 보상해주려고 약간의 코담배를 건네는 회유적인 제스처이다. 이후에는 말이 많은 등장인물인 메드베젠꼬가 그 사건 이후 말하는 것을 즉각 완전히 멈춘다는 사실이 존재한다. 마지막으로 그 사건 이후 세밀하게 배치된 침묵이 놓인다. 이러한 실마리들은 사건의 위치를 정확하게 알아내는 데 도움이 되어야 한다.

이어지는 대사는 대본에 적힌 두 개의 첫 사건들을 어떻게 보여줄 수 있는지를 알려준다.

1막

메드베젠꼬 당신은 왜 항상 검은 옷을 입고 다니나요?

마샤 난 내 인생에 대해 슬퍼하는 거예요. 난 불행해요.

메드베젠꼬 왜요? (생각해보더니) 이해가 안 되네요. 당신은 건강하잖아

요. 당신 아버님은 부자는 아니지만, 아주 가난하지도 않죠. 난 당신
보다 훨씬 힘든 시절을 보냈어요. 난 한달 봉급이 23루블 밖에 안 되
고, 게다가 퇴직 적립금까지 공제하고 있지만, 그래도 난 상복을 입
고 돌아다니지는 않아요.

(그들은 앉는다.)

마샤 돈의 문제가 아녜요. 거지도 행복할 수 있어요.

메드베젠꼬 이론이죠. 실제는 이런 거죠. 저와 제 어머니, 거기에 두 누
이들과 남동생까지 딸린 판에 수입이라곤 고작 한 달에 23루블인
거죠. 우리가 먹고 마시지 말아야 하나요? 차와 설탕이 필요하지 않
나요? 담배도 필요 없고요? 난 어떻게 살아가야 할지 모르겠어요.

마샤 (가설무대를 둘러보며) 공연이 곧 시작될 거예요.

메드베젠꼬 네. 꼰스딴찐이 쓴 희곡이고, 그의 애인 니나가 출연한데요.
두 사람은 사랑하는 사이고, 그 두 영혼이 오늘 하나의 예술적 영감
을 만들어내기 위해 결합하겠죠. 그러나 나와 당신의 영혼은 가까이
다가서지도 않는군요. 난 당신을 사랑해요. 당신이 너무 보고 싶어
집에 있을 수가 없어요. 난 여기 오기 위해 매일 3마일이나 걸어와
다시 3마일을 걸어서 돌아가요. 그러나 내가 당신에게서 얻는 것은
무관심뿐이에요. 그래도 이해해요. 난 돈도 없고, 대가족이니……,
누가 제 자신도 부양하지 못하는 남자랑 결혼하고 싶겠어요?

마샤 아, 바이올린 소리가 나네. (코담배 한 줌을 들이마신다.) <u>난 당신이
나를 사랑한다는 말에 감명을 받았지만, 같은 대답을 해드릴 수는
없어요. 그뿐이에요.</u> ^{사건의 전개} (코담배를 그에게 권한다) 한 모금 빠세요.

메드베젠꼬 아뇨, 괜찮아요. (포즈)

마샤 이렇게 후덥지근하니, 오늘 밤 한바탕 소나기가 오겠네요. 당신

은 항상 철학적인 이야기나, 돈에 관한 이야기만 해요. 당신은 누구에게도 일어날 수 있는 최악이 가난이라고 생각하는 것처럼 보이지만, 난 누더기를 입고 다니면서 방을 구걸하는 것이 더 쉽다고 생각해요. (……) 그것보다, 네, 당신은 이해 못할 거예요.

<u>(오른쪽에서 소린과 꼰스딴찐이 등장한다.)</u>^{사건의 전개}

화제의 전환을 하나의 사건으로 오해하지 않도록 주의하라. 예를 들어 마샤가 메드베젠꼬에게 "공연이 곧 시작될 거예요"라고 말할 때, 당신은 이것이 사건이라고 생각할 수 있지만, 난 동의하지 않는다. 이 말은 그 직전에 있었던 메드베젠꼬의 청혼이라는 주제에서 그의 관심을 돌리려고 한 마샤의 의도만을 강화한다. 또한 등장인물의 전기를 조사해보면 실수하는 것을 막을 수 있다. 예를 들어 메드베젠꼬의 "당신을 사랑해요"라는 말을 사건으로 오해할 수 있다. 이전의 사건들을 찾기 위해 그 장면을 분명하게 조사해보면, 메드베젠꼬가 이미 마샤에게 사랑한다고 말했고, 희곡에서의 행위가 시작되기 전 그녀에게 결혼해달라고 한 것을 알 수 있을 것이다. 마샤는 그의 고백에도 그의 청혼에도 반응하지 않았다. 청혼을 한 이후 그는 대답을 기다리며 매일 그녀를 보기 위해 먼 길을 걸어왔다. 그녀의 대답인 "난 당신이 나를 사랑한다는 말에 감명을 받았지만, 같은 대답을 해드릴 수는 없어요. 그뿐이에요"라는 말이 사건인데 청혼 이후 그가 얻었던 최초의 구체적 반응이다.

일단 하나의 사건을 확인했다면, 그것에 '마샤는 메드베젠꼬에게 사랑하지 않는다고 알려준다'와 같이 단순하고 정확한 이름을 붙여라. '알려주다'와 같은 냉정한 단어를 사용해야 하는 것은, 배우가 이

순간을 어떻게 연기할지 결정하는 데 영향을 끼치는 것을 원하지 않기 때문이며, 혹은 어떤 방식으로든 등장인물을 예단하는 것도 원하지 않기 때문이다. 또한 메드베젠꼬와 마샤 사이의 이 장면에는 다른 등장인물들도, 즉 커튼 뒤에서 쿵쾅대는 일꾼들도 있다는 것에도 주목하라. 이 장면을 위해 사건과 의도를 준비할 때, 그들이 무엇을 연기하고 행하는지, 그리고 그것이 사건의 분석을 얼마나 뒷받침하는지 고려해야만 할 것이다. 그것은, 예를 들어 사건이 일어날 때, 두드리는 것에서 사포로 미는 것으로 움직임을 변화시키는 것과 같이, 그들이 행동을 바꾸기로 결정하는 데 도움이 될 수 있다. 또한 누가 무엇을 들을 수 있을지에 대해 간단히 결정해둘 필요가 있을 것이다. 그것이 그 장면을 어떻게 연기할지 그리고 사건에 대해 어떻게 반응할지 영향을 미치기 때문이다. 사건을 지정하기 위해 지면을 가로질러 선을 긋듯이 연필로 사건의 이름을 작성하라. 이름이 정확하더라도 나중에 리허설 중 배우들과 함께 대본을 검토하면서 아마 약간이라도 변경해야 할 것이다.

모든 사건이 대본의 지면에 분명하고 선명한 줄을 긋도록 해주지는 않을 것이다. 어떤 사건은 행 혹은 무대 지시 중간에서 시작해 다른 대사 중간에서 끝날 수도 있다. 하나의 줄보다는 대본에 있는 관련된 말들 주위에 구불구불한 선을 그려야만 할 것이다. 중요한 것은 사건 안의 말과 행동이 정확하게 구분되어 지정되어야 한다는 점이다.

「갈매기」의 1막에 있는 사건들의 목록이 여기 있다. 사건을 알아내는 연습을 원한다면, 지금 당장 읽기를 멈추고 당신 혼자서 텍스트를 검토해보라. 다음의 목록과 당신의 조사 결과를 비교하기 전에 말이다.

마샤는 메드베젠꼬에게 그를 사랑하지 않는다는 것을 알린다.

소린과 꼰스딴찐이 객석으로 다가가는 소리가 들린다.

꼰스딴찐과 소린은 객석에 있는 마샤와 메드베젠꼬를 보고, 꼰스딴 찐은 그 두 사람을 다시 안으로 들여보낸다(마샤와 메드베젠꼬를 보는 것과 그들에게 나가라고 말하는 것은 한순간에 이루어지므로, 그것 은 하나의 사건이다).

마샤와 메드베젠꼬는 객석을 떠나 안으로 들어간다.

야코프가 꼰스딴찐에게 자기와 일꾼들이 쉬면서 수영할 거라고 알 린다.

야코프와 일꾼들은 수영하기 위해 떠난다.

소린은 꼰스딴찐에게 왜 아르까지나가 언짢아하느냐고 묻는다.

꼰스딴찐과 소린은 발자국 소리를 듣는다.

꼰스딴찐은 그 발자국 소리가 니나의 것임을 알아차린다.

니나가 등장한다.

꼰스딴찐은 니나와 소린에게 "시작할 시간이 되었어"라고 알린다.

소린은 모든 사람을 불러오기 위해 집 안으로 들어간다.

니나와 꼰스딴찐은 키스한다.

그들은 발자국 소리를 듣는다.

야코프가 꼰스딴찐에게 그가 커튼 뒤에 있을 거라고 알린다.

야코프는 공연을 위한 특수 효과를 준비하기 위해 간다.

꼰스딴찐과 니나는 사람들이 다가오는 소리를 듣는다(나는 이 사건 을 니나와 꼰스딴찐이 떠날 구실로 추가했다).

꼰스딴찐과 니나가 떠난다.

뽈리나와 도른이 연극을 보기 위해 집에서 나온다.

뽈리나는 아르까지나에 대한 도른의 감정을 구실 삼아 그에게 시비
    를 건다.

그들은 사람들이 다가오는 소리를 듣는다.

아르까지나, 소린, 뜨리고린, 샴라예프, 메드베젠꼬, 마샤가 도착한다.

꼰스딴찐이 가설무대 뒤에서 나온다.

가설무대 뒤에서 호른 소리가 들린다.

커튼이 올라간다.

습지에 불빛들이 나타난다(이것들은 극적 효과를 내도록 야코프와 일꾼
    들이 연출했다).

악마가 다가오는 것을 알리기 위해 야코프와 일꾼들은 공연 중에
    유황을 쏘아 올려 호수 위에 두 개의 빨간 불빛을 만든다.

꼰스딴찐이 공연을 중단시킨다(이 사건은 커튼이 내려갔을 때 비로소
    완결된다).

꼰스딴찐이 떠난다.

그들은 호수 반대편 너머에서 누군가가 노래를 시작하는 것을 듣는다.

아르까지나는 모든 사람에게 꼰스딴찐을 상기시킨다.

마샤는 꼰스딴찐을 찾으러 간다.

니나가 커튼 뒤에서 나타난다.

도른이 커튼을 열어놓자고 제안한다.

야코프가 커튼을 올려놓는다.

샴라예프가 어처구니없는 농담을 한다.

니나가 떠나겠다고 알린다.

니나가 떠난다.

소린은 날씨가 축축하니 모두 안으로 들어가자고 제안한다.

도른을 제외한 모두가 안으로 들어간다.

꼰스딴찐이 등장한다.

꼰스딴찐은 니나가 떠난 것을 알아챈다.

마샤가 등장한다.

꼰스딴찐이 마샤에게 그를 찾아다니지 말라고 이야기한다.

꼰스딴찐이 니나를 찾으러 간다.

도른은 마샤의 코담배 상자를 덤불 속으로 던져버린다.

마샤가 도른에게 머물러달라고 요청한다.

마샤는 꼰스딴찐에 대한 자신의 사랑을 도른에게 밝힌다.

그다음으로, 각 막에서 어떤 사건이 가장 중요한지 알아보고, 그것을 '주요 사건'으로 정하라. 주요 사건들을 구별하게 되면, 각 막에서의 모든 사건의 가치와 중요성을 가늠하는 방법도 알게 될 것이다. 「갈매기」의 주요 사건들이 여기에 제시되어 있다.

1막 연극의 취소

2막 마차를 내주는 것을 거부

3막 마차가 도착한 것을 알림

4막 역으로부터 뜨리고린과 함께 아르까지나가 도착

1막의 주요 사건을 지칭한 방식이 '꼰스딴찐이 공연을 멈추게 하다'에서 '공연의 취소'로 바뀐 것을 알아차렸을 것이다. 사건을 달리 표현하여 등장인물의 이름이 아닌 일반 명사로 시작하자, 당신이 묘사하는 것과 모든 등장 인물이 관련을 가지게 되었다. 거칠게 표현하

자면, 만약 주요 사건이 '꼰스딴찐'이라는 이름으로 시작하는 문장으로 묘사된다면, 열 명 정도의 다른 등장인물들은 이 사건이 꼰스딴찐의 '순간'이라고 생각할 수 있고, 이에 대해 자신의 인물이 어떤 반응을 보일지에 대해 충분히 생각하지 않을 수 있다. 사건은 모든 등장인물이 충분히 그리고 분명하게 그것을 연기할 때에만 의미를 지닌다.

만약 (막보다는) 일련의 장면들로 구성된 현대극을 작업한다면, 주요 사건들을 선택하기 전에 행위의 전체적인 움직임을 살펴보도록 하라. 하나의 막 혹은 일련의 장면들에서 다른 것들보다 우선하여 하나의 사건을 그려보는 것은 공연의 전체적인 형태를 만들어보는 데 도움이 된다. 연출 시도 초기에 위험한 것들 중 하나는 행위를 균등하게 나누는 것인데, 그때 연기자들은 희곡에서의 행위의 모든 순간에 동일한 가치를 부여한다. 이러한 균등화 대신 배우나 관객 모두를 희곡에서의 행위에서 가장 중요한 사건들로 안내하라.

마지막으로, 모든 희곡에는 희곡에서의 행위가 시작되기 전에 발생하는 사건이 있기 마련이다. 그 사건은 희곡이 진행되면서 연쇄적으로 발생하는 사건들의 원인이 된다. 이것을 '촉발 사건trigger event'이라고 부른다. 「갈매기」에서 촉발 사건은 뜨리고린과 아르까지나가 영지에 도착했다는 발표이다. 이것은 모든 사람에게 그 소식을 전하는 편지가 모스크바로부터 영지에 도착한 순간에 벌어진다. 그러면서 다음과 같은 사건들이 진행된다.

꼰스딴찐은 희곡을 쓰기로 결심한다. 그는 니나에게 거기 출연해달라고 부탁한다. 아르까지나가 도착했다. 객석이 만들어졌다. 니나가 뜨리고린을 만났다 등…….

만약 뜨리고린과 아르까지나가 그들의 휴가를 영지에서 보내기로 결심하지 않았더라면, 꼰스딴찐은 아마도 그 희곡을 쓰지 않았을 것이고, 뜨리고린은 니나를 만나지 못했을 것이며, 꼰스딴찐은 갈매기를 죽이지 않았을 테고, 니나는 모스크바로 도망가지 않았을 것이라는 등으로도 진행된다.

촉발 사건을 분리시켰을 때, 잠시 몇 분의 여유를 가지고 결과로 파생된 사건들과 그것들이 발생한 순서를 기록하라. 여기 「갈매기」를 통해 살펴볼 하나의 예가 있다.

2주 훨씬 전 아르까지나는 자신의 가족 영지에서 함께 휴가를 보내자고 뜨리고린을 설득한다.

2주 전 여름휴가를 위해 뜨리고린을 데리고 올 거라는 아르까지나의 편지가 아침 식사 시간에 영지에 도착한다.

꼰스딴찐이 희곡을 쓰기 시작한다.

메드베젠꼬가 마샤에게 청혼한다.

1주 전 꼰스딴찐이 니나에게 자신의 공연에 출현해줄 것을 부탁한다.

3일 전 아르까지나가 영지에 도착한다.

꼰스딴찐이 무대를 세우기 위해 필요한 일꾼들을 샴라예프에게 말한다.

꼰스딴찐이 니나와 함께한 희곡의 첫 리허설.

이렇게 한 뒤 즉흥적으로 하는 게 유용할 것 같다고 생각되는 사건 옆에 별표를 하라.

어떠한 완벽한 대답도 없으며, 기껏해봤자 텍스트에 대한 인상을 가지고 작업할 뿐이라는 것을 기억하라. 예를 들어 꼰스딴찐이 희곡을 쓰기로 결심했다는 것과 같이 다른 촉발 사건에 대해 논할 수 있다. 문제는 그것이 이후 전개되는 장면들을 가장 역동적으로 연출할 수 있는지, 그리고 모든 사람의 행동을 이해하게 할 것인지이며, 그것은 당신이 내려야 하는 판단이기도 하다. 올바른 촉발 사건을 선택하는 것은 배우들이 바른 문을 통해 희곡으로 가는 데 도움을 준다. 또한 촉발 사건은 즉흥극의 목록에 적어 넣어야 할 중요한 사항이기도 하다.

사건들은 한편의 연극을 구상하고 있을 때 매우 유용할 수 있다. 이야기의 줄거리를 짠다는 관점에서 생각하는 대신, 발생하게 될 변화들을 계획하는 것에 초점을 맞춰라. 이러한 주요 사건들에 맞춰 자료를 구성하라. 그것들은 또한 오페라를 연출할 때에도 도움이 될 것이다. 특히 각 막에서 주요 사건들을 선택하는 것은, 가수들이 자신들이 하고 있는 것에 등급을 매기는 데에도 도움이 될 것이다.

이 과제의 막바지 즈음에서는 위치가 지정되고 이름이 붙은 모든 사건으로 구성된 대본을 가지고 있어야 한다. 이러한 구분들을 통해 텍스트는 리허설을 위한 좀 더 작은 부분들로 나눠질 것이다. 제11장에서는 이러한 부분들에 맞춰 리허설 스케줄을 짜는 방법을 기술한다.

이제 당신은 의도에 관해 작업을 시작할 준비가 되어 있다.

■ **요약**

텍스트를 검토한 뒤, 발생하는 모든 사건 혹은 변화를 구분하라.

각 사건을 묘사하는 간단한 문장을 작성하라.

각 막 혹은 일련의 장면에서 주요 사건을 선택하라.

희곡에서의 행위를 가동시킬 희곡 이전의 사건을 구분하라.

즉흥극을 하는 데 유용할 수 있는 사건들에 표시를 해놓아라.

(4) 의도들

'의도'는 등장인물이 무엇을 원하는지, 그들이 그것을 누구로부터 원하는지를 묘사하는 단어이다. 이 과정에서 등장인물들의 의도는 사건에 따라 변하며, 의도들에 대한 분석은 사건에 대한 연구에서 자연스럽게 발전하게 된다. 리허설이 시작되기 전에 각 등장인물이 희곡의 각 사건 사이에서 무엇을, 그리고 누구로부터 원하는지를 정확하게 알아내도록 하라.

인물들의 의도들을 확인하려고 할 때, 말의 표면적 의미를 통해 그 말들(무대 지시의 경우에는 행동들)의 동기가 되는 생각이나 욕망을 조사하라. 의도를 알아내는 것은 피부 아래의 골격 구조를 판독하는 엑스레이를 찍는 것과 같다.

만약 등장인물이 사건들 사이의 한 부분에서 의도를 말하지 않더라도, 그것들로부터 계속 의도들을 찾아내야 한다. 사람들은 타인에게 강력한 영향을 미치기 위한 매우 적극적인 방법 중 하나로 침묵을 흔히 사용한다.

의도들을 준비하는 일은 항상 굉장히 어려운 과제임을 알기에, 그것을 종종 미루곤 한다. 의도를 진단하는 능력이 배우와 함께하는 일의 핵심인 것을 알기 때문이다. 의도에 대한 작업은 연출가들이 "왜 내 등장인물이 이것을 하나요?"와 "왜 내 등장인물은 이렇게 말하지요?" 등 배우들의 가장 까다로운 질문들에 대답하는 데 도움이 된다. 의도에 대해 준비하지 않는다면, 등장인물의 동기에 대해 토론하느라 귀중한 리허설 시간을 낭비할 것이다. 물론 의도에 대해 준비한다고 해서 토론을 전적으로 배제할 순 없지만, 토론을 보다 더 유용하고 다루기 쉬운 것에 한정시킬 수 있을 것이다.

의도에 대해 작업하는 데 유용한 정보 몇 개가 여기 있다.

첫째, 주제의 변화를 새로운 의도로 오해하지 않도록 주의하라. 등장인물들은 하나의 의도를 달성하기 위해 반복해서 주제를 바꿀 수 있다. 예를 들어 「갈매기」의 첫 장면에서 마샤가 "공연이 곧 시작될 거예요"라고 말하면서 주제를 바꾸지만, 이것은 메드베젠꼬를 사랑이라는 주제에서 벗어나게 하기 위한 그녀의 전체적인 의도 중 하나의 전략에 불과하다.

둘째, 의도들이 상황의 논리에서 나와야 한다는 것을 기억하라. 때때로 각 막이나 각 장의 제목을 신속하게 상기시키면 등장인물의 의도를 더욱 명료하게 알아낼 때 뜻밖의 도움을 받을 수 있다.

셋째, 장면들은 단순한 갈등을 포함할 때, 가장 효과적이라는 것을 기억하라. 그러므로 의도들이 서로 모순되게 하거나, 역동적으로 상호작용하도록 하라. 예를 들어 마샤 역의 배우에게 '메드베젠꼬가 청혼이라는 주제에서 벗어나게 할 의도를 연기하라'고 요구했다면, 메드베젠꼬 역 배우에게는 '그의 청혼에 대해 마샤의 답변을 얻어내도록' 의도를 부과하라. 그러면 장면이 흥미로워질 것이다. 한 장면에 있는 모든 사람에게 같은 의도를 주지 말라.

넷째, 만약 어떤 정서를 알아내려고 애쓴다면, 등장인물의 머릿속에 있는 '원하는 의도의 결과'가 어떤 모습인지 스스로에게 물어보라. 그 결과나 미래의 모습은 언제나 다른 등장인물 혹은 등장인물들이 말하거나 행동하는 것에서의 변화를 내재하고 있어야만 한다. 예를 들어 등장인물은 그들이 이야기하고 있는 상대가 앉아라, 안으로 들어가라, 혹은 부끄러워 말라와 같이 어떤 특정한 일을 하기를 원하는가? 꼰스딴찐이 제1막에서 연극 공연을 중단시켰을 때, 그는 관객이 조용히 앉아서 두려움을 느끼기를 원했을까? 아니면, 사람들이 자신에게 욕을 하며 일어나 뛰쳐나가기를 원했을까? 만약 전자라면, 그의 의도는 모든 사람이 스스로를 부끄럽게 여기도록 하려는 것이다. 만약 후자라면, 그의 의도는 모든 사람을 당혹스럽게 만들려는 것이다.

마지막으로, 등장인물들은 자신들이 연기하는 것을 언제나 의식하고 있는 것은 아니며, 이로 인해 의도를 분석하는 과제는 더욱 어려워질 수 있다는 것을 명심하라. 배우들과 함께 의도들에 대해 작업하는 방법을 기술할 제11장에서 이 문제에 관해 더욱 자세하게 쓰겠다. 만약 아직도 의도를 알아내는 것이 어렵다면, 이제 이 책의 뒤로 가서 그 장의 첫 장면 리허설 부분에 대해 읽어라. 현실에서 사람들이 움직이는 것을 관찰함으로써 의도를 분석하는 연습을 할 수 있음을 명심하라. 사람들이 어떻게 상호작용을 하는지 주시하고, 그들이 무엇을 원하고 있는지 그들이 하는 말의 이면을 통해 알아내라. 또는 다른 사람과 관계할 때 당신의 의도가 무엇인지 알아보도록 하라.

하나의 정서를 구분하게 되었을 때, 그것을 기록하라. 문장을 아름답게 만드는 것에는 신경 쓰지 말라. 사건들에 이름을 붙일 때 한 것처럼, 단순한 단어와 객관적이고 비정서적인 말을 사용하라. 당신은 나중에 배우들과 작업할 때 그 문장을 다듬게 될 것이다. 썼던 것을 리허설 중에 쉽게 바꿀 수 있도록 반드시 의도들을 연필로 작성하라. 사건이 발생할 때에만 의도들이 변화한다는 것을 기억하라. 희곡의 각 부분에서 등장한 모든 등장인물에게서 의도를 파악할 필요가 있을 것이다. 「갈매기」에서는, 다음과 같이 마샤와 메드베젠꼬 사이의 첫 부분에서 파악되는 의도들이 있다.

마샤 메드베젠꼬가 청혼이라는 주제에서 벗어나게 하기

메드베젠꼬 마샤가 그의 청혼에 대해 대답을 하게 하기

사건 마샤가 메드베젠꼬에게 사랑하지 않는다고 알리기

마샤 메드베젠꼬가 덜 상처 받도록 하기

메드베젠꼬 거절당했지만 상처 받지 않았다고 마샤에게 확신시키기

그다음으로, 각 등장인물이 자신이 원하는 것을 어떻게 얻으려고 하는지 조사하라. 그러면 등장인물들이 광범위하고 상이한 전략들을 사용한다는 것을 알아차릴 것이다. 등장인물이 원하는 것—의도—과 그것을 달성하는 방법—전략들 혹은 수단들—사이에서 혼동하지 않도록 하라. 리허설이 시작되기 전에 등장인물의 전략들을 작성하는 것이 반드시 필요하지는 않으나, 두드러진 특별한 것들은 적어두어라.

"만약 등장인물이 한 명이라면 어떻게 의도들을 알아내는가?"라는 의문이 생길 수 있다. 첫째, 한 등장인물이 극을 실제로 보고 있는 '관객'에게 직접 말하는 경우는 매우 드물다는 점을 유념하라. 그러므로 만약 모놀로그를 연출한다면, 그 등장인물이 누구에게 말하고 있는지 간단하게라도 스스로에게 물어보라. 그는 스스로에게 말하고 있나, 혹은 다른 사람이라든가 일반인에게라도 말하는가? 이 사람 혹은 이 사람들은 가상의 등장인물인가, 혹은 실제 등장인물인가? 죽었나, 혹은 살았나? 이 사람 혹은 이 사람들은 어디에 있나? 일단 이런 질문에 답이 주어지면, 등장인물은 자신이 이야기하는 누군가에게서 무엇을 원하는지 질문할 수 있다. 그러면 이 장면을 연습할 때 배우들은 그 사람 혹은 그 사람들을 상상하며 연습할 필요가 있을 것이다.

이런 방식의 작업은 자주 함께 일하는 배우들이 제안했던 '최종적

인 정제 작업'을 포함한다. 그들은 많은 사건, 특히 사건들이 몇 행에 걸쳐 발생할 때 그 사건들 내부에는 반드시 의도들이 있어야 한다고 말했다. 그 사건이 총을 든 자의 갑작스러운 등장이라면, 배우들은 그 와중에 하나의 의도를 연기할 시간이 없다. 하지만 (마샤가 꼰스딴쩬에 대한 자신의 감정을 도른에게 말하는 것과 같이) 하나의 비밀이 서서히 알려지는 사건이라면, 배우들은 그 사건에 내재된 별개의 의도도 연기할 시간이 있다고 지적했다. 몇 행에 걸쳐 지속되는 사건에 의도가 없다는 것은 배우들이 연기할 게 없고, 다음의 의도를 놓치지 않기 위해서 그저 우두커니 기다리며 서 있다고 느낀다는 것을 의미한다. 이런 방식의 작업을 처음 이용할 때는, 사건들 사이에 있는 의도들만을 준비하라고 제안하고자 한다. 그러나 만약 몇 행에 걸쳐 혹은 몇 초 만에 일어나는 사건이 있다면, 아마도 사건에 내재된 의도를 알아보고 싶어할 것이다.

이러한 훈련이 끝날 무렵, 이제 대본에는 사건들과 그리고 (사건 '내부에서' 발생하는 의도들뿐 아니라) 사건들 사이에 놓인 의도들이 포함될 것이다.

- **요약**

  사건들 사이의 의도들을 확인하고 설명하기 위해 텍스트를 조사하라.
  주제의 변화를 새로운 의도로 오해하지 않도록 하라.
  의도를 확인하기 위해 애쓰고 있다면, 막 혹은 장의 제목을 상기하라.
  선택한 의도들이 서로 역동적으로 상호작용하게 하라.
  현실에서 사람들을 관찰함으로써 의도를 분석하는 연습을 하라.
  감정을 드러내지 않는 간단한 문장으로 의도를 작성해보라.
  의도를 연기하기 위해 각 등장인물이 사용하는 '전략들'에 주목하라.

(5) 배우들을 위해 텍스트 준비하기

리허설 대본을 준비한다는 것은 배우들이 읽고 사용하기 쉬운, 그리고 메모와 사건과 의도를 기록할 공간을 포함하는 문서를 작성하는 것이다. 인쇄되어 출판된 희곡은 독서용이지, 리허설용 도구로 사용하도록 고안된 것은 아니다. 고전 희곡의 어떤 판을 사용할지 선택할 때 이것을 고려하라. 출판된 희곡 대본을 복사하기로 결정했다면, 프린트의 크기를 확대할지, 메모를 위해 여백을 남길지 생각해보라.

대본에 대해 내려야 할 또 다른 결정은 무대 지시와, 배우들이 어떻게 대사를 해야 하는지에 대한 설명들, 그리고 그런 것들과 관련하여 무엇을 유지하고 무엇을 생략할지를 결정하는 것이다. 어떤 연출가들은 등장인물들의 움직임과 행동을 미리 결정할 수 있기 때문에 텍스트에서 모든 무대 지시를 생략한다. 그들은 또한 '화가 나서' 혹은 '눈물을 머금고'와 같은 대사 앞에 나오는 모든 형용사를 없앤다. 이러한 단어들로 인해 배우들이 일반화된 감정 덩어리들을 선날해야 한다는 압박감에 빠질 수도 있기 때문이다.

다른 연출가들은 작가의 모든 무대 지시, 쉼표, 마침표 그리고 형용사를 텍스트에 그대로 남겨두는 것을 선호한다. 그 대신 희곡의 해석 혹은 과정과 불일치하는 정보는 대본에서 삭제될 수 있다. 예를 들어 나는 「갈매기」의 첫 무대 지시에서 '관객'이라는 단어를 제거했다. 배우들이 관객에 대해 생각하는 것을 원하지 않았기 때문이다. 오히려 배우들이 자신들이 연기하는 등장인물들과 그들이 놓인 상황에 대해 더 많이 생각하기를 원했다. 또한 비슷한 이유로 '무대 왼쪽'과 '무대 오른쪽'에 대한 언급들도 지워버렸다. 그러나 살아있는 작가들의 대본은 그들의 완전한 동의를 얻어야만 수정될 수 있음을 유념하라.

이 책이 서술하는 리허설 과정에서, 배우들은 결코 대본을 손에 든 채 연습하지 않을 것이다. 그러니 여기저기 걸어 다니면서 읽을 수 있도록 대본을 만들 생각은 할 필요가 없다. 그러나 연습할 때 배우들이 대본을 들고 있기를 바란다면, 효율적으로 그렇게 할 수 있도록 대본을 묶고 배치하는 가장 좋은 방법을 고려하라. 그럼에도 많은 배우가 이것에 대한 자신만의 방식을 가지고 리허설에 나타난다는 것을 기억하라.

이 대본은 리허설이 시작되기 전에 모든 배우에게 보내져서, 그들이 연출자가 원하는 대로 텍스트에 몰입하면서 시간을 보낼 수 있게 해야 한다. 배우들은 종종 자신의 대사에 강조 표시를 하거나, 텍스트 옆에 메모나 질문을 적어 넣음으로써 리허설을 위한 자신만의 대본을 준비할 것이다. 만약 페이지 번호나 배치에 변화가 생긴 새로운 대본을 그들에게 건넨다면, 그들은 한 대본에서 다른 대본으로 자신이 적은 것을 옮기는 데 시간을 써야 할지도 모른다.

마지막으로, 방 안에 있는 모든 사람들이 같은 대본을 가지고 있는지를 확인하라. 때때로 사람들은 오래된 희곡과 함께 다른 버전이나 번역본을 가져오기도 한다. 만약 페이지 번호가 대본마다 다르다면, 바른 지면을 찾느라 다른 대본을 뒤적이며 리허설 시간을 낭비할 것이다.

- **요약**

배우들이 읽기 쉽고 무엇인가를 적을 수 있는 공간이 있는 대본을 만들어라.

희곡에 대한 당신의 해석과 과정에 일치하지 않는 무대 지시는 지워라.

대사가 어떻게 이루어지는지에 관해 작가가 지시한 무대 지시나 정보를 제거할지 고려하라.

배우들이 대본을 들고 연습하기를 원한다면, 대본을 어떻게 묶을지 생각하라.

생존 작가의 대본에 어떠한 수정이라도 하려고 한다면, 그에게 조심스럽게 자문을 구하라.

배우들이 연기에 이용할 수 있도록 대본 배치 방식을 다르게 생각해보고, 리허설이 시작되기 전 그 대본에 대한 당신의 해석을 배우들에게 전달하라.

이 장에서 이루어진 모든 작업에 대한 확인 목록

이 장의 마지막에서 대본이 포함하고 있어야 하는 것

각 막과 각 장의 이름

각 사건을 나타내주는 대사와 각 사건을 설명하는 간단한 문장들

각 막의 주요 사건에 대한 표기

각 사건 사이에서 등장인물의 의도를 묘사하는 간단한 문장들

당신이 만족해하는 대본 배치

무대 지시나 대사 방법에 대한 설명을 유지할지 삭제할지에 대한 결정

에드워드 켐프의 「신비」에서

CHAPTER 5

등장인물에 대한 작업을 심화하기

제5장에서는 등장인물에 대한 심화 작업과, 즉흥극에 관해 생각하기 시작하는 것을 다룬다. 이 장은 다음과 같은 세 단계로 이루어진다.

- 등장인물들의 자신에 관한 생각들
- 관계들
- 즉흥극 준비하기

(1) 등장인물들의 자신에 관한 생각들

제1장에서는 각 등장인물에 대한 전기를 구성하는 방법을 살펴봤다. 전기는 등장인물의 외부에 버티고 서서, 그들이 인생에서 무엇을 했는지를 보여준다. 이제 등장인물들의 안으로 걸어 들어가, 그들의 눈으로 세상을 내다보자. 이를 위해 그들의 사고 구조를 이해할 필요가 있다.

우리의 생각은 머릿속에 문장들과 영상들의 더미로 존재한다. 이 문장들과 영상들은 우리의 삶에서 확인 가능한 시점에 우리의 머리로 들어온다. 생각들 중 일부는 비교적 새로운 것이고, 일부는 오래된 것이며, 또 일부는 모순적이다. 그러므로 그것들은 행동에 상이한 영향을 미친다. 생각들의 더미는 삶에서의 새로운 자극과 사건에 반응하여 끊임없이 스스로를 재형성한다. 이 생각들은 삶에서 우리가 사건들에 대해 어떻게 반응할지를 결정한다. 예를 들어 교차로에서 한 운전자가 끼어든 상황에 대한 다른 두 운전자들의 반응을 지켜보고 있다고 상상하자. 첫 번째 운전자는 그의 승객을 향해 "정말 화가 나네요. 사람들이 운전을 제대로 배웠으면 좋겠어요"라고 말한 뒤 신경질적으로 운전하기 시작한다. 똑같은 경험을 했던 두 번째 운전자는, 자신의 승객을 향해 "불쌍한 사람이네요. 병원에 급한 약속이 잡혔나보죠. 아님, 위급한 일로 집에 가야 하나 보네요"라고 말하고는 개의치 않고 운전한다. 같은 사건에 대해 두 운전자가 각기 다른 사고 구조에 따라 반응하는 것을 알 수 있다. 즉, 첫 번째 운전자는 인생이 '불만스럽다'고 생각하고, 두 번째 운전자는 '인생은 단순하다'고 생각한다. 현실에서 활동하는 사람들을 관찰할 수 있듯이, 희곡에서도 등장인물들의 사고 구조를 발견할 수 있다. 핵심적인 생각을 파악하면, 배우가 사건에 대해 일관된 반응을 보이며 등장인물을 더욱 정확하게 구축하도록 지도하는 데 도움이 될 것이다.

살펴볼 첫 번째 생각들은 극의 행위가 시작되기 전에 등장인물이 자신에 관해 가지고 있는 생각들이다. 등장인물이 자신에 관해 말한 모든 것을 포함하는 목록을 만들어라. 반드시 텍스트 그대로를 인용하고, 이후에 다시 한 번 확인하기를 원할 수도 있으니, 각 인용 옆에는 지면의 쪽 번호를 적어두라. 행위들은 말들만큼이나 사람들의 생각에 관해 많이 알려준다. 그러니 무대 지시로부터 (그것들을 사용하기를 원한다면) 행위와 관련된 어떤 정보라도 추가하라. 등장인물들 모두에 대해 같은 작업을 함으로써 다른 등장인물에 비해 한 등장인물에게 더 끌리는 것을 피해야 한다. 때때로 무엇을 포함하고, 무엇을 배제해야할지 아는 것이 어려울 수 있다. 적절한 인용인지 의심스러워도 기록하라. 아르까지나에 대한 인용 목록이 여기에 있다.

1막

즐겁기 위해서라면, 난 환각에 사로잡힌 채 가만히 앉아 있을 수 있어요. 난 일하기 때문에, 내 주변의 세상에 대해 예민하고, 언제나 바쁘지요. 그런데 당신은 진창에 처박힌 채 어떻게 살아야 할지도 모르고 있어요. (……) 또한 난 미래를 상관하지 않는 것을 규칙으로 삼고 있어요. 나이 먹는 것에 대해 결코 생각하지 않지요. 죽음도 생각하지 않고요. 될 대로 되라지요, 될 대로.

2막

아, 이런 달콤한 시골의 권태보다 더 지루한 게 있을까. 더위, 적막, 하고 싶은 건 아무것도 없고, 사람들 모두 심각한 이야기나 해대고 있으니. 친구들이여, 함께 해 즐거웠어요. 이야기를 듣는 게 즐거웠어요. 그런데도 (……) 대사를 외우느라 낯선 호텔 방에 앉아 있으니— 그거보다 더 좋은 게 있을까요?

3막

그 애(꼰스딴쩐)를 위해선 옷 정도는 어떻게 해줄 수 있지만, 외국에 보내는 건 안 돼요. 아뇨, 당장은 옷도 안 되겠어요. (단호하게) 난 돈이 없다고요. (소린이 웃자) 없다니까요!

(눈물을 글썽이며) 난 돈이 없어요! 좋아요. 돈이 있어도, 난 극장에서 일하는 직업을 가지고 있잖아요. 몸치장만으로도 파산할 지경이에요. (……)

난 돈이 없어요. 난 은행가가 아니라 배우라고요.

난 다른 사람처럼 여자구요—당신은 내게 그렇게 말할 수 없어요. 그렇게 눈도 깜빡이지 않고 다른 여자에 관해 말할 정도로 내가 늙은 건가요? (그를 껴안고 키스하며) 당신은 내 인생의 마지막 사랑이야! (무릎을 꿇으며) 나의 기쁨, 내 자랑, 내 즐거움. (……) (그의 무릎을 껴안으며) 나를 단 한 시간만이라도 버린다면, 난 살지 못하고, 미쳐버려, 나의 놀라운 사람, 내 멋진 남자, 나의 주인님. (……)

4막

꽃이 세 바구니, 두 개의 화환에다가 이거. (가슴에서 브로치를 떼어 테이블에 던지며) 난 멋진 옷을 입고 있었죠. 어쨌든 난 옷을 잘 입을 줄 알아요.

(그녀는 총소리에 놀라면서) 아, 저 소린 날 무섭게 하네요! 저 소린 그때 생각이 나게 하네, 그때……, (얼굴에 손을 대고) 잠깐 기절하는 줄 알았어요. (……)

이제 이 인용문들을 추려서 '나는 ○○이다'라는 문장에 추가될 수 있는 일련의 명사와 형용사를 뽑아내라. 다음의 질문으로 그렇게 해보자. "이것을 말한 사람이 자신에 대해 가지고 있는 가장 간단한 생각은 무엇인가?" 기록한 각 인용마다 이 질문을 한 뒤, 그 질문에 대한 답변을 하기 위해 정확한 단어를 찾아라. 예를 들어 희곡의 42쪽에서 뜨리고린이 니나와 함께 달아나고 싶다고 말할 때 아르까지나가 전율하는 것을 보고, 아르까지나가 '난 늙었어'라고 스스로를 여길 것이라는 인상을 가지게 될 것이다. 각 등장인물에 대해 네댓 가지의 중요한 생각으로 이루어진 목록으로 작업을 끝내야 한다. 아르까지나의 생각은 '난 나쁜 엄마다, 생존자다, 늙어간다, 위대한 예술가다, 쓸모가 없다, 가난하다'일 것이다. 그 등장인물의 외부에 있는 누군가가 그에 대해 내릴 수도 있는 가치 판단들을 피하도록 하라. 그 대신 그 등장인물의 머리로 들어가 그의 관점에서 생각하자. 그들이 이용했을 듯한 말들을 사용하기 시작하라.

등장인물이 자신에 대해 하는 생각들을 확인하기가 어렵다면, 요약된 전기를 다시 살펴보고 그러한 생각들을 떠올리게 했을 수도 있는 사건들을 등장인물들의 삶에서 찾아라. 예를 들어 1873년 폴타바의 농산물 축제에서 공연했던 아르까지나의 초기 경력에, 그 뒤 모스크바의 다세대 주택에서 살 때 겪었을 고난에 초점을 맞추면, '나는 가난하다'라는 생각은 아르까지나가 자신을 이해하는 방식에서 자명하리만큼 매우 강력하게 드러난다.

- **요약**

극의 행위 중 등장인물이 자신에 관해 말하는 모든 것을 기록하라.

'나는 ○○이다'라는 문장에 추가될 수 있는 일련의 명사와 형용사를 뽑아내기 위해 인용의 목록을 요약하라.

등장인물의 자신에 대한 생각들을 확인하기가 어렵다면, 요약된 전기를 다시 살펴보고, 그러한 생각들이 생겨나게 했을 수도 있는 사건들을 등장인물들의 삶에서 찾아라.

(2) 관계들

리허설을 시작하기 전, 극 행위보다 우선하여 등장인물이 다른 인물에 대해 어떻게 생각하는지 알아볼 필요가 있다. 이 과제는 텍스트를 등장인물 사이의 상호 연관된 관계망으로 보는 데 도움을 줄 것이며, 특정 등장인물의 관점에서 작품을 연출하는 것을 막아줄 것이다.

한 등장인물이 다른 모든 등장인물 각각에 대해 말한 모든 것을 차례차례 작성하면서, 등장인물의 순서부터 시작하여 각 등장인물 모두에 대해 작업하라. 다른 지면에 인용 목록을 옮기고, 다음과 같은 별도의 제목 밑에 목록을 정리하라.

아르까지나의 꼰스딴찐에 대한 생각들
아르까지나의 소린에 대한 생각들
아르까지나의 니나와 그 외 등장인물들에 대한 생각들

각 인용 옆에 페이지 참조를 기입하는 것을 기억하라. 반드시 주요 등장인물들 및 시종과 같은 조역 등장인물들 사이의 관계를 포함해 모든 관계를 조사하라. 만약 한 등장인물이 다른 등장인물에 관해 전혀 말하지 않거나 아주 조금 이야기한다면, 그들이 함께 등장한 장면을 검토하고 어떤 부가적인 정보를 얻어낼 수 있는지 확인하라. 목록에 그 정보를 부가하기 전에 텍스트가 그들의 관계에 대해 제공하는 가장 간단한 인상을 적어볼 수도 있다. 다시 말하지만, 각 관계에 대해 꼭 목표로 삼고 있어야만 하는 일련의 완벽한 인용은 없다는 것을 명심하라. 그런 목록은 연출가마다 항상 다를 것이다.

이 과정을 끝냈으면, 인용 목록 전체에서 간단한 형용사나 명사를 추려내고, 그것들을 '꼰스딴찐은 ○○이다', '소린은 ○○이다', '니나는 ○○이다' 같은 문장에 덧붙여라. 생각들을 기록하는 이런 방법이야말로 당신이 등장인물의 머릿속에 머무는 데 도움이 될 것이다. 각 등장인물에 대해 차례차례 이렇게 하라. 여기 두 명의 다른 등장인물에 대한 아르까지나의 생각들이 있다.

소린은 내 오빠고, 인색하고, 죽어가며, 실패자이다.
꼰스딴찐은 짐이고, 자아가 없으며, 직업도 없고, 기생충 같으며, 내
　외아들이다.

등장인물들은 실제 사람들처럼 자신들의 머릿속에 서로에 대한 모순된 생각들을 가지고 있다는 것에 주목하라. 단적인 경우가 아들에 대한 아르까지나의 생각들이다. 이러한 모순들 덕분에 배우들은 등장인물의 일관되지 않은 행동에 대해 도움을 받을 수 있으므로, 모순들을 없애려고 하지 말라.

때때로 희곡에서 등장인물들의 상호작용은 잠깐이거나 존재하지 않는다. 이러한 경우에는 등장인물들이 서로에 대해 무슨 생각을 하는지 분석하는 게 쉽지 않다. 단순해져라. 그런 다음에 그들이 생각했을 법한 가장 분명한 것들을 기록하라. 예를 들어 「갈매기」에서 뽈리나와 아르까지나는 서로에게 거의 영향을 끼치지 않지만, 그럼에도 아르까지나의 머릿속엔 뽈리나에 대한 생각들이 있어야만 한다. 적어도 그녀는 뽈리나를 가정부, 샴라예프의 아내 그리고 자신과 동년배라고 생각했을 것이다.

제2막에서는 아르까지나가 뽈리나와 함께 시내로 가는 행동을 하

고, 제3막에서 아르까지나는 뽈리나가 여행을 위해 그녀에게 준 자두를 챙기는 것을 잊어버린다. 이 모든 것을 하나의 간단한 문장으로 추려내는 예가 여기에 있다.

뽈리나는 시종이고, 나쁜 엄마고, 옛 친구고, 늙었고, 괴롭힘을 당하고, 따분하다.

- **요약**
  | 각 등장인물이 모든 다른 등장인물에 대해 생각하는 것의 목록을 작성하라.
  | 인용 목록에서 간단한 형용사와 명사를 추려내라.

(3) 즉흥극 준비하기

즉흥극의 목적은 극의 현재 행위에서 등장인물들이 행동하고 말하는 것을 뒷받침할 과거의 영상을 구축하는 것이다. 「갈매기」에서 마샤와 메드베젠꼬는 그들이 첫 장면을 연기하기 전에 메드베젠꼬가 최근에 했던 청혼에 대한 영상을 공유할 필요가 있으며, 그보다 앞서 그들이 어떻게 처음 만났는지에 대한 영상을 가지고 있어야 한다. 같은 장면에서 메드베젠꼬는 아버지의 죽음 혹은 실종의 상황에 대한 영상뿐 아니라, 그가 말한 가족의 삶에 대한 명료한 영상도 필요하다. 이와 유사하게, 꼰스딴찐은 제1막에서 소린과 함께 나눈 어머니에 관한 긴 담소를 뒷받침할 어머니에 대한 과거 영상이 필요하다. 그에게는 아픈 사람들을 보살피고 연기도 하며 네크라소프의 시를 암송하는 어머니에 대한 영상이 필요하다. 즉흥극들은 이 사건들을 재구성하여 과거에 발생했던 일에 대한 지속적이고 분명한 영상을—마치 실제 기억인 것처럼—배우들의 마음속에 심어주어야 한다. 그러면 이 영상들은 극의 행위에서 그들의 관계가 어떻게 연기되어야 하는지, 혹은 등장인물들이 과거에 대해 어떻게 이야기할지를 결정할 것이다. 뒤에 나올 장면들을 살려내기 위해 장면 사이에서 일어나는 행위를 즉흥적으로 구성하여 이용할 수 있다.

등장인물의 전기, 촉발 사건, 눈앞의 상황, 장면 사이의 사건들에 대한 작업은 유용하게 즉흥적으로 할 수 있는 모든 것에 대한 목록을 제공할 것이다. 이상적인 상황에서라면 긴 리허설 기간을 가질 수 있으며, 목록상의 모든 것을 즉흥적으로 할 수도 있을 것이다. 리허설 기간이 짧다면, 핵심 사건들을 선택해야만 할 것이다. 이러한 조건들이 선택을 하는 계기가 된다. 만약 시간이 거의 없다면, 단지 촉발 사건에 집중하는 것만으로도 종종 즉흥극을 위한 많은 자료를 얻을 수 있을 것이다. 「갈매기」의 촉발 사건에 대해 작업하고 있다면, 다음의 사건들(혹은 이 사건들 중 선택한 사건들만)을 즉흥적으로 구성할 수 있다.

모스크바에서, 아르까지나는 뜨리고린에게 그가 그녀와 함께 여름 휴가를 떠날 수 있는지 물어본다.

영지에 그녀와 뜨리고린이 도착할 거라는 아르까지나의 편지가 전달되고, 뽈리나, 소린, 샴라예프, 꼰스딴찐, 마샤가 아침 식사 중에 논의를 한다.

꼰스딴찐이 서재에 앉아 뜨리고린과 아르까지나가 도착할 때 공연할 연극을 위한 몇 가지 스케치를 시작한다.

꼰스딴찐이 니나에게 그의 연극에 출연해달라고 청하고, 그들은 희곡을 통독한다.

뽈리나, 마샤 그리고 시종들은 뜨리고린과 아르까지나가 도착하기
　　전에 그들이 해야 하는 일들을 계획한다.

꼰스딴찐은 샴라예프에게 공연을 위한 세트를 세우는 걸 도와달라
　　고 요청한다. 아르까지나가 영지에 도착한다.

만약 이 장면들 중 세 가지만 즉흥적으로 해볼 시간 밖에 없더라
도, 배우들이 그 장면들에 대해 작업하는 데 큰 도움이 될 것이다.

즉흥극을 연출하는 최선의 방법은 그것을 잘 구성하는 것이다. 내
가 연출을 처음 시작했을 때, 나는 거의 지시하지 않았다. 그 결과 즉
흥극들은 모두 길었다. 거기서는 특별한 일도 일어나지 않았고, 배우
들은 등장인물을 구축하면서 자주 우왕좌왕했다. 이런 결과를 피하
기 위해서 배우들에게 눈앞의 상황, 사건들, 의도들 그리고 시간과
공간에 대한 명확한 인식을 제공하여, 마치 즉흥극들이 희곡의 장면
인 것처럼 기획하라. 각 즉흥극에 제공될 수 있는 정보들이 구체적이
면 구체적일수록 더 좋다. 그리고 배우들은 상상하는 것보다 더 많은
정보를 처리할 수 있다는 것을 명심하라. 즉흥극을 명료하게 구성하
면 즉흥극을 하는 것과 희곡의 장면에 대해 작업하는 것 사이의 차이
는 줄어들 것이다. 연출가가 장면들을 직접 연습하게 될 때, 그 장면
들은 즉흥극처럼 느껴질 것이다.

메드베젠꼬가 마샤에게 청혼하는 즉흥극을 위한 기획이 여기 있다.

장소 소린의 영지에 있는 서재

시간 1983년, 8월, 일요일, 오전 11시, 매우 덥다.

눈앞의 상황 메드베젠꼬가 어제 마샤에게서 빌린 책을 돌려주고 있다. 그 책은 셰익스피어의 「햄릿」이다. 메드베젠꼬는 제일 좋은 옷을 입고 집에서 3마일을 걸어왔다. 그는 약간 더워하면서 땀을 흘린다. 그의 가족은 점심시간에 그가 돌아오기를 기대한다. 오늘 아침에 그는 매주 지출되는 가계비로 어머니와 다퉜다. 그의 어머니는 특히 그가 담배에 지출하는 비용 때문에 화가 났다. 마샤는 꼰스딴찐에게 자신의 지식을 과시하기 위해 서재에서 쇼펜하우어의 책을 읽고 있다. 그 전날 저녁에 꼰스딴찐이 이 철학자 얘기를 꺼냈기 때문이다. 그녀는 더워서 창문을 열어두었다. 그녀는 어머니를 도와 점심 준비를 하기 전에 한 시간을 얻었다. 꼰스딴찐은 아침 내내 사냥을 하느라 멀리 나가 있고, 샴라예프는 추수를 준비하며 들에서 일하고 있으며, 소린은 그의 서재에서 편지를 쓰고 있다.

마샤의 첫 번째 의도 메드베젠꼬에게 자신을 즐겁게 하도록 시킨다.

메드베젠꼬의 의도 마샤에게 청혼에 대비하도록 시킨다.

사건 메드베젠꼬가 마샤에게 청혼한다.

메드베젠꼬의 두 번째 의도 마샤가 자신에게 즉각 분명한 대답을 하도록 만든다.

또한 니나와 뜨리고린의 관계에서 니나에게 도움이 될 것 같은 아주 간단한 즉흥극을 계획할 수 있다.

장소 니나의 침실

시간 1892년, 3월, 오후 4시 30분

눈앞의 상황 그녀의 계모와 아버지는 시내에서 쇼핑을 하기 위해 막

떠났고, 그래서 그녀에게 뜨리고린의 스크랩북을 만들 기회가 생긴다. 오늘 아침에 그녀는 모스크바로부터 월간 문학잡지를 받았다. 그 잡지에는 러시아 스텝 지대에서의 희망 없는 연애 사건에 관한 뜨리고린의 새로운 소설, 「여름의 달밤」이 실렸다. 그녀는 아침 식사를 하면서 그것을 읽었고, 지금은 잡지에서 잘라내어 뜨리고린의 스크랩북에 붙이고 있다. 방에는 아주 차가운 기운이 돈다.

니나의 첫 번째 의도 자기 자신을 즐겁게 한다.

사건 풀이 스크랩북에 쏟아졌다.

니나의 두 번째 의도 허둥대지 않는다.

이 계획된 즉흥극은 희곡에서의 장면만큼 역동적이지는 않을 것이다(심지어 다소 지루할 수도 있다). 뜨리고린이 무엇을 썼으며, 그의 지위는 어떻고, 니나에게 얼마나 중요한 존재인지를 배우에게 분명하게 보여줄 것이다. 그리하여 그녀가 제1막에서 "그런 멋진 이야기를 그분이 썼어요" 그리고 "난 당신 어머니를 상관 안 해요. 당신 어머니가 무섭지도 않아요. 어찌 되었든지 여기 뜨리고린이 있잖아요"와 같은 대사를 할 때, 그녀에게 도움이 될 것이다. 또한 이 즉흥극은 니나가 뜨리고린을 처음 만나는 장면을 연기하는 데에도 도움이 될 것이다.

연습하기로 결정한 모든 즉흥극을 같은 방식으로 준비하라. 잘 구성된 즉흥극을 연습하는 데에는 10분이 걸릴 수 있는 반면, 연습실에서 같은 사건에 대해 이루어지는 대화는 30분이 걸릴 수 있다는 것을 기억하라. 얼마나 많은 사건을 즉흥극으로 다룰지 결정할 때 이러한 점을 염두에 두라. 계획된 각각의 즉흥극을 별도의 종이에 적어두고, 연대순으로 배열하라.

- **요약**

리허설을 해야 할 때 이용할 수 있는 즉흥극들을 선택하라.

모든 즉흥극의 내용을 준비하고, 희곡의 장면인 것처럼 구성하라.

별도의 종이에 각 즉흥극에 대한 계획을 작성하라. 그러면 리허설을 할

때 그것들을 쉽게 찾을 수 있다.

이 장에서 이루어진 모든 작업에 대한 확인 목록

각 등장인물의 자신에 대한 생각들을 묘사하는 단어들의 목록

각 등장인물의 모든 다른 등장인물에 대한 생각들의 목록

즉흥극을 하려고 계획한 모든 사건의 목록

연대기 순서대로 배열된 각 즉흥극을 위한 일련의 계획들

CHAPTER 6

제작 팀과의 관계 구축하기

제6장에서는 배우들을 제외하고, 제작에 관련된 모든 사람과의 관계를 어떻게 구축하는지를 다룬다. 이 장은 다음과 같은 일곱 단계로 이루어진다.

- 디자인
- 조명
- 음향
- 음악
- 비디오
- 목소리
- 동작

크리에이티브 팀의 규모가 이 장에서 묘사된 것보다 더 작더라도, 혹은 내가 묘사하는 대로 관계들을 구축할 돈과 시간이 없더라도 기죽지는 말라. 예산이 빠듯하더라도 팀을 꾸리면서 수준을 높게 유지할 방법들은 얼마든지 있다. 중요한 것은 이 모든 역할에 걸맞은 사람들을 찾고자 열망을 품는 것이고, 연출가 경력의 초기에 일을 잘할 수 있는 혹은 적어도 일할 사람을 얻기 위해 효율성의 측면에서 타협할 준비가 되어 있는 것이다.

특정한 희곡에 대해 작업을 시작하기 전에 반드시 크리에이티브 팀 사람들과 공통된 언어를 확립해놓아라. 이것은 이미지, 음향, 음악을 공유하면서 함께 시간을 보내는 것을 의미한다. 연출가들과 무대 디자이너들 사이의 혼란은 가장 단순한 말들('빨간'과 같은) 혹은 ('우울한'이나 '밝은'과 같이) 분위기를 묘사하는 복잡한 말들에 대한 오해 때문에 종종 야기된다. 전시회나 영화를 함께 보러 가고, 좋아하는 화가나 사진작가의 이미지를 공유함으로써, 시각적 정보에 관해 이야기할 수 있는 명료한 언어가 구축될 것이다. 관심을 끄는 조명 아이디어를 담아낸 영화를 보면서 조명 디자이너와 함께 일정한 시간을 보내거나, 강렬한 명암을 특징으로 하는 사진작가의 작품들을 살펴보라. 음향 디자이너(혹은 작곡가)와 함께 음악이나 흥미를 일으키는 소리를 듣고, 왜 어떤 작품이 다른 작품보다 당신에게 더 영향을 주거나 의미 있게 다가오는지 분석하라. 이러한 만남들과 토론들을 벌이면서 당신은 작업 중에 맺게 되는 관계들을 더욱 부드럽고 효율적으로 만들어줄 약칭도 고안할 것이다. 물론 연출가 경력의 초기에는 당신과 이런 대화를 나눌 시간이 없는 대선배 디자이너나 작곡가와 작업하게 될 것이다. 이 경우, 커피를 마시며 담소의 기회를 만들려고 노력하면서, 자신이 원하거나 좋아하는 것을 전하는 데 말 대신 이미지나 음악을 이용하라. 그리고 그것을 기억하라.

가능하면 언제라도 크리에이티브 팀과 준비 작업의 결과를 공유하라. 시간이 부족해 서둘러야 할 경우, 모든 사람에게 전달해야 할 가장 중요한 요소는 그 주변에서 행위를 구성하게 될 사건들이다. 이 상적 상황에서는 조명, 음향, 음악, 동작, 무대와 의상 디자인은 모두 이 전환점들, 즉 사건들을 선명하게 하거나 강조하기 위해 기능한다. 사건 이후 무대그림stage picture. 무대 장치로 쓰기 위해 그린 그림. 관객에게 어떻게 보일 것인가를 고려한 뒤 연출가가 만들어내는 아름다운 무대 장면을 의미함에 최대의 변화를 주기 위해 무대 디자이너와 함께 일하고, 각 막에서 주요 사건을 이루는 등장인물들이 관객들의 시선을 끌기 위해 어떤 방식으로 혹은 어떤 색의 옷을 입어야 하는지 토론하라. 디자이너인 비키 모티머와 나는 「갈매기」 제2막의 행위가 일어나는 곳을 정원이 아니라 점심이 제공되는 식당으로 재설정했다. 우리는 그 막의 주요 사건인 '마차를 내달라는 요청이 거부당하는 장면'에서 무대그림이 최대한 변화하기를 원했다. 사건 전에 모든 사람은 앉아 있었고, 첫 번째 코스인 수프가 테이블에 놓이자 사람들은 먹기 시작하고 있었다. 샴라예프는 갑자기 마차에 대한 소식을 알렸다. 사람들은 즉시 먹기를 멈추고, 식사가 중간 정도 진행된 상태에서 숟가락을 놓았으며, 시종들은 수프가 남은 접시들을 부엌으로 날랐고, 손님들은 한 명 한 명씩 모두 일어섰다. 아르까지나는 방에서 나왔고, 곧 시종들이 보였다. 그들은 그녀가 모스크바로 돌아가려고 짐을 싸기 위해 준비한 여행 가방들을 나르고 있었다. 그리하여 시각적인 그림은 사건과 동시에 바뀌었다. 그 변화는 강력했고, 활력에 찬 무대그림을 보장해주었다. 또한 그 결정으로 인해 배우들이 냅킨을 접고, 가방을 나르고, 방을 떠나는 등 사건에 반응하는 많은 신체적 움직임이 요구되었다. 사건이 발생함과 동시에 조명 디자이너인 폴 컨스터블이 조명의 상태에 미묘한 변화를 줌으로써, 구름이 막 태양을 지나갈 때처럼 방은 아주 약간 어두워졌다.

음향 디자이너인 개럿 프라이는 사건의 여파에 따른 행동의 변화를 강조하기 위해 거의 느낄 수도 없을 정도로 낮은 베이스의 웅웅거리는 소리를 추가했다.

희곡을 주의 깊게 연구하기 전까지는 디자인, 조명, 음악이나 음향에 대한 작업을 시작하지 말라. 그렇게 함으로써 중대한 실수를 피할 수 있다. 가령−그 방법을 쫓는다면−모형 상자에서는 통하나 각 장면의 세부 상황에 들어가서는 배우가 작업할 수 없는 디자인으로 리허설을 끝내거나, 혹은 신중히 철저하게 생각하지 않고 19세기 희곡에서의 행위를 20세기에 재배치하는 대담한 시대착오적 결정을 내리는 것과 같은 치명적인 실수를 범하지는 않을 것이다.

(1) 디자인
디자인에는 다음과 같은 세 개의 주요 기능이 있다.

① 시간과 장소를 전달한다.
② 관객의 시선을 중요한 행위나 서사로 모으는 것을 도와준다.
③ 아이디어와 희곡의 장르를 알림으로써 배우들을 지원한다.

디자이너와 같이하는 연출가의 작업은 세 단계로 나뉠 수 있다. 모형이 만들어지는 리허설 전까지, 리허설 동안 그리고 극장에서이다. 이 부분에서는 리허설 전까지를 다룰 것이다. 두 번째와 세 번째 단계는 제9장, 제11장, 제12장에서 살펴볼 것이다.

디자인을 발전시키는 과정은 선형적 서사를 따르지 않는다. 그 대신 동시에 착수되고 최종적으로 하나의 일관된 형태로 통합되는 몇 가지 과제를 수행한다. 여기서 서술된 과정은 두 달에 걸쳐 진행되는 이상적인 것이라는 점도 기억하라. 디자이너와 일할 시간이 이보다 적더라도, 다음 내용에서 요약된 많은 과제를 해낼 수 있다고 확신하라.

첫째, 특정한 장면들에 대한 해결 방안들을 찾지 말고 희곡을 구석구석 탐색하면서 디자이너와 함께 시간을 보내라. 예를 들어 사실들과 질문들의 '과거사의 목록'을 검토해볼 수도 있을 것이다. 그러면 연출가와 디자이너는 자료의 사소한 세부 내용에까지 신경 쓸 것이며, 별도의 명료한 연구 과제들도 필요하게 될 것이다.

디자이너가 건축과 가구에 대한 것들을 조사할 동안, 연출가는 등장인물의 전기와 관련된 것들을 조사할 수도 있다. 장소, 시간, 눈앞의 상황, (각 장면의 '주요 사건들'을 포함하여) 막과 장면의 제목에 관한 정보를 공유하는 것은, 디자인이 이에 대한 결정에 아주 정확하게 기여해야 하기 때문에 특히 중요하다. 이와 같이 정보를 공유하게 되면 완성된 디자인 혹은 개념에 포함되어야 할 많은 세세한 내용을 포기할 수도 있게 된다. 예를 들어 「갈매기」의 제4막에서 방은 춥고, 난방장치는 어디에 있고, 그건 왜 작동하지 않는지에 관한 설정이 필요하다. 혹은 19세기의 지팡이에 관해 조사해보면, 그것이 패션용 액세서리로 폭넓게 사용되었음을 알 수 있으며, 따라서 소린의 지팡이를 선택하는 데 도움이 될 것이다. 시간이 한정되어 있더라도 준비한 핵심 정보를 주고받는 것은 여전히 중요하다(이것을 세 시간의 강도 높은 연습 동안 해낼 수 있어야 한다).

리허설을 할 때 "이 문은 어디로 통하나요?", "난 방금 어디에서 온 거죠?", "이 창문으로 무엇을 볼 수 있어요?"와 같은 배우의 질문에는 답변이 주어져야 할 것이다. 디자인 과정에 대해 작업하는 동안에는 이런 질문을 다루거나 심지어 대답하기가 훨씬 쉽다. 리허설 때까지 이러한 질문들을 남겨둔다면, 디자인과 관련된 결정 사항들은 배우가 행위 중에 행하고 말해야 하는 것의 세부 사항에 들어맞지 않게 된다. 만약 리허설 기간이 짧다면, 이러한 세부 사항들을 분류하는 데 소중한 시간을 쉽게 낭비할 수 있다. 만약 초현실주의나 혹은 19세기 오페라와 같은 장르를 작업하더라도, 공연자들은 왜 자신들은 다른 사람과 반대쪽의 입구를 사용하는지(혹은 그들이 어디에서 왔고, 혹은 어디로 가는지)에 대해 의문을 가질 것이다. 그러므로 이것들에 대해 꼼꼼하게 생각해야 할 필요가 있다. 또한 관객이 희곡의 배경을 이해하는 것도 중요하다. 그렇지 않으면 관객은 사람들이 어디에서 왔는지 묻거나, 혹은 "우리는 어디에 있어야 하지?"와 같은 심각한 질문을 하면서 공연 시간을 보낼 것이다.

제1장에서는 텍스트에서 기술된 장소의 범위들에 대한 도면들을 어떻게 그릴 수 있는지 설명했다. 극의 행위가 일어나는 장소의 대략적인 스케치를 디자이너에게 보여주어라. 이 시점에서 관객이 보게 될 실제 무대의 디자인을 결정하는 것은 아니라는 사실을 명심하라. 오히려 각 장면을 마치 실제의 장소인 듯이 생각하기 시작하라. 「갈매기」에서 제3막과 제4막은 같은 집안의 다른 방에서 일어난다. 하나는 호수를 굽어보는 서재이고, 다른 하나는 식당이다. 디자이너와 나는 사람들이 어디서 오는지 혹은 어디로 가는지에 대해 언급된 모든 것과 함께 각 방의 입구와 출구까지 꼼꼼하게 살펴봤다. 예를 들어 「갈매기」의 제4막에서, 마샤, 뽈리나, 메드베젠꼬는 소린의 요청으로 꼰스딴찐을 찾고 있다. 배우나 관객도 마찬가지로 소린이 어디에 있

는지 그리고 마샤와 뽈리나와 메드베젠꼬가 꼰스딴찐이 어디에 있을 거라고 생각하는지에 대한 확실한 영상이 필요하다. 그러므로 방들은 모든 사람이 꼰스딴찐을 찾고 있다는 논리를 충족시키도록 배치되어야 한다. 지금까지 두 개의 막에 등장하는 방이 다른 방들(관객들이 볼 수 없는)과의 관계에서, 그리고 집 주위의 정원과의 관계에서 어디에 위치해 있는지를 이해하려고 노력했다. 이 과정이 마무리 될 즈음 극의 행위가 발생하는 장소에 대한 몇 가지 상세한 지도를 가지게 될 것이다. 하지만 아마도 디자이너는 그러한 지도들을 무대 디자인에 대한 어떤 결정으로 변형시키지 못할 수도 있을 것이다.

그다음으로, 관객이 행위가 발생하는 장소나 장소들을 바라보게 될 각도를 고려하라. 디자이너인 비키 모티머와 나는 「갈매기」를 위한 디자인 작업을 하면서 호수, 집, 가설무대 그리고 영지 내 나머지 장소의 관계에 대한 상세한 도면을 그렸다. 우리는 꼰스딴찐의 연극을 보는 관객들이 무대 뒤의 호수와 가설무대 쪽으로 향한 집에 등을 돌리고서 앉아 있다고 설정했다. 그러고 나서 도면의 무대와 집 사이에 선을 그었다. 이 선은 프로시니엄 아치의 위치를 표시했다. 이것은 국립 극장에서 실제 관객이 마치 그들이 호숫가에 앉아 있는 것처럼 극의 행위를 바라보는 것을 의미한다. 관객은 니나의 뒷모습 그리고 그녀 너머 배경 안에 있는 집과 연극을 보고 있는 등장인물들의 얼굴들을 보게 된다.

그러나 사실적인 도면에 깔끔하게 선을 그어 한쪽에 관객을, 다른 쪽에 행위를 위치시키는 것은 항상 가능한 일이 아니다. 극장들은 여러 다양한 형태를 이루고 있을 수 있으며, 무대 구역stage area. 무대 공간을 6~9등분했을 때 각각의 구역을 말함의 실제 공간에 맞도록 사실적인 도면들을 종종 수정해야 할 것이다. 이와 비슷하게 한 장면의 디자인을 그 장소 주위의 실제 지형도를 보고 설계함으로써 해결하는 것도 언제나 가능한 일은 아니다. 어떤 경우에는 다른 방식으로 작업할 필요가 있을 것이다. 사실적인 환경에 대한 논리를 결정하기 전에 작업하고 있는 무대의 공간에 맞춰 장면적 해결책을 디자인할 필요가 있을 수도 있다. 그렇더라도 그 디자인을 실제 장소(혹은 장소들)의 일부인 것처럼 생각하는 것은 유용한 출발점을 제공한다. 어쨌든 최종적인 디자인에 도달하더라도, 행위가 설정된 장소 혹은 장소들 주변의 것들에 대한 분명한 생각을 가지고 이 과정을 마쳐야 하며, 그래야만 배우들은 관객이 마치 실제로 있는 것처럼 여기는 방들이나 환경에 존재할 수 있다.

이 시점에서 등장인물들이 매 사건마다 장소 혹은 장소들을 어떻게 이용할지, 그리고 (가구를 포함하여) 그 장소에 있는 모든 것이 어떻게 배치되어야 할지에 대한 생각을 진전시켜라. 핵심적인 혹은 주요한 사건들이 어디서 발생하는지에 대해 생각하는 것은 특히 중요하다. 세트와 가구에 대해 결정하는 것은 관객이 진행 상황을 볼 수 있도록 배우들을 배치하기 위해 연출가가 취하는 첫 조치임을 명심하라. 간접적으로 이미 희곡을 연출하기 시작한 것이다. 행위의 핵심적인 부분의 초점이 잘 맞추어져 있고, 그 상황에 있는 등장인물들이 논리적으로 사용하기만 하면 눈에 잘 띄도록 출입구나 가구가 배치되었는지를 확인하라. 경험상, 배우들에게 일단 어디에 서 있으라고 리허설 중 계속 지시를 내리는 게 최선이다. 또한 이것은 디자인 과정 중 미리 계획해놓는 것이 최선이다. 그 방식으로 배우들은 그들의 행위가 보이는지, 혹은 보이지 않는지 걱정하지 않고서 자신들의 등장인물들이 하는 것처럼 공간을 논리적으로 쉽게 이용할 수 있다. 물론 이러한 이상적 상황에는 위치나 입구를 속여야 할 순간들처럼 언제나 예외가 있다. 제11장에서는 연기 지도에 대한 부분에서 이것에 대해 더 많은 것이 다루어진다.

디자이너는 아마도 대략 이 시점에서 밑그림의 형태든, 하얀 카드지로 된 모형이든 장면들에 대한 아이디어들을 보여주기 시작할 것이다. 두 개의 기본적인 모형 유형이 있다. 하얀 카드지로 된 모형(고려 중인 대략적인 건축적 결정 사항을 삼차원적으로 스케치한 것)과, 최종적인 모형(모든 벽과 표면이 완벽히 마무리된, 그래서 관객이 보게 될 정확한 디자인의 복제본)이 그것이다. 디자이너는 대충 무대 구역과 객석을 포함하는 블랙박스 안에 세트의 모형을 두자고 제의할 것이다.

넓은 극장에서는 완성된 모형이 작업장에 보내지며, 세트를 세우고 칠하는 사람들이 참고하도록 사용된다. 하얀 카드지로 된 모형은 제작 단가가 저렴해서 변경할 수 있으나, 반면에 완성된 모형은 매우 노동집약적이고 만드는 데 비용이 많이 든다. 작은 극장을 위해 빠듯한 예산으로 작업하고 있다면, 완성된 모형을 만드는 것은 언제나 가능한 일이 아니다. 이런 경우더라도, 아주 구체적인 시각적 참고 사항을 수반하는 한, 하얀 카드지로 된 모형은 목수와 도장공에게 필요한 핵심 정보를 전달할 수 있다. 하얀 카드지로 된 모형을 보면서 다른 가능성들도 보고 싶다면 용기 있게 부탁하라. 모형의 큰 부분을 떼어내고 하얀 카드지의 다른 조각도 잘라내어 당신이 볼 수 있도록 또 다른 문이나 새로운 벽을 만드는 것은 디자이너에게는 비교적 손쉬운 일이다. 또한 작은 등장인물 모형들과 중요한 가구들을 모형 박스 둘레에 옮겨놓는 것도 아주 유용할 수 있다. 그럼으로써 각 장면을 위해 사물이나 사람을 배치하는 또 다른 방식을 고려할 수 있기 때문이다.

관객들의 시선을 확실히 파악하고, 만약 가능하다면, 디자이너에게 당신이 보고 있는 모형이나 평면도에 시선들을 표시해달라고 부탁하라. '평면도'는 세트 디자인이 극장 공간 중 무대 공간과 얼마나 일치하는지를 보여주는 도면이고, '시선'은 관객 모두가 볼 수 있는 영역의 경계들을 표시한, 무대 위의 보이지 않는 선을 말한다. 나는 최근에 새로운 오페라를 작업하면서 시선과 관련한 문제를 경험했다. 리허설은 시작되었고, 세트는 디자인되었으며, 실제 세트의 일부가 (많은 오페라 극단의 일상적인 연습 때처럼) 연습실에 세워졌다. 매 장면마다 내 방식으로 작품을 연출했고, 두 주가 남은 시점에서 모든 것을 무대화하여 끝냈다. 그때 무대 감독이 주저하며 다가와서 아주 공손하게 물었다. "선생님은 행위를 무대 왼편에 그렇게 멀리 두는 걸 현명하다고 보시나요?" 무대화의 결정을 내리면서 아주 무난하다고 생각했던 나는 "왜요?"라고 물었다. "왜냐하면 집의 반쯤은 안 보여서요(여기서 '집'은 관객을 말한다)." 즉시 디자이너에게 전화했고, 기가 막히게도 몇몇 시선이 평면도에 그려지지 않았다는 것이 밝혀졌다. 그 과정에서 볼썽사납게도 뒤늦게 장면의 물리적 형태에 몇 가지 거친 수정을 가했다. 이건 누구나 피하고 싶은 상황일 게다.

무대에서 일어나는 것을 어떻게 보는지를 결정하는 특정한 시각적 규칙들을 확실히 이해한다면, 연출 작업에 도움이 될 것이다. 프로시니엄 형태의 공간에서 작업하고 있다면, 무대 왼쪽에서 등장하는 것과 무대 오른쪽에서 등장하는 것 사이에는 차이가 있음을 깨달을 것이다. 거칠게 말하자면, 만약 등장인물이 무대 오른쪽에서 등장한다면, 무대 왼쪽에서 등장하는 것보다 더 강하고 더 크게 보일 것이다. 그리고 만약 누군가가 두 개의 문 사이에서 움직인다면, 그의 중요성은 다르게 보일 것이다. 배우가 무대 오른쪽에서 왼쪽으로 걸을 때 관객에게는 약간 작아지고 있는 것처럼 보이고, 왼쪽에서 오른쪽으로 걸을 때 약간 커지고 있는 것처럼 보인다. 이것은 우리가 왼쪽에서 오른쪽으로 읽기 때문에 생기는 착시 현상이다. 이 시각적 '규칙'을 인식하게 되면 행위의 중요한 순간에 출입구의 효과를 강하게 하든 약하게 하든 결정하는 데 도움이 될 것이다.

「갈매기」의 제4막에서 니나를 무대 왼쪽에서 등장하게 할지, 오른쪽에서 등장하게 할지 결정할 수 있다. 이 결정은 이 장면에 대한 해석에서 매우 중요하다. 무대 왼쪽에서 등장시킴으로써 장면의 처음부터 그녀를 더욱 연약하게 보이도록 할 수 있고, 무대 오른쪽에서 등장하게 함으로써 그녀가 차분하게 나타나도록 결정할 수도 있다.

디자이너인 비키 모티머와 나는 니나가 무대 왼쪽으로부터 등장하도록 결정했다. 또한 배우들은 무대 어느 쪽에서 등장하는지에 따라 약간 더 연약해지는 혹은 약간 더 강력해지는 느낌을 경험할 것이라는 점도 기억하라. 그들은 무대 왼쪽에서 등장하여 오른쪽으로 향하면서 마치 언덕을 올라가는 것 같은 체험을 할 수도 있고, 반대로 무대 오른쪽에서 왼쪽으로 언덕을 내려가는 것처럼 움직일 수도 있다. 디자인 과정의 이 시점에서 내린 결정들에 의해 어떻게 간접적으로나마 이미 연출하기 시작했는지 다시 한 번 주목하라. 물론 끝막 traverse. 좌우로 벌어지면서 열리는 막 으로 작업하든, 돌출무대를 사용하든 어느 쪽이든 관객에게 의미는 다를 것이다.

그다음으로, 앞에서 확인한 연극의 장르나 아이디어들이 행위가 발생한 장소나 장소들을 다루는 방법을 결정하게 될 것이니, 그것들에 대한 토론을 시작하라. 예를 들어 장르가 초현실주의적이라면 사건이 발생하는 방이 위태로운 각도에 혹은 가파른 경사에 놓이도록 결정할 수 있다. 또는 (「갈매기」처럼) 상징주의적이라면, 시대와 관련된 모든 잡동사니를 제거한 뒤, 금이 가고 퇴락한 텅 빈 집 담벼락을 보임으로써 기괴한 느낌을 암시하도록 결정할 수 있다. 만약 희곡의 아이디어 중 하나가 (에우리피데스의 「트로이의 여인들」처럼) 권력의 남용이라면, 등장인물들이 드넓은 기계적 환경에서 마치 작은 점들처럼 보이게 만들면서, 즉 그들이 작아 보이게 하는 거대한 산업 환경에서 행위가 일어나도록 결정할 수도 있다. 아이디어나 장르에 대해 작업하면서 보다 더 지적인 관심사들에 대해 이야기할 때 의도하는 것이 무엇인지 정확하게 보여주기 위해 (영화, 예술 전시회, 사진이나 그림의 복제품들과 같은) 다른 시각적 참고 자료를 함께 보는 것도 도움이 될 것이다.

디자이너와 함께 빈 극장의 객석에 가 앉아보라. 작업하고 있는 공간의 형태에 따른 곤란한 점과 이로운 점에 관해 이야기하라. 예를 들어 만약 원형 공간에서 작업한다면, 행위를 계속 움직이게 할 필요가 있을 것이다. 그러므로 가장자리 주위에 너무 많은 가구를 배치하면 배우들이 오랜 시간 앉고 싶어할 테니, 그런 것은 피하라. 극의 행위를 완벽히 볼 수 있는 자리는 없다는 것을 기억하라. 다른 자리들에 가서도 앉아보라. 시각적 아이디어들을 객석의 모든 사람에게 어떻게 도달하게 할지 생각해보라. 단순히 시선의 문제가 아니다. 모든 사람이 공연에 대해 조금 다른 관계를 맺으며 앉는 것과, 약간 다른 각도에서 작품을 보는 것에 대한 인식의 문제이다.

물론 모든 사람이 주요 사건들과 같은 행위의 핵심적인 부분들을 보는 것은 중요하다. 남은 시간 동안 모든 사람이 연극의 세계와 아이디어에 자신들을 몰입시키는 것을 보는 것도 중요하다. 모든 사람을 위해, 특히 객석의 양 끝에 앉아 있는 사람들을 위해 흥미로운 영상을 만들어낼 방법을 발견하라. 「아울리스의 이피게니아」의 무대를 디자인할 때 디자이너인 힐데가르트 베히틀러와 나는 무대를 왼쪽과 오른쪽으로 2미터씩 늘이기로 결정했다. 각 측면에서 행위가 발생했던 건물의 세계는 그대로이지만, 건물은 바로 맞은편에 있는 관객에게만 보였다. 우리는 양쪽의 관객에게 시각적으로 똑같이 흥미롭게 비칠 어떤 것이 있을 거라고 확신했다. 예를 들어 무대 왼쪽에 앉아 있는 관객은 벽에 매달려 있는 긴 골동품 거울과, 무대 오른쪽에 있는 올이 터진 낮은 녹색 소파를 볼 수 있었다. 이것은 무대 오른쪽의 관객에게는 보이지 않았다. 그러나 무대 오른쪽의 관객도 똑같이 무대 왼쪽에 있는 출입구와 언덕을 향하고 있는 작은 로비 같은 세세한 것들이 흥미로울 것이라고 여겼다. 극장의 음향 상황도 고려하라. 만약 당신이 작은 변두리 극장에 있다면, 사람들이 속삭이는 것까지 듣는 게 가능할 것이다. 그러나 만약 텅 빈 리텔턴 극장에 있다면, 관객 전체에게 들리게 하려면 말 그대로 소리를 질러야만 할 것이다. 무대 안쪽으로 2미터 이상만 움직여도 말이다. 디자인은 이와 같은 문제들에 도움이 될 수 있다. 예를 들어 모든 주요 행위를 위해 널찍한 프로시니엄 무대의 1.5미터만 사용하기로 결정할 수 있고, 무대의 나머지도 멀리 있는 풍경 혹은 붕괴된 건물의 인상을 주기 위해 사용할 수도 있다. 그렇지 않으면, 음향을 차단하기 위해 방에 천장을 설치할 수도 있다.

지금쯤 디자이너는 완성된 모형을 향해 작업해나가고 있을 것이다. 보통은 이 모형을 발전의 다른 단계마다 볼 수 있는데, 매번 벽이나 표면을 어떻게 처리할지 논의하면서, 그리고 사소한 세부적인 항목을 수정하면서 이미 결정한 건축적인 선택들을 확인할 것이다. 이 시점에서 마음을 바꾸는 것은 유용하지 않지만, 이런 일이 발생하는 경우가 있기는 하다.

또한 이 시점은 각기 다른 조명을 선택하는 것이 세트 디자인을 얼마나 풍요롭게 할지 고려해야 할 때이다. 자연광이 어디에서 오는지, 창문이나 문 혹은 빛이 새어들어오는 다른 구멍들을 추가할 필요가 있는지 생각하라. 이 빛은 하루의 시간을 이야기해줄 것이다. 그렇지 않으면, 빛이 방으로 들어오기를 원하는 각도와 높이 그리고 조명 디자이너에게 얼마나 많은 무대 뒤 공간을 주어야 그들이 조명을 설치할 수 있을지 고려하라. 밤에 일어나는 장면을 위해 실제 조명practical light을 어떻게 사용할 것이며, 어디에 배치할지 생각하라. 실제 조명은 세트에 놓인 조명을 의미한다. 샹들리에나 표준 램프나 책상의 스탠드처럼 말이다.

당신과 조명 디자이너가 계획하고 있는 방향에 대한 피드백을 얻기 위해 초기 미팅에 조명 디자이너를 초대하라. 조명이 효율적으로 비치지 않는 세트를 세우는 것은 의미가 없다. 종종 이 과정에서 조명 디자이너가 너무 늦게 합류하면 디자인을 변경할 수 없다. 이것은 극장에 들어갈 때 문제를 만든다. 예를 들어 조명 디자이너는 무대에 세워진 아파트가 극장 벽에 너무나 가깝기 때문에, 혹은 빛이 들어올 수 있는 구멍이 전혀 없는 천장을 설치했기 때문에 창문 뒤에 랜턴을 달지 못할 수도 있다.

세트 디자인을 끝냈으면, 의상에 관한 작업을 시작할 수 있다. 앞에서 있었던 대화에서 등장인물의 전기에 대해 말하면서 이미 의상에 대해 언급해왔다. 이제 각 장면에서 등장인물들이 무엇을 입을지, 그리고 그들의 계급, 전기, 직업과 같은 것들이 어떻게 그들이 옷을 입는 방법에 대한 정보를 주는지 면밀히 생각하면서, 각 등장인물에 대해 더욱 상세하게 작업할 것이다. 동시에 무대의 배경과 의상의 전반적인 관계 그리고 의상의 색, 품격, 질감의 균형을 세트 디자인과 어떻게 맞출지 생각해야 할 것이다. 이 과정의 마지막에서 디자이너가 시간이 얼마나 많고, 일하기를 얼마나 좋아하는지에 따라 각각의 의상에 대한 도안들을 받을 수 있고, 단지 원자재인 직물 견본과 함께 잡지의 참고 자료만 받을 수도 있다.

나는 언제나 배우들과 연습실에서 최소한 일주일을 보낼 때까지는 의상에 대한 결정을 미루려고 한다. 등장인물의 전기에 대한 배우의 작업은 연출가도 디자이너도 준비 과정에서 미리 고려하지 못한 작고 세세한 것들을 종종 던져주곤 하기 때문이다. 이런 세세한 것들은 등장인물이 무엇을 입을지에 영향을 미칠 수 있다. 또한 의상에 대한 결정을 미루면, 디자이너가 재단과 색상 면에서 최선의 방법을 찾아내기 위해 각 배우들의 몸을 주의 깊게 관찰하는 일이 가능해진다. 배우들은 커피를 마실 때 담소하면서, 혹은 초기에 치수를 재면서 디자이너가 알아낸 신체의 다른 부분에 대해 불안감을 가질 수 있다. 이것은 당연한 사실이다. 예를 들어 한 배우는 자신의 다리에 대한 남의 시선을 매우 많이 의식하고 있을 수 있고, 또 어느 배우는 그의 배를 의식할 수도 있다. 의상 디자이너는 이러한 면에 민감할 필요가 있다. 리허설이 시작되기 전에 모든 것이 결정되어 있다면, 이런 문제를 해결해주기 위해 의상에 몇 가지 필요한 변화를 주는 것은 불가능하다.

디자인 과정의 다음 단계들은 리허설 기간에 생긴다.

- **요약**

특정 장면의 문제를 해결하기보다 희곡을 좀 더 꼼꼼히 살펴보면서 디자이너와 시간을 보내라.

출발점으로서 극의 행위가 발생하는 각 장소를 마치 실제 장소인 것처럼 생각하라.

등장인물들이 사건마다 장소 혹은 장소들을 어떻게 이용할지 생각하고, 가구나 가로등과 같이 그 장소에 있는 모든 것을 어떻게 배치할지 고려하라.

출입구 혹은 가구가, 그 상황에 있는 등장인물들에 의해 적절하게 사용된다면, 몇 가지 핵심적인 사건이 관심을 받고 눈에 띄게 하는 방식으로 배치되었는지 확인하라.

하얀 카드지로 된 모형을 디자이너와 함께 제작하라.

시선을 확실히 파악하라.

기본적인 시각적 규칙이 선택을 인도하게 하라.

행위가 발생하는 장소 혹은 장소들을 어떻게 처리할지 결정하기 위해 희곡의 장르와 아이디어들에 대해 토론하라.

디자이너와 함께 텅 빈 극장 객석에 앉아라. 그리고 작업하고 있는 공간의 형태적 곤란함과 이로움에 대해 이야기하라.

모든 사람이 공연을 볼 수 있는 완벽한 자리는 없다는 것을 기억하라.

완성된 모형을 다른 관점에서 보고, 이야기하라.

조명의 선택이 세트 디자인을 얼마나 향상시키는지 생각해보고, 디자인이 결정되기 전 작업 과정에 조명 디자이너를 참여시켜라.

세트 디자인의 전체적인 미학과, 개별 등장인물의 전기의 관계에서 장면마다 각 등장인물이 무엇을 입을지 토론하라.

(2) 조명

조명에는 다음과 같은 네 개의 주요 기능이 있다.

① 시간과 장소를 알릴 때 디자인을 지원한다. 예를 들어 창문을 통해 흘러들어오는 낮은 각도의 금빛 조명은 새벽을 암시하며, 반면에 창문을 통해 들어오는 높은 각도의 창백한 노란빛은 대도시나 소도시의 거리를 간접적으로 표현한다.

② 행위가 관객에게 보이도록 보장한다. 만약 모든 연극이 밝은 햇빛 아래에서 설정된 장면들로 구성된다면 시계視界에 아무 문제도 없을 것이다. 그러나 연극의 많은 행위는 어두운 환경에서 이루어지거나, 비가 오는 침침한 날 오후에 발생하는 것으로 설정된다. 만약 이 장면들에 사실 그대로 조명을 비춘다면, 행위들은 보이지 않을 것이다. 그러므로 조명은 배우들의 얼굴 혹은 몸 위로 빛을 더 비춰 줌으로써 이것을 교정하기 위해 사용된다.

③ 무대 위에 보이는 것이 의식되지 않게 형상화한다. 예를 들어 핵심적인 행위가 무대 앞 왼쪽에서 무대 안 오른쪽으로 진행된다면, 조명은 미묘하게 조정되어 관객의 시선이 그 행위를 따라가도록 유도한다. 이러한 조정은 하루의 정확한 시간의 논리 안에서 일어난다면 가장 효과적이다.

④ 추상적이더라도 행위의 분위기와 무드를 바꾸기 위해 사용된다. 예를 들어 부엌은 안전하고 햇빛이 잘 들거나, 혹은 위험하고 어둡게 설정될 수 있다.

극장 조명의 첫 번째 기능인 '시간과 장소를 알리기'는 리허설이 시작되기 전에 준비될 수 있다. 다른 세 가지 기능은 오직 배우들이 수행할 동작과 행위가 연습실에서 이루어질 때 실행될 수 있다. 조명 디자이너와 함께 네 개의 대략적인 기능에 대해 이야기하고, 작품에서 조명이 어떤 역할을 하기를 원하는지 토론하는 것은 유용할 수 있다. 이상적이라면 조명 디자인은 네 개의 기능을 모두 포함해야 하지만, 만약 시간이 부족하다면 시간과 장소가 분명한지 그리고 행위가 관객에게 보이는지 확인하라. 세 번째와 네 번째 기능에는 상당히 세심한 작업과 시간이 필요한데, 작업을 시작할 때 이런 섬세한 작업을 해내지는 못할 것이다.

시간, 장소, 눈앞의 상황이 장면에 대한 조명을 결정하므로, 이것들에 대한 모든 결정에 조명 디자이너를 참여시켜라. 그리고 사건들을 결정할 때도 그들을 동참시켜 사건 중 혹은 이후에 조명이 무대그림을 바꾸는 데 어떻게 미묘하게 기여할 수 있는지 토론하라. 희곡의 장르와 아이디어에 관한 결정을 조명 디자이너와 공유하라. 마지막으로 조명 디자이너를 세트 디자이너와의 토론에 일찍 합류시켜라. 연출가, 세트 디자이너, 조명 디자이너 간의 회의에서 세트가 하루의 시각을 알리는 방법과, 조명이 이것을 지원할 방법 혹은 행위에 초점을 맞추기 위해 세트의 실제 조명 사용에 대해 이야기하라.

- **요약**

  조명 디자인의 네 가지 기능을 어떻게 사용할지 생각하기 시작하라.

  시간, 장소, 눈앞의 상황, 사건들, 희곡의 장르와 아이디어에 대한 모든 결정을 조명 디자이너와 공유하라.

  반드시 조명 디자이너가 세트 디자이너와의 토론에 합류하게 하라.

(3) 음향

음향에는 다음과 같은 네 개의 주요 기능이 있다.

① 세트와 조명 디자인처럼 시간과 장소를 나타낸다. 예를 들어 방 밖의 길을 나타내기 위해 지나가는 차의 소리를 이용할 수 있고, 도시의 밤 시간을 암시하기 위해 속도를 내는 오토바이 소리와 메아리치는 차의 경적 소리를 결합하여 이용할 수도 있다.

② 한 장면 전에 혹은 장면들 사이에서 공연될 때 각 장면의 분위기나 무드를 설정한다.

③ 행위 중 분위기와 변화를 강조한다. 이것은 음향을 추상적으로 사용하는 것을 의미한다.

④ 기술적 문제들을 숨긴다. 만약 장면 전환이 너무 오래 걸리면 관객이 어둠 속에서 손가락을 비틀며 앉아 있게 되는데, 이때 음향은 실제보다 시간이 더욱 빨리 흐른다는 인상을 줄 수 있다.

시간과 장소를 알리기 위해 음향을 사용하는 것이야말로 가장 중요한 일이다. 그러나 음향의 다른 세 가지 기능을 완성시킬 수 있다면, 작품은 더욱 선명해질 것이다. 극의 행위 중 분위기의 변화를 강조하는 세 번째 기능은 가장 복잡하며, 경험상 이 책에서 기술하고 있는 과정에 가장 잘 들어맞는다.

추상적인 음향을 사용하려면 정교한 절차가 필요하다. 연기 시작 신호, 음향 효과의 신중한 선택, 그리고 단계들의 예리한 설정의 세심한 배치가 필요하다. 추상적인 음향의 사용을 확실하게 하는 최선의 방법은 영화를 보고 어떻게 음향이 사용되는지 정확하게 인식하기 시작하는 것이다. 얼마나 많은 다양한 요소가 전체적인 청각 환경을 구성하는지를 알면 놀라게 될 것이다. 영화는 다른 분위기를 띄우기 위해 혹은 행위에서 일어나는 변화, 특히 심리적 변화를 선명하게 하기 위해 추상적인 음향을 사용한다. 예를 들어 데이비드 린치는 긴장과 공포로부터 아이러니와 혐오의 광범위한 분위기를 만들어내기 위해 음향을 사용한다. 그의 영화에서 음향은 의식하지 못하는 소리에서부터 아주 큰 소리까지 변화하면서 거의 내내 지속되었다.

또한 영화에서 음향은 등장인물의 머릿속에 들어가 있다는 것이 무엇과 같은지에 대한 주관적인 인상을 만들어내기 위해 사용된다. 예를 들어 러시아의 연출가인 엘렘 클리모프는 그의 영화 「컴 앤 씨」에서 방금 고막이 터져버린 누군가의 머릿속에 있는 것이 무엇과 같은지 알리기 위해 음향을 사용했다. 또 다른 러시아 영화 제작자인 안드레이 타르콥스키는 기억이 어떻게 뇌에 자리를 잡고 있는지 전하기 위해 복잡한 청각 패턴을 이용했다.

이와 같이 음향을 극장에서 사용하는 것은 배우들이 하고 있는 것을 지원하거나, 자료에 대한 분석 혹은 해석을 어떻게 선할지 분명하게 하는 데 도움이 될 수 있다. 음향은 관객이 의식하지 못할 정도로 낮은 소리로 또는 의식하여 들을 수 있는 더 큰 소리로 연출될 수 있다. 예를 들어 사건을 강렬하게 하기 위해 추상적인 음향을 이용할 수 있다. 사건 전 행위, 사건 자체, 아니면 사건 후 행위의 변화를 강조하는 데 이용할 수도 있다. 또는 각각의 세 단계에 대해 다른 특질의 소리를 택할 수 있을 것이다.

장소의 분위기를 선명하게 하기 위해 음향을 이용할 수 있다. 부엌이나 사무실과 같은 장소는 안전하게 보이지만, 만약 낮고 위협적인 저음의 음표를 첨가한다면 부엌은 무시무시한 장소로 바뀔 것이다. 음향은 배우들이 하는 것을 지지해야만 한다는 점을 기억하라. 음향이 배우의 행위를 대체시키거나 훼손시켜서는 안 된다. 또한 이와 같은 음향은 관객이나 배우 모두에게 영향을 미치며, 그 효과는 사람들에게 정말로 몸이 휘청거리거나 편치 않게 느끼도록 하는 신체적인 것일 수 있다는 점을 기억하라.

낮은 수준에서 나오는 추상적인 음향은 배우들이 희곡의 세계에 몰입하는 것을 도울 수 있다. 그러나 음향을 이와 같이 사용할 때에는 신중하고 조심스럽게 해야 한다는 점을 기억하라. 관객은 사용된 대부분의 추상적인 음악을 의식적으로 인식해서는 안 된다. 서투른 방식으로 장면에 첨가된 음악이나 음향은 배우들이 하고 있는 것을 완전히 훼손시키고, 장면의 내용을 조야하게 만들 수 있다. 그러므로 이런 도구를 조심스럽고 치밀하게 다루라. 음향이 배우가 하는 것에 방해가 된다면, 혹은 장면에 대한 관객의 이해, 특히 대사를 듣는 그들의 능력에 영향을 미친다면 즉각 조정하라.

누구도 완전히 고요한 극장에 있을 수는 없다는 점을 기억하라. 음향 디자이너와 함께 객석에 가서 앉아 눈을 감고 공간이 만드는 소음에 귀를 기울여라. 무엇을 첨가하고 싶은지, 혹은 빼고 싶은지 스스로에게 물어보라. 어떤 극장의 객석은 에어컨 시스템, 조명등의 윙윙대는 소리, 밖에서 안으로 들어오는 소음 때문에 매우 시끄럽다. 이렇듯 훼방하는 소음들을 없애기 위해 저음의 추상적인 음악을 사용하는 것을 고려하라. 시골의 들판으로 설정된 장면을 바라보면서 앉아 있는데 객석 아래에서 지하철의 우르릉대는 소리가 올라오는 상황보다 더 나쁜 것은 없다. 이 소음들을 '디자인된' 보다 더 큰 음향들

로 대체하더라도 적어도 그 음향들은 당신이 선택한 음향일 것이고,
따라서 희곡의 세계에 적합한 음향이어야 한다.

▪ 요약

음향의 네 가지 개략적인 기능 중 어느 것이 작품에서 이행되기를 원하는
지 결정하라.
분위기를 만들기 위해 혹은 사건을 강조하기 위해 영화는 추상적인 음향
을 어떻게 사용하는지 연구하라.
배우가 하는 것을 훼손시키기보다는 지지하기 위해 음향을 사용하라.
빈 객석에서 음향을 들어보고, 희곡의 세계에는 없는 소음을 제거하기 위
해 추상적인 음향의 사용을 고려하라.

(4) 음악

음악에는 다음과 같은 여섯 개의 주요 기능이 있다.

① 시간과 장소를 나타낸다.
② 장면의 분위기나 무드를 확실하게 한다.
③ 행위 중 변화를 강조한다.
④ 춤이나 파티와 같은 효과를 내기 위한 패턴을 지원한다.
⑤ 장면 전환을 감춘다.
⑥ 같거나 비슷한 음악 자료를 신중하게 사용함으로써 작품에 일관된 느
  낌을 준다. 음악은 아주 다른 장면들이 서로 연결되어 있는 것처럼 느
  끼게 만들거나, 행위를 지탱하는 아이디어나 주제를 그려내는 데 도움
  을 주어 이러한 기능을 수행한다. 이것이야말로 음악이 한 작품에서 수

행할 수 있는 가장 중요한 기능이다.

작품을 위해 특별히 작곡된 음악으로 일하거나, 기존의 녹음된 자료를 사용할 수 있을 것이다. 만약 작곡가와 함께 일한다면, 원하는 것을 작곡하는 데 시간이 걸릴 것임을 명심하라. 양쪽 모두가 만족하는 것에 도달하기 전에 음악적 아이디어에 대한 몇 개의 초안들을 검토해야 할지도 모른다. 이러한 과정에 시간을 허용하고, 또한 인내하라. 작곡가들은 음악이 건축이나 회화처럼 자체의 구조를 가지고 있다고 여긴다는 점을 명심하라. 어떤 작곡가들은 당신이 작품에 맞추려고 자기 음악의 '길이를 줄이는 것'에 대해 다르게 느낄 것이다. 마치 화가가 최신작의 오른쪽 구석을 공개하는 것에 대해 불안해할 수도 있는 것처럼 말이다. 따라서 참여의 규칙을 미리 제시하여, 리허설이 진행될 때 작곡가들이 자신들의 작품에 대해 다시 생각해보는 과정에 투입된다고 느낀다면 당신에게도 도움이 될 것이다. 그러면 극단적인 삭제와 뜻밖의 편집이라는 거의 불가피한 과정은 창조적인 도전으로 보일 것이다.

작곡가의 본능은 누구보다도 더욱 남을 완전히 사로잡는 음악을 목표로 한다는 점 또한 염두에 두라. 극장에서 많은 장면은 이러한 강렬함을 위한 공간을 가지지 못하며, 때때로 하나의 장면을 위한 최고의 음악이 믿기 어려울 정도로 단순할 수 있다. 아마도 그것은 흥미롭지도 않으며, 맥락에서 벗어난 진부한 것일 수 있지만, 장면에서 하나의 기능을 해낸다. 언제나 해당되는 경우는 아니지만, 작업을 시작하기 전에 이것에 대해 거론할 가치가 있다.

음악가도 전문 기술과 언어에 의해 겁먹기 쉽다는 점을 기억하라.

그러나 대부분의 작곡가는 음악의 비전문적인 묘사들을 해석하는 데 익숙해 있으니 안심하고, 당신이 추구하는 것을 어떻게 묘사할지에 대해 과감해지도록 하라. 그렇긴 하지만 메이저와 마이너 키의 개념, 그리고 음계와 연속적 연주(아르페지오)의 차이와 같은 몇 가지 기본적인 것들에 익숙해지려는 것은 좋은 생각이다. 이것은 연주자들과의 토론을 더욱 효과적으로 만들 수 있다.

만약 녹음된 음악을 사용한다면, 새뮤얼 바버의 「아다지오」, 요한 파헬벨의 「캐논」, 요한 바흐의 「골드베르크 변주곡」과 같은 음악의 잘 알려진 특정 부분들이 음악과 함께 영화나 광고와 같은 다른 맥락에 대한 정보를 전달하여 관객을 혼란시키거나 작품을 손상시킬 수 있음을 명심하라. 물론 풍자적인 목적을 위해서라면 이러한 이입된 가치를 이용하여 연출하는 것을 고려할 수 있다. 그러나 만약 이와 같이 '발견한' 음악만을 사용한다면, 전체적인 음악적 의미를 주시하라. 리허설 중 개별 장면에 적합한 좋은 음악을 발견할 수도 있으나, 작품 전체를 종합해보면 무언가 빠진 것처럼 보일 것이다. 아마 사용하는 음악이 너무 절충적이거나, 아니면 특별히 선호하는 음악을 남용하고 있을지도 모른다. 집행 팀에 작곡가나 음악 감독이 있다는 것의 장점은 그들이 이러한 구조적 관심사에 대해 생각할 수 있다는 점이다.

장면 전환을 감추기 위한 음악의 사용에 주의할 필요가 있다. 장면의 전환은 종종 예상보다 오래 걸리며, 연출가나 작곡가는 때때로 시간적 공백을 메우기 위해 더 많은 음악이나 음향을 마지막 순간에 억지로 추가하게 된다. 이런 음악은 의도하지 않았던 분위기나 정조를 만들어내어 이후의 장면들에 부정적인 결과를 초래할 수 있다. 이 같은 문제를 예상하면서 청각적 문제에 대한 해결책을 미리 계획하라. 마지막으로, 반드시 리허설 과정 초기에 저작권이 있는 음악을 연주할 권리를 신청함으로써 그 음악이 무료가 아니며, 마땅한 대체물을 찾기에는 너무 늦었다는 것을 알게 되는 경우에 대비하라.

보조금을 많이 지원받는 극장이나 상업 극장에서 음악을 작곡하면, 그것은 대체로 공연 중에 라이브로 연주된다. 만약 이런 상황에서 일하고 있다면, 밴드가 관객에게 보이게 할 것인가 말 것인가를 결정하라. 작곡가 스스로 연주자들을 캐스팅하고 연습 시키거나, 혹은 음악 감독이 이 과정을 책임질 것이다. 만약 무대 위에서의 라이브 음악을 원한다면, 대부분의 악기 소리가 아주 크다는 것을 명심하라. 아주 작은 밴드도 대사들을 쉽게 묻어버리기 때문에, 연주자들은 거의 항상 매우 조용히 연주해야 한다는 점을 발견할 것이다. 조용히 연주하는 밴드는 크지만 낮춰진 소리로 연주하는 밴드의 녹음과는 완전히 다른 소리를 낸다는 점에 유의하라. 그것은 아마 당신이 원하는 음악이 아닐 것이다. 또한 연주자들은 비용이 많이 들기 때문에 예산이 확보되지 않았다면 아마도 테크니컬 리허설 전에는 그들과 함께 필요한 만큼 작업할 가능성이 거의 없을 것이다. 연주자들과의 시간이 더 필요하다면, 제작자와 일찌감치 그것에 대해 확인해두어라.

이상적인 상황이라면 작곡가나 음악 감독은 음향 디자이너와 손발이 척척 맞을 것이다. 둘이 만든 음향과 음악은 촘촘한 청각적 무늬를 만들 것이다. 이 일은 연출가, 작곡가 혹은 음악 감독 그리고 음향 디자이너 3자 간의 미팅을 권장함으로써 일어날 수 있음을 명심하라. 이들과 함께 모든 사건을 조사하고, 음향과 음악이 어떻게 변화를 지원하는지 이해할 수 있을 것이다.

그러나 음악은 그 자체로 하나의 예술 형식이므로 대개의 경우 음악에 의미를 부여하는 희곡을 필요로 하지 않는다. 물론 무대 디자인과 음향 디자인 역시 예술 형식이지만, 대부분의 극장의 디자이너들과 달리 거의 모든 작곡가는 관례적으로 그 자체로 존재하는 음악을 하나의 공연으로 만든다. 작곡가들이 어떤 경험을 하는지에 따라 연극의 규칙에 종속되는 역할을 맡는 것도 일종의 패러다임 전환인 셈이다. 연극보다 음악의 영역에서 주로 일하는 작곡가를 선택하려고 한다면 이 같은 사실을 알 필요가 있다.

■ **요약**

음악의 여섯 가지 개략적인 기능들 중 어느 것을 작품에 적용할지 결정하라.

새로운 음악이 작곡되기를 원하는지, 혹은 이미 존재하는 녹음된 음악을 원하는지 결정하라.

작곡가에게 당신이 원하는 음악의 초안을 만들기 위한 시간을 허용하라.

작곡가와 작업을 시작하기 전에, 음악이 리허설 과정과 함께 어떻게 전개되기를 바라는지, 그리고 음악이 희곡에서의 행위 / 언어를 어떻게 보완하기를 원하는지 논의하라.

작곡가에게 원하는 것을 말할 때 과감히 하라.

음악 이론 중 기본적인 것 몇 가지에 친숙해지라.

당신의 작품이 의도하지 않은 연상들을 전달하는 것을 피하라. 예를 들어 녹음된 음악의 사용을 피하라.

장면의 변화를 감추기 위해 마지막 순간에 음악을 추가하는 것에 주의하라.

만약 많은 보조금이 지원되는 극장이나 상업 극장에서 일한다면, 연주자들이 관객에게 보이게 할 것인가 말 것인가 생각하라.

작곡가 혹은 음악 감독이 상호보완적인 청각적 풍경을 만들어내기 위해 음향 디자이너와 손발이 맞아야 한다는 것을 분명히 하라. 연출가, 작곡가 혹은 음악 감독, 음향 디자이너 3자 간의 미팅을 일찍부터 권장하라.

(5) 비디오

비디오의 사용은 아직도 주류 연극계에서는 시작 단계에 있다. 비록 1980년대 이래 우스터 그룹이나 헤지테이트, 데먼스트레이트와 같은 아방가르드 극단에 의해 광범위하고 정교하게 사용되어 왔지만 말이다. 그러므로 그 영역은 활짝 열려 있고, 탐구하는 입장에서도 흥미로운 영역이다. 비디오를 사용하는 공연에서처럼 연극에서 비디오를 결합하는 방식은 많이 있지만, 거칠게 말해 비디오에는 다음과 같은 두 개의 개괄적 기능이 있다.

① 극의 세계와 아이디어를 전달할 때 세트 디자인을 지원한다. 예를 들어 하얀 파노라마식 배경막을 가르며 움직이는 하늘의 구름 같은 녹화된 장면을 활용하는 것이 있다.

② 배우와 거의 동등한 지위를 가지고 현장 참여자로서 연기하는 데 사용된다. 예를 들어 한 사람의 비디오 장면은 녹화로든, 라이브로든 말 그대로 배우 중 한 사람을 대체할 수 있다. 그렇지 않으면, 한 명의 배우가 등장인물의 상체 부분을 '연기'할 수도 있는데, 그동안 스크린 위에 투사된 미리 녹화된 장면은, 우스터 그룹의 최근 작품인 「페드르」에서처럼, 하체가 하고 있는 것을 보여준다.

나는 버지니아 울프의 소설 『파도』의 번안물을 연출하기 위해 2007년에 처음으로 비디오를 제대로 사용해봤다. 그때에는 관객이 영화의 일부분을 보게 되는 커다란 스크린이 사용되었다. 이 영화의 이미지들은 스크린 아래에서 배우들이 조명, 소품, 의상, 음향을 사용함으로써 라이브로 만들어졌다. 영화 스튜디오에서 촬영과 최종 편집을 동시에 하고 있는 것 같았다. 그 과정을 통해 비디오 사용에 대한 많은 힘든 교훈들을 배웠다.

비디오의 사용에 대해 처음 생각했을 때, 나는 순진했었다. 작은 홈 비디오를 어떤 소켓에 끼우면 스크린에 라이브 이미지가 뜬다고 생각하기도 했다. 그 과정의 기술적 복잡함에 대해서도, 미디어 서버라든가 이런저런 카메라 세팅을 이용함으로써 (친숙한 '자동' 버튼 대신) 라이브 이미지로 성취할 수 있는 미묘함에 대해서도 몰랐다. 지속적이면서 복잡한 방식으로 라이브 이미지를 만들어내기 위해 비디오를 사용하기를 원한다면, 적당한 카메라들, 미디어 서버, 프로젝터, 고급 품질의 스크린을 빌리거나 사야 할 것이다. 또한 편집 장치를 운용할 사람을 고용해 카메라와 조명을 이용하여 배우들을 도울 필요가 있을 것이다.

미디어 서버는 라이브나 미리 녹화된 장면과 함께 사용될 수 있다. 미디어 서버는 이미지들을 서서히 다른 색으로 바꾸거나 특수 효과(적갈색, 흑백 혹은 모든 색의 선명도를 부드럽게 흐리게 하는)로 처리하여 가공한다. 더욱 중요한 것은 연습실에서 일할 때 적절한 암전 장치, 극장의 조명 환경의 복제물 그리고 프로젝터와 스크린을 매달 장소 등을 갖춰야 한다는 점이다.

또한 미디어 서버 시스템을 사용하면 여러 대의 프로젝터가 없어도 다중 투사면multiple projection surface을 연출하는 것이 가능하다. 적당한 프로젝터와 알맞은 렌즈만 있으면 투사된 영상으로 넓은 무대 영역을 담아내면서 특정 지역을 아주 정확하게 분리하는 것도 가능하다. 연극 「파도」를 만들 때, 100개 이상의 쇼트shot. 한 번의 연속 촬영으로 찍은 장면을 말함들을 만들었다. 각 쇼트에서는 얼굴을 클로즈업한 장면이든, 피가 대접에 떨어지는 장면이든, 침대 시트가 빨랫줄 위에서 펄럭이는 장면이든 개별적으로 빛이 비춰져야 했고, 카메라 세팅은 쇼트 사이에서 조정되어야 했다. 쇼트에서 쇼트로 빠르게 움직이는 것은 매우 복잡해서 배우들이 새로운 기술적 정보를 상당히 많이 습득하고, 새로운 기교들을 연습할 필요가 있었다.

만약 이런 과정을 활용하기로 결정한다면, 아주 더디게 전개되는 상황에 대비하라. 나는 매번 하나의 이미지를 만들어내는 데 얼마나 많은 시간이 걸리는지 깨닫고서 놀랐다. 때때로 제대로 된 쇼트 하나를 얻는 데 두 시간이나 걸렸다. 작업할 때에는 반드시 누군가가 카메라, 촬영할 대상, 각 쇼트를 위한 빛의 위치 사이의 관계를 바닥에 표시하게 하라. 뛰어난 쇼트들을 설정하면서도 모든 위치를 바닥에 표시하지 않아서 그것들을 쉽게 반복할 수 없다는 사실마저 매우 자주 발견했다.

영상을 만들기 위해 조명을 사용하는 것과, 극적 행위에 빛을 비추기 위해 조명을 사용하는 것 사이의 긴장에 대비하라. 리허설에서 우리는 쇼트를 비추기 위해 몇 가지 작은 책상용 실제 스탠드 조명을 사용했다. 극장으로 들어갔을 때, 조명 디자이너가 스크린 밑의 공연 행위를 밝히기 위해 영화 쇼트를 위한 조명을 방해하지 않고서 추가 조명을 설치하기는 매우 어려웠다.

프로젝트에서 조명을 어떻게 사용할지 정확하게 잘 생각해보았는지 생각해보고, 반드시 전체 리허설 기간 동안 조명 디자이너가 참석하도록 하라. 라이브 이미지들을 만들고 있든 아니든, 조명 디자이너와 비디오 디자이너가 함께 일하는 것은 중요하다. 그들은 같은 매체, 즉 '빛'을 사용하기 때문이다.

프로젝션 스크린들의 위치(혹은 투사면의 디자인)를 제대로 이해하는 것 역시 중요하다. 그러니 이 점에 있어서 비디오 디자이너와 세트 디자이너가 손발을 맞추고 있는지 확인하라.

마지막으로, 극장에서 비디오 사용의 전통적 영역인 무대 뒤에서 커다란 하얀 스크린에 투사하는 것을 대신할 방법을 고려해보는 것도 가치가 있다. 하얀 빈 스크린은 이미지를 투사하기 위해 사용되지 않을 때 관객을 산만하게 할 수 있다. 전문적인 스크린들은 전면 투사인가, 후면 투사인가에 따라 빛을 전송하거나 반사하기 위해 디자인되어 있기 때문에 매우 정확한 이미지를 줄 수 있을 것이다. 하지만 벽과 같은 비전통적 투사면, 혹은 연극 「파도」에서 사용한 검은색 스크린 같은 다양한 색상의 전문 스크린도 역동적이고 흥미로운 결과를 낼 수 있음을 명심하라.

- **요약**

  비디오를 무대의 배경 장치로 사용할지, 행위의 현장 참여자로 사용할지 결정하라.

  적합한 장비를 빌리고, 현실적인 예산을 책정했는지 확인하라.

  연습실에 암전 장치, 적합한 조명 장비, 그리고 스크린과 프로젝터를 매달 장소가 있는지 확인하라.

  일을 시작하기 전에 쇼트의 조명과 극적 행위의 조명의 차이를 조명 디자이너 및 비디오 디자이너와 논의하라.

  비디오 디자이너와 세트 디자이너가 함께 일하도록 격려하라.

  평범한 하얀 스크린 대신 다른 투사면을 사용하는 것을 고려하라.

(6) 목소리

목소리 작업에는 다음과 같은 두 개의 주요 기능이 있다.

① 배우가 말하는 모든 것이 관객에게 명확히 들리는지 확인하기 위한 기능이다. 언어만큼이나 행위에 관심이 있더라도 관객이 들을 수 있는지는 기본적으로 고려해야 할 문제이다.
② 말을 크게 하는 과정에서 신체적 긴장에 따른 모든 흔적을 제거하기 위한 기능이다.

물론 목소리 작업에는 여러 섬세한 방법이 있지만, 여기서는 두 가지 주요 기능을 다룬다. 그러나 목소리 작업은 내가 특별히 경험해 본 영역은 아니며, 내 자신의 작품 역시 때때로 배우의 목소리가 들리는지와 같은 문제에서 곤란을 겪고 있다는 사실을 덧붙이는 것도 중요할 듯싶다. 내가 만든 작품에서 들리는 것에 대한 문제는 배우들에게 요구하는 상황에의 몰입 수준 때문에 일어나는 경향이 있다. 이러한 몰입은 신체적인 것이든, 음성에 관한 것이든 모든 형태의 전통적인 연극적 표현이 줄어들게 한다. 이것은 작은 소극장에서 생기는 문제는 아니지만, 약 500석 혹은 그 이상 규모의 극장에서 문제가 될 수 있다. 모든 사람이 들을 수 있을 만큼 소리를 높이면 배우가 내는 목소리가 커질 수 있다. 더욱 중요한 것은 목소리가 커지면서 더욱 조용하고 부드러운 목소리의 음역에서만 표현될 수 있는 심리적인 세부 내용과 섬세함이 뭉뚱그려질 수 있다는 점이다. 종종 목소리의 세세한 점과 음량 사이에서 적절한 균형을 얻는 방법을 놓고 고투하는 나로서는, 다음의 내용을 읽을 때 이 점을 염두에 두라고 부탁하고 싶다.

목소리 작업에는 많은 상이한 접근 방식이 있다. 작업 과정에서 철학적이고 호의적인 접근 방식을 발견하는 것, 그리고 자신의 방법론과 잘 맞을 수 있는 사람들과 함께 일하는 것이 중요하다. 예를 들어 의도를 목표로 작업한다면, 배우들과 일할 때 보이스 코치는 이러한 용어법을 사용하게 하라. 만약 보이스 코치가 주 연습실 밖에서 배우와 대사에 대해 작업하고 있다면, 시간과 공간을 포함하는 대사가 이루어지는 상황뿐 아니라 대사의 의도에 관한 정보도 보이스 코치에게 제공하라. 화술 교육을 받으러 간 배우들은 매우 자주 자신의 목소리에 대한 의식만 강화하고서 돌아오는데, 이는 배우들이 장면에 대해 연습하기 시작할 때 생각해보도록 요구받았던 그 밖의 모든 것을 잊어버렸다는 점을 의미한다. 그들은 매우 명료하고 큰소리로 대사를 읊지만, 그 상황에서 그들이 하는 것을 믿을 수는 없다. 보이스 코치와 함께 상황과 청력, 성격 묘사와 목소리의 명료함 사이에서 균형을 찾을 필요가 있다. 그리고 목소리가 명료하지 못하면 생각 역시도 불분명해지는 경향이 있는데, 이는 배우들이 목소리를 책임진다는 것에서 생기는 문제이지, 목소리를 사용하는 방식의 문제는 아니라는 사실도 명심하라.

특히 큰 극장이나 공간에서 작업한다면, 반드시 목소리 작업을 리허설 과정에 통합시켜라. 시작 때부터 말이다. 보조를 받는 큰 극장이나 극단에서 보이스 코치들은 너무 늦게 리허설 과정에 합류하여 유용하게 활용되지 못한다. 예를 들어 보이스 코치는 때때로 프리뷰 때 관객이나 관리 팀으로부터 소리가 안 들린다는 불평이 있었기에 투입된다. 이와는 달리 배우가 개인적으로 언어 장애나 억양으로 고심하고 있기 때문에 보이스 코치가 리허설 과정에 합류하기도 한다.

보이스 코치는 그룹이나 개인별로 짧은 교육을 두 차례 해주고 떠나는 경우도 있다. 이는 역효과를 낳을 수 있다. 어떤 배우는 이런 새로운 조언에 쉽게 반응하지만, 다른 사람들은 그것으로 인해 악화된다고 생각할 수 있다. 이러한 상황을 피하기 위해서 보이스 코치로 하여금 배우들이 연기하게 될 극장의 크기에 맞춰 그들의 근육을 만들도록 정기적인 화술 교육을 실시하게 하라. 목소리를 확대하는 것이 전제가 되지 않는 소극장이나 중극장에서 작업한다면, 목소리 작업을 할지 안 할지에 대해 보다 더 유연해질 수 있다. 그러나 목 근육을 규칙적으로 훈련시킨다면, 목소리의 명료함과 목 근력의 측면에서 배우들은 언제나 이득을 볼 것이다.

그렇긴 하지만 배우들이 목소리 작업에 부정적인 반응을 강하게 보이는 것에도 대비하라. 이는 훈련 중의 경험 때문이다. 때때로 그들은 자신들의 목소리에 대한 비난을 감당해야 했고, 그래서 더 이상은 훈련을 받는 상황이 아닌데도 불구하고 어떠한 목소리 작업도 수용하기 힘들다고 생각한다. 또 어떤 배우들은 전문가로서의 삶에서 부정적인 경험을 했기에 목소리 작업에 강력히 반발할 수도 있다. 그러므로 처음부터 보이스 코치와 그들의 역할을 아주 조심스럽고 분명하게 도입해야만 배우들에게 도움이 될 수 있을 것이다.

몸과 목소리는 직접적으로 연결되어 있다. 몸, 특히 목이나 어깨가 긴장되어 있다면, 목소리에 영향을 미칠 것이다. 배우는 마치 목소리가 작은 깔때기를 억지로 통과하는 큰 물체나 되는 것처럼 긴장되고 빡빡하게 소리를 낼 것이다. 만약 그런 경우라면 당신은 그 배우를 보면서 긴장할 것이고, 또한 그 배우가 연기하는 등장인물도 신뢰하지 못할 것이다. 그러므로 가능하다면 어디에서나 동작과 목소리에 대한 작업을 함께하도록 하라. 이상적인 상황에서라면 보이스 코치와 무브먼트 코치는 함께할 것이며, 그들은 공통의 목표를 가지고 조화롭게 일할 것이다. 무브먼트 코치는 그룹 구성원들이 신체적으로 몸을 풀게 하고, 보이스 코치는 그들을 넘겨받아 목소리를 풀도록 연습시킬 것이다.

만약 보이스 코치를 고용할 자금이 없다면 배우들에게 리허설 과정에서 매일 혹은 정기적으로, 예컨대 2~3일마다 자신의 목소리를 훈련할 시간을 줄 수도 있다. 대부분의 배우들은 자기들에게 도움이 되는 목소리 훈련을 받을 것이고, 공간이 주어진다면 몸을 풀 수 있는 기회를 기꺼이 수용할 것이다. 이 일에 많은 시간을 투입할 필요는 없다. 만약 시간에 쫓긴다면 하루에 단지 15분 정도면 충분하다. 동작은 아래에 기술한 것처럼 몸 풀기에 통합될 수 있다.

■ **요약**

당신의 작업 과정에 잘 들어맞는 작업 방법론을 가지고 있는 보이스 코치를 찾아라.

공연의 마지막 순간이 아니라, 일찍부터 리허설 과정에 목소리 작업을 도입하라.

보이스 코치를 고용할 여력이 없다면, 배우들에게 리허설 기간 내내 정기적으로 목소리를 훈련시킬 시간을 주어라.

목소리 작업에 대한 아주 강력한 반발에 대비하고, 보이스 코치와 그들의 역할을 조심스럽고 분명하게 도입하여 이 문제에 대처하라.

목소리와 동작에 대한 작업을 서로 연결되는 교육들과 함께 착수하라. 만약 목소리와 동작 전문가를 고용할 수 없다면, 배우들에게 그들 혼자 힘으로 각 단계를 해내도록 시간을 주어라.

(7) 움직임

행위에는 다음과 같은 세 가지 주요 기능이 있다.

① 배우들이 몸을 풀게 하여 리허설을 하는 날 혹은 첫 소집 때 신체적으로 준비할 수 있도록 한다. 이러한 몸 풀기는 리허설 시간이 얼마나 많으냐에 따라 15분에서 한 시간까지 지속될 수 있다. 몸 풀기는 리허설 과정의 모든 단계에서 유용하다.

② 연출하는 희곡의 특별한 요구에 맞춰 배우들의 몸을 준비시킨다. 예를 들어 에우리피데스의 「아울리스의 이피게니아」에서는 코러스들이 무대 위에서 두 시간 반 동안 서 있었다. 이로 인해 배우들의 등과 다리에 압박이 가해졌다. 무브먼트 코치인 스트루안 리슬리는 리허설 기간 동안 매일 실시되는 일련의 연습을 준비하여 그들이 서 있는데 필요한 체력을 늘리도록 도움을 주었다. 그 결과 배우들은 부상을 입지 않을 수 있었고, 공연에서 자신들에게 요구되던 역할을 완수할 수 있다는 자신감도 가지게 되었다.

③ 행위에 직접 사용되는 신체의 혹은 무용의 기교들을 향상시킨다. 「꿈의 연극」에서 배우들은 안무가 케이트 플랫과 함께 매일 발레와 왈츠로 훈련했다. 두 무용은 연속된 장면의 일환으로 공연 중에 안무되었다. 어떤 전문화된 동작이나 무용 기교는 시간을 두고 연마될 필요가 있으며, 그러니 마지막 순간에 배우에게 소개될 수는 없다.

연기를 위해 배우들을 준비시키는 몸 풀기와, 놀이로서의 게임을 분명히 구별할 필요가 있다. 게임은 축구나 배구 같은 경쟁적인 스포츠 혹은 잡기놀이나 장님놀이, 술래잡기 같은 어린이들의 게임을 포함한다. 연극의 실천가들은 오랜 시간에 걸쳐 아이들의 게임을 특정한 프로젝트에 대해 작동하는 특정 앙상블의 필요에 맞춰 수정했고, 이 게임들은 많은 연습실에서 단골 메뉴가 되었다. 배우들이 서로의 이름을 기억하도록 돕기 위해, 혹은 극단 구성원들 사이의 신뢰를 쌓기 위해 고안된 게임들도 있다. 게임들은 리허설 초기에 긴장에서 벗어나거나, 연습실의 과도한 에너지를 제거하는 데 유용할 수 있다. 그러나 게임들을 적당한 신체의 몸 풀기와 혼동하지 말라. 그 기능이 제한적일 때에만 가끔 사용하라. 만약 시작 전에 충분히 몸 풀기를 하지 않았다면, 배우들이 게임을 하면서 다칠 수 있다는 점을 기억하라. 더욱이 게임들은 공연자들이 서로서로 부정적으로 비교하도록 부추김으로써, 연습실에서의 작업 때 해로운 경쟁적인 환경을 조장할 수도 있다. 나는 연출가 경력을 막 시작했을 당시에 많은 게임을 활용했는데, 게임들이 종종 이후의 장면 리허설에서 배우들이 집중하지 못하도록 혹은 과로하도록 만든다는 것을 알게 되었다. 또한 배우들에게 희곡에서의 역할을 일깨워주기 위해서 신분 게임을 하는 것도, 그 게임이 관계들에 대한 배우들의 생각을 단순화시키기 때문에 반대하고자 한다.

경력의 첫걸음을 내딛었을 때 나는 목소리와 신체에 대한 작업을 스스로 지도할 수 있어야만 한다고 생각했다. 나는 패치 로덴버그와 예지 그로토프스키 같은 사람들이 쓴 두 주제에 관한 몇 권의 굉장한 책들을 읽고 나서, 배우들에게 책에서 묘사된 연습을 시키려고 했다. 그러나 시간이 지나면서 나는 이 분야에서 훈련을 받은 사람들이 직접 그 일을 지도하게 하거나, 혹은 단순히 배우들 스스로 몸을 풀게 하는 것이 최선임을 깨달았다. 대부분의 배우는 자신들의 몸을 적절하게 풀기 위해 무엇을 해야 하는지 알고 있다. 그러나 배우들 자신이 원치 않는데 억지로 목소리 훈련이나 신체 훈련을 강요하거나, 혹은 책에서 읽은 훈련을 정확하지 않게 지도한다면, 그들의 목소리와 육체에 심각한 해를 끼칠 수 있다. 심지어 유용한 움직임 훈련의 유용성마저 훼손할 수 있다.

만약 무브먼트 코치와 함께 일하기를 원한다면, 당신의 작업을 보완해줄 수 있는 기술과 처리 능력을 가진 코치를 찾아라. 누군가에게 동작 훈련을 맡아달라고 부탁하기 전에, 그 코치의 방식이 마음에 드는지 확인하기 위해 공연에 가서 그의 작업을 보라. 그러고 나서 당신이 무엇을 필요로 하는지를 아주 정확하게 그에게 이야기하라. 리허설 중 종종 일이 잘못되는 경우가 있는데, 이는 무엇이 실제로 필요한지에 대해 연출가가 코치와 인터뷰하는 단계에서 명확하게 밝히지 않았기 때문에 벌어진 것이다. 일단 그 코치가 합류하면 리허설 과정의 단계들을 상세히 설명하고, 각 단계마다 그가 해주었으면 하는 것에 대해 논의하라. 과정의 언어를 공유하는 것도 잊지 말라. 그렇게 하면, 연출가와 코치가 배우들을 각각 다른 두 방향으로 끌고 다니는 상황을 피할 수 있을 것이다. 만약 코치가 당신이 이해하지 못하거나 시각화시킬 수 없는 연습이나 테크닉에 관해 말하면, 그것들이 무엇을 의미하는지 실제로 보여달라고 요구하라. 가장 중요한 것은 몸 풀기 혹은 안무와 연결된 어떤 특정한 요구 사항 이상으로, 코치가 작품에 공헌하기를 원하는지 아닌지 명확히 하는 것이다. 한계를 분명히 하지 않으면, 코치는 작품에 보이게 될 신체적 삶의 모든 영역에 부적절하게 개입하기 시작할 수도 있다.

만약 무브먼트 코치를 고용할 여력이 없다면, 배우들 각자에게 매일 혹은 미팅을 시작할 때마다 몸 풀기를 하도록 시켜라. 또한 제작팀에 보이스 코치가 없다면, 목소리 작업과 동작을 결합하라. 이 일을 단체 활동으로 하지 않도록 하라. 오히려 배우들에게 개별적으로 하도록 공간을 제공하라. 그들 각자가 몸 풀기와 목소리 풀기를 동시에 할 수 있는 공간을 찾아라. 이는 배우들 각자가 자신이 다니던 연극 학교에서 받았던 훈련에 당신이 기대고 있음을 의미한다. 리허설 과정의 시간에 따라 몸 풀기를 하도록 15분에서 30분 정도를 줄 수 있다.

연출가가 몸 풀기에 참여하는 것에 반대하고자 한다. 그 대신 배우들이 몸을 푸는 동안 당신은 그들의 몸 풀기가 끝났을 때 그들과 함께하고자 하는 작업을 준비하라. 몸 풀기에서 배우들이 어떻게 신체와 목소리를 사용하는지를 앉아서 신중하게 관찰함으로써 배우들에 관해 많은 것을 알 수 있다는 점도 기억하라.

움직임 작업을 하기로 한 날 바로 전날에 배우들에게 그것을 알려서 적절한 의상을 착용하고 나타날 수 있게 하는 것을 잊지 말라. 만일 그 작업이 특히 신체적으로 과한 것이라면, 그날 끝 무렵에 몸 풀기를 하는 것도 고려해봐라. 그곳에서 배우들에게 15분간 스트레칭을 시키면서 몸에서 긴장을 털어내도록 정리 운동을 하게 하라. 이것은 그들이 신체적 부담이 크거나, 심리적으로 괴로운 상황을 상상하는 것을 포함한 작품(많은 장면이 아이들의 죽음과 연관된 「아울리스의 이피게니아」나 「트로이의 여인들」 같은)을 할 때 특히 중요하다. 그런 작품들은 리허설 혹은 공연 후에 배우들의 몸에 많은 신체적 긴장을 남겨놓을 수 있기 때문이다.

▪ 요약

동작의 네 가지 주요 기능들 중 어느 것을 작품에서 이행할지 결정하라.

움직임 작업과 놀이로서의 게임의 차이를 분명히 하라.

동작 혹은 목소리 작업에 대한 훈련을 받지 않았다면, 이 일을 직접 지도
하지 말라.

자신의 것을 보완해줄 수 있는 기술과 처리 능력을 가진 무브먼트 코치를
찾아라.

무브먼트 코치가 일을 수락하기 전, 당신이 그에게 무엇을 원하는지 정확
히 알려라.

무브먼트 코치가 일단 합류했으면, 리허설의 각 단계마다 그가 무엇을 하
기를 원하는지 정확히 알려라.

만약 무브먼트 코치나 보이스 코치를 원하지 않든가 고용할 여유가 없다
면, 리허설을 할 때 배우들이 스스로 동작과 몸 풀기를 함께할 수 있는
시간을 확보하라.

이후에 배우들과 함께할 작업을 준비하기 위해 배우들이 몸을 푸는 시간
을 활용하라.

언제나 그다음 날 하려는 움직임 작업을 배우들에게 알려서, 그들이 적당
한 의상을 착용할 수 있게 하라.

만약 작품이 배우들에게 신체적 부담을 주거나 심리적으로 괴로운 상황
을 상상하게 한다면, '정리 운동'을 하는 것을 고려하라.

레오시 야나체크의 「카티아 카바노바」

CHAPTER 7

배우 선택하기와 리허설을 위한 출발점 점검하기

제7장은 다음과 같은 두 단계로 이루어진다.

– 캐스팅
– 워크숍

(1) 캐스팅

캐스팅은 연극에 적합한 배우들과 리허설 과정에 적합한 배우들을 선택하는 일이다. 만약 배역에는 적합하지만 리허설 과정에는 동의하지 않는 배우를 캐스팅한다면, 작업방법론에 관한 갈등이 반복되어 귀중한 시간을 허비할 수도 있다. 그것은 당신이 정한 과정 대로 작업하기를 원하는 배우들이 혼란에 빠질 수 있음을 의미한다. 그 결과 배우들이 동일한 세계를 공유하지 않는 작품이 만들어질 것이다. 반면에 당신이 함께 일하기를 절대적으로 원하지만 등장인물을 제대로 소화할 수 없을 것 같은 배우와 작업하면, 모든 사람이 같은 세계에 있을지라도 당신은 그 한 사람을 공연 내내 신뢰할 수 없을 것이다. 균형을 찾도록 하라.

오디션을 할 때, 한 사람에게 적어도 30분을 사용하라. 많은 배우가 오디션에서 겁을 먹기 때문에, 자신들의 실력을 쉽게 발휘할 수 없다. 긴장을 풀도록 조금 더 시간을 주면, 그들을 사로잡는 두려움이 줄어들 수 있다. 그러면 그들은 좀 더 잘해낼 것이고, 당신도 역할에 대한 그들의 적합성 여부를 좀 더 정확하게 판단할 수 있을 것이다. 또한 각 배우들을 위한 컵과 물을 준비해두라. 공포는 갈증을 유발하고, 배우가 말하는 능력을 방해할 수 있다.

오디션을 다음과 같이 네 개의 부분으로 나눠보라.

① 그들의 이력서에 있는 직업에 관해 배우들과 말하기
② 희곡에 대해, 그리고 오디션을 보고 있는 등장인물에 대해 그들이 생각하는 것을 물어보기
③ 배우에게 당신이 이해하는 일, 즉 역할과 과정을 설명하기
④ 배우에게 희곡의 짧은 장면에 대해 연기해보도록 다른 과제를 부여하기

배우들이 방에 들어오기 전에 각각의 이력서를 읽어볼 시간을 확보하고, 이력서에서 그들에게 물어볼 만한 일 한두 가지를 선택하라. 이상적인 상황이라면, 당신은 그 일에 대해 무언가를 알고 있어야 한다(가령 당신은 그 작품의 연출가나 텍스트를 알고 있을 수도 있고, 또 공연을 봤을 수도 있다). 예를 들어 당신이 텍스트를 안다면, 그들에게 특정한 순간을 어떻게 처리했는지 물어보라. 이미 해본 일에 대해 이야기하면 그 배우는 안심할 것이다. 그다음으로 오디션을 받고 있는 희곡에 대해 그들이 생각하는 것을 물어보라. 이 질문에 대한 대답을 통

해 그들이 연기하고 있는 등장인물과 비교할 수 있고, 그럼으로써 희곡 작품 전체에 대해 그들이 얼마나 많은 관심을 가지고 있는지 판단할 수 있을 것이다.

그 배우가 작품 전체에 대해 아무 생각도 하고 있지 않다면, 당신의 머릿속에선 작은 경종이 울릴 것이다. 그러면 그들이 연기하는 등장인물에 대해 무엇을 생각하는지 물어보라. 이 과정에서 역할을 소화하는 데 방해물이 될 수도 있는, 배우가 지닌 등장인물에 대한 친밀감을 찾으라. 배우는 연습하기 위해, 혹은 정신과 치료를 받는 것이 더 나을 개인적 문제를 떨쳐내기 위해 등장인물을 이용하기를 원할 수도 있다. 예를 들어 역할에 관해 이야기할 때 울기 시작하거나 혹은 부적절하고 장황하게 자신의 삶과 등장인물의 삶을 대비시키는 배우는 우려할 만하다. 희곡과 등장인물에 어떻게 접근할지에 대한 생각을 제시하기 전에, 먼저 배우들에게 그것들에 대해 질문하라. 이렇게 하면 배우들은 당신의 생각에 자신들의 대답을 일치시켜 당신을 기쁘게 하려는 행동을 멈출 것이다.

그다음에는 작업 과정에 대해 간략히 설명하고, 그런 방식으로 일하는 것이 편안한지 물어보라. 대부분의 배우들은 그 일을 원하기 때문에 당신이 설명한 방식 대로 일하는 것이 좋다고 대답할 것이다. 그러므로 이 질문에 대답하는 그들을 주의 깊게 살펴보고, 그들이 이야기하는 것이 거짓일 수도 있음을 알려주는 정보를 찾으라. 예를 들어 갑자기 눈을 깜박이거나, 자기도 모르게 입에 손을 갖다대는 동작이라든가, 발을 떠는 것을 볼 수 있다. 어떻게 일할지를 설명하는 것은 미래를 위한 예방책이기도 하다. 만약 그들이 리허설 중 작업 과정에 대해 불평한다면, 그들에게 오디션에서 말했던 것을 상기시킬 수 있다.

그러고 나서 그들이 맡을 역할에 대해 설명하라. 그 역할이 어떤 것인지 분명하고 솔직하게 말하라. 그리고 그들을 붙잡으려는 욕심에 아닌 것을 그런 것처럼 생각하도록 그들을 오도하지 말라. 예를 들어 작은 역할을 위해 오디션을 하면서, 그 역할이 사실보다 큰 것처럼 혹은 그럴 의도가 없으면서 그 역할에 다른 것을 더 추가할 것처럼 꾸미지 말라. 마찬가지로 배우를 확보하기 위해 리허설 과정의 설명을 조정하지 말라. 작업의 핵심이 되는 동작 훈련을, 유명 배우라면 당연히 좋아하지 않을 것이기 때문에, 선택 사안인 것처럼 가장하지 말라. 리허설 중 배우들이 사실을 알게 되었을 때, 그와 같은 거짓말들은 당신의 발목을 잡을 수 있다.

마지막으로 텍스트 읽기를 화제로 삼아라. 다른 사람이 오디션을 치르는 배우의 상대역으로서 읽게 하면 많은 도움이 될 것이다. 그렇게 하면 그 배우를 객관적으로 관찰할 수도 있다. 이 일은 당신이 직접 배우와 함께 텍스트를 읽으면 가능하지 않다. 만약 캐스팅 감독이 있다면, 그들이 대체로 배우와 함께 읽을 것이다. 그런 사람이 없다면, 친구나 이미 캐스팅된 배우에게 읽게 하라. 이를 위해 선택할 장면은 처음에 한 번 읽는 것으로도 파악할 수 있도록 단순하고 쉬워야 한다. 이상적이라면 그 장면은 두 등장인물 사이에 있어야 하고, 배우에게 제시되는 과제는 단도직입적이고 분명해야 한다. 피드백은 그들의 과제 수행이 좋든지 나쁜지 직접적이어야 하고 확신도 주어야 한다.

동일한 배역을 오디션하는 각각의 배우는 같은 장면을 읽어야 하고, 같은 과제를 수행해야 한다. 이렇게 하면 특히 캐스팅 과정의 긴 하루가 끝날 즈음에도 그들을 공정하고 객관적으로 평가하는 데 도움이 될 것이다. 한 등장인물을 위해 캐스팅할 때 당신이 몇 가지 다른 장면을 읽는다면, 누군가가 더 좋은 오디션을 위해 다른 장면을 읽고 있다는 사실을 때때로 놓칠 수 있다.

일단 공연 때처럼 누군가들에게 대사를 전달해야 한다는 압박감 없이 텍스트를 크게 읽어볼 기회를 배우에게 주면서, 느낌만을 위해 장면을 죽 읽어보라고 요구하라. 그다음에 간단한 과제를 부과하라. 과제들은 시간, 장소, 의도들에 대한 지시를 포함해야 한다. 여기에 「갈매기」의 꼰스딴찐을 위한 오디션을 보는 배우들을 위해 당신이 배우에게 정해줄 수 있는 과제의 예가 있다. 각 배우에게 갈매기가 니나의 무릎에 놓였을 때인 제2막의 장면을 읽도록 요구하라. 그리고 그들에게 지금 날씨가 매우 덥고 점심이 5분 후에 예정되어 있다고 말하면서, 그 상황을 연기하라고 요구하라. 그들이 그 장면을 세 번 읽고 나면, 다른 의도를 연기해보라고 요구하라.

니나에게 죄스러움을 느끼게 하기
니나에게 그녀가 했던 일의 실상을 깨닫게 하기
니나를 즐겁게 해주기

이상적인 상황이라면 세 번째 의도는 각 배우에게 예상치 못한 과제여야 한다. 상상력과 융통성이 얼마나 있는지를 보기 위해 고안된 변화구처럼 말이다.

그들이 그 장면을 다 읽었으면, 그들이 한 일에 대해 고맙다고 말하면서 작품이나 과정에 대해 당신에게 묻고 싶은 것이 있는지 질문하라. 주의할 점 하나는 이 시점에서 몇 가지 도전적인 질문들을 받아넘기도록 대비하고 있어야 한다는 것이다. 나는 종종 "왜 이 희곡을 연출하고 싶으셨나요?", "무엇 때문에 이 희곡에 끌리셨나요?", "이 작품을 어떻게 무대에 올리려고 하시나요?" 같은 질문을 받는다. 그러므로 이런 질문들에 대비하라. 이런 질문에 간단하고 자신 있게 대답할 수 있다면 배우들은 연출가로서의 당신에 대해 안정감을 느낄 것이다. 결국 오디션 과정은 당신 역시 배우에 의해 평가를 받는 양날의 검이다.

각 배우를 보고 난 후, 그들이 해보인 작업에 대한 생각들을 기록할 몇 분의 시간을 가지도록 하라. 오랫동안 오디션을 보면 마지막 순간에, 그러니까 길었던 오디션 시간이 끝나갈 즈음 첫 번째 배우에 대한 정확한 생각을 잊어버렸을 수 있다. 메모를 확실하게 해두면, 그날 마지막 순간에라도 적은 것을 쉽게 읽어볼 수 있다. 오디션에서 함께한 사람의 피드백을 요청하기 전에 그 일을 하라. 그러면 다른 누군가의 견해가 섞이지 않은, 자신만의 정확한 반응을 얻어낼 수 있다.

놀랄 정도로 많은 배우가 난독증을 앓고 있으니, 오디션을 보는 모든 사람에게 작업할 장면을 미리 알려주도록 하라. 그 방식을 통해 모든 사람이 최선을 다할 기회를 공평하게 가질 것이다.

오디션 이후에 결정을 할 때, 다음의 사항들을 명심 하라.

역할에 대한 배우의 적합성
당신이 내리려는 다른 캐스팅 결정과 관련하여 배우 캐스팅을 어떻게 할 것인지
당신이 캐스팅할 배우들의 작업 방식에 대한 배우들의 관심 그리고

그 배우들이 함께 일을 해야 하는 일단의 사람들과 어떻게 맞춰 갈지

만나는 배우들에 대한 당신의 직감과 본능에 민감하게 귀를 기울여라. 만약 한 배우가 다루기 힘들다거나, 공격적이거나, 어떤 식으로든 정서가 불안정하다고 느낀다면, 십중팔구 맞을 것이다. 직감을 캐스팅 감독이나 제작자에게 설명하거나 직감에 대한 그들의 공감을 얻어내기란 쉽지 않다. 그러나 만약 직감이 무시된다면, 작품을 훼손하는 캐스팅 실수로 이어질 수도 있다. 만약 까다롭거나 부정적인 등장인물로 판명된 누군가를 캐스팅한다면, 당신은 자주 그를 되돌아보면서 오디션 중 머리를 스쳤던 부정적인 생각을 떠올릴 것이다.

배우에 대해 어떠한 의심이라도 생긴다면 그와 함께 작업했던 연출가들에게 전화를 해보라. 저명한 연출가들도 대개 자신들과 함께 작업했던 사람들에 대해 이야기하기를 더없이 좋아할 것이다. 전화는 당신의 선택에 확신을 주고, 당신이 의심하는 점도 확인시켜줄 것이다.

만약 당신보다 나이가 많거나 경험이 많은 배우를 캐스팅한다면, 그들의 지식이나 지위에 너무 겁먹지 말라. 존중하면서도 거리를 유지하는 것이 가능하다는 점을 기억하라. 마찬가지로 연출하는 권리에 대한 불안감으로 자신의 행동을 결정하지 않도록 노력하라. 내 연출가 경력 초기에 나이 많은 배우들의 오디션을 볼 때마다 연출할 배우들을 설득하는 데 너무 많은 에너지를 쏟아 부어 배역을 연기할 그들의 능력을 판단할 시간을 가지지 못했던 것이 생각난다. 오디션 때 역할을 위한 최상의 배우를 선택하는 일에 에너지를 쏟을 만큼 충분히 자신이 생긴 것은 몇 년 뒤였다.

> 각 배우와 적어도 30분을 보내라.
>
> 그들이 하는 일에 대해 물어보라.
>
> 그들이 희곡과 등장인물에 대해 무엇을 생각하는지 물어보라.
>
> 역할에 포함된 것을 분명히 설명하라.
>
> 작업 과정을 설명해주고, 그것에 대해 만족하는지 확인하라.
>
> 그들에게 희곡의 한 장면을 읽도록 요청하고, 그들이 수행해야 할 간단한
> 과제를 부과하라.
>
> 오디션에서 제삼자가 배우와 함께 읽도록 하라.
>
> 오디션 전에 어떤 장면을 연기할지 배우들에게 알려라.
>
> 어떤 질문이 있는지 그들에게 물어보고, 그들의 도전에 대비하라.
>
> 모든 배우는 같은 방식으로 오디션을 받는다는 것을 보장하라.
>
> 각각의 오디션 후에 생각을 메모하라.
>
> 직감에 귀를 기울여라.
>
> 만약 의심스럽다면, 그 배우와 이전에 함께 작업했던 연출가에게 전화하라.

(2) 워크숍

리허설이 관객을 위해 공연을 만들어내는 것과 관련된 것이라면, 워크숍은 아이디어를 탐색하는 것과 관련이 있다. 텍스트에 대한 해석에서 애매한 부분을 조사하기 위해, 리허설 과정에서 새로운 단계와 도구를 시험하기 위해 워크숍을 활용하라. 워크숍에서 이루어진 발견들은 리허설을 위한 명료한 출발점을 제공할 것이다. 리허설 중에는 작업 방법과 텍스트의 해석에 대해 매우 자주 생각을 바꿀 수는 없다. 당신이 자주 생각을 바꾸면 배우들이 불안해할 것이고, 그렇게 되면 관객 앞에 내보일 만한 완성된 공연을 만들어내지 못할 것이다. 워크숍에서는 지속 가능한 어떤 것을 만들 필요가 없기 때문에 당신

192

이 하고 싶은 만큼 자르기도 하고 바꿀 수도 있다.

리허설 기간 전에 늘 워크숍을 하는 습관을 가져라. 리허설 과정에서 재평가가 필요한 단계나, 조사를 해보면 유익할 작업의 미진한 부분들이 항상 발견될 것이다. 예를 들어 「갈매기」에서는 동작과 음악을 이용하는 꼰스딴찐 희곡의 작품 스타일에 대한 다른 해결책들을 탐색했다. 「꿈의 연극」에서는 꿈의 요소들을 연구했고, 무대 위에서 꿈과 소통할 수 있는 언어를 조사했다. 또한 워크숍에서는 리허설 기간 중에 할 수 있는 것보다 더 대담한 방법으로 자료에 대해 논의해볼 수 있다. 예를 들어 나는 체호프의 「세 자매」에서 슬로 모션과 왈츠 추기를 심리적 리얼리즘과 더불어 활용할 방법을 조사했었다.

워크숍은 기껏해야 네 명에서 여섯 명 정도의 배우들로 이루어진다. 워크숍은 둘씩 짝을 지어 과제를 부과할 수 있다는 점 때문에 짝수로 구성하는 것이 도움이 된다. 만약 이미 작품을 위해 캐스팅을 해놓았다면, 극단의 규모에 따라 배역진의 전부 혹은 일부를 이용하라. 만약 캐스팅을 하지 않았다면, 캐스팅을 고려하고 있는 배우들과 작업하되 워크숍을 오디션용으로 이용하지는 말라. 어차피 전에 함께 작업했던 배우 등 이미 관계를 맺은 배우들과 더욱 많은 일을 할 수 있기 때문이다.

간단한 질문 목록을 가지고 워크숍에 들어가 배우들이 수행할 구체적인 것을 제시하라. 그럼으로써 질문들에 대답하도록 배우들을 지도하라. 만약 갈등이나 추상적인 논쟁이 생기면, 배우들을 격려하여 그러한 갈등과 논쟁을 일종의 실습으로 전환시키게 하라. 예를 들어 스트린드베리의 「꿈의 연극」에 대한 워크숍을 시작했을 때, 나는 먼저 배우들에게 (a) 꿈이 무엇으로 구성되었는지 알고 싶고, (b) 무대 위에서 꿈과 소통할 언어도 찾고 싶다고 말했다. 그룹은 여섯 명의 배우로 구성되었다. 처음에는 그들 모두에게 최근에 꾸었던 꿈을 떠올리라고 요구했다. 다음에는 그 꿈을 무대화하라고 요구했다. 그들은 그룹의 나머지 구성원들을 이용할 수도 있었고, 혹은 혼자서 할 수도 있었다. 연습실에는 거의 아무것도 없었다. 그렇기 때문에 방에서 눈에 띄던 의자, 테이블 혹은 이런저런 오브제들을 사용해야 했다.

나는 '무대화'시킨 꿈을 하나씩 구경했다. 그룹의 다른 구성원들도, 당장 연습에 참여하지 않는다면, 함께 구경했다. 각자가 무대화를 시도한 후 자신이 보고 있던 배우들에게 꿈의 구성 요소와 무대화의 해결책에 대해 무엇을 알아냈는지 말하도록 요구했다. 꿈의 일련의 요소들이 하나의 목록으로 엮였다. 예를 들면 언제나 꿈꾸는 사람이 있다는 것, 꿈꾸는 사람의 현실 세계에 존재하는 사람이 종종 다른 역할로 나타난다는 것, 그리고 장소에서 장소로 급전환이 있다는 것을 알아냈다. 그러고 나서 꿈의 어떤 양상이 무대에 올리는 게 가능하거나 가능하지 않은지 알아냈다. 예를 들어 바다와 같은 외부 장소보다는 부엌과 같은 집안 환경에서 꿈을 무대화하기가 더 쉬웠다. 그다음으로 기록해놓았던 꿈의 양상들을 뽑아내어 하나씩 작업했다. 예를 들어 장소 사이를 급전환하는 다른 실용적인 방법을 찾느라 오후를 보냈다. 그다음에는 집안 환경 안에서 꿈을 만드는 것에 집중하도록 요구했다. 그러고 나서 그들이 작업하도록 카를 융과 지그문트 프로이트가 묘사한 꿈에 관한 몇 가지 이론을 제공했다.

이어서 그 희곡에 대해 배웠던 것을 적용해보기 시작했다. 예를 들어 「꿈의 연극」의 주요 등장인물인 은행가, 작가 그리고 아그네스 같은 극 중 등장인물 중에서 꿈꾸는 사람 역을 맡을 지원자를 뽑았다.

그리고는 마치 세 명의 다른 사람들이 각각 꾼 꿈들인 것처럼 몇 가지 짧은 장면들의 무대화를 시도했다. 워크숍 초기에 꿈에 등장하는 사람들 중 대부분이 우리의 실제 삶 어디에선가 나온다는 것을 알았다. 곧 각각의 꿈꾸는 사람들에 대해 강력한 과거사를 구축할 필요를 깨달았고, 그리하여 그들은 꿈을 정확하게 꿀 수 있었다.

워크숍이 끝날 즈음에는 희곡을 연출하기 위해 꿈에 대한 작업을 어떻게 이용할지 분명히 생각하게 되었다. 일단 물이나 하늘과 같은 야심찬 세트는 피해야 한다는 것을 알았다. 급전환에 대한 연습을 통해 세트가 한순간에 이곳에서 저곳으로 옮겨질 수도 있어야 한다는 점도 깨달았다. 꿈꾸는 사람이 될 등장인물을 한 명 선택해야 했는데, 은행가가 최적의 후보자임을 알았다. 결국 꿈꾸는 사람의 실제 전기가 그의 꿈의 세계를 구성하기 전에 구축되어야 한다는 점을 이해했다. 이 워크숍은 최초의 두 가지 질문에서 생긴 간단한 논리를 따랐음을 알 수 있다.

새로운 연출 도구를 시험하기 위한 워크숍은 비슷한 형식을 따를 수 있다. 예를 들어 읽었거나 배웠으나 리허설에 이용하기에는 아직 자신이 없는 아이디어나 연습을 택할 수도 있다. 당신이 조사하려는 것들을 서너 개의 질문으로 압축하라. 의도에 관한 워크숍은 아마도 다음과 같은 질문들을 포함할 것이다.

우리는 원하는 것을 다른 사람으로부터 어떻게 얻어내나?
등장인물의 의도가 무엇인지 대본으로부터 어떻게 알아내나?
그 의도를 어떻게 기록하나?
극에서의 모든 말과 행동이 하나의 의도에 이용되어야 하나?

워크숍에서의 이러한 질문들은 당신이 배우들과 함께한 작업에 초점이 맞춰질 것이다. 그러므로 만약 당신의 조사가 초점을 잃는다면 원점으로 돌아갈 수 있는 간단한 판단 기준도 제공할 것이다.

■ **요약**

> 워크숍과 리허설의 차이를 명확히 하라.
> 명료하지 않은 텍스트나 무대화의 양상들을 분리하라.
> 일련의 간단한 질문들을 가지고 워크숍에 들어가서, 당신이 하는 작업이
>   질문에 대한 답변이 되도록 보장하라.
> 연습실로 가져갈 것들의 목록을 작성하라.
> 새로운 연출 도구와 연습을 시험하기 위해 워크숍을 활용하라.

레오시 야나체크의 「카티아 카바노바」

CHAPTER 8

리허설 환경 준비하기

제8장은 다음과 같은 네 단계로 이루어진다.

– 무대 연출 팀과 작업하기
– 연습실 선택
– 소통 구조 확립하기
– 연습실 준비하기

(1) 무대 연출 팀과 작업하기

좋은 무대 연출 팀을 구성하는 일은 연습실에서의 유익한 분위기와 극장으로의 순조로운 이행에 있어 중요하다. 앞서 언급한 것처럼 다양한 문화마다 무대 연출 팀을 구성하는 다양한 방법들을 가지고 있다. 내셔널 시어터와 같은 영국의 대규모 극장에는 무대 감독, 무대 부감독, 한두 명의 무대 조감독 등 서너 명으로 구성된 무대 연출 팀이 있다. 이와 달리 같은 영국의 변방에서 활동하는 제작 팀에서는 한두 명이 전체 무대 운영 기능을 담당하기도 한다.

네 명이 팀이든, 두 명이 팀이든, 누군가는 공연의 시작을 알릴 것이다. 이런 관계가 제대로 이해되어야 한다. 이런 일을 하는 사람을 전문적으로는 '무대 부감독'이라고 하며, 리허설 기간 내내 당신 옆에 앉아 있게 된다. 그들은 대본의 복사본을 하나 들고서 거기에 배우들의 움직임을 기록한다. 극장에 들어가면 그들은 조명과 음향 큐를 어디에서 할지 적어둔다. 이 대본 복사본을 '책book'이라고 부르는데, 그것은 조명과 음향 담당자들에게 큐를 주기 위해 무대 부감독이 사용할 것이다. 그들이 큐를 주는 방식은 공연 전체의 리듬에 영향을 미칠 것이다. 그러므로 무대 부감독은 저녁 공연의 전반적인 속도와 배우의 등장 타이밍 혹은 음향 큐와 같은 사소한 것들과 관련하여 당신이 예술적으로 무엇을 원하는지 분명하게 알고 있어야 한다. 예를 들어 등장이 예상되고 갑자기 이루어지기를 원하는가, 혹은 서서히 진행되고 지연되기를 원하는가? 아니면 음향이 특정 대사 중 한순간 일찍 들어오기를 원하는가, 혹은 나중에 들어오기를 원하는가?

나는 다양한 무대 부감독의 작업에서 놀라운 차이를 발견했다. 일단 그들이 진행하는 공연의 리듬에서 그들의 에너지와 개성을 느낄 수 있다. 2003년 이래 나는 피파 마이어라는 무대 부감독과 거의 전적으로 일해 왔다. 담력이 있고, 원하는 것을 리드미컬하게 이해하고, 배우들과 매우 친밀하게 일하기 때문이었다. 만약 배우들이 작업하는 것을 아주 조금이라도 바꾸면, 그녀는 큐와 함께 그들을 따랐다. 그건 멋진 솜씨였다.

당신을 위해 누가 이 일을 해줄지에 대한 선택권이 있다면, 그 역할을 뽑기 위해 다양한 사람들을 인터뷰해보라. 만약 선택권이 없다면, 리허설을 시작하기 전에 무대 부감독에게 이야기할 시간을 내어

라. 그렇게 하여 연습실에서 그는 당신과 함께 어떻게 해야 하는지, 그리고 당신은 어떻게 작업하는지 자세하게 설명하라. 그러고 나서 테크니컬 리허설을 할 시간이 다가오면, 앉아서 모든 큐의 타이밍과 리듬의 측면에서 원하는 것을 정확하게 다 이야기하라. 절대로 무대 부감독이 당신의 작업 방식이나 타이밍에 맞출 것이라고 생각하지 말라. 만약 호흡이 잘 맞는 무대 부감독을 만난다면, 그를 다시 채용하도록 하라.

영국의 큰 극장에서 일한다면, 각 무대 감독들의 역할은 다음과 같이 구성될 수 있을 것이다.

① 무대 감독은 공연의 전체 진행을 책임진다. 그들은 제작 감독과 소품 구매 담당자, 디자이너 등과 같이 연습실 밖의 모든 사람과 상의하고 계획하여 일을 진행한다. 그래서 리허설 때 종종 당신과 함께 있지 않을 것이다. 그들은 필요한 모든 회의를 준비하고 리허설 과정에서 생긴 문제들을 크리에이티브 팀의 일원에게 전한다. 당신이 극장으로 들어갈 때, 무대 감독은 테크니컬 리허설을 진행하고 모든 것이 부드럽게 집행되는지 확인하면서 모든 공연 내내 무대 뒤에서 머문다.

② 무대 감독 보조는 주로 녹음이나 소품과 가구 같은 세팅을 준비하는 책임을 진다.

리허설이 시작되기 전 원하는 작업 방식을 논의하기 위해 당신의 무대 연출 팀의 일부 혹은 전원과 회의를 하는 것이 좋다. 연습실 문화를 구성하는 방식은 다양하다. 연습실이 특정한 요구에 부합되도록 무대 연출 팀이 방을 준비하고, 팀원 각자가 자신의 임무를 수행하는 방법을 조정한다면 매우 큰 도움이 될 것이다. 리허설 과정의 단계들과, 각 단계마다 방이 어떻게 설치되기를 원하는지 이야기하라. 예를 들어 무대 연출 팀과 함께 소품의 목록을 살펴보고, 리허설에서 어떤 소품이 언제 필요한지 의논하는 것이 유용하리라. 만약 소극장에서 작업한다면, 그 팀 스스로 소품들을 찾을 것이다. 큰 단체라면 관련 부서에 조달을 요구할 수 있다(예를 들어 연습을 위한 매트리스 같은 것 말이다). 무브먼트 코치의 요구 사항들을 무대 연출 팀에 전달하는 것을 잊지 말라. 또한 어느 시점에서 무대 연출 팀이 마킹을 하기를 원하는지도 논의해야 한다.

마킹은 세트 디자인을 기록하는 방법 중 하나이다. 마킹은 세트가 묘사하는 건축물 혹은 풍경의 경계를 플라스틱 테이프로 바닥에 표시한 일련의 선이다. 무대 연출 팀은 당신이 싫어하지 않는 한 일상적으로 리허설 첫째 혹은 둘째 날 연습실 바닥에 그 테이프를 붙일 것이다.

유감스럽게도, 연출가 경력의 초기에, 특히 연출가가 젊거나 경험이 부족하다면, 모든 무대 연출 팀원 혹은 몇몇 개인은 자기 것과 다른 작업 방식에 귀를 기울이거나 따르려고 하지 않을 것이다. 이런 관계에서라면 쉽게 타협을 볼 수 있다고 항상 기대하지는 말라. 그러나 좋은 경험들이 나쁜 경험들보다 훨씬 많을 것이다. 물론 좋은 무대 연출 팀은 어떤 연출가에게나 매우 가치 있는 자산이다.

■ **요약**
| 공연 때 적절하게 큐를 하는 사람과 관계를 맺어라.
| 가능하다면 무대 부감독의 역할을 위해 다양한 후보자와 인터뷰하라.

만약 선택권이 없다면 무대 부감독에게 만날 것을 요구하고, 작업 과정과
  당신이 그들에게서 필요로 하는 것을 말하라.
리허설이 시작되기 전에 원하는 작업 방식을 이야기하기 위해 무대 연출
  팀과의 회의를 주선하라.
무대 연출 팀이 특정한 요구에 맞춰 연습실을 준비하는지 확인하라.
만약 무대 연출 팀이 당신의 작업 방식을 언제나 즉각 지원하지 않더라도
  당황하지 말라.

(2) 연습실 선택

대부분의 극장에서는 연습실을 선택할 여지가 없을 것이다. 만약
변두리 극장에서 작업한다면, 당신에게 주어질 예산은 통풍이 잘되
는 교회 홀을 임대하는 데 충분할 정도일 것이다. 그러나 공간에 대
한 선택권이 있다면, 연습실을 선택할 때 다음의 사항을 고려하라.

공간에 무대의 평면도를 표시하고, 거기에 사방으로 1~2미터씩 여
유가 있을 정도로 충분히 넓은지 확인하라. 공간의 여유로 인해 배우
들은 풍경이 시작되는 곳, 혹은 관객들이 그들을 보는 곳으로부터 몇
발자국 뒤에서 극을 시작할 수 있다. 이런 자연적인 무대는 그들이 장
면의 행위를 시작하기 전에 이미 등장인물과 상황 안에 들어와 있는
것을 보장하며, 그리하여 극의 세계로 들어오기 위해 세트에 등장하
는 첫 몇 걸음을 막아줄 것이다. 또한 문이 연습실 벽면에 붙어 있어
서 문 뒤로 갈 수 없다면 방이나 건물에 들어가는 연습을 실감나게
하기가 어렵다는 것을 기억하라. 더 많은 설명이 필요하다면 제11장
에서 마킹에 대한 부분을 읽어라.

뜨거운 음료를 만들거나 우유를 놔둘 곳이 있는지, 그리고 연습실

외부에 배우들이 자신의 소지품을 둘만한 안전한 장소가 있는지 확인하라. 그럴만한 장소가 없다면, 연습실에 이러한 기능을 할 구역들을 설정하라. 예를 들어 연습실 구석에 선반을 세워두고 그 뒤에 주전자와 냉장고 등을 보관하라. 또 다른 곳에는 커튼을 쳐서 배우들이 연습 중 그들의 소지품을 놔두거나, 휴식 시간에 차를 마시거나 담소를 나누게 할 수 있다. 연습실은 휴식 시간과 작업 시간의 경계를 모호하게 하는 곳이 되어서는 안 된다. 또한 연습실을 모든 사람의 소지품들로 어지럽혀도 안 된다. 그러면 배우들의 머리는 어수선해져서 극의 세계를 상상하기가 어려울 것이다.

그다음으로 연습실에서 음향이 윙윙거리거나 울리지 않는지 확인하라. 그러고 나서 온도를 알아보라. 겨울이면 온도를 올리게 하고, 여름이면 냉방기나 선풍기를 요청하라. 공간으로 사용하려고 고려하는 방 안의 모든 전등을 켜보라. 어떤 방들은 대개 환하고 기다란 형광등을 밝힐 것이다. 그런 형광등은 오랜 연습 시간 동안 배우들이 집중하는 것을 어렵게 할 것이다. 만약 전등이 좋지 않다면, 몇 가지 간단한 극장 조명을 대신 사용할 수 있는지 물어보라. 리허설 중 음향을 사용하려고 계획하고 있다면, 음향 시스템을 설치할 수 있는지 그리고 밤새 장비를 보관해둘 안전한 장소가 있는지 확인하라. 또한 그것들을 벽의 윗부분에 설치할 수 있는지도 확인하라.

연출가 경력의 초기에는 이상과는 거리가 너무 멀고, 위에서 제안한 설비나 가능성을 전혀 갖추고 있지 않은 연습실도 많이 발견할 것이다. 런던의 변두리에서 처음 시작했을 때 지독히 추운 방에서 작업했는데, 그곳에서는 모자를 쓰고 코트를 걸치고 스카프를 두른 채 줄곧 움직여야 했다. 또 푹푹 찌는 벽장 같은 데서 작업하기도 했는데,

그곳에서는 대본으로 부채질을 하면서 거의 아무것도 걸치지 않은 채 앉아 있었다. 대부분의 경우 그런 상황들을 단지 견뎌내야만 했지만, 가능하다면 언제나 좀 더 좋은 연습실로 가기 위해 추가 비용을 모으려고 애썼다. 쾌적하고 편안하며 깨끗한 방은 배우들의 작업의 질을 정말로 향상시킨다는 사실을 알게 되었고, 배우들에게 보수를 지급하지 못하는 상황에서도 그러한 상황을 선택할 수 밖에 없는 것이 직업적 특성상 불가피하다고 느끼게 만들었다. 비용이 빠듯하면 연습실 임대는 일의 우선순위에서 밀려난다. 가능하다면 그것을 조금 먼저 정하라. 예를 들어 만약 값비싼 의상과 연습실 사이에 선택권이 있다면, 연습실에 돈을 쓰라.

▪ **요약**

연습실이 극의 행위가 일어나는 장소 혹은 장소들보다 더 큰 평면도에 표시할 수 있을 만큼 충분히 넓은지 확인하라. 연습실 벽과 세트가 시작되는 곳의 경계 사이에 최소한 1~2미터의 여유를 두라.

뜨거운 음료를 만들기 위한 곳과, 배우들이 소지품을 둘 안전한 장소를 확인하라.

방의 음향이 대사를 하기에 알맞은지 살펴보라.

겨울에 연습한다면 온방 상태를, 여름에 연습하면 냉방기를 확인하라. 그 방에서 조명 설비를 사용할 수 있는지 알아보고, 상태가 좋지 않으면 다른 조명 설비를 설치할 수 있는지 물어보라.

음향을 사용하려고 계획한다면, 그것을 설치하고 밤새 장비를 보관할 안전한 장소가 있는지 확인하라.

따뜻하고 기분 좋은 연습실은 당신의 진정한 자산임을 기억하라. 배우들에게 적은 보수로, 혹은 보수 없이 일하자고 부탁해야 하더라도 말이다. 그러니 좋은 연습실을 임대하는 것을 우선순위 목록의 상위에 놓아라.

(3) 소통 구조 확립하기

연습실에서 발생하는 모든 것을 디자이너든, 소품 제작자든, 세트 제작자든 관련된 모든 사람에게 분명하게 전달하는 것은 매우 중요하다. 커다란 기반 시설을 갖춘 극장에서 일하든, 변두리의 작은 공동 이익 분배 극장에서 일하든 분명한 우선순위를 가지고서 강력하고 효율적인 소통 시스템을 확립하라.

소통의 첫 번째 수단은 리허설 메모들이다. 이 메모들은 무대 연출 팀이 작품의 제작과 연관된 모든 사람에게 매일 보내는 메모들이다. 여기에는 리허설 중에 갑자기 나타나는 새로운 것들과 더불어 의상 아이디어, 세트 디자인 수정, 그리고 새로운 소품들에 대한 사항들이 담겨 있다. 리허설 메모를 받으면 반드시 읽도록 하라. 소통의 문제는 종종 부정확한 리허설 메모로 인해 발생할 수 있다. 아무런 사전 준비 없이 작업을 계획하고 있거나, 리허설 중 텍스트에 상당한 수정을 가하고 있다면, 무대 연출 팀이 새로운 요소들을 상황에 맞추어 구상하게 하라. 예를 들어 단순히 "소품이 하나 필요하다"고 말하는 대신, 그 소품이 어떻게 사용되는지, 왜 필요한지 그들이 설명하게 하라. 이 일로 무대 연출 팀에게는 약간의 추가적인 작업이 생기겠지만, 모든 관련자가 새로운 정보를 분명하게 그리고 효율적으로 이해할 수 있을 것이다. 적은 예산으로 변두리 소극장에서 일하더라도 연습실 안과 밖에서 당신을 위해 일하는 어떤 사람하고든 소통하는 문화를 확립하기 위해 리허설 메모를 이용하라. 그러면 특히 자금이 부족한 경우 엄격하고도 효율적으로 운영해나가는 데 도움이 될 것이다. 또한 모든 사람에게 적당한 보수를 줄 수 없는 상황에서도, 전문가적인 분위기를 확립하는 데 유용하다.

소통의 두 번째 수단은 제작 팀장이 주재하는 정기적인 제작 회의이다. 이러한 회의는 일주일에 한 번씩 점심시간이나 리허설을 하는 날 마지막에 해야 한다. 회의에는 소품 제작자, 제작 팀, 기술 감독, 조명 스텝, 음향 팀, 의상 제작 팀, 의상 담당 팀, 분장 팀 등 제작에 관련된 모든 사람이 참여해야 한다. 이 회의에서 분명하지 않은 리허설 메모들은 명료해지고, 모든 기술적 요구도 논의된다. 소품이나 가구와 같은 어떤 새로운 요소가 왜 필요한지 명확하고 간단하게 설명하는 것이 중요하다. 만약 어떤 재정적 문제가 제작 회의 때 발생한다면, 먼저 그 원인이 무엇인지 정확히 알아내려고 하라. 그리고 나서 그 문제를 해결하기 위해 무엇을 할 수 있는지 물어보라. 조사의 결과가 무엇이든 결정을 즉시 내리려고 하지 말라. 오히려 그 문제에 대한 창의적인 해결책이 있는지를 한발 물러나서 생각해보라. 필요하다면 문제를 철저히 검토하기 위해 특정한 개인들과 소규모 회의를 해보라. 변두리에서 소규모 그룹과 작업하고 있고 자금도 제한적이더라도 제작을 도와주는 모든 사람을 정기적으로 만나도록 하라. 이런 만남을 통해 원활한 소통과 좋은 계획이 보장될 것이다.

세트 디자이너, 조명 디자이너, 작곡가 그리고/혹은 음악 감독 등 핵심적인 크리에이티브 팀과 정기적으로 소규모 회의를 갖는 것도 도움이 된다. 이런 회의를 통해 당장 기술적 해결이 필요없는 창의적인 문제를 브레인스토밍 방식으로 토의하는 것도 가능할 것이다. 새로 고안된 작업과 함께 예능 메모들을 제시하는 것 또한 도움이 될 수 있다. 이 메모들에는 연습실에서 작업이 어떻게 전개되고 있는지 자세히 기술한다. 이러한 메모들은 리허설이 시작되기 전에 아무 대본도 없다면 특히 중요하다.

▪ 요약

커다란 기반 시설을 갖춘 극장에서 일하든, 변두리의 작은 공동 이익 분배 극장에서 일하든 분명한 우선순위를 가지고서 강력하고 효율적인 소통 시스템을 확립하라.

리허설 메모 시스템을 정착시키고, 모든 새로운 요소가 분명히 상황에 맞춰지는지 확인하라.

효율적으로 우선순위를 매긴 분명한 의제와 확실한 사회자가 있는 제작 회의 시스템을 확립하라.

즉각적인 기술적 해결책이 없는 창조적인 문제들을 브레인스토밍 방식으로 토의하기 위해 정기적인 크리에이티브 팀 회의 체계를 확립하라.

만약 작업을 연구하여 새로운 방안을 생각해내려고 한다면, 리허설 메모들을 보완하기 위해 일련의 예능 메모들을 정착시켜라.

(4) 연습실 준비하기

이상적인 세계에서라면 세트 디자인의 공간보다 더 넓은, 편안하고 음향 상태가 좋으며 따뜻하고 넓은 연습실을 발견할 것이다. 또한 연습실 안에 혹은 인접한 곳에 차와 커피를 만들고 배우들이 소지품을 둘 수 있는 구역을 갖추게 될 것이다. 무대 연출 팀에게 리허설 첫 날 차, 커피, 비스킷을 사놓으라고 요청하라(첫날에는 무료로 제공하고, 다음에는 무대 감독에게 연습실 안에 있는 모든 사람에게서 추렴을 거두도록 준비시켜라). 무대 연출 팀은 또한 리허설 전에 그들과 함께했던 회의에서 당신이 요청한 가구와 무대 소품들을 마련했을 것이다. 아마 당신이 요청한 것 중에는 공연에서 사용될 많은 것이 포함되어 있을 것이다. 연습실에는 이러한 오브제들이 벽을 따라 혹은 구석에 깔끔하게 쌓이고 정돈되어 있어야 한다.

이제 조사 자료를 위한 테이블은 한쪽으로 치워놓아라. 여기서 당신은 처음에 조사를 하면서 알게 된 연구 자료나, 디자인 과정에서 보게 된 책이나 사진들을 공유할 수 있다. 몇몇 조사 자료나 디자인 자료들을 배우들이 도착하기 전에 벽에 걸어두고 싶어질 수 있다. 그 대신 첫날에는 벽을 그대로 두고 리허설 과정에서 필요할 때 자료들을 벽에 붙이기 시작하라. 그런 방식으로 배우들은 각 참고 자료의 기능을 이해할 것이다. 그다음에 전체 팀원이 둘러앉을 수 있을 만큼 충분히 넓은 테이블을 확보하라. 연습실이 작업을 위해 정돈되어 있고, 깨끗하게 준비되어 있는지 확인하라.

경험상 리허설이 시작될 때 바닥에 마킹이 없는 것이 가장 좋다. 리허설의 처음 40퍼센트 정도가 진행될 동안 공연이 이루어질 장소에서는 어떤 연습도 하지 않을 것이기 때문이다. 언제 어떻게 마킹을 해야 할지는 제11장에서 다루겠다.

- **요약**

  무대 연출 팀이 첫날에 차, 커피, 비스킷을 사놓게 하라.

  모든 무대 소품과 리허설용 가구가 연습실 구석에 깔끔하게 쌓여 있는지 확인하라.

  연습실 한쪽의 책상에 조사 자료를 분리하여 놓아두라.

  모든 팀원이 앉을 수 있도록 테이블과 의자들을 마련하라.

  극의 행위가 이루어질 곳에서 즉흥극이나 장면 리허설을 시작하는 연습 과정의 후반까지 바닥에 마킹을 하지 말도록 무대 연출 팀에게 요구하라.

2

리허설

Rehearsals

게오르크 프리드리히 헨델의 「제프타」 리허설

＊＊＊

제2부에서는 배우들과 함께 수행했던 모든 준비 작업의 이용 방법을 설명한다. 리허설은 배우들이 장시간에 걸쳐 점차적으로, 천천히, 단계별로 일들을 구성하도록 해주어야 한다. 리허설에서 연출가가 갖춰야 할 중요한 기술은 인내와 오랫동안 생각하기이다. 겨우 2주 동안 리허설을 하더라도, 그 과정은 신중하고 서서히 전개되어야 한다. 그 과정은 토대부터 지붕까지 겹겹이 다른 재료들을 쌓아 만드는 집을 건축하는 것과 같다. 재료들이 제자리에 논리적인 순서에 따라 조심스럽게 놓이지 않으면, 빌딩은 제대로 서 있지 못할 것이다. 그러므로 멀리 뛰기보다는 작은 걸음을 내딛도록 하라. 배우들로부터 당장의 결과를 기대하지 말고, 마치 관객이 보게 될 최종 결과라도 되는 것처럼 초기 리허설의 내용에 반응하지 말라. 그 대신 그 작업을 결과로 나아가는 하나의 발걸음처럼 지켜보라. 그리고 초기의 실수나 잘못에 대해 인내하라. 배우들은 등장인물을 구축하고, 장면에서 해야 할 것을 연습할 시간이 필요하다. 그들은 즉각적인 해결책이나 결과를 가지고서 지시에 항상 반응할 수 없다. 이틀 정도 기다리면 결과가 나타나는 것을 보게 될 것이다. 그렇지 않다면 결과가 나타날 때

까지 단순한 설명만 계속하라. 이런 식으로 장면에 큰 문제가 있다면 단번에 해결하려고하지 말라. 그 대신에 시간을 두고 그것을 조금씩 쪼아라.

리허설이란 반복될 수 없는 단 한 번의 흥미진진한 순간들을 만들어내는 것이 아니라, 공연까지 지속되는 작품을 만드는 것임을 기억하라. 그러므로 그 과정이 모든 것을 해결하는 돌연한 계시적인 발견이나 통찰을 탐색하는 것이 아니라는 점도 명심하라. 마치 등장인물들이란 배우들이 각자의 문을 열고 들어와 입어주기를 기다리면서 어느 방에 걸려 있는 한 벌의 옷인 것처럼, 배우들은 종종 "등장인물을 발견한다"라고 말한다. 언젠가 리허설에서 매일 자신의 등장인물에 대해 완전히 새로운 제안을 가지고 나타나곤 하는 배우와 일한 적이 있다. 어떤 날에는 그가 자신의 연령대와 템포로 연기했으면, 다음 날에는 더 나이가 들어 더 빠른 템포로 모든 것을 했다. 아니면 그는 우울증이라든가 이별에 따른 불안과 같은 새로운 심리적 문제로 등장인물을 분석하면서 나타났다. 마침내 마지막 두 번째 리허설에서 그는 "난 확실히 알았어!"라고 말했고, 환상적인 리허설을 했다. 이 배우는 매우 뛰어나서 이 성공적인 마지막 순간의 선택에 뒤이어 하나의 전기를 만들어낼 수 있었고, 그래서 그의 등장인물은 완전히 현실에 기반을 두고서 살아 있었다. 이것을 해낸 그의 능력은 이례적이었다. 리허설 후반에 와서야 자신의 등장인물을 '발견'한 대부분의 배우들은 첫 공연부터 마지막 공연까지 관객들에게 빈약한 연기를 보여준다. 어떤 배우든 신뢰할 만한 등장인물을 구축하는 데 시간이 걸리기 때문이다. 통찰은 종종 스쳐 지나가는 감성에 깃들기에 밤마다 재생되기가 거의 불가능하다. 탄탄하고 지속 가능한 등장인물과 상황의 점진적인 구축을 격려하는 리허설 문화를 만들어라.

다음에 나오는 세 개의 장은 6주에서 8주의 이상적인 리허설 기간을 가정한다. 이 기간은 연출가 경력 초기에 맞닥뜨리는 대부분의 상황과 많이 다른데, 그들의 리허설 기간은 2주에서 3주가량 짧을 수 있기 때문이다. 그러므로 리허설 기간이 짧다면 서술된 단계들을 어떻게 사용할지에 대한 설명을 제10장 끝부분과 제11장에 포함시켰다. 짧은 리허설 기간에 핵심적인 요소들을 살피기 전에 먼저 각 장의 모든 내용을 읽어야 한다. 그러나 이상적인 리허설 시간보다 짧은 시간에 정확하고 많은 효과를 얻기 위해 각 장에서 소개된 기법들을 사용하는 것은 충분히 가능하니 안심하라. 각 장에 서술된 연습들 중 한두 가지를 해볼 시간만 있더라도, 리허설이 시작되기 전에 혼자서 해왔던 준비에 의해 연출 능력은 상당히 향상되리라는 점도 기억하라.

아이스킬로스의 「오레스테이아」에서

CHAPTER 9

리허설의 처음 며칠

제9장에서는 배우들과 함께하는 리허설의 처음 며칠을 살펴보면서 당신이 작업하려는 방식을 어떻게 확립할지에 대해 설명한다. 올바른 방식으로 시작하라. 그러면 전체 과정 내내 큰 힘을 얻게 될 것이다. 처음 며칠 동안 실수를 하게 되면, 그 실수는 지속적으로 악영향을 야기할 수 있다. 이 장은 다음과 같은 아홉 단계로 이루어진다.

- 배우들에 대한 생각을 정리하기
- 배우들과 작업하기 위한 열두 개의 황금률
- 과정의 용어를 확립하기
- 배우들의 작업에 피드백하는 방법
- 연습실에서 앉는 방법
- 배우들에게 텍스트를 소개하기
- 리허설 첫날
- 모형 보여주기
- 리허설 과정에 음향, 의상, 소품, 가구, 조명과 무대 장치 같은 요소를 도입하기

(1) 배우들에 대한 생각을 정리하기

연습실로 들어갈 때 당신의 머릿속에 있는 배우들에 대한 생각들은 그들과 작업할 방식에 영향을 미칠 것이다. 예를 들어 '배우들은 다루기 힘들어'라고 생각하면, 문제가 없는데도 문제가 있을 것이라고 예상하면서 방어적 태도를 취할 것이다. 만약 '배우들은 특별해'라고 생각하면, 당신 자신은 그렇게 특별하지 않다는 불리한 입장을 걱정할 것이며, 아마 그들을 매우 정중하게 대하면서 시작할 것이다.

리허설을 시작하기 전에 배우들에 대한 개인적인 생각을 정리하라. 몇 개의 간단한 형용사로 '배우들은 ○○'라는 문장을 채우며 몇 분의 시간을 가져라. 관련이 있다고 생각되든 아니든 그들에 대한 모든 생각을 적어라. 사용한 형용사 중에 '상상력 있는', '용감한' 같은 긍정적인 말과 '요구가 많은', '어려운' 같은 부정적인 말이 포함된 것을 발견할 것이다. 어떤 경우에는 배우들을 독특하고 특별한 유형으로 분류하는 '특별한', '예술가들', '직관적인'이라는 말도 사용할 것이다. 또 다른 경우에는 그들과 어떻게 일할지 걱정하는 자신의 불안을 드러내는 '무시무시한'과 같은 말을 사용하는 것도 발견할 것이다. 배우들을 묘사하기 위해 사용한 말을 살펴보라. 부적합하다고 느끼거나 혹은 자신을 불리한 입장에 놓이게 하는 '무시무시한', '어려운', '특별한'과 같은 말을 제거해버려라. 그 대신 배우들과 더 쉽게 일하는 데 도움이 되는 새로운 말을 추가하라. '어른들' 혹은 '숙련되고 재능 있는 사람들' 혹은 '책임감 있는'과 같은 단순하고 분명한 말을 사용하라. 언제나 객관적이고자 노력하라. 그것이 전문가다운 입장이다.

다른 직업과 마찬가지로 연기라는 직업에도 함께 일하기 어려운 사람들이 있다. 이런 이유로 연습실에서 문제들이 발생한다. 예를 들어 어떤 배우는 그들이 얼마나 애썼는지를 보여주기 위해 등장인물을 부적절하게 이용할 수 있는 반면, 일하면서 지름길로 가야겠다는 생각으로 자신을 몰아붙이는 경우도 있을 것이다. 연출을 많이 할수록 상이한 종류의 문제에 익숙해지며, 능숙해질수록 특정 유형의 배우들의 캐스팅을 피하게 되거나, 혹은 그들이 연습실에서 제기하는 도전들에 대처하는 법을 익히게 될 것이다.

배우들에 대한 자신의 생각을 정리하는 일은, 일찌감치 어려운 배우들을 극복하는 데 도움이 되는 먼 길을 떠나는 것이다. 생각의 정리를 통해 정신적으로 보다 더 건강한 입장에서 그들을 대할 것이다. 가장 능숙하고 경험이 많은 연출가라도, 어쩔 수 없이 혹은 판단의 착오로, 다루기 힘들고 문제를 일으키는 배우들을 캐스팅하는 일을 피할 수 없다는 사실을 위안으로 삼아라. 연습실 안에 사려 깊고, 일관되며, 존중하는 분위기를 만들어라. 그러면 배우들의 행동의 영향을 완화시키는 먼 길이 시작되는 셈이다.

그러나 언제나 함께 일하기가 불가능한 사람이 있기 마련이다. 그들을 지도하려는 모든 시도는 실패할 것이다. 당신은 제대로 된 사람을 캐스팅하지 못한 것이다. 이런 경우에는 두 가지 사실을 기억하는 것이 중요하다. 첫째, 작업의 방향을 틀지 말라. 어려운 배우를 위한 하나의 연출 방식, 그리고 나머지 배우들을 위한 또 하나의 연출 방식을 선택하지 말라. 그런 식으로 하면 어려운 배우뿐만 아니라 나머지 배우들 모두의 신뢰마저 잃을 수 있다. 작업 과정에 변화를 주어도 어려움이 제거되지는 않을 것이다. 그러므로 자신의 입장을 고수하면서, 정중하지만 일관되게 처신하라. 둘째, 어려운 배우에게 온 정신을 쏟지 않게 하라. 그들에 대한 생각을 줄이고, 그 상황에서 현실적으로 가능한 것에 기대치를 맞춰라. 그러고 나서 다른 배우들에게 집중하고, 그다음에는 바꿀 수 있고 발전시킬 수 있는 것들에 집중하라. 어떤 싸움은 승산이 없다.

어렵거나 부정적인 배우에 대한 이런 충고 때문에 '연출이란 문제가 있거나 문제를 일으키는 개인들로 가득 찬 직업'이라는 인상을 가지지 않도록 하라. 대부분의 배우들은 책임감 있는 성인들이다. 그들은 희곡의 세계와 그 안의 등장인물을 구축하기 위해 열심히 일한다.

■ **요약**

배우들에 대해 지니고 있는 생각들이 그들과 일하는 방식에 영향을 미친다는 점을 기억하라.
연습실에 들어가기 전에 배우들에 대한 개인적인 생각을 정리하라.
어려운 배우들과 함께 일하기 위해 스스로 정신적인 준비를 하라.

(2) 배우들과 작업하기 위한 열두 개의 황금률

① 인내심을 갖고, 오랫동안 생각하라

앞서 언급한 것처럼 서서히 일하면서, 큰 도약보다는 작은 발걸음을 내딛어라. 리허설 초기에 배우들의 작업이 마치 관객이 볼 최종 결과인 것처럼 반응하지 말라. 그 대신 그 작업을 결과를 위한 하나의 발걸음이라고 생각하고서 지켜보라. 초기의 어떤 실수나 실패에 대해서도 인내심을 가져라. 배우들에게는 등장인물을 구축하고, 장면에서 그들이 해야 하는 것을 연습할 시간이 필요하다. 그 대신 공연이 전개되는 내내 관객들 앞에서 분명한 작품을 구축하고 있을 것이라고 상상하라.

② 일관되라

언어의 사용, 목표, 행동 그리고 관계를 맺는 방법에서 일관되라. 분명한 경계를 두고서 각 배우와 안정되고 솔직한 관계를 유지하라. 하나의 관계를 다른 관계보다 우선함으로써 연습실에서 경쟁 관계를 만들지 않도록 하라. 등장인물의 대사 분량 혹은 텔레비전이나 영화에서 배우의 명성에 의해 가늠될 수도 있는 지위와 상관없이, 팀 전체의 각 구성원들에게 분명하고 격려가 되는 피드백을 주어라. 이 규칙은 다음 두 부분, 즉 '과정의 용어를 확립하기'와 '배우들의 작업에 피드백하는 방법'에서 더욱 상세하게 다루어질 것이다.

③ 배우들이 좋아할지를 걱정하지 말라

배우들이 당신을 좋아할지를 지나치게 걱정하면 명확하게 작업하지 못할 것이다. 배우들이 당신을 좋아하도록 만드는 것이 목적이라면, 당신은 배우들이 싫어할까봐 어려운 이야기를 꺼내거나 문제를 제기하는 것도 피할 것이다. 아니면, 배우들이 하는 작업을 심화시키는 데 초점을 맞추기보다는 모든 사람이 좋은 시간을 보내고 있다는 확신을 하며 시간을 허비할 것이다. 사랑받는 것이 목적이더라도, 이를 성취하기란 쉽지 않다. 희곡에서 등장인물을 구축하면서 배우가 받게 되는 압박감은 매우 대단하다. 그래서 배우들은 필시 리허설 과정의 특정 시점에서 연출가와 더욱 강화된 갈등과 긴장 관계에 들어선다. 배우들이 좋아하는 사람이 되려는 욕구를 존경을 받겠다는 목적으로 바꾸어, 분명한 작품을 만들겠다는 목표를 향해 나아가라.

④ 텍스트를 모든 갈등의 중재자로 삼아라

연습실에서 어떤 의견 충돌이라도 생긴다면, 텍스트를 당신과 배우들 사이의 조정자로 자리매김하라. 함께 대사를 읽고서 작가가 무엇을 의도하는지 물어보라. 텍스트가 주는 가장 단순한 인상을 찾아라. 이런 과정을 통해 배우는 자신이 원하는 것, 연출가가 원하는 것, 그리고 지면에 실제로 써 있는 것 사이의 차이를 이해하게 될 것이다. 배우를 지도하기 위해 "그거 유용한 의견이네. 그런데 여기서 체호프가 실제로 말하는 게 뭘까?" 같은 질문을 사용할 수 있다. 텍스트로 작업하기보다 창작을 하고 있다면, 당신이 의도하는 연출 콘셉트 같은 아이디어들을 중재자로 이용하라.

⑤ 일이 잘못되더라도 배우들을 당연하다는 듯이 비난하지 말라

만약 즉흥극이든 장면 리허설이든 연습에서 문제가 있다면, 머릿속에서든지 소리를 내서든지 배우들을 즉각 비난하지 말라. 그 대신 그 문제를 당신의 잘못으로 여겨라. 중단하고 무엇이 일어났는지 생각하라. 당신이 말한 무엇인가가 명확하지 않았는지 스스로에게 물어보라. 예를 들어 배우에게 너무 빨리 지시하여 배우가 당신이 원하는 것을 파악하지 못했을 수도 있다. 아마도 너무나 추상적으로 말해서 배우가 당신의 생각을 구체적인 어떤 것으로 어떻게 옮길지 몰랐을 수도 있다. 당신이 지시를 내린 타이밍이 배우가 그것을 실행하기 어려울 때가 아니었는가도 생각해보라. 어쩌면 당신은 지시를 마지막 순간에 했고, 배우가 그것을 소화하기에는 시간이 없었을 수도 있다. 당신이 기분 탓에 혹은 다른 일에 몰두하느라 배우들에게 메모를 주는 과정에서 방해를 받았는지 물어보라. 어쩌면 그들에게 무엇을 할지 말할 때 당신은 예산 문

제를 걱정하고 있었고, 그래서 배우들이 당신이 말하는 것보다 표정에 반응했을 수도 있다. 문제의 가능한 원인을 진단했을 때 새로운 지시를 내리고, 그 장면이나 즉흥극을 다시 시도하라. 대부분의 경우에 새로운 지시는 문제를 차차 제거하거나 당장 제거하기 시작한다.

⑥ 실수를 할 때마다 사과하라

연출 실수는 각양각색이다. 예를 들어 당신이 모호한 메모를 주어서 배우들이 할 일을 혼동했을 수도 있고, 혹은 한 장면을 연습하라고 배우를 호출했으나 처음의 스케줄이 지체되어 그 배우는 전체 리허설 동안 두 손을 깍지 낀 채 엄지손가락을 마주 대고 빙빙 돌리며 방안에 앉아 있었을 수도 있다. 만약 실수를 했다면, 즉시 사과하라. 하지만 간단하고 짧게 한 뒤 연습을 계속 진행하라. 당황해서 혹은 자존심 때문에 실수를 감추려는 유혹에 빠지지 말라. 만약 실수를 감추려고 한다면, 배우들도 그것을 따라할 것이며, 그 결과 모두 그들이 옳은 것처럼 가장하면서 에너지를 낭비하는 불건전한 작업 환경이 조성될 것이다. 반면에 당신만이 눈치 챈 사소한 실수들에 대해 매번 사과하지 말라. 배우들은 당신이 불안정하다고 생각할 것이다.

⑦ 누구도 화풀이 대상으로 이용하지 말라

누구도 화풀이 대상으로 이용하지 말라. 사람을 그렇게 대하는 것으로 리허설 첫날을 시작할 수도 있고, 혹은 시간이 흐르면서 부지불식간에 그렇게 할 수도 있다. 그렇게 하고 있음을 당신이 의식할 수도 있으나, 누군가가 그것을 지적해줄 때까지 무의식적으로 할 수도 있다. 화풀이의 대상은 대개 조연출 혹은 무대 연출 팀 혹은 조역 배우들이다. 누군가를 함부로 대하면 연습실에서 모든 사람이 당신을 존경하지 않을 것이다. 그러면 당신은 또한 공포 분위기를 조성하게 될 것이다. 배우들은 겁에 질리고, 당신은 같은 방식으로 갑자기 그들을 닦달할 것이다. 그 결과 그들은 자신들이 지닌 최고의 창조성을 제공하기를 멈출 것이다. 어떤 부정적 감정에 계속 휩싸여 있다면, 비록 그것이 정당하더라도 배우들은 불안해할 것이다. 부정적 감정은 분노, 불만, 좌절을 포함한다. 이러한 감정들은 당신의 판단에 영향을 미칠 것이고, 당신은 상황을 주시하지 않거나 그 상황에 대해서 명확하게 이야기하지 않을 것이다. 이런 감정에 사로잡히면, 커피라도 마시면서 휴식 시간을 가져라. 감정을 추스르고 일을 다시 시작하라. 동일한 부정적 감정을 자주 경험한다면, 연습실 밖에서 자신을 다스려라. 이런 감정을 반복적으로 일으키는 것이 무엇인지 알아보고, 일을 할 때 그러한 감정의 첫 징후가 나타나면, 그것을 억제하는 방법을 배워라.

⑧ 배우에게 시간과 관련된 스트레스를 주지 말고, 당신도 시간을 허비하지 말라. 실제로 시간이 없거나 조금 밖에 없더라도 그런 인상을 배우들에게 절대로 주지 말라. 짧은 리허설 기간은 특히 시간에 대한 불안감을 생기게 하고, 이로 인해 연출가는 "우린 4주 밖에 없어요. 그러니 아주 빨리 작업해야 해요"라고 말하게 된다. 이런 상황에서 배우는 어떤 것을 적절하게 구축하거나 탐구할 시간이 없다고 느끼게 된다. 결국 그들은 스트레스를 받게 되고, 결과물만을 쫓는다. 그들은 지름길을 택하고, 리허설 과정에 대한 믿음도 잃게 된다. 시간에 대한 불안감은 당신 마음속에만 묻어두어라. 시간을 낭비하는 배우들에게 면전에서 따지지 말고, 차를 마시는 시간이나 리허설이 끝나는 시간에 그들과 개인적으로 이야기하

라. 그들이 무엇을 하고 있는지. 예를 들어 휴식 시간이 끝났는데도 항상 늦는 것을 언급하면서, 그 행동이 그룹에 어떤 영향을 미치는지 지적하라. 그들에게 자중해달라고 정중하게 요청하라. 배우가 마음대로 시간을 낭비하지 못하게 하라. 마찬가지로 연습실에서 시계를 자주 보지 말라. 그 대신 아무도 눈치 채지 못하게 하면서 쉽게 볼 수 있는 장소에 시계를 걸도록 무대 연출 팀에게 요구하라. 이렇게 하면 누구에게도 시간에 대한 불안감을 주지 않고서 시계에 당신의 시선을 고정시킬 수 있다.

당신도 시간을 낭비하지 말라. 연출가로서의 경력을 시작할 때, 아이디어를 설명하면서 혹은 과정을 정당화하면서 귀중한 시간을 낭비하곤 한다. 배우들에게 연습하라고 요구한 뒤 그 연습 이면에 있는 생각을 설명하느라 10분을 소비할 수도 있다. 10분 동안의 설명은 자신의 경험에 대한 불안감의 징후인 셈이다. 그 대신 배우들에게 그냥 연습하라고 요구하라. 누군가가 연습 이면의 아이디어에 대해 물어본다면. 먼저 과제를 하라고 단호하게 말한 뒤 그 과정에서 그들의 관심사가 해결되는지 확인하라. 열 번의 연습 중 아홉 번쯤이면 그 문제가 해결될 것이다. 만약 그렇지 않으면, 연습이 끝난 후 가능한 간단하고 단순하게 설명하라. 만약 리허설 기간이 짧다면. 시간의 측면에서 연출 양식과 과정의 모든 측면을 검토하라. 생략하거나 요약할 수 있는 어떤 단계나. 다듬을 수 있는 불충분한 부분이 있는지 확인하라. 그러면 시간을 활용하는 데 있어서 더욱 효율적이고 유연할 수 있을 것이다. 이런 방법을 통해 당신이 시간에 대해 걱정하는 것을 배우들에게 알리지 않으면서 시간을 절약할 수 있게 될 것이다. 다시 한 번 말하지만, 연습실에서 시계를 자주 보지 말라. 그 대신 위에서 설명한 것처럼 벽에 시계를 달아두라.

⑨ 배우들의 '관객 생각하기'를 잘 살펴보라

물론 연출가들과 배우들은 자신들의 머릿속에 관객에 대한 생각을 가지고 있어야만 한다. 작품은 전적으로 관객을 위해 만들어진다. 그러나 배우들은 관객에 대해 유용한 생각과 유용하지 않은 생각을 가지고 있다. 유용한 생각은 '난 그 상황에서 등장인물의 캐릭터가 관객에게 명료하게 이해되기를 원해' 혹은 '관객은 우리를 몰래 관찰하는 사람들이지' 같은 것들이다. 덜 유용한 생각은 배우가 상황 속에서 등장인물을 연기하는 것을 방해하고, 심지어 그들의 연기를 어지럽히거나 왜곡시킨다. 예를 들어 한 배우가 '난 관객에게 깊은 인상을 심어주고 싶어'라고 생각한 나머지 자신의 역할을 부자연스러울 정도로 천천히 하거나, 목소리를 과장되게 낼 수도 있다. 관객에게 보이기 위해 서 있는 장소를 조정하거나, 목소리를 비현실적으로 높일 수도 있다. 그와는 달리, '난 관객에게 지루한 존재야'라고 생각하는 배우는 자신이 하는 일의 속도를 인위적으로 높일 수가 있다. 관객의 존재는 배우들을 겁에 질리게 하는 것도, 자의식을 강화시키는 것도 가능하게 한다. 배우들은 자신들이 하는 일을 통제할 수 없을 것이며, 손을 와들와들 떨 것이다. 이러한 모든 반응은 등장인물의 출연 상황에는 없는 신체적·청각적 자료들을 만들어낼 것이다. 이런 부가적인 자료들은 관객들을 혼란시킨다.

하나의 상황에서 등장인물을 연기하는 배우임을 보여주는 행위 혹은 제스처와, 무대에서 자의식적인 배우임을 나타내주는 행위 혹은 제스처의 차이를 구별하는 법을 익혀라. 예컨대 자의식적인 배우는 반복해서 손가락으로 코밑을 문지르고, 이야기를 할 때에는 한 손으로 입을 가리거나 항상 손으로 머리카락을 쓸어 올릴 수 있다. 이렇듯 여러 사소한 신체의 반사적 움직임들은 그들이 연기하는 등장인물을 표현하고 있는 것은 아니다. 처음부터 배우들에게 자의식적인 행위나 제스처를 직접적으로 지

적하지는 말라. 그 대신 시간 혹은 장소 혹은 관계와 같은 것들에 대해
계속 지시를 내려라. 이 지시들을 통해서 배우는 행위에 몰입하기 시작
할 것이고, 자의식적인 제스처들은 서서히 진정될 것이다. 시간이 지나
도 자의식을 뽑아버릴 수 없다면, 배우의 관심을 도움이 안 되는 관객을
생각하는 순간으로 유도하라. 그러고 나서 배우들에게 관객에 대한 생
각을 덜 하라고 요구하라.

⑩ 사생활과 일 사이에서 배우가 그 경계를 분명하게 하도록 하라

배우들이 그들의 사생활과 일 사이의 경계를 분명하게 긋도록 격려하
라. 배우들은 종종, 그들에게 부탁을 하든지 안 하든지, 등장인물들의
면모를 구축하기 위해 그들의 개인적 삶에서의 사건들을 이용할 것이
다. 이러한 사실을 눈치챘지만 희곡에 유용하다면, 그들의 선택을 뒷받
침하는 개인적 사건들을 엿보려고 하지 말라. 배우가 연습실을 자기 치
료의 환경으로 이용하기 시작하면, 그것을 알게 된 즉시 중단시킬 방법
을 찾아내라. 그들에게 이 문제에 대해 단도직입적으로 이야기하거나,
그들의 사생활에서 기인한 부적절한 감정을 등장인물에게 이입하는 것
을 멈추게 하기 위해 인상이나 유사한 아이디어를 이용할 수 있다. 배
우가 자신의 개인적 삶을 이야기하기 시작하면, 가능한 빨리 이런 대화
를 차단하라. 물론 사랑하는 사람의 치명적인 병처럼, 일을 수행하는 그
들의 능력에 영향을 미칠 심각한 중대사가 아닐 경우에 해당되는 말이
다. 당신은 치료사 자격증도 가지고 있지 않으며, 자기 능력 밖의 상황
에 처해 있음을 알게 된다는 점을 명심하라. 또한 연출이란 배우의 개
인적 문제를 다루는 것이 아니라, 연극을 명료하게 만드는 것임을 명심
하라. 배우들과 격의 없이 어울리더라도, 경계를 분명하게 유지하라. 술

을 너무 많이 마시지 말라. 그렇지 않으면 당신과 그들의 관계를 혼란시킬 수도 있는 개인적 정보를 흘릴 틈을 보이게 될 것이다.

⑪ 마지막 순간에 지시하는 것을 피하라

배우들이 연기했으면 하는 다섯 가지 사항에 대한 지시를 내리고, 그들에게 지시 사항을 소화할 5분이 있다고 알렸다. 그들은 이제 그 장면을 연습할 준비가 되어 있다. 그들은 당장 시작하려고 연습실에 서 있고, 당신은 노트를 쥐고서 그들을 지켜보기 위해 앉았다. 그때 당신은 갑자기 일어서서 말한다. "아, 그래. 다른 거 하나가 더 있는데, 그날 그 시간에 집중해줘요." 그러고 나서 배우들은 그 장면을 연기한다. 이 마지막 순간의 지시는 배우들의 마음속에서 가장 중요하기에 매우 잘 이행될 것이다. 그러므로 앞서 내린 다섯 가지의 지시는 모두 실패하고 말 것이다. 또한 그 마지막 지시는, 배우들이 소화할 시간을 가지지 못했기에, 어설프게 이행될 것이다. 그러므로 만약 마지막 순간에 생각이 떠오르더라도, 장면을 연습하기 직전에는 배우들에게 지시하지 말라. 그 대신 메모지에 적어두고 그 장면을 연습하게 될 다음번에 그것을 주어라.

⑫ 침착하라

모든 리허설 과정에는 연출가가 사적으로 혹은 공적으로 냉정함을 잃어버리는 순간들이 있다. 예를 들어 당신은 배우를 등장인물에 정확하게 몰입시킬 수 없었고, 그래서 그렇게 애를 쓴다는 사실 때문에 실패감을 느끼기 시작할 수 있다. 만약 배우들이 대사를 외울 수 없고, 그래서 갑자기 그들이 끝내 그 역할을 해내는 것이 불가능하다고 여겨진다면, 첫 예행연습은 짜임새도 명료함도 갖추지 못한 채 완전한 실패작이 될 것이다. 이런 취약한 순간들을 어떻게 처리하느냐에 따라 관객이 보게 될 작품의 성공 여부가 결정될 것이다. 당신은 허물어질 수도 있고, 아니면 다시 새로워진 결단력으로 침착해질 수도 있다. 침착하도록 노력하라. 그렇게 할 수 있다면 작품에 관련된 모두에게 더 좋을 것이다. 그들은 당신이 문제를 해결하려고 한다는 것을 알게 될 것이다. 당신이 능력을 발휘할수록 침착함을 잃어버릴 수 있는 취약한 순간에 보다 잘 적응할 것이다. 이것을 안다면 당신은 더욱 잘 대처할 수 있을 것이다.

리허설 중에는 연습실이 갑자기 그리고 뜻밖에 무시무시한 장소로 변하기도 한다. 이런 일은 두 배우들 간의 (당신이 모르는) 사적인 관계가 당신 앞에서 폭발할 때, 혹은 한 배우가 다른 배우의 자존심을 지속적으로 상하게 하고 있을 때 발생한다. 이런 사건들은 대개 공격이나 눈물과 같은 갑작스러운 감정의 분출에 의해 특정지어진다. 다른 배우가 타깃이지만, 종종 연출가도 위험할 수 있다. 이런 일이 발생한 책임은 당신에게 있으며, 만약 상황을 통제할 수 없다면 휴식 시간을 갖는 것이 종종 현명할 수 있음을 기억하라. 반드시 연습실을 나와 혼자서, 혹은 (무대 연출 팀의 팀원이나 그 사건에 연루되어 있지 않은 배우와 같은) 신뢰할 수 있는 누군가와 그 구역 주위를 두세 번 걸어라. 무슨 일이 일어났는지 분석하고, 관련된 모든 사람에게 이곳이 프로들이 일하는 환경임을 상기시키기 위해 취할 수 있는 최선의 조치를 생각하라.

- **요약**

  1. 인내심을 갖추고, 오랫동안 생각하라.

  2. 일관되라.

  3. 배우들이 당신을 좋아할지 걱정하지 말라.

  4. 텍스트를 모든 갈등의 중재자로 삼아라.

  5. 일이 잘못되더라도 배우들을 당연하다는 듯이 비난하지 말라.

  6. 실수를 할 때마다 사과하라.

  7. 누구도 화풀이 대상으로 이용하지 말라.

  8. 배우에게 시간 관련 스트레스를 주지 말고, 당신도 시간을 허비하지 말라.

  9. 배우들의 '관객 생각하기'를 잘 살펴라.

  10. 사생활과 일 사이에서 배우가 그 경계를 분명하게 하도록 하라.

  11. 마지막 순간에 지시하는 것을 피하라.

  12. 침착하라.

(3) 과정상의 용어를 확립하기

이러한 작업 방식은 매우 특수한 용어를 사용한다. 그러므로 배우들에게 그 용어를 정확하고 명료하게 소개하는 방법을 찾아내는 것은 유용하다. 그러나 이러한 과정상의 용어를 사용하지 않더라도 작업 방식을 배우들에게 어떻게 소개할지 생각해보는 것도 유익하다. 연기에 대해 이야기하기 위해 특정한 어휘를 사용하는 것을 당신은 의식조차 못할 수 있으니, 리허설이 시작되기 전에 당신이 사용하는 단어들에 대해 생각하라. 그러면서 그것들을 연습실에서 어떻게 해야 제일 잘 소개할 수 있을지 곰곰이 생각하면서 조금이라도 시간을 보내라.

리허설 첫날에 배우들에게 용어를 소개하고, 마지막 날 밤까지 그 용어를 고수하는 것이 최선이다. 그러면 배우들은 안정적인 평가 기준과 지향해야 할 한결같은 목표들을 얻게 될 것이다. 문장에서 핵심 단어들을 반복적으로 사용함으로써, 혹은 리허설 과정의 특정한 단계와 관련지어 그것들을 소개할 수 있다. 그렇지 않으면 그저 리허설 초기에 그것들이 작업에 대해 이야기하기 위해 사용하는 단어들이라고 모든 사람에게 알려줄 수도 있다. 당신이 소개하는 단어들이 무엇을 의미하는지에 대해 반드시 구체적인 예를 제시하라. 논지를 명확하게 하기 위해서 작업하고 있는 희곡 혹은 삶으로부터 예를 골라라. 예를 들어 '친밀감'이라는 단어를 소개할 때에는 설명을 위한 등장인물을 선택하라. 예를 들면 아르까지나는 네 개의 중요한 측면을 지닌 등장인물이라는 점을 지적하라. 즉, 그녀는 여배우이자 어머니이고, 연인이고, 누이이다. 하나의 친밀감을 연기한다는 것은 등장인물의 네 가지 측면 전부가 아닌 그중 한두 가지의 측면만을 부각시킨다는 것을 의미한다. 네 가지 측면 모두가 등장인물이 희곡에서 역할을 충분히 다하도록 준비되어야 한다.

배우들은 자신들의 기술에 대해 많은 다른 용어를 사용하면서 연습실로 들어갈 것이다. 이 용어들은 그들의 훈련과 작업 경험을 반영할 것이다. 그들에게 당신의 용어를 (그리고 그 용어가 기술하는 과정을) 소개할 때, 그것이 연기에 관해 이야기하는 유일한 방법이라는 식으로 말하지 말라. 그것은 사실이 아니기 때문이다. 차라리 그것은 많은 용어 중 하나이지만, 이 일이 진행되는 동안 모든 사람이 이 용어의 사용에 동의한다면 모두가 함께 작업하는 데 도움이 되리라는 것을 그들에게 확신시켜라.

여기에 리허설 과정에서 나오는 핵심적인 단어들의 예가 있다. 이 단어들은 리허설 처음부터 당신이 사용하는 문장에 도입되어야 한다. 배우들이 등장인물을 객관적으로 보도록 지도하기 위해 '친밀감'이라는 단어를 사용하라. 의견이 일치하지 않거나 혼동이 생기면 언제나 작가가 전하는 인상에 귀를 기울이도록 배우들을 격려하여 텍스트를 주의 깊게 읽게 하라. 희곡에서 자신들이 맡은 등장인물이나 다른 등장인물들에 대해 너무 '해석적'이지 않도록 주의를 주어라('해석적'이라는 말은 한 장면의 단순한 독해에 기초하여 등장인물에 대해 피상적이고 안이한 가치 판단을 내리는 것을 의미한다). 예를 들어 「갈매기」에서 해석적인 주장은 '아르까지나는 야비하다' 혹은 '니나는 순진해 빠졌다'가 될 것이다. 이와 같은 가치 판단으로 인해 배우들은 자신의 등장인물을 이차원적으로 연기할 수 있다. 장면에 대한 어떤 작업이든 설명하기 위해서라면 '연습해보다practice'라는 단어를 도입하라. '연습해보다'라는 단어는 배우가 첫 리허설을 할 때 한 장면을 완벽하게 해내야 한다는 중압감에서 벗어나게 해주고, 오랜 시간 동안 생각하도록 격려하기 때문에 '수행하다perform' 혹은 '연습하다rehearse' 대신 사용할 수 있다. 등장인물이 가지고 있는 과거와 미래에 대한 욕망을 구체화시키도록 배우들을 도와주려면 인물의 과거의 모습과 미래의 모습에 대해 이야기하라. '의도intention', '사건event', '시간time', '장소place'와 같은 다른 단어들은 초기의 연기 훈련에 대해 피드백을 줄 때 가장 많이 사용되는데, 이 방법에 대해서는 제10장에서 다룰 것이다.

이렇게 기술한 수단들을 이용하기 위해 이 책에서 주어진 용어들을 사용할 필요는 없다는 점 또한 명심하라. 어떤 배우들은 '의도', '사건'과 같은 단어들에 영 친숙해지지 않는다. 이러한 단어들로 인해 그들이 마치 실험실의 과학 표본인 것처럼 느끼게 되기 때문이다. 아마도 이러한 단어들은 배우들이 인간 행동을 경험하는 방식과 조화를 이루지 못할지도 모른다. 만약 한 배우가 어떤 단어를 거부하며 강력히 반응한다면, 그것을 사용하는 것을 멈춰라. 조사하기를 원하는 것에 대해 설명할 보다 단순한 방법을 찾아라. '의도'라는 단어 대신 그들에게 '당신의 등장인물은 무엇을 원하는가?'라고 물어보라. '사건' 대신 '모든 등장인물에게 있어서 상황이 어디에서 변하는가?'라고 물어보라.

그다음으로 작업에 등급을 매기고 평가하는 단어들을 확정하라. 예를 들어 '좋다', '나쁘다', '맞다' 그리고 '틀리다'와 같은 단어들을 연습실에서 사용하는 어휘에서 제거하라. 이러한 단어들은 배우와의 관계에서 당신을 부모 혹은 도덕적 권위자로 부적절하게 위치시킬 수도 있는 가치 판단들이다. 그러한 말 대신 '분명하다', '분명하지 않다', '구체적이다', '구체적이지 않다', '명확하다', '모호하다'로 바꿔라. "그거 아주 명확하네요"라는 말이 배우에게 최고의 찬사가 될 수 있는 문화를 확립시켜라. 결과적으로 이러한 단어들을 사용함으로써 연출가는 공연을 처음 보는 관객의 입장과 더욱 가까워지게 된다.

당신의 용어를 상황에 맞게 사용해야 한다는 점을 기억하라. '훌륭하다', '멋있다'와 같은 과장된 칭찬을 하는 것은 비생산적일 수 있다. 그 말들은 반복될수록 가치를 잃어버린다. 마찬가지로 '정말 끔찍하다' 혹은 '망했다'와 같은 감정적인 표현들은 배우들이 어떤 것을 이루어내는 데 도움이 되지 못한다. 때때로 연출가들은 한 장면에서 아주 사소한 실수에 대해서도 그 말을 사용한다. 하찮은 문제들에 대해 그런 지독한 말을 사용하는 것은, 그 말을 듣는 배우 자신이 무엇을 하고 있는지 혹은 무엇을 해야 하는지를 적절하게 판단하는 데 도움이 되지 않는다.

배우들이 자신의 작업을 어떻게 묘사하는지에 주목하라. 어떤 배우들은 자기모멸 혹은 자기비하의 언어를 사용할 수 있다. 그들은 "그건 완전히 쓰레기야!", 혹은 "난 그 과제를 끔찍하게 망쳤어요!" 혹은 "난 그 메모 대로 연기하는 게 불가능하다는 걸 알아!"와 같이 말할 수 있다. 이러한 묘사들이 맞아 돌아갈 때가 이상한 순간들이다. 대개의 경우 그것들은 적절하지도 않고, 유용하지도 않을 것이다. 그러므로 배우들에게 그들이 사용한 말이, 그들이 한 것을 정확하게 묘사하지 않는다고, 당신이 보기에는 그렇다고 친절하게 알려주어라. 즉, 이렇게 말하라. "거기서 당신이 쓰레기라는 말을 하다니 재미있네요. 난 그때 거기서 당신이 실제로 아주 정확하게 연기했다고 생각했는데요. 하지만 아마도 당신은 자신의 의도를 자기가 어떻게 연기했는지에 대해 좀 더 정확해질 필요가 있군요."

배우들이 하는 작업의 장점과 약점을 묘사할 정확한 단어들을 찾아라. 그러면 더욱 평온하고 보다 정돈된 리허설 환경을 조성하게 될 것이다. 용어를 어떤 방식으로든 수정할 필요가 있다면, '작은', '조금', '약간'이라는 말을 메모에 첨가해놓음으로써 언제나 문제의 정도를 축소시키려고 노력하라.

마지막으로, 부정적인 의미를 전하는 판에 박힌 구절을 피하는 데 유념하라. 예를 들어 '텍스트 후려치기text bashing'라는 말은 리허설 기간 중에 대사를 해본다는 뜻으로 종종 사용된다. 그 말은 어떤 점에서는 텍스트 혹은 배우가 흠씬 두들겨 맞는다는 인상을 준다. 그로 인해 배우들은 분명히 텍스트 후려치기가 자신들이 하나의 상황이나 등장인물에 몰입하게 되는 과정의 또 다른 단계임을 느끼지 못하게 된다. 이러한 구절을 사용하기보다 단순한 용어를 사용하여 실제의 과제를 묘사하라. 그럼으로써 배우들이 그들의 대사를 해보거나 연습하고 있다는 것을 알게 하라.

- **요약**
  리허설 첫날에 과정상의 용어를 소개하고, 마지막 날 밤까지 그 용어를 고수하라.
  핵심 단어들을 문장에서 일관되게 사용하거나, 과정 중 특정한 단계와 관련하여 그 단어들을 소개하거나, 혹은 이 단어들이 당신이 사용하는 말들이라고 모두에게 알려주어라.
  당신의 용어—그리고 그것이 묘사하는 시스템—가 연극을 만드는 것에 관해 말하는 유일한 방식은 아니라는 점을 강조하라. 그 용어는 단지 이 일을 위해 팀 전체가 고수하는 어떤 것에 불과하다.
  당신이 사용할 핵심 단어들은 배우들의 작업에 피드백을 제공하기 위한 것이라는 점을 알려라.
  당신의 용어를 상황에 적절하게 유지하라.
  부정적인 의미를 전하는 판에 박힌 구절을 피하라.

(4) 배우들의 작업에 피드백하는 방법

연기에 대해 배우들에게 정확하게 이야기하는 것을 배우는 것은 좋은 연출을 위해 대단히 중요하다. 이것을 성취하기 위한 첫 번째 단계는 모든 연기 연습, 장면 리허설, 총연습 그리고 공연들 이후에 피드백을 제공하는 방식이 한결같아야 한다는 점이다. 리허설 중에 배우에게 메모를 전하는 방식을 정해놓고선, 테크니컬 리허설에서는 다른 방식을, 공연 기간에는 또 다른 방식을 취할 때 문제들이 발생한다. 연출가와 배우의 관계는 용어가 바뀌는 순간에 무너진다. 왜냐하면 배우는 이야기를 전해 듣는 방식이라든가 연출가가 기대하는 것이 급격히 변했음을 느끼기 때문이다. 또한 목표나 용어를 한결같이 고수함으로써 배우는 스스로 비판하는 능력을, 그리고 오랜 후에는 스스로 연출하는 능력까지 향상시킬 것이라는 점을 명심하라. 이는 공연이 진행되는 중에 연출가가 그곳에 없더라도 그들은 개인적으로든 집단적으로든 스스로 매우 정확하게 메모할 수 있다는 것을 의미한다.

여기에 지속적으로 메모를 제공해야 할 배우들의 작업 영역에 대한 목록이 있다. 첫째 날부터 마지막 날 밤까지 과정의 모든 단계에서 이 모든 구성 요소에 주목하라. 그러면 작업은 제대로, 완전하게 이루어질 것이다.

시간
장소
눈앞의 상황
사건
인물(과거의 사건들의 영상, 템포, 그들 자신에 대한 생각들, 미래의 영상
　을 포함하고 있음)
관계들

제10장과 제11장은 배우들과 함께 이 목록에 대한 모든 과제를 실천적으로 설정하는 방법을 다룰 것이다.

배우들의 작업을 지켜볼 때 그들이 무엇을 하고 있는지 매우 자세

히 살펴보라. 이것은 단지 그들의 얼굴뿐만 아니라 몸 전체를 봐야 한다는 의미다. 눈 깜박임, 발 떠는 것, 의자에 털썩 주저앉는 방식과 같은 신체의 아주 사소하고 세세한 것에도 주의를 기울여라. 신체의 세부 움직임들을 정확하게 관찰하는 것은 스스로 단련할 수 있는 기술이다. 시간, 장소, 사건 같은 것들에 대한 많은 정보는 사소한 신체 정보에 담겨 있을 것이다. 예를 들어 누군가가 더워한다면, 그는 장면 내내 앉아 있는 방식이나 옷에 작은 변화를 줄 것이다. 만약 누군가가 방금 나쁜 소식을 들었다면, 그는 잠시 멍하니 앉아 있다가 몸을 가누기 위해 손으로 테이블을 잡을 것이다. 또한 배우들이 무엇을 이야기하는지, 그리고 어떻게 이야기하는지에 주목해야 한다. 그러나 누군가의 내부에서 무슨 일이 진행되는지에 대한 정보는 그의 신체와 말의 조합에서 나온다는 점을 명심하라. 실제로는 이야기를 듣는 것에 집중하느라 몸을 살피는 것을 잊어버리는 일이 다반사다.

과정의 어떤 단계든 간에, 배우가 당신을 위해 어떤 실제 연기 행위를 보여준 후에는 언제나 그에게 피드백을 주어라. 시간과 장소에 대한 간단한 메모일지라도 말이다. 메모는 간단하고 짧은 문장이어야 한다. 예를 들어 "당신의 의도는 식당에 들어와 앉을 때까지 명확하지 않았습니다" 혹은 "그때는 정오였고, 그 장면 내내 날씨가 덥다는 인상을 주지 않았습니다"라고 말하라. 구체적으로 분명히 하라. 칭찬에 비평을 섞든지, 비평에 칭찬을 섞든지 하라. 예를 들어 "여행 가방을 들고 있었을 땐 눈앞의 상황을 매우 정확하게 연기했지만, 수화물 표를 작성할 땐 덜 정확했어요" 같은 식이다.

경제적이고 구체적인 표현 방식을 생각해낼 수 없다면 메모를 제공하지 말라. 배우들이 안고 있는 문제, 그들이 가주었으면 하는 방향 혹은 그들이 초점을 맞춰주기를 원하는 것에 대해 당신이 전적으로 확신하지 못하기 때문이다. 이런 경우에는 장면을 다시 보고 작업을 개선하기 위해 배우들이 수행할 필요가 있는 것을 구분할 수 있는지 확인하라.

비록 하나의 메모만 제공하더라도, 공정하게 반드시 그 장면과 관련되거나 혹은 메모 작성 시간에 호출된 모든 배우에게 주목하라. 그런 방식을 통해 모든 사람은 그들의 작업과 기여가 가치 있다고 느낀다. 한두 명의 배우가 다른 배우들보다 계속 더 많은 피드백을 받고 있다면 주의하라. 이 배우들은 아마 자신이 부족하다고 혹은 자신에게 이목이 집중되어 난처하다고 느낄 수 있으며, 이런 감정으로 인해 그들이 하는 작업을 개선하기가 어려울 수도 있다. 한동안 그들에게 메모를 덜 주어 균형을 맞춰라. 이렇게 함으로써 그 배우는 중압감을 덜게 되고, 보다 확실한 결과들을 도출할 것이다. 아니면 메모를 처음 작성하던 때부터 메모들을 모아서 장기간에 걸쳐 배우들에게 서서히 제공할 수도 있다.

배우가 하는 작업이 명료할 때든, 명료하지 않을 때든 그 작업에 대해 피드백을 주어라. 연출가들은 종종 명료하지 않은 일들에 초점을 맞추고는, 잘 되어가는 일들에 대해 피드백을 주는 것은 잊어버린다. 이로 인해 일부 배우들은 불안해할 수 있다. 그들은 적극적인 피드백을 얻지 못한 것을, 자신들이 작업을 잘못했다거나 연출가가 그 작업에 대해 불만족스러워 하는 것으로 이해하기 때문이다. 잘 하고 있는 작업에 대해 피드백을 줄 때 무엇으로 인해 그 작업이 명료해졌는지 배우들에게 상기시켜라. 예를 들어 그들이 한 작업을 명확하게 해준 것은 새로운 의도 때문이었다거나, 혹은 그들이 과거사의 한 사건의 영상을 선명하게 했기 때문이라고 말해주어라. 배우들은 명료한 작업을 반복할 수 있어야 한다. 작업의 결과가 어떠할지 말하기보다 무엇으로 인해 그 작업이 명료해졌는지 상기시킨다면, 그들은 명료한 작업의 반복을 더욱 효율적으로 해낼 것이다. 그러나 바른 방향으로 진행되고 있지 않은 작업에 대해 적극적인 피드백을 줌으로써 잘못된 확신을 심어주지 말라.

피드백을 연습실 구석에서 개인에게 은밀히 주지 말고, 언제나 그룹 안에서 공개적으로 주어라. 그 방법을 쓰면 모두가 모든 메모를 접하게 되니, 동료가 새로운 연기를 하더라도 어느 누구도 동요하지 않을 수 있다. 또한 이러한 개방성으로 모두가 동등하게 대우받는다는 것이 알려짐으로써 편애와 위계질서는 없어진다. 개인적으로 메모를 주게 되면, 배우는 그 메모를 무시하고 다른 연기자에게 그 탓을 돌릴 수도 있다는 점을 마음에 새겨둘 만하다. 그들은 아마 "아무개 배우가 그의 의도를 연기하고 있지 않기 때문에, 당신이 요구하는 것을 난 할 수가 없어요"라고 말할 것이다. 그렇지 않으면 아무개 배우는 일대일 상황을 이용하여 사적인 문제들에 대해 장황하게 이야기할 수 있고, 그 결과 당신은 부적절하게도 그 배우와 의사-환자 관계에 빠질 수도 있을 것이다. 어떤 배우가 지시 사항을 이해하기 위해 정말로 노력하고 있거나, 혹은 그들이 거부하는 메모와 관련하여 당신을 오랫동안 심하게 비난하고 있다면, 이 규칙을 깨고 그룹 밖에서 배우를 상대해야 하는 아주 드문 순간들도 생긴다. 이러한 경우에 처했다면 개인적으로 그들과 이야기할 시간을 마련하고, 그러한 대화 시간을 리허설 중에 연습실 안에서 효율적이고 간단하게 가지도록 하라.

배우들은 다양한 방식으로 메모나 지시 사항을 받아들인다. 일부는 아무 말 없이 그것들을 즉각적으로 받아들인다. 다른 사람들은 당신이 말하는 것이 무엇인지 정확하게 파악하기 위해 당신과 길게 이야기할 필요가 있다. 참고 기다려라. 배우가 메모를 파악했는데도 받아들이지 않는다면, 그 메모는 필요가 없다. 때로는 메모에 대해 이야기하는 것이 바로 배우가 그 메모를 제대로 이해하는 방법인 셈이므로, 대화를 의견 차이와 착각하지 말라.

만약 배우가 피드백을 강력하게 반대한다면, 그 피드백을 철회하라. 장면을 검토하거나 다시 연습시켜 당신의 분석에 실수가 있었는지 확인하라. 만약 잘못을 했다면, 실수를 있는 그대로 인정하라. 아니라면, 그 문제를 다시 연구하라. 만약 배우가 메모를 거부하는 것이 텍스트와는 다른 어떤 것을 해보고 싶은 욕망에서 기인한 것임을 알아냈다면, 당신이 장면을 더욱 주의 깊게 검토했으며, 그래서 그 메모가 도움이 되리라 생각한다고 설명하면서 그 메모를 다시 주어라. 그렇지 않으면, 동일한 메모를 주는 다른 방법이 있는지 찾아라. 당신이 메모를 주었고 배우들이 그것을 연기했다고 말하면, 그들에게 그것을 좀 더 선명하게 다시 연기해보라고 요청하라. 아니면, 당신이 실수를 하지 않았는지 확인하기 위해 이 '부분'에 주목하겠다고 말하라.

피드백을 주는 데 걸리는 시간은 과정의 각 단계마다 차이가 있다. 예를 들어 한 장면에 대한 초기 리허설 후 메모를 주는 데 10분 이상을 사용해서는 안 된다. 그러나 예행연습 후에는 한 번의 메모 작성에 한 시간이나 두 시간 반까지 사용할 수 있다. 제11장과 제13장에서는 연습실에서 총연습한 후 혹은 극장에서 공연을 공개한 후 메모 작성 시간을 어떻게 조종할지에 대해 집중적으로 다룬다. 또한 임박한 공연이 메모들을 수용하는 배우의 능력에 미치는 영향에 관해서도 다룬다.

메모를 작성하는 효율적인 방법을 알아내고, 작성된 모든 메모가 읽기 쉬운지 확인하라. 메모를 적느라 진행 중인 몇 가지를 놓칠 수 있다는 점을 인정하라. 또한 배우들이 메모 작성을 의식하리라는 점과, 그로 인해 그들이 연기 상황에 몰입하고 있더라도 메모를 작성하는 펜의 움직임에 영향을 받으리라는 점을 인정하라. 생각이 떠오르는 시점에 메모를 작성하여 배우들의 작업에 지장을 초래하기를 원하지 않는다면, 작성하기에 더 좋을 때까지 메모를 머릿속에 담아두도록 연습하라. 메모를 많은 단어로 작성하지 않도록 약자를 개발하라. 나는 '디자인Design' 관련 쟁점을 표시하기 위해 ⑩를, '생각Thought'을 표시하기 위해 ⑪를, '의도Intention'를 표시하기 위해 ⑪를, '전기Biorgraphy'를 표시하기 위해 ⑱를 사용한다. 메모하고 있는 문제를 자세하게 묘사하지는 말라. 메모란 다시 읽을 때 당신에게 문제를 환기시켜주기 위한 일종의 간단한 기억 도우미일 뿐이다. 명심해야 할 것은 당신이 자신의 필체를 해독할 수 없다면, 메모를 절대 주지 말아야 한다는 점이다. 그 대신 그것 옆에 물음표를 달고 넘어가라. 당신이 그것을 해독할수 있는지 알아보기 위해 그날 막바지에 필체를 다시 검토하라.

배우들에게 줄 메모를 잘 작성하는 방법과, 피드백을 효율적으로 주는 방법을 익히는 데에는 시간이 걸린다. 당신이 관람하는 다른 작품들에서 배우들의 작업을 메모함으로써 이 기술을 연마하라. '배우들의 작업에 피드백하는 방법'의 서두에서 제시한 메모 목록에서 한두 개의 항목을 택해 그것들을 염두에 두고 작품들에 주목하라. 심리적인 메모나 원문에 충실한 정확한 메모를 연출 능력을 강화하는 데 이용하라. 또한 이렇게 함으로써 다른 연출가의 작품에 대해 안이한 가치 판단을 하는 것도 멈추게 될 것이다. 그 대신 연출이나 연기의 장단점이 어디에 있는지 정확하게 집어내고, 그리하여 당신 자신의 기술을 향상시킬 수 있을 것이다.

■ **요약**

리허설 과정과 공연 동안 일관된 방식으로 메모를 주라.

당신이 메모할 확정된 목표들의 목록을 만들고, 그 목록을 과정 내내 변경하지 말라.

당신을 위해 배우가 수행한 어떤 연기 연습에 대해서도 피드백을 주어라.

간단하고 구체적인 언어로 메모를 주어라.

비판과 칭찬을 섞어라.

메모를 주는 분명하고 구체적인 방법이 없다면, 메모를 주지 말라.

피드백은 공평하게 하라.

배우들이 수행하는 작업이 분명할 때도 메모를 주어라.

그룹 안에서 메모를 공개적으로 주면서 관련된 모든 사람에게 피드백을 주고 있다는 점을 확실하게 하라.

배우가 메모들을 아주 다양한 방식으로 음미할 필요가 있음을 인정하라.

만약 배우가 메모에 동의하지 않는다면, 그것을 철회하고 당신이 실수를 한 것이 아닌지 확인하기 위해 그 장면을 검토하라.

피드백을 주는 과정에서 각 단계마다 상이한 양의 시간이 필요할 것이니, 이에 대비하라.

공책에 메모를 작성하는 식의 효율적인 방법을 찾아라.

다른 연출가의 작품을 보면서도 메모를 함으로써 메모 작성을 연습하라.

(5) 연습실에서 앉는 방법

많은 연출가가 그들이 연습실에서 어떻게 앉는지, 혹은 무엇을 하는지에 따라 배우들에게 영향을 미친다는 사실을 의식하지 못한다. 예를 들어 어떤 연출가는 팔짱을 낀 채 의자 깊숙이 구부정하게 앉는다. 이런 자세로 인해 배우들은 연출가가 자신들의 작업을 평가하고 있거나 지루해한다는 인상을 받는다. 또 어떤 연출가는 다리를 꼬고 앞으로 기울여 앉은 채 한쪽 다리를 위아래로 까닥거린다. 이렇게 하면 배우들은 연출가가 긴장 때문에 신경이 곤두서 있다는 인상을 받는다. 또 다른 연출가는 계속 시계를 보는데, 그러면 배우들은 연습할 시간이 아주 적거나 연출가가 지루해한다고 생각한다. 이 연출가들 중 어느 누구도 앞에서 묘사한 인상을 주려고 의도하지는 않는다. 만약 그런 인상을 지적한다면, 그 연출가는 당혹스러워 할 것이다. 그러나 이러한 앉아 있는 자세들과 신체의 모든 움직임은 배우들이 작업하는 방식에 영향을 미친다.

배우들이 연기하는 것을 지켜볼 때 어떻게 앉을지 유념하고, 앉는 방식이 그들의 작업에 도움이 되는지 스스로에게 물어보라. 만약 확신하지 못하겠다면 자세를 고치고, 그 자세가 배우들의 주의 집중이나 전심전력에 어떤 차이를 만들어내는지 확인하라.

▪ **요약**

연습실에서는 당신이 배우들의 작업에 관심을 가지고 있다고 배우들이 느끼게 할 만한 방식으로 앉아 있어라.

앉는 방식에 유념하고, 그 자세가 배우들의 작업에 도움이 되는지 스스로에게 물어보라.

(6) 배우들에게 텍스트를 소개하기

이상적인 상황이라면, 배우들은 리허설 첫날 이전에 당신이 그들과 작업하고자 하는 텍스트를 가지고 있어야 한다. (제4장에서 기술한 대로) 배우들을 위해 텍스트를 준비했다면, 리허설 전에 이것을 배포하여 모두가 같은 텍스트로 작업하고 있도록 해야 한다.

희곡을 읽으려고 처음 모였을 때 무대 지시를 위해 당신이 어떤 텍스트를 삭제한 이유를 설명하거나, 출판된 텍스트의 다른 판본이나 번역본과 비교하느라 시간을 허비하기보다는, 배우들이 그 삭제 이유를 받아들이도록 단호하게 제안하라. 경험에 의하면, 텍스트를 연습실에서 확정한 뒤 수정하지 않으면 더욱 좋다. 귀중한 시간이 때로는 유용한 결과도 내지 않고 판본이나 번역본을 비교하는 데 허비될 수 있다. 이러한 사실은 리허설 기간이 길지 않은 때에 특히 중요하다.

정말 중요한 경우에만, 예를 들어 이야기가 분명하지 않거나 혹은 전체 구조가 제대로 기능을 하지 않는 정도에 대해서만 리허설 기간 중에 텍스트에 변화를 주거나 일부를 삭제하라. 삭제는 최소한으로 하고, 삭제의 순간도 신중하게 정하라. 시의적절하지 못한 삭제는 배우들을 동요하게 할 수 있고, 그들의 작업을 더 빈약하게 만들 수 있다. 삭제를 하기 전에 작업이 안정될 때까지 기다리고, 모든 삭제를 깔끔하게 한 번에 전하려고 노력하라. 그 후에는 삭제된 텍스트를 고수하면서 계속 진행하라. 리허설을 할 때마다 매번 삭제하는 상황을 피하라. 그런 상황에서 배우들은 견실하고 지속적인 작업을 구축할 수 없기 때문이다. 아울러 나는 지금까지 고인이 된 작가의 텍스트에 접근하는 방법에 관해 글을 쓰고 있다. 생존 작가의 대본을 설명하는 방식은 매우 다르게 이루어져야 한다.

■ **요약**

리허설 첫날에 텍스트를 수정한 이유를 설명하라. 그러나 지금 손에 들고
있는 대본은 리허설 과정에서 타협 불가능한 요소임을 명확히 하라.
꼭 필요한 경우에만 대본을 수정하거나 삭제하라.
삭제는 깔끔하게 한 번에 하되, 배우들의 작업이 안정될 때 리허설 과정
에서 삭제하라.

(7) 리허설 첫날

첫날은 모두가 앞으로 일을 적절하고 유용하게 할 수 있도록 그들
의 두려움을 능숙하게 처리하는 것과 관련이 있다. 뭔가를 두려워하
는 누군가는 정보를 잘 습득하지 못하거나, 과제에 정확하게 반응하
지 못할 것이다. 그러므로 두려움을 줄이기 위해 할 수 있는 것들을
생각해보라. 초대된 관객 앞에서 격식을 차리고 대본을 낭독하는 일
은 많은 연출가가 첫날에 따르고 있는 중요한 관습이지만, 배우들에
게는 완전히 공포스러울 수 있다. 그들은 몸이 굳은 채 커피가 담긴
일회용 컵에 대고 웅얼거리거나, 뒤에 남기기가 곤란할 만큼 겉만 번
지르르한 상투적인 연기를 할 것이다.

경험에 의하면, 대본 낭독은 유용하지 않다. 그 대신 제안하고 싶
은 것은 누구도 곤혹스럽게 하지 않는 간단하고 긴장을 풀어주는 일
련의 조치들로 하루를 구성하는 것이다. 이 제안을 리허설 중 하루를
허비할 수 있는 자유를 얻는 것으로 오해하지 말라. 첫날을 정상적인
작업일로 간주하고서 두려움을 다루는 것 같은 창조적인 작업을 하
는 것도 명백히 가능하다. 리허설 첫날에 시도해볼 만한 것들에 관한
몇 가지 유용한 제안이 여기 있다.

배우들이 자신의 일정을 짤 수 있도록 그날 무엇을 하려는지 말하는 것으로 시작하라. 특히 대본 낭독을 하지 않겠다는 것을 알려라. 그리고 나서 가벼운 동작 훈련을 하라. 운동을 통해 두려움으로 경직된 몸을 풀 수 있기 때문이다. 무브먼트 코치가 있다면, 그가 이 훈련을 지도할 것이다. 아니면 배우들 스스로 20분 정도 워밍업을 하게 하라. 이 워밍업에 뒤이어 작품과 관계된 신체 운동을 하고, 배우들을 두 사람씩 혹은 하나의 그룹으로 묶어라.

　「갈매기」와 「세 자매」를 작업하는 동안, 배우들은 왈츠나 탱고와 같은 사교춤을 배웠다. 이 춤을 통해 사람들 사이의 서먹서먹한 분위기가 풀렸을 뿐만 아니라, 이 춤 자체가 그들이 공연을 위해 무엇인가를 하기 시작했음을 의미했다. 그러나 무대에 오르기 전에 동작을 연습할 것이므로 적합한 의상을 가져오라고 배우들에게 알려주는 것을 잊지 말라. 어떤 배우들은 신체 훈련을 위한 옷으로 갈아입기를 좋아하니, 그렇게 하도록 어떤 장소를 마련하라. 남녀가 한 장소에서 옷을 갈아입는 것을 좋아할 것이라고 생각하지 말라.

　배우들이 모여 함께 희곡을 읽되 그들 자신의 역할은 읽지 않게 하라. 돌아가면서 각자가 한 번에 대사 하나씩 읽도록 하라. 무대 지시들과 괄호 안의 모든 지문도 반드시 읽게 하라. 느낌만으로 텍스트를 읽도록 배우들을 격려하고, 그들에게 연기는 필요가 없다고 안심시켜라. 당신, 무대 감독 그리고 크리에이티브 팀의 다른 구성원들도 또한 이 읽기에 참여할 수 있다. 그러면 이 프로젝트를 함께 진행하는 모든 사람이 연대감을 가질 것이다. 다음은 「갈매기」의 첫 장면을 열 명이 읽는 경우, 대본 낭독이 어떻게 전개될지를 보여줄 것이다.

인물 1 등장인물들을 읽는다.

인물 2 소린의 영지에 있는 공원의 한 구역. 넓은 가로수 길이 객석에서 멀리 공원 깊숙이까지 연결되어 호수로 향하고 있다. 그 길은 가족의 오락을 위해 서둘러 급조된 무대로 가로막혀 있고, 그래서 호수는 완전히 안 보인다. 무대의 좌우에는 관목 숲, 의자 두세 개, 정원 테이블이 있다.

인물 3 이제 막 해가 졌다. 가설무대 위, 내려진 커튼 뒤에 야코프와 몇몇 일꾼이 있다. 기침소리와 무언가를 두드리는 소리가 들려온다. 산책에서 돌아오는 마샤와 메드베젠꼬가 왼쪽에서 입장한다.

인물 4 왜 당신은 항상 검은 옷을 입나요?

인물 5 난 내 인생을 애도하고 있어요. 난 불행해요.

인물 6 왜요? (곰곰이 생각하면서) 이해를 못하겠어요. 당신은 건강하고, 당신 아버지는 부자는 아닐지 몰라도, 그렇게 옹색하지는 않죠. 난 당신보다 훨씬 더 힘든 시간을 보냈어요. 난 연금 공제액을 제하고 고작 23루블의 월급을 받고 있지만, 상복을 입고 돌아다니지는 않아요.

인물 7 (그들은 앉는다.)

인물 8 돈의 문제가 아니에요. 거지도 행복할 순 있어요.

인물 9 이론적이죠. 현실은 이래요. 어머니, 나, 거기에 내 여동생 두 명, 남동생 한 명에게 월수입이 23루블이란 거죠. 우리가 먹고 마실 필요가 없다고 하시는 건가요? 차랑 설탕도 필요 없고? 담배도 필요 없고요? 어떻게 살아가야 할지 모르겠어요.

인물 10 (가설무대를 돌아보면서) 공연이 곧 시작되겠군요.

희곡 전체를 다 읽은 후에 공연자 전원을 작은 그룹들로 나누고,

각각에게 특정한 과제를 부과하라. 작은 팀으로 작업하게 되면 사람들이 서로를 알게 되는 데 도움이 되고, 함께 일하는 방법을 배우기 시작하는 데에도 유용하다. 예를 들어 (제10장에서 설명한 것처럼) 한 그룹에게 장소의 특정한 범위에 대한 정보를 수집하라고 요구할 수 있다. 마지막으로, 작가에 관한 간단한 토론 시간을 가져라. 작가의 삶에 대해 당신이 준비한 서너 가지의 핵심적인 사실에 대해 자세하게 이야기를 나누고(제3장을 참조하라), 그 사실들을 통해 희곡을 어떻게 이해할지 토론하라. 만약 생존 작가에 대해 작업하고 있다면, 이런 훈련은 다른 방식으로 다루어질 필요가 있음을 기억하라.

리허설 첫날이 끝나갈 즈음, 밤새 할 수 있는 간단한 조사 과제를 배우들에게 정해주어라. 예를 들어 희곡이 설정된 시대에 관한 세 가지 사실을 찾아볼 것을 요구하라. 「갈매기」를 했을 때에는 배우들에게 1890년대 후반의 러시아에 관한 세 가지 사실을 찾아보도록 요구했다. 마틴 크림프의 「시골」을 했을 때에는 배우들에게 2000년대 영국의 의학 관련 직업에 대해 세 가지 사실을 알아내도록 요구했다. 이러한 과제를 내줄 때에는 원하는 결과의 예를 제시하라. 이러한 일종의 '숙제'는 배우들이 연습실 밖에서 그들이 하는 일에 대해 올바른 방향에서 생각하도록 도와주는 유용한 방식인 셈이다. 리허설 기간 내내 이 수단을 이용할 수 있다. 배우들은 연습 시간 외에도 언제나 일에 대해 생각하게 될 것이다. 때때로 그들은 유용하지 않은 방식으로 그렇게 할 것이다. 그들은 예를 들면 행위의 사소한 어떤 순간을 계속 걱정하거나, 혹은 자신이 일을 모두 해낼 수 있을지 걱정하면서 시간을 보낼 수 있다. 숙제로 내준 명확한 과제는 배우들이 무엇을 해야 하는지에 대한 유용한 생각들로 그들의 머리를 채우는 방법 중

하나이다. 그러나 '숙제'라는 단어의 사용에는 조심스럽게 접근하라. 어떤 배우들은 학창 시절의 불쾌한 기억 때문에 부정적인 연상을 한다. 그 단어를 가볍게 사용하거나, 혹은 사람들이 그 단어에 강하게 반발하면, 그것을 표현할 다른 방법을 찾아보라.

연출가들 역시 리허설 첫날에 대한 두려움의 결과들을 극복해야 한다. 두려움으로 평상시보다 말을 더 빨리 할 수도 있다. 생각과 말에 있어서 이런 변화는 이야기하는 것을 자기 자신도 100퍼센트 확신하지 못한다는 것을 의미한다. 이런 상황에서 배우들은 혼란스러워 할 수 있다. 또한 두려움으로 생각이 갑자기 변할 수도 있고, 혹은 수다스러워질 수도 있다. 두려움을 숨기려고 하면 더 많은 문제가 야기될 수도 있다. 가령 당신은 다른 사람들이 당신의 이야기에 보이는 반응에 주목하는 것을 멈출 수도 있다.

워크숍 중 언젠가 한 젊은 연출가가 리허설 첫날에 두려움을 어떻게 극복했는지 설명한 적이 있었다. 그녀는 자신이 아주 체계적이고 유능하다는 인상을 주려고 애썼다고 했다. 그녀에게 그 모임의 배우들과 함께 상황을 재현해보라고 부탁했다. 그녀가 보여준 인상은 거칠고 무례했다. 그녀는 이런 사실을 의식하지 못했지만, 결국 깨닫고는 몹시 당황했다. 또한 두려움은 사람의 이름과 같이 정말 중요하고 단순한 것들을 기억하지 못하게 할 수 있다. 그러므로 당신 자신의 두려움을 감당할 수 있도록 반드시 리허설 첫날을 구상하라.

첫째, 세심하게 미리 준비한 일이나 훈련만을 이용하라. 그러면 어떤 과제의 결과라도 알 수 있을 것이다. 둘째, 당신이 그룹을 이끌면서 주도하는 과제와, 배우들이 스스로 하는 과제 사이의 균형을 맞춰라. 이런 균형을 유지할 수 있는 첫날 동안에는 짬짬이 휴식을 취할 수 있을 것이다. 마지막으로, 사람들을 서로에게 소개시키는 것과 같이 피할 수 없는 일들도 있으니, 그 전날 밤 그런 과제들에 대해 반드시 생각해두라.

대부분의 극장에서는 배우, 무대 감독과 크리에이티브 팀이 극장의 예술·행정 관련 스태프들과 만날 일정이 잡혀 있을 것이다. 이런 행사를 통해 극장 안의 다른 사람들이 배우들을 맞이하게 되고, 배우들은 극장의 여러 복도에서 만나게 될 사람들의 얼굴과 그들의 직업을 알게 될 것이니, 이 일은 정말로 중요하다. 가능하다면 이 일을 첫날에 하는 것은 피하라(특히 이런 일로 첫날을 시작하는 것은 피하라). 두려움은 이와 같은 어색한 사교적 상황에 의해 열 배는 가중될 수 있다. 그 대신 첫날이 끝나갈 무렵으로, 혹은 이상적이라면 이틀 정도 뒤로 그런 일정을 잡아라. 리허설 과정에 직접적으로 관련된 모든 사람이 그 극장이나 단체 혹은 제작 팀의 사람들과 만나야 하기 전에 그들은 서로에 대해 어느 정도 알아야 할 것이다.

첫날을 준비하기 위한 이러한 모든 아이디어는 대부분의 작업 환경에서 이루어질 수 있다. 하지만 첫날에 대본 읽기, 만나서 인사하기, 모형 보여주기 등을 해야 하는 경우가 있을 수 있다. 상업적인 제작사와 일하기 때문에 그럴 수도 있으며, 또는 예술 감독이 먼 곳으로 휴가를 떠날 예정이라 첫날에 잠시 인사만 할 수 있는 경우도 있다. 이런 이벤트들을 꼼꼼하게, 그리고 첫날에는 모든 사람이 두려움을 가진다는 점을 이해하면서 준비해야 한다는 것을 명심하라. 대본 읽기를 준비하되, 방의 한쪽에는 배우들이 다른 쪽에는 그 밖의 사람들이 앉는 식의 중압적인 배치 대신, 테이블에 모두 둘러앉게 하라. 이제 배우들에게 주로 느낌대로 읽으라고 부탁하면서, 어떤 연기도

할 의무가 없다는 점을 상기시켜라. 그러면 배우들의 두려움은 완화되고, 최종적인 연기를 보여주고자 하는 경향들도 누그러질 것이다.

- **요약**

  두려움이 리허설 첫날 작업 때 가지게 되는 가장 큰 장애물임을 인식하라.

  격식에 따른 대본 읽기는 하지 말라.

  미리 준비한 훈련만 하라.

  동작과 관련된 작업으로 첫날을 시작하라.

  동작 작업 후에는 작품과 관련된 신체적인 작업을 하되, 배우들을 두 사람씩 나누거나 혹은 하나의 그룹으로 만들어라.

  모여서 함께 희곡을 읽되, 어느 누구도 자신의 부분들은 읽지 않도록 하라.

  작은 팀으로 나눠 작업하면 사람들이 서로 아는 데 도움이 되니, 특정한 과제들로 공연자 전원을 작은 그룹들로 나눠라.

  작가에 관한 간단한 토론 시간을 가져라.

  그들에게 밤에 조사할 간단한 '숙제'를 내주어라.

  첫날을 미리 계획하여 연출가인 당신 자신의 두려움을 감당할 수 있게 하라.

  첫날이 끝날 즈음에, 아니면 그 주의 며칠 후에라도 만나서 인사하는 시간을 가져라.

  리허설 첫날에 대본 읽기와 같은 일들을 해야 할지 걱정하지 말라. 다만 첫날에 모든 사람이 겪는 두려움을 염두에 두고 그런 일들을 어떻게 구성할지 신경을 쓰라.

(8) 모형 보여주기

배우들에게 모형을 보여주는 주된 목적은 그들의 상상력에 희곡의 행위가 발생할 장소에 대한 명확한 영상을 각인시키기 위해서이다. 배우들이 자신들이 보는 것을 이해하고, 그 후에 가지게 된 모든 의문점을 물어볼 수 있도록 그들에게 시간을 주어라. 명심할 점은 배우들이 다음에 무대 장치를 보게 될 때에는 아마도 극장에 있을 때이므로, 서둘러 모형을 보여주면 그들은 리허설 중에 그들의 작업에 영향을 줄 환경을 머릿속에 구성하지 못할 수도 있다는 사실이다. 이런 이유로 인해 극장에 들어갈 때 배우들이 리허설 중에 상상하고 있었던 것과, 그들이 실제로 서 있는 곳 사이에 차이가 있다는 것 때문에 문제가 야기될 수도 있다. 이러한 차이는 배우들이 리허설 과정 중 중요한 단계에서 자신들의 움직임이 옳다고 생각하는 것을 어렵게 만들 것이다. 마찬가지로 첫날에 모형을 보여주지 말라. 왜냐하면 모형을 유용하게 소화하는 배우들의 능력도 리허설 기간의 초기에 수반되는 경향이 있는 두려움으로 인해 방해받을 것이기 때문이다.

언젠가의 리허설 중 마지막 장면에서의 방 세트 디자인이 어떠한지에 대해 아무 생각이 없는 배우와 매우 당황스러운 대화를 나눈 적이 있다. 내가 당혹해했던 이유는 그 배우가 5주 전의 리허설 첫날에 이미 그 모형을 봤기 때문이었다. 나는 그에게 말했다. "하지만 당신이 모형에서 본 것은 이것과 분명히 같았지요?" 그는 대답했다. "그게 보라색 슬라이더가 달린 밝은 분홍색 갈퀴인지 알게 뭐예요. 전 너무 겁에 질려 아무것도 알아차릴 수가 없었어요. 그날 하루 전체가 몽롱해요." 모형을 보여주는 일을 리허설 둘째 날 혹은 셋째 날로 미루는 것이 최선이라는 것을 그때 깨달았다.

모형을 보여주는 것은 어떤 디자이너들에게는 신경이 쓰이는 일일 수 있다. 그러니 모형을 어떻게 보여줄지에 대해서 반드시 디자이너와 의논하라. 그 중압감을 완화시키는 최상의 방법은 연출가와 디자이너가 함께 모형을 설명하는 공동 프레젠테이션일 수도 있다.

모형을 보여주는 일은 또한 공연 제작과 관련된 사람들에게 공연이 어떠할지에 대한 영상을 제공하기 위해 사용될 수 있다. 이와 같이 모형을 보여주는 일은 각기 다른 목적을 위해 이용될 수 있으니, 가능하다면 별도로 제작 팀에 모형을 보여주어라.

경우에 따라서는 공연이 구상 단계에 있기 때문에, 혹은 모형을 만들 비용이 부족하기 때문에 보여줄 모형이 없을 것이다. 그 대신 비록 보여줄 이미지들이 최종 결과물에 대한 직감에 불과하더라도, 사진이나 그림의 복사본을 사용하여 극 중 행위가 일어나는 장소의 모습에 대해 생각하고 있는 영상을 명확히 표현할 방법을 찾으라.

- **요약**

  배우들에게 모형을 이해하고 질문을 할 시간을 주어라.

  리허설 첫날에 모형을 보여주지 말라. 두려움으로 인해 어떤 배우는 모형을 전혀 이해하지 못할 수도 있기 때문이다.

  모형을 보여주는 최선의 방법을 디자이너와 논의하라.

  배우들을 위해 모형을 보여주는 것과, 리허설에 참여하지는 않지만 극장에서 공연 제작과 관련된 모든 사람을 위해 모형을 보여주는 것을 결합시키지 말라.

  만약 모형이 없다면, 추구하고 있는 연출 방향을 시사하는 시각적 정보라도 보여주려고 노력하라.

(9) 리허설 과정에 음향, 의상, 소품, 가구, 조명과 무대 장치 같은 요소를 도입하기

많은 보조금을 지원받는 단체에서 일하든, 혹은 변두리의 소극장에서 일하든, 극장에서 테크니컬 리허설을 할 시간이 적을 것이다. 연습

실에서 작업해야 하는 시간보다도 말이다. 물론 이런 현실은 스웨덴이나 독일과 같은 일부 유럽 국가에는 해당되지 않지만, 영국이나 미국에서는 일반적이다. 이로 인해 믿을 수 없을 정도로 신속하고 효율적으로 테크니컬 리허설을 해야 하는 사람들은 상당한 중압감을 받는다. 특히 배우들은 아주 짧은 기간 동안 조명, 음향, 의상 등 몇 가지 새로운 요소를 받아들여야 한다.

이러한 새로운 정보들 모두는 배우들을 압도하여 그들이 리허설 기간 중에 정성을 들여 구축해낸 작업의 효과를 약화시킬 수 있다. 가능하다면 빨리 연습실에 이러한 요소들을 되도록 많이 도입하라. 그래야만 연습실에서 극장으로의 이행이 수월해지기 때문이다. 또한 테크니컬 리허설의 시간도 절약될 수 있을 것이며, 그 결과 연습실에 놓기에 불가능한 조명 장비나 큰 무대 세트 같은 요소들, 심지어 바람 소리를 내는 장치나 불꽃 효과 같은 것들에 집중할 수 있을 것이다.

음향 효과, 특히 추상적인 효과들이 리허설 중 배우들의 작업에 통합되지 않는다면, 그들은 나중에 곤혹스러울 수 있다. 따라서 리허설 과정의 어떤 시점에 그런 효과들을 도입하는 것이 도움이 된다. 예를 들어 마지막 주 즈음의 리허설 기간 중에 음향 테이블과 음향 오퍼레이터를 두는 것을 고려해보고, 배우들이 리허설을 할 때 모든 음향 신호를 들려주어라. 이런 방식으로 음향은 차분한 환경에서 배우들의 작업과 통합될 것이다.

배우들이 극장에서 입게 될 것을 걸치고서 걷고 움직이는 것을 연습할 수 있도록 리허설 기간 중에 의상들과 신발류를 도입하는 것을 서서히 생각해보라. 할 수만 있다면 언제든 실제 소품과 가구로 리허설하라. '실제의 것actuals'이라는 말은 공연 중 무대에서 사용될 소품이나 가구의 품목을 묘사하기 위해 사용되는 단어이다. 많은 리허설 소품들은 진짜라기보다는 대용품들이다. 배우들이 결국 사용하게 될 소품이나 가구, 즉 '실제의 것'으로 가능한 많이 그리고 가능한 오래 연습하는 것이 이상적이다. 연습실의 조용한 환경에서 그렇게 많이 해볼수록, 그들은 극장 내의 중압감 속에서 실제의 것들을 사용하면서도 더욱 정확하고 유연할 것이다. 그러나 소품과 의상의 대용품들은 없는 것보다는 나을 뿐이라는 것도 명심하라.

연습실에 조명 장비를 설치하려고 하지 말라. 대부분의 리허설은 공연이 펼쳐지는 극장에서는 이루어지지 않는다. 리허설 중에는 복잡한 조명 장비나 조명 오퍼레이터가 갖춰지지 않기 때문에, 최종 조명 상태와 유사한 어떤 것도 제공할 수가 없다. 연습실에서 공연용 조명과 비슷한 것을 만들어내려는 시도들은 배우들을 혼란시킬 뿐이다.

좋은 암전 설비를 갖추고 있는 연습실은 거의 없다는 점도 기억하라. 물론 예외는 있다. 예를 들어 비디오를 활용하여 복잡한 멀티미디어 공연들을 작업하는 경우는 이런 상례에서 벗어난다. 이러한 경우 완벽한 암전과 많은 실제 조명을 사용하여 상황을 보여주기 위해서는 보다 더 정밀하게 기능하는 연습실이 필요할 것이다. 이런 작업 방식에는 용의주도한 계획이 필요하고, 많은 추가 비용도 든다. 이러한 추가 비용에 대비하도록 제작자들을 준비시켜라. 그러나 침대 램프, 촛불, 랜턴, 책상 램프 등과 같이 연습실에서 사용하는 실용적인 조명들을 갖추는 것도 유용하다. 암전 설비가 있다면 낮이나 밤에 이런 조명들을 사용할 수 있다. 어느 쪽이든 의도한 대로 실용적인 조명들만 갖추고서 동작을 자세히 살펴보면 그 동작에 어떻게 주의를 집중할지, 그리고 조명 디자이너가 배우들이 극장에 들어갈 때 어떤 특별한 조명들을 조작할 필요가 있는지 알아내는 데 도움이 될 것이다.

물론 이런 일들 중 어느 것을 해낼 수 있는가는 예산이 좌우한다. 앞서 제안한 몇 가지 사항은 변두리 소극장이나 작은 순회 극단에서는 아마도 불가능할 것이다. 그러나 당신이 통합해낼 수 있는 일들은 언제나 존재한다. 비록 할 수 있는 일이라곤 리허설의 마지막 며칠을 위해 연습실로 한두 벌의 의상을 들고 오는 것이 전부일지라도, 그런 일조차도 테크니컬 리허설에 따른 중압감을 조금이나마 완화시켜줄 것이다.

극장에서 하려고 계획하는 새로운 모든 것에 대해 배우들을 준비시켜야 한다는 점을 기억하라. 완전히 다른 새로운 아이디어로 그들을 놀라게 하는 것을 피하라. 예를 들어 만약 모형을 보여주고 난 후에 무대 장치나 의상에 변화를 주었다면, 이러한 사실을 연습실의 배우들과 공유하라.

배우들이 상상하는 의상이나 방이 실제 모습과 차이가 생기지 않도록 하고, 테크니컬 리허설 중에 커다란 새로운 무대 장치를 배우들에게 소개하는 것을 피하라. 리허설 과정의 그 순간에 당신은 배우들이 예상 밖의 변화 때문에 균형을 깨뜨리지 않고, 안정적이고 침착하기를 원할 것이다.

- **요약**

이러한 중요한 요소들을 가능한 한 많이 연습실에 도입하라. 그러면 배우
들이 극장으로 이동하는 게 수월해질 것이다.

예를 들어 연습실에 음향 테이블과 오퍼레이터를 두는 것과. 의상. 신발
류, 실제 소품, 가구, 몇몇 무대 장치를 도입하는 것을 고려해보라.

연습실에는 어떤 조명 장비도 설치하지 말라. 그 대신 공연 중 그곳에 놓
일 실용적 조명들을 사용하라.

이러한 분야 중 어느 곳에서라도 계획하고 있는 새로운 것이 있다면, 극
장으로 가기 전에 그것에 대해서 배우들을 준비시켜라.

장 주네의 「하녀들」

CHAPTER 10

희곡의 세계를 구축하기

리허설 과정은 두 기간으로 나뉜다. 첫 번째 기간에는 희곡의 세계를 구축하기 위해 극단 전체와 작업하라. 이 기간은 전체 리허설 시간의 40퍼센트를 차지할 것이다. 두 번째 기간에는 희곡을 작은 부분들로 나누고, 각 부분에 등장하는 배우들만 소집하라. 리허설 시간 중 남아 있는 60퍼센트가 이 기간에 속한다. 제10장은 희곡의 세계를 구축하는 방법을 다루는데, 다음과 같은 열세 개의 영역들에 대한 조언을 담고 있다.

- 리허설 기간을 나누는 방법

- 사실과 질문을 도입하기

- 조사

- 장소

- 작가와 장르

- 아이디어에 대한 실제적 작업

- 감정에 대한 실제적 작업

- 등장인물의 전기

– 등장인물 및 등장인물의 템포에 대한 첫 번째 실제적 작업

– 관계들

– 배우들과 즉흥극을 설정하는 방법

– 시각화 훈련을 활용하는 방법

– 짧은 리허설 기간에 이 모든 것을 하는 방법

이 목록은 과정의 모든 단계가 다음 단계로 넘어가기 전에 완결될 필요가 있다는 인상을 준다. 또한 정확한 순서에 따라 진행되어야 한다는 인상도 주고 있다. 이 중 어떤 것도 전적으로 진실은 아니다. 예를 들어 사실들과 질문들에 대해 여전히 작업하면서도 아이디어에 대한 실제적 작업에 착수하기로 결정할 수도 있다. 조사를 완료하는 시점과 등장인물의 전기에 대한 작업에 착수하는 시점이 겹칠 수 있다. 이러한 일들을 계획을 세워서 하기보다는 상황에 따라 처리하도록 하라. 순차적으로 진행되어야 하는 사항들은 다음과 같다.

과거사의 사실들/질문들

등장인물의 전기

등장인물에 대한 첫 번째 실제적 작업

관계들

즉흥극들(과거의 사건들, 촉발된 사건들, 눈앞의 상황들)

이 장은 배우들과 함께 준비해온 자료를 어떻게 활용할지 보여줄 것이다. 이 준비된 작업을 어떻게 참조할지 주의하라. 배우들이 기여할 게 아무것도 없다고 느끼게 하기 위해서가 아니라, 그들을 안내하

고 집중하게 하기 위해 그 작업을 이용하라. 마치 그들이 연출가와 함께 그 세계를 구축하고 있는 것처럼 느끼게 하고, 가능하면 어디서든지 배우들 자신을 위해서 일하도록 격려하라. 주장을 하는 대신 질문을 함으로써 그렇게 하라. 이런 방식은 특히 등장인물에 대해 작업하게 될 때 중요하다.

(1) 리허설 기간을 나누는 방법

리허설 기간은 세 가지 주요 요소, '테이블에 둘러앉아 희곡에 대해 하는 작업', '동작 작업', '연기 훈련'을 포함하도록 구성된다. 한 가지 활동에, 특히 테이블에서의 작업에 지나치게 많은 시간을 사용하는 것을 피하라. 배우들은 테이블에 둘러앉아 논의한 아이디어들을 마루에서의 실제적인 작업으로 전환시키기를 즐긴다는 점을 기억하라. 사실 실제적인 작업은 등장인물을 구축하거나 배우들에게 요구되는 연기 양식을 탐색하는 데 있어서 매우 중요하다.

여기에 하루를 어떻게 나누는지에 대한 예가 있다. 이것은 엄격하게 고수해야 할 필요가 있는 구조라기보다는, 당신을 안내하는 본보기인 셈이다. 묘사된 훈련들은 이 장의 후반부에서 설명될 것이다.

오전 10시 동작 작업 – 워밍업

오전 11시 테이블에 둘러앉아서 하는 작업 – 제1막을 읽고 모든 사실과 질문의 목록 작성을 시작하기

오후 1시 휴식

오후 2시 연기 훈련 – 아이디어에 대한 실제적 작업

오후 3시 30분 동작 작업 – 사교춤

오후 4시 15분 테이블에 둘러앉아서 하는 작업 – 배우들은 그 전날 밤 할당된 조사 과제의 결과들을 공유한다.

오후 5시 끝

매일 하루가 끝날 무렵, 리허설 첫날에 했던 방식으로 배우들에게 밤에 할 간단한 과제들을 내줄 수도 있다(제9장을 참조하라). 이러한 과제는 사실들과 질문들에 대한 당신의 작업에서 나올 수 있는데, 이상적인 상황에서라면 과제는 배우가 연기하는 등장인물과 연관되어야 한다. 예를 들어 「갈매기」에서 소린을 연기하는 배우는 지팡이의 사용법을 알아볼 것이고, 마샤를 연기하는 배우는 코담배의 가격과 사용법을 조사할 수도 있다.

희곡의 세계를 구축하는 동안에는 바닥 위에 무대 장치의 평면도를 마킹하고서 연기하라고 이미 제안한 적이 있다. 연습실은 희곡의 행위가 설정된 위치들과는 다른 몇 개의 장소에서 일어나는 훈련이나 즉흥극을 수행하기 위해 사용될 것이다. 예를 들어 과거의 사건에 대한 즉흥극은 다른 나라나 도시의 다른 가정으로 당신을 데려갈 것이며, 희곡의 아이디어에 대한 훈련들도 역시 그렇게 할 것이다. 연습실 바닥에 마킹을 하는 데 사용되는 밝은 색 테이프가 붙어 있다면, 배우의 시선과 상상력은 산만해질 것이다. 왜냐하면 배우는 즉흥극이나 훈련에서와는 완전히 다른 장소에서 일어난 사건들을 연기하기 때문이다.

- **요약**

  세 가지 주요 요소인 '테이블에 둘러앉아 희곡에 대해 하는 작업', '동작
    작업', '연기 훈련'을 포함하는 리허설 기간을 구성하라.
  한 가지 활동에, 특히 테이블에서의 작업에 지나치게 많은 시간을 사용하
    는 것을 피하라.
  매일 하루가 끝날 무렵, 배우들이 밤에 할 어떤 간단한 과제들을 내주어라.
  마킹을 하지 말라.

(2) 사실과 질문을 도입하기

배우들에게 (희곡이 시작되기 전에 이미 존재하고 발생한 모든 것에 관련
된) 과거사의 사실을 구성하기 위해 희곡을 읽도록 하는 것은, 모든
사람이 정확하고 객관적으로 희곡에 대해 생각하는 연습실 문화를
확립하는 가장 효율적인 방법이다.

배우들을 둘러앉히고 한 사람씩 대사를 읽게 했던 첫날의 방식처
럼 희곡을 읽으라고 요구하라. 독해를 시작하기 전에 그들은 다음과
같은 네 가지 항목을 담은 목록을 작성하게 될 것이라고 말해주어라.

① 희곡의 행위가 시작되기 전 존재하고 발생한 모든 것에 대한 사실들
② 희곡의 행위가 시작되기 전 존재하고 발생한 모든 것에 대한 질문들
③ 첫 장면의 눈앞의 상황에 대한 사실들
④ 첫 장면의 눈앞의 상황에 대한 질문들

네 명에게 각자 한 항목을 작성하도록 요구하라. 이 과제를 한 번
에 끝내려고 하지 말고, 서두르려고도 하지 말라. 아마도 그 과제들은

3~4일에 걸쳐 나눠서 해야 하거나, 시간이 넉넉하다면 더 길어질 수도 있을 것이다.

준비할 때 작성해놓은 항목들이 배우들과 함께 만든 항목들과 정확히 일치하지는 않을 것이라는 사실은 유념할 만하다. 그들이 인식한 것이 당신이 미리 준비해놓은 목록에 새로운 사실들과 질문들을 추가할 것이다. 그러나 훈련의 결과를 통해 당신은 배우들의 주의를 그들이 간과한 사실이나 묻지 않은 질문으로 유도할 수 있음을 알게 될 것이다.

만약 하나의 정보가 사실인지 아닌지 논쟁이 생긴다면, 즉시 그것을 질문으로 기록하라. 그 정보가 사실의 지위를 '획득'하지 못한다면, 그 정보에 분명히 모호함이나 의심의 여지가 있는 것이다. 그것을 질문의 목록에 포함시키고, 나중에 더욱 정확하게 그것을 따질 수 있을 때 다시 살펴보라. 그럴 경우 배우들은 어떤 질문에도 대답을 하지 않으려고 한다는 것을 명심하도록 하라. 그들에게 이 질문들은 리허설 과정 중 나중에 답변될 것이라고 알려주어라. 배우들은 네 가지 항목과 관계없는 질문을 할 수도 있다. 예를 들어 그들은 희곡의 행위 혹은 특정 대사의 의미에 대해 의혹을 제기할 수 있다. 그들의 의혹을 기록하고, 그것들은 리허설 과정 중 그 행위를 분석할 때나 혹은 그 장면의 첫 리허설을 하게 되는 차후의 시점에 다루어질 것이라는 점을 다시 확실히 하라.

이런 훈련을 하는 중에 어떤 배우들은 자신들의 등장인물 혹은 희곡의 다른 측면들에 대해 장황하게 이야기하기 시작할 수 있다. 이 과정이 그들에게 허용된 첫 번째 토론의 장이기 때문이다. 그들의 생각을 하나의 간단한 질문으로 정리하도록 요구함으로써 이러한 대화들을 단축시켜라. 이 질문을 목록에 추가하고, 계속 진행하라. 이 과정이 끝날 무렵에 배우들에게 네 가지 항목을 복사해주어라. 이 기본 목록들은 배우들이 자신의 등장인물의 전기를 구축할 때 매우 유용하다고 판명될 것이다.

- **요약**

  함께 희곡을 읽고서 다음과 같은 네 가지 항목을 작성하라.

  ① 희곡의 행위가 시작되기 전 존재하고 발생한 모든 것에 대한 사실들

  ② 희곡의 행위가 시작되기 전 존재하고 발생한 모든 것에 대한 질문들

  ③ 첫 장면의 눈앞의 상황에 대한 사실들

  ④ 첫 장면의 눈앞의 상황에 대한 질문들

  훈련의 결과로 얻게 된 지식을 이용해 배우들을 지도하라.

  정보가 사실인지, 아니면 의심스러운지에 대한 논쟁이 있으면, 그 정보를 '질문' 목록에 추가하라.

  이 단계에서 배우들이 질문에 대답하는 것을 금지시키고, 리허설 과정 중 나중에 답변될 것이라고 확실히 말하라.

  리허설 과정의 다른 단계와 관련된 어떤 질문도 리허설 중 차후에 있게 될 토론을 위해 기록해두라.

  이 훈련을 이용하여 다른 관심사에 대해 장황하게 이야기하려는 배우들을 제지하라.

(3) 조사

조사는 배우들이 시간과 장소에 대한 구체적이고 상세한, 하나의 공유되는 영상을 구축하게 한다. 처음 출간된 작품의 경우에도 조사는 리허설 과정에 필수적이다. 텍스트를 준비하면서 수행했던 조사

를 통해 당신은 특정 배우들에게 필수적인 과제들을 할당할 수 있고, 그들의 조사에 관하여 당신이 제기한 질문에 그들이 효율적으로 답변하는 데 유용한 서적이나 논문을 소개할 수도 있다. 또한 그들이 조사한 정보가 완전히 정확한 게 아니라면 바로잡을 수도 있을 것이다.

리허설 첫날에는 희곡의 행위가 일어난 연도(혹은 연도들)에 대한 세 가지 사실을 찾아보기 위해 배우들에게 밤새 최초의 간단한 조사 과제를 수행하도록 요구했을 수 있다. 이런 사실은 정치적·사회적·예술적 사건들과 관련이 있을 것이다. 둘째 날에는 팀원들을 테이블에 둘러앉히고 그들이 조사한 사실을 차례대로 공유하라고 요구하라. 길어도 한 시간 정도만 이 일을 하라. 예를 들어 「갈매기」에 대해 작업하는 배우들이 연습실로 가지고 온 몇 가지 사실이 여기 있다.

1891년에 1,400만 명 내지 2,000만 명이 피해를 본 기근이 있었다.
차이콥스키는 1893년에 사망했다.
1850년과 1900년 사이에 러시아의 인구는 두 배가 되었다.
1890년에 러시아는 역사상 최초의 대중 파업을 겪었다.
1890년대 러시아에서 상징주의 문학 운동이 시작되었다. 그 당시 차르는 알렉산드르 3세였다. 그는 억압적인 정권의 반동적 독재자였다.
1894년에 니콜라이 2세가 차르의 지위를 계승했다.

배우들이 사실들을 조사할 때 희곡과 관련짓도록 독려하라. 「갈매기」에서 유용한 사실은 희곡의 행위가 일어나기 2년 전인 1891년에 있었던 기근이다. 누군가가 이 사실을 보고할 때, 이 사건으로부터 직접적인 영향을 받는 모든 배우가 그들의 등장인물 전기에서 이용하도록 반드시 그 해를 기록하게 하라. 각각의 배우가 자신의 등장인물은 그 기근 동안 무엇을 했을지 생각해보고, 그 등장인물이 겪었던 과거의 구체적인 사건들로 해석해보도록 격려하라. 그러고 나서 기근에 의해 '설명되는' 행위의 계기가 된 한순간을 지적하라. 아마도 제1막에 등장하는 개는 흉작으로 절박해진 도둑들로부터 소중한 곡식을 지키기 위해 밤새 묶여 있었을 것이다.

이러한 사실들을 모두가 알게 됨으로써 배우들은 희곡의 행위가 일어난 세계에 대한 공통적인 영상을 만들어내기 시작할 것이다. 「갈매기」에서 배우들은 희곡의 행위가 1881년 알렉산드르 2세 암살 사건에 따른 러시아의 강압적인 환경하에서 발생했으며, 또한 철로가 4만 킬로미터에 불과했기 때문에 여행이 힘들었고, 시골은 극심한 기근으로부터 막 회복 중이었다는 점을 실감해야 한다. 시간적으로 이러한 정도의 조사만이 가능할지라도, 배우들이 같은 세계로 나아가게 하는 데 정말로 도움이 될 것이다.

또한 이러한 과제를 통해 어떤 배우가 조사에 자신이 있거나 그렇지 못한가가 드러날 것이다. 예를 들어 한 배우의 정보가 모호한데다 일반화마저 시도한다면, 그 배우에게 다음에 해야 할 약간의 조사를 정해줄 때에는 조심스럽게 지도해야만 한다는 것을 알게 될 것이다. 보다 더 실질적인 차원에서 어떤 배우는 인터넷이나 도서관에 접근할 기회가 없다는 것을 알게 될 수도 있다. 그런 사람 혹은 그 사람들에게는 인터넷을 사용할 기회를 제공하거나, 당신이 그들에게 빌려준 책들로 할 수 있는 과제를 내주어야 할 것이다.

그다음으로 당신이 작성한 과거사의 목록에 있는 질문의 두 가지 항목을 조사하고, 신중한 조사로 답변되어야 할 질문들에 표시를 하라. 그러고 나서 리허설 과정의 이 기간 동안 배우들에게 조사 과제를 정기적으로 숙제로 내주어라. 배우에게 한 번에 하나의 과제만 주고, 그다음에 조사한 것을 팀에 피드백할 수 있는 한 시간 정도의 정기적인 토론 모임을 계획하라. 배우들이 수집한 사실들을 꾸준히 희곡의 행위와 관련지어라.

당신은 아마도 다음과 같이 물어볼 수도 있을 것이다. "도대체 왜 배우들에게 조사하도록 시켜야 하지요? 왜 내가 한 조사를 복사해서 그들에게 읽도록 나눠주지 않나요?" 그 이유는 스스로 알아낸 정보가 가장 잘 이해되기 때문이다. 그들이 정보를 찾기 위한 여정을 지속하도록 도우라. 그 결과는 만족스러울 것이다. 이런 개인적인 만족감이란 정보가 그들의 생각 속에서 더욱 강하게 자리를 잡는다는 것을 의미한다.

만약 정보가 자리를 잡으면, 이로 인해 그들의 머리에는 보다 더 명료한 영상이 생기게 되고, 그 결과 장면에서 보다 더 나은 쪽으로 작업하는 방법을 찾을 수 있을 것이다. 일련의 다른 사람들이 정보를 제공할 때 조사 내용은 더욱 효과적으로 이해된다는 점을 명심하라. 만약 연출가나 전문가가 모든 조사 내용을 팀원들에게 일방적으로 전달하면, 연습실은 학교처럼 느껴지기 시작할 것이고, 조사는 한 귀로 듣고 다른 한 귀로 흘려버리는 식으로 끝날 것이다.

배우들은 조사를 하면서 때때로 방향을 잃어버릴 수 있다. 이런 일이 생기면, 그들이 조사한 것에서 유용한 것을 뽑아내고 나머지 것들은 버리도록 지도하라. 조사는 희곡의 세계, 등장인물 혹은 등장인물이 극에서 해야 하는 것에 대한 배우들의 이해를 심화시켜야 한다는 점을 명심하라.

이제 벽에 커다란 종이 한 장을 붙이고, 조사로 알게 된 날짜와 사건의 목록을 적어라. 새로운 것을 발견할 때마다 혹은 중요한 날짜를 발견할 때마다 여기에 추가할 수 있다. 리허설 과정 후반에는 등장인물의 전기로부터 얻은 중요한 날짜도 추가할 수 있다. 이 일은 무대감독 혹은 작은 역을 맡은 배우나 조연출에게 맡기는 게 좋다. 연습실 벽에 배우들의 조사에서 나타난 어떤 시각적 정보라도 붙여놓도록 하라.

리허설 전에 수행했던 조사의 일부로서 수집한 비디오나 DVD를 보여주어라. 그 후에 토론할 시간을 제공하되, 당신이 보여준 것을 배우들이 이해할 것이라고 가정하지는 말라. 사람들이 언제나 그들이 본 자료의 의미나 유용성을 파악하는 것은 아니다. 사전에 토론을 해봄으로써 그들은 등장인물과 장소에 관한 작업을 위해 그 시청각 자료로부터 무엇을 취해야 할지 알게 될 것이다.

희곡의 세계나 등장인물을 구축하기 시작하는 시점에서 배우들의 상상력을 키울 수 있도록 리허설 첫 주에 현장 학습을 계획하라. 만약 현장 학습이 너무 늦어진다면, 그들은 한 장소의 실제 모습과 대립하는 강력한 상상의 영상을 가지게 될 수도 있을 것이다. 반드시 그룹 전체가 현장 학습을 가고, 나머지 크리에이티브 팀원들, 즉 디자이너, 조명 디자이너, 무브먼트 코치, 음향 디자이너, 작곡가 등도 동행하도록 권유하라. 현장 학습 후에는 그들이 받은 인상들과 발견한 것들에 대해 토론할 시간을 가져라.

■ **요약**

배우들에게 희곡이 설정된 연도에 관해 세 개의 간단한 사실을 찾아보도록 요구하는 최초의 조사 과제를 일찍 내주어라.

조사된 사실들을 배우들이 공유하게 하면서 그 사실들을 희곡의 행위와 연관시키고, 배우의 조사 역량도 평가하라.

사실과 질문으로 이루어진 당신이 만든 과거사의 목록에서 드러난 모든 조사 질문에 표시하라.

사실과 질문으로 이루어진 과거사의 목록으로 조사 과제를 정기적으로 할당하라.

배우들이 정보를 올바르게 처리하도록 지도하기 위해 당신의 조사를 이용하라.

각각의 배우에게 그들이 연기할 등장인물에 맞춰진 조사 과제를 내주어라.

조사는 배우가 자신을 위해서 할 때 가장 잘 이해된다는 점을 명심하라.

각각의 배우가 자신이 발견한 것을 그룹에 보고하는 그룹 회의를 정기적으로 진행하라.

조사에서 알게 된 중요한 날짜들을 큰 종이에 기록한 뒤 벽에 붙여두라.

관련된 DVD나 비디오를 보여주고, 나중에 토론을 위한 적당한 시간을 준비하라.

현장 학습을 하라.

(4) 장소

희곡의 행위가 발생하는 장소 혹은 장소들에 대한 완전한 영상을 구성하게 되면, 배우가 자신의 등장인물이 존재하는 세계로 진입하여 그 세계를 믿도록 하는 데 도움이 된다. 그러나 배우에게는 장소가 감정이나 등장인물의 전기를 연기하는 것보다 덜 흥미로울 수도 있다는 점을 기억하라. 따라서 배우들이 희곡의 이러한 측면에 관심을 기울이도록 유도하기 위해 좀 더 열심히 작업해야 할 것이다.

간단한 훈련을 준비함으로써 배우들에게 장소를 소개하라. 앞에서 장소에 대한 작업을 했을 때, 장소의 각기 다른 범위들을 구별하는 일을 했다. 이 정보를 이용하여 다음과 같은 훈련을 실시하라.

팀원들을 더 작은 그룹들로 나눈 다음, 각 그룹에게 각 장소 군에 대해 텍스트로부터 생긴 사실과 질문의 목록을 만들도록 요구하라. 「갈매기」의 리허설을 하고 있다면, 한 그룹은 집의 실내에 대해, 다른 그룹은 영지에 대해, 세 번째 그룹은 러시아에 대해, 네 번째 그룹은 러시아 밖의 장소들을 언급한 내용에 대해 작업할 수 있다. 그들이 목록을 완성했을 때, 장소의 각 범위에 대한 대략적인 지도나 도면을 작성하도록 혹은 (러시아나 유럽과 같은) 실제 장소의 지도를 찾아내 언급된 모든 장소를 표시하도록 요구하라. 그리고 나서 각 그룹으로 하여금 그들이 작업한 것을 전체 팀원들과 공유하게 한다.

작업에는 부족한 부분이 있기 마련이다. 간혹 배우들은 과제를 완성하기 전에 추가 조사를 할 필요가 생길 것이다. 지도들을 벽에 걸어두고, 텍스트에 대한 팀원들의 이해가 심화되어갈 때 혹은 조사 과정에서 나온 질문에 답변이 이루어질 때, 지도들을 다시 작성하거나 더 확실하게 만들어라. 그리고 나서 희곡의 행위가 설정된 장소 혹은 장소들에서 일어나는 과거의 사건에 대한 즉흥극을 위한, 혹은 훨씬 뒤에 있을 장면 리허설들을 위한 평가 기준으로 이 지도들을 이용하라.

이 시점 이후 배우들이 어떤 실질적인 연기 작업을 할 때마다 반드시 장소를 확실히 의식하게 하라. 각각의 훈련 전에 그들의 주위에 있는 것을 정확하게 알게 하고, 서로 다른 장소들의 가장자리를 표시하기 위해 의자나 그 밖의 오브제들을 사용하도록 권장하라. 예를 들어

네 개의 의자가 커다란 침실의 모서리들을 표시한다면, 두 개의 의자는 현관을 표시할 수 있다.

마찬가지로 연기 작업에 피드백을 줄 때에는 언제나 점검 목록에서 장소를 우선시하고, 배우들이 언제 장소를 정확히 연기했는지, 또 언제는 안 그랬는지를 확실히 해두라. 그들이 장면 리허설을 하기 시작할 때마다 희곡의 행위가 일어나는 장소를 명확히 표시하게 하고, 배우들이 주위에서 볼 수 있는 것을 스스로 상기하면서 1~2분을 보내게 하라.

배우들이 수행하는 작업을 지켜보기 위해 언제나 방 안의 같은 장소에 앉지는 말라. 항상 같은 장소에만 앉는다면, 그들은 모든 것을 그 한 방향에서 보게 해주려고 하는데, 이는 그들이 하는 일을 당신이 볼 수 있도록 조정하거나 왜곡시킬 수도 있다는 것을 의미한다. 그 대신 마치 원형 극장에서 연출하고 있는 것처럼 다양한 각도에서 장면과 연기 훈련을 지켜보라. 바라보고 있는 모든 사람에게도 이와 같이 하도록 권하라. 그러나 연기하는 공간을 침범하지 않도록 주의하라. 연기에서 사용될 현관에 앉아 있거나 요리 도구가 놓일 방의 구석에 쪼그리고 있지 않도록 하라. 만약 보이지 않는 것이 있다면 당신은 언제나 이동할 수 있다. 이와 같이 여기저기로 이동하면 배우들은 관객이 어디 있을지 걱정하기보다는 완전한 상상의 세계에서 살도록 유도될 것이다.

- **요약**

  장소의 범위들에 대한 간단한 훈련을 하면서 배우들에게 장소를 소개하라. 배우들이 작성한 장소의 각 범위에 대한 지도들을 벽에 걸어두고, 각 장소에 대해 더 많은 것을 발견할 때마다 리허설을 통해 지도들을 다듬어라.

배우들이 어떤 실질적인 연기 작업을 할 때에는 반드시 장소를 확실히 의
식하게 하고, 연기 작업에 피드백을 줄 때에는 기록할 것들의 목록에서
장소를 우선시하라.
배우들이 하는 모든 작업을 방의 고정된 한 장소에 앉아서 지켜보지 말라.

(5) 작가와 장르

작가에 대한 배우들의 이해가 심화되면, 텍스트에 대한 구체적인 세
부 사항들을 배우들이 이해하는 데에도 도움이 된다. 또한 배우가 등
장인물을 구축하는 데 유용할 수 있는 요소들을 작가의 삶으로부터 발
견하는 데에도 도움이 된다.

작가의 삶에 대한 기본적인 사실들을 공유하고, 그것들이 어떻게
희곡에 실마리를 제공하는지 암시했던 리허설 첫날에 작가가 소개되
었을 것이다. 이제는 리허설 준비 과정 동안 작가에 대해 조사하면서
수집한 더욱 상세한 정보, 예를 들어 희곡의 특정한 순간과 관련된
전기적 사실이나, 작가가 자신의 일생 동안 그 희곡에 대해 언급한
유용한 정보를 공유할 수 있다. 특정 배우가 자신의 등장인물에 동화
되는 데 도움이 될 만한 관련 사항들을 어떤 것이든 지적하라. 「갈매
기」에서 니나를 연기할 배우는 그 당시 체호프의 여자 친구 중 하나
였던 리카에 대해 실질적으로 연구했을 것이다. 즉, 리카의 특성들이
희곡에서 등장인물로 구축되었을 가능성이 있다. 때때로 작가의 삶
에서 일어난 사건들과 그들이 쓴 희곡의 사건들, 혹은 등장인물들 사
이의 관계는 배우가 연기하는 데 도움이 되지 않을 것이다. 만약 작
가가 삶으로부터 몇 가지 사소한 사건들을 택해 그 사건들이 일어난
상황과는 다른 순서로 엮어놓았다면, 완전히 새로운 현실이 만들어

졌을 것이다. 이런 경우라면, 배우가 관련된 사항들을 조사하는 것을 중단시켜라. 또한 당신이 리허설을 준비하게 되면, 배우들은 무의미한 조사에 시간을 낭비하는 것에서 벗어날 수 있을 것이다.

특정 배우들에게 그들 자신의 등장인물의 전기에 유용할 수 있는 작가의 삶의 단면들에 대해 보다 더 상세한 조사에 착수하도록 제안하라. 예를 들어 도른을 연기하는 배우는 체호프의 의료 훈련 과정에 대해 조사하기를 원할 수 있고, 또는 소린이나 뾜리나 혹은 샴라예프를 연기하는 배우들은 체호프가 어떻게 자신의 시골 영지를 관리했는지 알고 싶어 할 수 있다. 이러한 조사 과제를 통해 배우들은 체호프 자신의 삶에서 얻은 자료로 등장인물의 훈련과 경력에 대한 그들의 지식에 있는 공백을 메울 수 있을 것이다. 만약 작가가 살아 있다면, 정보를 공유하는 것에 관한 한 그들의 지시를 따르라. 작가의 삶과 희곡 사이의 연관성에서 발견한 어떠한 정보도 작가의 허락이 없이는 연습실에서 사용되어서는 안 된다.

그다음으로 배우들이 희곡의 장르에 대해 파악하게 하라. 그러나 '○○주의'에 대해 길고 지적인 토론을 하는 것은 피하게 하라. 단순히 장르를 소개하고, 그러고 난 후 장르가 희곡의 행위에서 어떻게 드러나는지 한두 가지 예를 들어라. 장면 리허설을 할 때 장르를 구체화하는 방법에 대해 당신이 작업할 것이라고 말함으로써 그들을 안심시켜라. 제3장의 장르에 관한 내용에서 나는 「갈매기」를 상징주의로 연출한 것과, 장르를 실현하기 위해 두 개의 막에서 한 줄기 세찬 바람의 힘을 어떻게 증가시켰는지에 관해 다루었다. 이러한 사실을 생생한 용어로, 즉 천둥을 동반한 폭풍우 전에 발생할 수 있는 갑작스런 돌풍에 관해 이야기함으로써 배우들에게 설명할 수 있고, 또는 장르의 목적에 대해 그들에게 직접적으로 이야기할 수 있다.

만약 초현실주의와 같은 특별히 부담스러운 장르에 대해 작업하고 있다면, 배우들이 그 장르를 확실히 파악하도록 돕기 위해 이 시점에서 몇 가지 실질적인 훈련을 하는 것이 유용할 수 있다. 예를 들어 배우들에게 그들의 꿈을 재연하도록 부탁할 수 있고, 그 재연을 보고 난 후 꿈의 구체적인 구성 요소들과 꿈의 장면들에 대한 작업으로 이후 선택할 수 있는 요소들에 대해 토론할 수 있다.

- **요약**
  고인이 된 작가의 삶에 대한 간단한 사실들을 살펴보고, 그 사실들이 어떻게 희곡에 실마리를 제공하는지에 대해 토론하라.

  작가에 대한 더욱 상세한 정보, 예를 들어 희곡의 특정한 순간과 연관된 어떤 전기적 사실들이나, 혹은 작가가 자신의 일생 동안 그 희곡에 대해 언급한 유용한 것들을 공유하라.

  특정 배우들에게 그들 자신의 등장인물의 전기에 유용할 수 있는 작가의 삶의 단면들에 대해 상세한 조사에 착수하도록 제안하라.

  작가가 살아있다면, 작가의 동의하에 유사한 조사 과정을 가지도록 하라.

  장르를 간단히 소개하라.

  배우들이 난해한 장르를 파악하면서 도움을 받을 수 있도록 간단하고 실질적인 훈련 몇 가지를 지도하라.

(6) 아이디어에 대한 실제적 작업

희곡을 지탱하는 아이디어는 실질적인 작업을 통해 배우에게 생생하고도 분명한 방식으로 활기를 불어넣어줄 것이다. 그리하여 배우들은 아이디어들이 희곡에서 실행될 수 있는 구체적인 행위로 바꿰게 되는 방식을 보게 될 것이다. 이러한 작업을 통해 그들은 실제 삶의 상황과 희곡에서 일어난 상황 사이의 관계에 대해서도 상기할 것이고, 장면이나 등장인물에 대한 자신들의 작업을 구축하기 위해 실제 삶에서 이끌어낸 관찰들을 사용하도록 고무될 것이다. 모든 훌륭한 배우는 그들의 작업을 위해 삶에서 직접 자료를 얻지만, 때때로 배우들이 그런 행동을 능숙히 반복하기 위해 요구되는 정확도를 상기하고 있는 것도 그들에게 도움이 된다. 따라서 그 훈련은 당신에게 상세하고 정확한 신체적 정보에 대한 관심과 기대를 가지도록 허용할 것이다. 또한 그 훈련은 당신이 지켜보고 피드백을 해줄 첫 번째 연기 작업일 것이며, 그러므로 의도들, 사건들, 시간 혹은 장소처럼 리허설 과정에서 나중에 사용할 요소들을 적절하게 도입하도록 해줄 것이다.

먼저 배우들을 테이블에 둘러앉히고 희곡에 관한 중요한 아이디어들을 제안하도록 요구하라. 그들에게 간단한 단어나 구절, 혹은 세련되거나 지적인 것보다는 아이디어에 대한 초등학생 수준의 설명을 기대하고 있다고 말하라. 그들의 모든 생각을 적어라. 몇 가지 제안은 정확하고, 다른 것은 비슷하며, 두서너 개는 전혀 다르다는 점을 발견할 것이다. 목록이 완성되면, 희곡을 준비할 때 구분해놓았던 서너 가지 아이디어로 그룹을 안내하라. 아마도 한 아이디어에 붙인 명칭이 그룹이 제안한 명칭과 일치하지 않을 수도 있을 것이다. 그런 경우 당신이 정한 명칭을 바꿔야 한다. 예를 들어 그룹은 '부서진 희망'을 선호하면서도 '파괴된 꿈'에는 반응하지 않을 수 있다. 중요한 것은 그 아이디어가 자리를 잡았다는 점이다.

개략적인 안내로서, 나는 하나의 아이디어가 절반 이상의 등장인물들과 연관되고, 희곡의 행위에서도 드러나야 한다는 점을 확실히 하고자 한다. 만약 배우들이 희곡에 분명히 있지도 않은 아이디어를 제안한다면, 리허설 준비 기간 중 아이디어에 대해 작업하고 있을 때 했던 것처럼 그 아이디어를 모든 등장인물과 행위에 대입시켜보도록 권하라. 정확하지 않은 제안은 하나의 아이디어로 수정해야 할 만큼 등장인물이나 행위에 충분히 의미 있는 영향을 미치지 않는다는 점을 매우 빨리 깨닫게 될 것이다.

최종 목록을 작성했을 때, 배우들에게 희곡의 '가장 중요한 아이디어'가 무엇인지 물어라. 그것이 바로 그 희곡이 말하고자 하는 것이다. 이 전체 과정은 오래 걸려서는 안 된다. 배우들이 빨리 그리고 효율적으로 대답하도록 유도하라. 그룹이 오랫동안 주제에서 벗어나 있거나 논쟁에 빠져 있지 않도록 하라. 논쟁이 발생하면, 작업을 시작했을 당시 처음 만들었던 목록을 받아들이도록 모든 사람에게 제안하라.

그다음으로 아이디어에 대해 실질적인 작업을 하라. 아이디어 하나를 선택해 배우들에게 그들의 삶에서 그 아이디어와 연관되거나, 그것이 실행되는 순간을 생각해보도록 요구하라. 그들의 삶이 한 편의 아주 긴 영화와 같다고 상상하도록 요구하고, 편집이나 수정 없이 일어난 그대로 정확히 영화의 몇 순간을 표현해보라고 배우들에게 요구하라. 배우들에게 무엇이, 어떻게, 언제, 어디서 일어났는지를 기억해내도록 요구하라. 이 발췌한 부분은 2분에서 10분까지 지속될 수 있다. 훈련이 명확해지도록 당신 자신의 삶으로부터 당신에게 의미 있었던 것의 예를 들어라. 「갈매기」에서 '파괴된 꿈'이라는 주제는 배우 자신의 인생에서 연극 학교에서 떨어진 것을 알게 되었을 때, 혹은 그가 바라던 배역이 다른 사람에게 가버린 것을 알아챘을 때의 한순간을 떠올리게 할 수 있다. 에이전트의 전화일수도 있고, 선생님과의 대화일 수도 있다. '불행한 사랑'이라는 주제는 한 배우가 자신이 사랑한 사람에게 거절당했을 때의 순간, 혹은 그들을 불행하게 만든 관계에서 생긴 특정한 사건에 의해 표현될 수 있다.

배우들에게 그들이 선택한 순간이 (쓰레기를 누가 갖다버릴지 승강이하는 한 쌍의 커플 혹은 그들이 소파에 홀로 앉아 텔레비전을 켜는 순간과 같이) 지극히 평범하고 가정적일 수 있다고 안심시켜라. 또한 그들에게 발생했던 일을 희곡의 한 장면과 닮게 하기 위해 조정해서는 안 된다는 점을 상기시켜라. 가장 중요한 사실이 있다. 배우들에게 최근의 사건들, 아주 고통스럽거나 제대로 이해되지 않았던 어떤 사건들도 이용하지 말라고 경고하는 것이다. 반복하여 강조하지만 연습실이 병을 치료하는 곳이 아니라는 점을 상기시켜라. 만약 아이디어 중 어떤 것이라도 (죽음이나 질병과 같이) 절망적인 상황과 관련된다면, 훈련을 선택적으로 하라. 배우들에게 과제에 대해 생각하도록 저녁 시간을 주어라. 그다음 날에 다른 팀원들과 함께 일어났던 일을 재연하게 될 것이라고 말해두라.

다음날에는 각 배우의 삶의 단면에 얼마나 많은 사람이 연관되어 있는지 그룹을 돌아가며 알아보라. 그리고 나서 팀원 모두가 자신들의 삶의 한 부분에서 자기 자신이 되거나, 혹은 다른 누군가의 삶의 부분에서 그 사람이 되느라 여념이 없도록 훈련을 설정하라. 함께 그 사건을 연기할 사람들과 사건에 대한 정보를 공유할 수 있도록 각 배우에게 시간을 주어라. 이 과정이 20~30분 정도 걸리더라도 놀라지 않도록 하라. 관객들과 이 과정을 '공유'하기 위해 상황을 변화시킬 필요가 전혀 없다는 점을 강조하라. 앞서 언급한 것처럼, 그 목적은 희곡의 한 장면을 해보는 것이 아니라, 가능한 정확하게 그들의 삶에서 일어난 한 사건을 재구성하는 것이다. 그들이 준비되었을 때, 그들에게 삶의 각 단면을 차례차례 보여달라고 부탁하라. (모든 연기자가 삶의 단면을 재연하는 일에 관련되기 때문에) 혼자서 혹은 그 특정한 재연에 관련되지 않은 배우들과 함께 지켜보게 될 것이다.

훈련이 끝난 후 그 훈련에 대해 5분 동안 토론하라. 먼저 배우들에게 훈련에서 일어난 일과 희곡에서의 순간들, 혹은 등장인물들 사이의 관계들을 만들어보도록 유도하라. 그 재연 연기는 희곡에 있는 특정 장면을 언급하는 실제 사건을 특징으로 할 수도 있고, 혹은 누군가가 그들이 더 이상 사랑하지 않는다고 다른 사람에게 이야기하기 바로 직전에 앉은 자세를 바꾸는 방법과 같은 사소한 신체적인 몸짓을 강조할 수도 있다. 배우들이 이러한 관계들과 세세한 것에 관심을 기울이게 되면, 그들이 인간의 행동을 더욱 주의 깊게 연구하고 자신의 등장인물을 연기하는 데 있어 같은 수준의 정확성을 성취하는 방법에 대해 생각하는 데에도 도움이 된다.

만약 혼자서 훈련을 지켜보고 있다면, 당신이 삶의 단면과 희곡 사이의 유사점들을 지적해야만 할 것이다. 만약 훈련을 다른 배우들과 함께 지켜보고 있다면, 그들에게 "희곡의 한순간과 유사한 실제 삶의 단면에는 어떤 것들이 있었나요?"와 같은 질문들을 할 수 있을 것이다. 그들이 처음에 연관성을 찾아내지 못한다면, 그들 대신에 당신과 관련을 지어보라. 배우들은 직접 서로에게 혹은 그룹을 지어 자신들의 작업에 대해 이야기하는 것에 익숙하지 않을 수 있으며, 그러므로 자발적으로 피드백을 주는 데 있어서 약간 수줍어 할 수 있다. 계속 질문하다보면, 배우들은 마침내 그렇게 하는 것에 대해, 특히 다른 사람의 연기를 비판하라는 것이 아니라 인간 행동에 대해 작고 구체적인 사소한 것에 주목하라는 것임을 알게 되었을 때 자신감이 생길 것이다.

또한 이 훈련은 핵심 아이디어들과 그것들을 묘사하기 위해 사용한 단어들(제9장을 참조하라)을 소개하기 위해 이용될 수 있다. 당신과 함께 훈련을 지켜본 배우들에게 "어디서 그게 일어났지요?" 혹은 "그때가 하루 중 언제라고 생각하나요?"와 같은 질문들을 할 수 있으며, 그렇게 함으로써 시간과 장소를 내용에 도입할 수 있다. 훈련에서 특별히 분명한 사건과 의도가 있는 순간을 볼 때 그것을 지적하라. 예를 들어 '불행한 사랑'이라는 아이디어와 연관된 삶의 한 단면은 베네치아의 운하 옆에서 손을 잡고 걷는 한 쌍의 커플을 포함할 수 있다. 그 여자는 아름다운 호텔을 가리키며 농담조로 말한다. "사랑을 나누기에 좋은 장소네요." 남자는 "네, 그럼요"라고 말한다. 그 여자는 갑자기 가는 길을 멈추고 남자의 손을 놓는다. 그녀는 심각하게 "저기서 사랑을 해본 적이 있는 건가요?"라고 말한다. 남자는 말을 잠시 멈추더니 "네"라고 한다. 그 두 사람은 서로에게서 머리를 돌린다.

이 훈련에서 변화나 사건은 남자가 "네, 그럼요"라고 말할 때 시작되고, 그가 "네"라고 대답할 때 끝난다. 사건의 시작과 끝을 표시하기 위해 신체적으로 그리고 텍스트의 내용상 어떤 일이 일어나는지, 어떻게 여자가 가던 길을 멈추고 남자의 손을 놓았으며 그 두 사람이 어떻게 서로를 외면했는지를 지적하라.

훈련을 지켜본 그룹에게 남자와 여자의 사건 전과 후의 의도가 무엇이라고 생각하는지 말해보라고 요구하라. 훈련에 대한 이러한 반응들은 삶의 구체적인 맥락에 분석적인 도구를 제공한다. 배우들에게 이것이 리허설 과정 중 나중에 그들이 사건과 의도를 위해 텍스트를 분석하게 될 때 찾게 될 도구라는 것을 암시해주어라. 이 훈련은 당신이 그 작업을 시작할 때 매우 가치 있는 기준이 될 것이다.

그러나 이러한 재연들을 지켜본 사람들의 토론이 (훈련에 의해 유도된) 배우의 삶에 대한 심층적 분석으로 흐르지 않도록 유념하라. 그러한 토론은 관련된 배우에게는 공격적이고 비판적으로 느껴질 수 있기 때문이다.

토론의 마지막에는 배우들에게 (누군가 "난 너를 사랑해"라고 말할 때 발을 움직이거나 혹은 죽어가는 사람 곁을 떠나면서 몸을 떠는 방식과 같은) 앞서 논의된 어떤 신체적 세부 사항도 기록할 수 있게 시간을 주어라. 연기할 때 유용할 수 있기 때문이다. 그러니 이러한 관찰들을 적어두라. 그러면 리허설 과정의 나중에 그 장면에 대해 작업하게 될 때 그것들을 참고할 수 있다. 예를 들어 마샤를 연기하는 배우에게 "불행한 사랑에 대한 훈련에서 누군가가 베티에게 그들이 그녀를 사랑하지 않는다고 말하기 직전, 그녀가 앉아 있던 자세를 바꾼 것을 기억하지요? 당신이 메드베젠꼬에게 사랑하지 않는다고 말하기 전에 신체적 섬세함을 추가해보세요"라고 아마 말하게 될 것이다.

당신에게 허용된 리허설 시간에 따라 하루에 한 가지씩 혹은 이틀에 한 가지씩 아이디어를 시도해볼 수 있다. 여러 아이디어에 대해 두 시간 이상 작업하지는 말라. 아이디어들을 실행하고 관찰하며 그것들로부터 정보를 얻어내기 위해서는 많은 집중력이 요구된다. 아이디어 훈련을 조사 과제 혹은 사실과 질문을 찾기 위한 대본 읽기 속에 끼워 넣을 수 있다.

배우들과 함께 희곡의 아이디어들에 관한 합의를 도출하라.

가장 중요한 아이디어를 분리하라.

아이디어들을 하나씩 실제로 작업하라. 배우들에게 각 아이디어와 관련된
    그들 자신의 삶의 사건을 차례차례 재연하도록 요구하라. 며칠에 걸쳐
    이런 작업을 하면서 각 훈련을 지켜보고, 그 작업에 대한 피드백을 주
    면서 연습과 대본 사이의 유사점들을 도출해내도록 그룹 구성원들에게
    권유하라.

의도나 사건 같은 리허설 과정의 어떤 단계의 예를 보면, 그것을 배우에
    게 지적해주어라. 시간과 장소 같은 요소 쪽으로 그들의 주의를 끌어라.

배우들에게 각 재연의 말미에 어떤 유용한 세부 사항들을 기록하도록 시
    간을 주어라.

두 시간 단위로 아이디어에 대해 작업하라. 하루에 그 이상을 하지는 말라.

(7) 감정에 대한 실제적 작업

감정이 신체에 어떻게 영향을 미치는지 연구함으로써 배우들은
등장인물에 대한 작업을 준비하기 전인 리허설 과정 초기에 실제적
인 연기 작업에 착수하는 좋은 방법을 마련할 수 있다. 아이디어에
대한 실제적인 작업에서와 같이, 배우는 이러한 훈련들을 통해 자신
의 작업에서 신체적 정확함의 필요성을 알게 되고, 무대에서의 작업
에 활기를 불어넣는 방법이기도 한 '삶에서 일어난 일'을 보다 더 정
확히 살펴보도록 고무된다.

희곡을 준비하면서 당신은 등장인물들이 다른 사람들보다 더 강
렬하게 특정한 감정들을 체험한다는 것을 알게 될 것이다. 예를 들
어 에우리피데스의 「아울리스의 이피게니아」에서 가장 지배적인 정

서들 중 하나는 공포다. 모든 등장인물은 행위의 결정적 순간에 공포를 체험하며, 상당히 많은 행위는 공포가 행동을 몰아가는, 즉 생명을 위협하는 맥락에서 발생한다. 이런 희곡을 연출하고 있다면, 어떻게 이런 정서가 신체에 영향을 미치는지 연구할 수 있다.

「아울리스의 이피게니아」를 연출할 때, 나는 배우들에게 두려웠을 때를 떠올려보라고 했다. 아이디어에 대한 작업 때처럼, 그들에게 더 이상 낯설지 않은 상황 하나를 선택하라고 했다. 다음 날 아침에는 그들에게 아이디어에 대한 작업을 위해 그들이 삶의 단면들을 재연했던 것과 같은 방법으로 이러한 상황을 재연하라고 요구했다. 그들은 자기 혼자 힘으로 혹은 팀의 다른 구성원들과 함께 그 상황을 재연했다. 그룹의 나머지 사람들에게는 그들의 몸에 무서운 자극이 가해질 때 어떤 반응을 보이는지 관심을 기울이라고 요구했다. 각 예에 뒤이어 이루어진 토론에서는 어떠한 심리 분석도 중지시켰으며, 사람들의 신체에 수행된 관찰들에 대해서 이야기하게 했다.

한 배우는 사자와 한 장면을 촬영했던 순간을 재연했다. 그가 사자 우리로 들어가야 하는 훈련 시간이 있었다. 그는 우리로 들어가서는, 10초 동안 가만히 멈춰 서 있다가, 사자에게는 조금도 다가가지 않은 채 앞으로 뒤로 아주 작은 보폭을 떼면서 넓적다리에 손바닥을 계속 닦았다. 그리고 난 다음 카메라 쪽에서 사자 쪽으로 반복해서 뒤로 앞으로 고개를 돌렸다. 체온은 상승했고 얼굴은 붉어졌다. 목 주변의 정맥이 열심히 펌프질을 해대어 심장박동이 빨라졌음을 알 수 있었다. 호흡은 매우 얕았고, 말할 때 입이 마른 것도 알 수 있었다.

다른 훈련에서는 한 배우의 차가 북아일랜드의 검문소에서 멈췄다. 누군가가 총을 창문 안쪽으로 겨눴다. 차 안의 여자와 남자는 약

5초 동안 꼼짝 않고 가만히 있었다. 이후 그들의 움직임은 매우 느렸고 조심스러웠다. 그 배우가 운동화 속에서 엄지발가락을 위아래로 움직이는 것을 볼 수 있었다. 여자는 계속 핸들을 꽉 쥐고 있었고, 그녀의 손가락, 손, 팔, 어깨의 근육은 모두 극도로 긴장되어 있었다.

나중에 배우들과 이 훈련들에 대해 논의할 때, 아이디어에 대한 훈련 때처럼, 가능하다면 훈련들을 희곡의 한순간이나 사건과 연관시켜라. 사자의 장면 재연 후 팀원들에게 「아울리스의 이피게니아」에서 동일한 신체적 징후의 일부 혹은 전부가 보였던 어떤 순간이 있었는지 물어봤다. 한 사람은 아가멤논이 자신의 딸인 이피게니아의 목을 자르게 될 제단에 접근할 때 그의 몸이 그런 식으로 반응하는 것을 볼 수 있다고 말했다. 다른 사람은 10초 동안의 갑작스런 정적은 이피게니아가 제물로 바쳐질 것이라는 소식을 들었을 때 코러스 중 여성들이 했던 행동과 유용하게 연관될 수 있을 것이라고 말했다. 아가멤논의 아내이자 이피게니아의 어머니인 클리타임네스트라를 연기하는 배우는 자신이 이피게니아의 죽음에 관한 소식을 들었을 때, 배경이 북아일랜드로 설정된 훈련에서 차 안의 여자와 동일한 신체적 '징후들'을 보였을 것이라고 말했다. 예를 들어 그녀는 그 여자가 핸들을 잡고 있던 것과 같은 방식으로 이피게니아를 붙잡고 있을 것이라고 생각했다. 이런 식으로, 배우들이 희곡의 행위에서의 순간들을 전달하기 위해 실제 삶의 상황으로부터 매우 정확한 신체적 정보를 사용하는 것에 관해 생각해보도록 격려하라.

물론 지배적 감정 하나를 선택한다는 것이 희곡에서 표현된 많은 다양한 감정을 배제하는 것은 아니다. 그러나 하나의 감정에 주의를 집중하게 되면, 모든 감정을 살필 수 있게 되어 공연에서 재연되어야 하는 정확성의 분위기가 조성된다. 배우들에게는 몸이야말로 관객이 정서를 '읽어내고', 한 등장인물의 내부에서 무슨 일이 진행되는지를 이해하는 주요한 수단 중 하나임을 상기시켜라. 앞에서 설명된 아이디어에 대한 훈련처럼, 감정에 대한 이러한 작업은 리허설 과정에서 이후에 참고할 정확한 기준을 제공할 것이다. 예를 들어 리허설 과정에서 한참 후에 한 장면을 리허설할 때, 한 배우가 충분한 신체적 정확성을 가지고서 공포를 연기하지 않는다고 느낀다면, "당신은 벤이 사자 장면을 훈련했을 때, 그가 어떻게 계속 아주 작은 발걸음을 뒤로 앞으로 떼면서 손바닥을 바지에 문질러댔는지 기억하나요? 당신의 등장인물이 어떻게 자기의 몸으로 공포를 표현하는가 생각해보세요"와 같은 말을 할 수 있을 것이다. 이렇게 하면 배우들은 자신이 하고 있는 것에 신체적 세부 사항을 추가할 것이다.

이 훈련은 배우들로 하여금 그들이 몸으로 하고 있는 것을 과장하게 하거나 양식화시키기 위한 것이 아니다. 오히려 이 훈련을 이용하여 실제 삶에서 나오는 어떤 특정한 감정의 스케일과 템포에 충실하면서, 배우들이 그 감정을 정확한 신체적 형태로 연기하도록 하기 위한 것이다. 이러한 제스처와 행위가 얼마나 많을 수 있는지 알게 되면 놀랄 것이다. 「아울리스의 이피게니아」에서 공포에 대해 작업할 때, 한 배우는 아파트 문을 열고 계단 꼭대기에 있는 쥐를 보았을 때의, 자신의 삶에서의 한순간을 재연했다. 그는 3미터 뒤로 물러났다. 그 훈련 뒤 그 배우는 자신이 얼마나 멀리 점프했는지 깨닫고는 놀라움을 금치 못했다. 그는 그저 한 걸음 뒤로 물러났다는 인상을 가졌던 것이다. 이 커다란 점프는 자신이 이피게니아와 결혼할 거라는 거짓 소식을 들은 아킬레우스가 보이는 반응으로서 훗날 공연에 도입되었다.

■ 요약

희곡의 행위에서 가장 두드러진 감정을 찾아라.

배우들에게 그런 정서를 경험했던 순간에 대해 그들 자신의 삶에서 생각
해보라고 요구하라.

그룹의 다른 사람들도 지켜볼 수 있도록 그 사건을 재연하라고 그 배우에
게 부탁하라.

모든 사람의 주의를 심리적 정보에서 신체적 정보로 돌려라.

이런 신체적 정보를 희곡의 순간들과 연관시켜라.

신체적 정확성을 성취하기 위해 작업하는 리허설 과정에서 나중에 이 훈
련들을 기준으로 이용하라.

(8) 등장인물의 전기

모든 연출가는 배우들이 연기하는 등장인물들의 삶에 대해 배우
들이 제기하는 질문을 해결해야 할 것이다. 이 일은 리허설 과정에서
피할 수 없는 단계이다. "우리가 언제 만났지요?", "우리가 안 지 얼마
나 되었나요?", 그리고 "난 언제 삼촌을 마지막으로 보았나요?"와 같
은 질문들에 대해 논의하고 대답을 해야 할 것이다. 리허설 과정 초
기에 등장인물의 전기에 대해 단체로 작업을 한다는 것은 이러한 질
문들이 그 장면을 리허설할 때까지는 설명되고, 그 질문과 관련된 모
든 사람이 과거의 영상을 공유하는 것을 의미한다.

당신은 이미 별도의 종이에 각 등장인물의 전기를 대충 스케치했
을 것이다. 이제 이러한 전기에 도달하기 위해 취했던 처음의 단계들
을 배우들이 동일하게 밟아나가도록 해야 하고, 밤새 수행할 후속 과
제를 그들에게 내주어야 한다. 희곡의 행위가 시작되기 전에 존재하
고 발생했던 모든 것에 대해 당신이 만든 과거사의 목록에서 자신의

등장인물에 관한 모든 사실과 질문을 수집하도록 각각의 배우에게 요구하라. 그다음에 사실들을 개략적인 연대기 순서로 배열하게 하라. 등장인물의 전기를 준비했을 때 한 것처럼 그들에게도 가장 단순하고 가장 논리적인 순서를 선택하라고 제안하라. 연출가들처럼 배우들도 등장인물의 과거를 지나치게 복잡하게 만들려는 경향이 있다. 또한 등장인물들은 대개 과거를 공유한다는 점을 명심하라. 그러므로 배우들이 서로 고립된 채 자신의 등장인물 전기의 세부를 작업할 이유는 없다. 아마도 사건들이 완전히 다른 순서로 짜인 전기들이 만들어져 서로 들어맞지 않을 수도 있을 것이며, 그럴 경우 그들이 힘들게 한 일을 풀어내느라 많은 시간을 보내야 할 것이다. 그러한 이유로 배우들에게 자신의 등장인물 전기를 위해 간단하고 단순한 사실들의 목록을 준비하게 하는 것이 최선이다. 가능한 한 전기에 관련된 사건들 옆에 날짜를 기입하라고 배우들에게 요구하라. 만약 그들이 하나의 사실을 등장인물의 삶의 어디쯤 위치시켜야 할지 확신하지 못한다면, 그런 사실은 배제시킬 수 있다. 그들 자신의 질문 목록에 스스로 답을 달지 말고 그대로 두라고 권하라. 간접적인 등장인물의 전기에 대한 작업은 작은 역할을 연기하는 배우나, 혹은 그러한 간접적인 등장인물과 강력한 관계를 가지고 있는 등장인물을 연기하는 배우에게 할당하라. 예를 들어 메드베젠꼬 역의 배우에게는 메드베젠꼬의 아버지와 어머니의 전기에 대해 작업하라고 요구하라. 이 모든 과제를 연습실 밖에서 완수할 수 있도록 정하라.

그다음 날에는 그룹 전체와 함께 테이블에 둘러앉아라. 등장인물 리스트의 맨 위에서 시작해서 각각의 배우가 자신의 등장인물에 관해 준비한 사실들의 순서를 점검하고, 간단한 몇 가지 질문에 대답하면서 차례차례 각각의 등장인물에 대해 작업하라. 각 배우는 이 모임이 끝나기 전에 자신의 등장인물의 과거에 있었던 중요한 사건들의 명료한 연대기를 완성해야 한다.

배우들을 지도하기 위해서는 미리 준비된 등장인물의 전기를 적은 종이를 이용하라. 그들 각자에게 자신의 등장인물의 전기에 대해 말해보라고 요구하고, 잘못된 위치에 날짜를 적어놓았다면 중단시켜라. 배우들에게 날짜 선택을 잘못했다고 말하기보다는 당신의 제안에 대한 맥락을 제공하는 것이 바람직할 수 있다. 예를 들면 다음과 같이 말할 수 있다. "난 니나의 어머니의 죽음을 그렇게 오래전으로 잡는 것이 유용한지에 대해선 완전한 확신이 들진 않네요. 희곡의 행위에 좀 더 가깝게 놓는 것을 고려해보는 것이 더 낳을 것 같은데……. 그래야 계모가 새엄마가 될 테니까요."

이렇게 위치를 다시 잡음으로써 배우가 대사나 의도를 연기하는 데 도움이 되는 순간의 예를 희곡에서 들도록 노력하라. 이런 방법을 통해 당신은 과거의 사건들과 희곡에서의 현재 행위에서 등장인물이 말하거나 행하는 것 사이의 연관성에 배우들이 항상 집중하게 할 수 있을 것이다. 만약 배우가 동의하지 않는다면, 텍스트에서 관련 대목을 함께 읽고 단어가 주는 가장 분명한 인상을 찾아라. 그다음에 간접적인 등장인물들에 대해서도 같은 방식으로, 즉 그들의 이름이 희곡에서 등장하는 순서대로 작업하라.

배우들이 현재 당신이 작업하고 있는 등장인물과, 그들 자신의 등장인물의 과거 사이의 연관성을 찾아보도록 유도하라. 그럼으로써 그룹 전체가 리허설 과정에 참여하게 하라. 가족 중 한 사람만이 텍스트에 언급되어 있더라도, 가족의 결혼이나 죽음과 같은 중요한 사건들은 반드시 모든 가족의 전기에 기록되어야 한다.

배우가 등장인물의 전기를 구축할 때, 희곡에서 그들이 맺고 있는 관계들에 대해 생각해보도록 지도하기 위해 관계들에 대해서 당신이 준비한 작업을 이용하라. 비록 두 등장인물이 희곡 자체에서는 직접적인 상호작용을 거의 하지 않더라도, 그들을 연결하는 사건이 과거에 있을 수 있다는 점을 배우들이 인식하도록 유도하라. 그러면 배우들이 관계를 만들어내는 데 도움이 될 것이다. 예를 들어「갈매기」에 대해 작업하고 있다면, 니나의 출생 연도에 이르렀을 때 도른을 연기하는 배우에게 "당신이 니나의 출생을 도왔다고 생각하세요?"라고 물을 수 있다. 니나가 어머니의 죽음에 대해 말할 때 도른에게 "당신이 니나의 어머니를 간호했다고 생각하세요?"라고 물어볼 수도 있다. 도른이 니나의 아버지에 대해 지나치게 부정적으로 이야기한 대사가 텍스트의 제1막에 있다는 점을 기억하면, 그 배우는 그런 느낌을 뒷받침하기 위해 그의 전기에 어떤 것을 적어둘 필요가 있다. 도른을 연기하는 배우는 니나의 출생과 그녀 어머니의 사망 날짜를 과거에 대한 사실들의 목록에 추가할 것이다. 도른이 니나와 같이 하는 장면이 몇 개 있고, 그래서 도른과 니나가 함께 정확히 연기하기 위해서는 그들의 과거 관계에 대한 영상을 가지고 있을 필요가 있다는 점도 기억하라.

또한 제5장에서 기술한 것처럼, 하나의 특정 사건이 배우들 자신의 등장인물의 생각, 즉 그 등장인물 자신과 다른 등장인물들에 대한 생각을 어떻게 형성할 수 있는지 환기시키기 위해 당신이 등장인물들 간의 관계를 설정하면서 했던 작업을 이용하라. 예를 들어 돈에 대한 아르까지나의 생각이, 그녀가 일찍이 경험한 유산 상속에서의 배제와 가난에 의해 어떻게 형성되었는지를 지적하라. 그룹의 나머지 사람들이 아이디어를 얻으려고 한다면, 두 명의 등장인물의 전기에서 이와 같은 몇몇 핵심적인 순간들을 지적하면 된다. 그러고 나서 나중에 현재의 행동과 과거의 사건 사이에 특히 강력한 연관이 있는 장면에 대해 작업할 때, 이러한 다른 연관성들도 언급할 수 있다.

반드시 각 등장인물에게 적당한 시간과 관심을 주되, 한 배우가 그룹 모임을 장악하여 자기의 등장인물에 대해 길게 이야기하는 것을 허용하지 말라. 만약 이런 일이 발생하기 시작하면, 그 배우에게 그의 관심사를 간단한 질문 형식으로 표현해서 나중에 다루어져야 하는 그의 질문 목록에 추가하도록 요구하라. 만약 두 배우가 언제 그리고 어떻게 그들이 공유한 사건이 과거에 발생했는지에 대해 논쟁한다면, 그들에게 당분간 그 사실을 고려의 대상에서 제외시키도록 요구하라. 두 사람은 그 사실을 가까운 장래에 설명될 하나의 질문으로 되돌릴 수 있을 것이다. 그러고 나서 힘차게 작업을 계속하라.

이 과정이 끝날 무렵까지, 모든 전기의 세부 항목들을 모두 채우거나 모든 질문에 답변할 필요는 없다. 언제나 차후에 추가 조사, 혹은 더욱 신중한 숙고, 혹은 더욱 면밀한 텍스트 독해를 필요로 하는 일들이 있기 마련이다. 그러나 처리되지 않은 사소한 항목들을 너무 많이 남겨두지 말라. 배우들 모두 과거에 그들에게 있었던 핵심적인 공동의 사건들을 이해하고, 사실들에 대한 최초의 스케치가 그들에게 준 것 이상으로 등장인물들에 대한 더욱 충실한 영상을 가지게 되었다고 느끼면서 이 그룹의 연습 과정을 떠나야 한다. 배우들은 또한 모든 다른 등장인물과 자신이 담당한 등장인물의 관계에 대해 생각하기 시작해야 한다.

그룹 모임은 고되고 시간을 소진하는 활동이다. (제1막에서 기술한 것처럼) 모든 등장인물에 대한 세심한 준비를 끝냈을 때에만 그룹 모임을 시작하라. 침착하라. 그리고 집중하라. 아울러 언제나 시간이 제한되어 있다는 인상을 배우들에게 주지 않으면서 훈련을 진행하라. 단 한 번의 모임으로 모든 등장인물의 전기를 구성하려고 하지만 않는다면, 그런 자세는 도움이 될 것이다. 아마도 세 시간짜리 모임 한 번에 여섯 명의 등장인물에 대해서, 그리고 그다음 모임에서는 다른 여섯 명의 등장인물에 대해서 작업하는 것을 선호할 것이다. 이러한 모임에 디자이너를 초대해야 한다는 것을 명심하라. 배우가 등장인물의 전기를 어떻게 심화시키는지 디자이너가 지켜보면, 의상 선택을 더욱 명료하게 할 수 있을 것이다. 또한 리허설 과정이 일방 통로가 아니라는 점도 명심하라. 배우들은 종종 당신이 결코 생각해보지 않았던 매력적인 세부 사항을 제시할 수도 있는데, 그때 당신은 준비했던 인물 전기에 수정을 가해야 하는 경우가 생길 것이다.

▪ 요약

당신이 작성한 사실과 질문의 주 목록으로부터 배우들이 자신의 등장인물에 대한 모든 사실과 질문을 수집하도록 요구하라. 그들에게 사실들을 개략적인 연대기 순서로 배열하라고 권유하라.

간접적인 등장인물에 대해 이런 작업을 하도록 각 배우에게 할당해주어라.

팀을 한데 모아 희곡을 연기하는 데 도움이 될 전기를 작성하고, 이때 배우들을 이끌기 위해 당신이 준비한 전기들을 이용하라. 각각 다른 인물의 전기들에서 공통적으로 발생한 사건에 대해 합의하도록 그들을 도우라.

관심의 초점이 되는 등장인물과 다른 등장인물의 과거 사이에서 연관성을 찾도록 모두에게 권함으로써 전체 그룹을 그 과정에 참여시켜라.

과거의 사건들과 희곡의 현재 행위에서 드러나는 등장인물들의 생각 사이의 관계로 배우들의 관심을 끌어내기 위해, 당신이 등장인물의 관계들에 대해 해두었던 작업을 이용하라.

각 등장인물에게 동등한 관심을 주어라.

배우들에게 그들의 관심사를 리허설 과정 중 차후에 답변될 질문의 형식
으로 표현하게 함으로써 이 과정에서 발생한 문제들을 처리하라.

이 작업이 끝날 즈음 반드시 등장인물의 전기에 너무 많은 미진한 부분을
남기지 않도록 하라.

리허설이 시작되기 전에 당신이 완료한 조사와 준비를 토대로 등장인물
에 대한 작업을 위한 그룹 모임을 소집하라.

(9) 등장인물 및 등장인물의 템포에 대한 첫 번째 실제적 작업

이러한 훈련들을 통해 당신은 배우들이 등장인물의 전기에 대해
당신과 함께 수행했던 작업을 어떻게 받아들였는지 이해할 기회를
얻게 된다. 그뿐만 아니라 배우들은 자신의 등장인물을 접해볼 수 있
다. 일단 등장인물의 전기에 대한 당신과 배우들의 집단 작업이 이루
어지면, 이러한 훈련들을 시작할 수 있다. 또한 이러한 훈련들을 해
봄으로써 배우들은 리허설 과정에서 도입했던 증대된 신체적 정확성
을 아이디어와 감정에 대한 훈련을 통해 시험해볼 수 있다.

각 배우에게 그의 등장인물의 전기를 살펴보고, 그가 혼자서 하는
간단한 활동, 즉 구두를 닦거나, 음식을 준비하거나, 혹은 침대를 정
리하는 행동이 일어나는 특정한 시간과 장소에 대해 생각해보도록
요구하라. 반드시 배우들이 희곡에서 촉발된 사건보다 이전의 한 시
점을 선택하게 하고, 주요 사건들을 피하도록 요구하라. 배우들에게
그들의 등장인물이 의자를 사용하는 장소를 그려보고, 방에서 그들
이 발견한 소품들을 사용해보고, 혹은 단순히 그들이 필요로 하는 오

브제를 그냥 상상해보도록 유도하라. 그룹 전체는 당신이 앉아서 지켜보고 있는 동안 연습실에서 동시에 훈련할 수 있다.

훈련이 끝난 후에 모두에게 자신의 등장인물에 대해 무엇을 알게 되었는지 간략히 말해보도록 요구하라. 만약 누군가가 잘못된 방향으로 가고 있는 것을 눈치 챘다면, 생각해볼 필요가 있는 그 밖의 요소들을 지적하거나 혹은 보강할 필요가 있는 등장인물의 측면에 대해 작업해보라고 권하라. 「갈매기」에서 샤라예프를 연기하는 배우는 군 장비를 닦는 일을 포함한 몇 가지 군대식 훈련들을 반복적으로 수행함으로써 그 등장인물의 군인다운 면모(샤라예프는 영지의 관리인이 되기 전에 장교였다는 설정)를 강화할 수 있었다. 주어진 리허설 기간에 따라서 이러한 훈련들을 한 주 정도 규칙적으로 실시하라. 훈련들을 준비하고, 실행하고, 토론하는 데 약 20분 정도 소요되어야 한다. 여기에 배우들이 「갈매기」에서 했던 훈련의 예가 몇 개 있다.

1871. 8 도른은 아기인 마샤와 단둘이 있다. 도른은 마샤를 안고 있다.

1888. 5 꼰스딴찐이 처음으로 글을 쓰려고 한다.

1873. 7 아르까지나는 폴타바 공연을 위해 분장을 하고 있다.

1890. 11 뽈리나는 꼰스딴찐의 옷을 다림질하고 있다.

이런 훈련을 하는 동안에 등장인물의 템포tempo, 속도에 대한 아이디어를 도입해보라. 그것은 등장인물이 생각한 무언가를 실제로 하는 속도다. 때때로 배우들은 그들 자신의 속도로 등장인물들을 연기할 것이다. 이것은 그 등장인물의 템포보다 더 빠를 수도, 더 느릴 수도 있다. 이런 일이 생기는 것을 보자마자 당장 그것을 지적하라. 배우들은 일찍부터 잘못된 템포로 자신의 등장인물을 구축할 수 있는데, 그것을 되돌리기는 아주 어렵다. 문제는 한 사람이 그의 등장인물의 템포를 정확하게 연기하지 않기 때문에 장면들 자체가 정확하지 않은 속도로 연출되는 것인데, 그것은 연습 과정 후반에서야 나타난다.

인물의 전기나 관계에 대해 작업하면서 당신은 이제 템포에 관해 어느 정도의 결론에 도달하게 될 것이다. 예를 들어 소린은 잠을 자는 것에 대해 이야기를 많이 하며 지팡이를 가지고 움직인다는 것을 알아차릴 것이다. 이것은 당신에게 템포가 느리다는 인상을 주기 시작할 것이다. 사건들과 의도를 분석하는 것은 템포에 대한 당신의 이해를 심화시킬 수 있다. 예를 들어 꼰스딴찐이 소린에게 말할 때 그의 어머니를 공격하는 방식에서, 혹은 니나의 발걸음에 대해 갑작스럽게 흥분하는 그의 반응에서, 혹은 공연을 급작스럽게 멈추는 방식과 같은 것에서 꼰스딴찐이 제1막의 사건들에 반응하는 속도를 알아차릴 것이다. 그의 반응 속도는 그의 템포가 빠르다는 결론으로 당신을 조금씩 이끌 것이다. 각 등장인물에 대한 정확한 속도 혹은 템포는 당신이 과제를 준비해가는 동안 이런 방식을 통해 명료해질 것이다.

- **요약**
  등장인물이 혼자서 간단한 행위를 하고 있는 특정한 장소와 시간에 대해 생각해보도록 배우에게 요구하라.
  이런 일이 일어나는 장소를 의자로 표시하게 하라. 모든 배우는 연습실에서 동시에 자신의 위치를 표시할 것이다.
  훈련이 끝날 무렵에 배우들에게 무엇을 배웠는지 물어보고, 어떤 피드백이라도 주어라.
  등장인물의 템포라는 아이디어를 도입하라.

(10) 관계들

나는 무대 위의 사람들 사이에서 무슨 일이 일어났는지 보는 것을 좋아한다. 또한 사람들의 관계가 곧 그들을 연결하는 눈에 보이지 않는 아름답게 짜인 거미줄 같은 것이라고 생각한다. 만약 당신이 손을 부드럽게 등장인물들 사이에 끼워 넣는다면, 그 거미줄을 상당히 많이 느낄 수 있을 것이다. 때때로 공연을 보면서 나는 배우들이 그저 멋진 기술로 만들어낸 등장인물을 연기하고 있는 것을 본다. 그 장면에서 다른 등장인물들과의 관계에 대한 분명한 영상은 가지고 있지 않는데도 말이다. 그런 일을 목격한 순간 언제나 내 안의 어느 부분은 눈앞의 일에 대한 흥미를 잃는다.

관계에 대한 작업은 배우에게 가장 중요하지 않은 사람부터 가장 중요한 사람에 이르기까지 희곡에서의 모든 사람과 맺게 되는 상호 관계에 대해 생각해보도록 고무시킨다. 등장인물의 전기에 대해 작업을 하게 만드는 것만으로도 배우들로 하여금 그들이 희곡에서 맺는 모든 관계에 대해 관심을 가지도록 이미 이끌어낸 셈이다. 등장인물들의 관계에 대해 당신의 사고를 더욱 심화시킬수록 관객들이 공연을 통해 최종적으로 바라볼 등장인물들의 관계는 더욱 신뢰할 만할 것이다(만약 당신이 이 작업을 하지 않는다면, 배우들은 친밀감에 이끌릴 것이다. 그리하여 고작 가장 중요한 관계를 연기하거나, 최악의 경우 열 개의 관계 중 단 하나만 연기할 것이다. 예를 들어 아르까지나를 연기하는 배우는 뜨리고린 및 꼰스딴찐과의 관계만을 연기함으로써 그녀의 아픈 오빠 소린, 그리고 그녀의 옛 애인 도른을 포함한 다른 여덟 명과의 관계들은 간과하고 말 것이다).

당신이 대본을 준비하면서 했던 것처럼, 배우에게 각 등장인물에 관해 자신의 생각과 관련된 구절을 대본에서 인용하여 적는 과제를 내주지 말라. 그 대신 (제5장에서처럼) 관계들을 준비할 때 했던 대로 배우에게 "나는 ○○입니다"와 같이 완결되지 않은 문장을 적게 하고, 등장인물들이 자신에 대해 어떻게 생각하는지를 묘사하는 서너 개의 간단한 형용사나 명사로 문장을 완성하게 하라. 이 문장들을 등장인물들이 결코 누구에게도 드러내지 않으려 한다고 여기게 하라. 배우들에게 이것을 하도록 15분을 준 다음, 팀을 한데 모아 차례차례 각 등장인물의 역할을 해보게 하라. 배우 각각이 자신의 문장을 크게 읽게 하고, 그들이 제안하는 것에 반응하라.

배우들이 때때로 자신이 맡은 등장인물에 대해 판단한 것을 적어 넣는 것도 알아차리게 될 것이다. 예를 들어 「갈매기」에서 꼰스딴찐을 연기하는 배우는 "난 어린애다"라고 적을 수 있고, 샴라예프를 연기하는 배우는 "난 공격적이다"라고 적을 수 있다. 그러나 이러한 생각들은 다른 사람들이 그 등장인물들에 대해서 말할 수 있는 것이지만, 등장인물들의 머릿속에 있는 생각은 아니다. 이런 표현을 제거하거나 더욱 정확한 형용사로 대체하라. 예를 들어 꼰스딴찐은 "난 쓸모없어"라고 생각할 수 있고, 그것이 그 자신을 어린애처럼 생각하게 만들 것이며, 샴라예프는 "난 대접을 제대로 못 받고 있어"라고 생각하기에 공격적일 수 있다.

만약 배우들이 모두 같은 것을 의미하는 몇몇 단어를 적는다면, 그들과 함께 그 생각을 가장 잘 담아낼 수 있는 단어 하나를 선택하라. 예를 들어 꼰스딴찐을 연기하는 배우는 **"난 재능이 없어! 루저야! 아무것도 아니라고!"**라고 적을 수 있는데, 강조체로 표기한 이 단어들은 '가치 없는'이라는 단어로 통합될 수 있다. 어떤 배우들은 서로 상충되는 생각들을 제거해버림으로써 등장인물들의 생각을 평이하게 만들기도 한다. 배우들에게 절대 그런 일을 안 하겠다는 다짐을 받아 두라. 만약 그들이 모순되는 생각을 삭제해버렸다면, 원래 문장으로 돌아가게 하여 그것들을 다시 첨가하게 하라. 각 배우들이 서너 개의 형용사나 명사를 내포한 간단하고, 정확하고, 명료한 문장을 만드는 것에서 이 훈련이 끝나게 해야 한다.

만약 그룹이 이 훈련을 좋아하고 그것의 효용성을 알게 되면, 그들에게 유사하지만 좀 더 긴 과제를 하룻밤 사이에 하도록 내줌으로써 다음 단계로 나아가라. 그들에게 각 등장인물에 관해 같은 방식으로, 다시 말하자면 서너 개의 명사와 형용사를 써넣어 문장을 채우도록 요구하라. 「갈매기」에서 아르까지나는 "꼰스딴쩬은 ○○이다", "소린은 ○○이다" 혹은 "도른은 ○○이다" 같은 문장을 메우게 될 것이다. 배우들이 그들 자신의 친밀감을 피하게끔 등장인물의 입장에서 모든 등장인물과의 관계를 고려해보라고 부탁하라. 다시 강조하지만, 그들이 써넣은 형용사는 등장인물들이 결코 어느 누구에게도 발설하지 않을 것처럼 생각하고 써넣게 하라.

다음 날에는 각자가 완성한 문장들을 그룹을 향해 다시 읽어주도록 배우들에게 요청하라. 빈칸을 채우는 데 도움이 되도록 당신이 준비한 것을 사용하게 하고, 정확하지 않은 것은 빼버려라. 때때로 배우들은 중요한 관계에만 집중하고, 그렇지 않은 관계는 무시한다. 그것은 친밀감, 습관, 그리고 지도의 부재 때문이다. 지금 이 훈련은 극 중에서의 모든 관계를 크든지 작든지 간에 살아 있게 만든다. 그것은 또한 배우들이 바른 방향에서 등장인물들의 관계를 구축하도록 보장한다. 마지막으로, 그 훈련은 배우들이 다른 등장인물에 관해 생각할 때 어떠한 빈틈이라도 있으면 드러내준다. 배우들은 올바른 형용사를 발견하면서 혹은 당신이 제안한 형용사에 반발하면서 교착상태에 빠질 수 있다. 그러니 이 훈련을 가볍게 진행하면서 그것에 대해 너무 많이 생각하지는 말라. 이 시점의 중요 목적은 그들이 극에서 맺는 모든 관계를 생각하게 하기 시작하는 것이다.

대사가 거의 없는 조역 등장인물들에 관해 상상력을 발휘하라. 이 과제를 하기 전에 그들에게 약간의 지침을 주어라. 나는 「갈매기」에서 시종 역을 맡은 배우들에게 개인 위생, 성적 습관, 그들을 고용한 사람들의 청결에 대해 생각해보라고 요구했다. 시종들은 언제나 그들을 고용한 사람들의 내밀하고 세세한 사항들을 알고 있으며, 그러한 사항들은 그들이 윗사람에 대해 무슨 생각을 하는지 알려준다.

- **요약**

  등장인물들이 자신들에 대해 어떻게 생각하는지를 묘사하는 간단한 형용사와 명사로 이루어진 "나는 ○○입니다"와 같은 문장을 완성시키도록 배우들에게 요구하라.

  배우들에게 차례차례 그들의 대사를 다시 읽도록 요구하고, 명사와 형용사의 정확한 목록을 뽑아내도록 도와주어라.

  그룹이 그 훈련을 좋아하면, 다른 모든 등장인물에 관해 어떻게 생각하는지 묘사하는 형용사의 목록을 작성하는 과제를 내주어라.

  조역 배우들에게 이러한 과제를 내주면서 유용한 핵심을 알려주어라.

(11) 배우들과 즉흥극을 설정하는 방법

즉흥극들은 배우들의 마음속에 등장인물의 과거에 대한 강력한 영상을 구축할 것이며, 이 영상들은 희곡의 현재 행위를 더욱 정확하게 연기하는 데 도움을 줄 것이다. 제5장에서는 즉흥극을 선택하고 계획하는 방법들을 제안했었다. 등장인물의 전기와 관계에 대한 작업은 즉흥극으로 시작하라. 즉흥극은 두 개를 하든, 열 개를 하든 시간상의 순서대로 한다는 것을 명심하라.

촉발 사건보다 즉흥극을 먼저 계획하고 해보라. 촉발 사건에 대한 즉흥극을 하는 것과, 나중에 제11장에서 기술하는 것처럼 첫 장면의 눈앞의 상황에 대한 즉흥극을 하는 것이 가장 좋다. 희곡의 장면들로 실제 리허설을 하게 되었을 때 장면 사이사이에서 무슨 일이 일어났는지에 대해서는 즉흥극을 하지 않아도 된다는 것을 명심하라. 나중에 관련이 있는 장면을 연습하는 사이에 이러한 즉흥극들을 삽입할 수 있다. 각 장면에 대한 목적 상황들은 그 장면을 하기 바로 직전에 즉흥극으로 연습해볼 수 있으며, 그러면 그 장면의 행위 직전에 무슨 일이 일어났는지에 대한 기억이 배우들의 마음속에 생생하게 남을 것이다. 그다음에 오는 설명은 배우들과 어떻게 즉흥극을 하기로 정하는지에 대해 알려줄 것이다.

배우들을 모아 그들이 했으면 하고 바라는 최초의 즉흥극에 대해 당신이 준비해온 지침들을 주어라. 그것은 당신이 배우들에게 직접 내리는 최초의 지침이며, 당신은 처음으로 배우들이 그 과정의 핵심적인 요소들(눈앞의 상황들, 사건들, 의도들, 장소와 시간)을 한꺼번에 훈련으로 연기하도록 지시하는 것이다. 지침을 내릴 때 서두르지 말라. 그리고 배우들이 어떤 질문을 하든 시간을 내어 대답하라.

당신이 말한 것들을 배우들이 이해했으면, 그들이 즉흥극의 행위가 어디서 일어날지 장소에 대한 분명한 영상을 설계하고 구축하도록 시간을 주어라.

혼자서 혹은 (참여하지 않는) 다른 배우들과 함께 즉흥극을 보게 될 것이다. 원형 극장처럼 즉흥극이 이루어지는 장소의 경계에 둘러앉아 모든 사람이 그것을 보도록 권하라. 구경을 할 때 보이지 않으면 움직이면서라도 보라고 하라. 당신이 그들에게 멈추라고 할 때까지 (최대 10분 정도만 허용하더라도) 즉흥극을 계속하라고 요구하라. 배우들이 상황을 신뢰하지 않게 되었을 때 혹은 지침이 모호하다고 여길 때 그들을 멈추게 하라. 예를 들어 장소에 대한 영상이 떨어져나간다면, 혹은 의도를 연기하는 것을 멈춘다면, 즉흥극을 하는 것도 멈추게 하라. 즉흥극을 멈춰야 할 때 멈추게 하는 것은 멋진 기술이다. 실수도 하겠지만, 그 실수들은 당신이 발전하는 데 도움이 될 것이다.

즉흥극이 끝날 무렵에는 즉흥극을 설정할 때 당신이 준 지침과 직접적으로 연관된 피드백을 주어라. 사건이나 의도가 어디에서 선명하게 연기되지 않았는지, 장소가 어디에서 선명하게 연기되었고, 어디에서는 선명하지 않았는지 지적하라. 배우가 연기하는 것이 올바른 방향을 취하면 칭찬하고, 별반 도움이 되지 않는 것은 지적하라. 예를 들어 소린과 같은 등장인물이 즉흥극에서 지팡이를 사용하지 않았다면, 배우에게 등장인물의 신체적 상황에 대해 조금 더 떠올려보라고 하라. 마샤를 연기하는 배우가 코담배를 매우 정확하게 사용했다면, 그녀가 한 것을 그녀 자신도 알게 하라.

만약 배우가 즉흥극에 대한 당신의 아이디어를 거부한다면, 아이디어를 바꾸거나 무시하고서 진행시킬 수 있다. 만약 배우가 당신의 아이디어를 실행해보려고 준비했다면, 즉흥극을 해보도록 요구하되 그것은 첫 단계의 스케치에 불과하다는 것을 강조하라. 당신의 아이디어가 제대로 작용하지 않으면, 다른 식으로 해보라고 하라. 열 번 중 아홉 번은 당신의 아이디어가 그들을 설득할 것이다. 만약 배우가 언성을 높여가며 당신의 아이디어에 동의하지 않는다면, 그 대신 무슨 일이 일어나는지 제시해보고 그것을 해보라고 요구하라. 그러면서 당신은 정확한 지침을 서둘러 제시하여야만 한다.

■ **요약**

> 등장인물의 전기와 관계에 대해 작업할 때에만 즉흥극으로 시작하라.
> 시간의 순서대로 즉흥극을 해보라.
> 지침을 천천히 주면서, 배우가 당신이 말한 것을 이해할 시간도 주어라.
> 즉흥극을 바라보고 있는 사람들에게 행위가 일어나는 장소의 주변에 둘러앉도록 요구하라. 마치 그곳이 원형 극장인 것처럼 말이다.
> 즉흥극의 설정을 배우들에게 정해주었을 때 당신이 준 지침과 관련된 각 즉흥극들이 끝날 무렵에 피드백을 주어라.
> 즉흥극에 대한 당신의 아이디어에 배우들이 동의하지 않는다면, 계획을 바꾸거나 혹은 그들에게 나중에 그들의 아이디어대로 해볼 수 있다는 확신을 주면서 일단 당신의 아이디어대로 즉흥극을 해보라고 부탁하라.

(12) 시각화 훈련을 활용하는 방법

시각화 훈련들은 희곡에서 전개되는 행위를 지탱해주는 과거 사건의 영상들을 만들어내는 또 다른 방법이다. 만약 시간이 없다면, 그것들을 즉흥극으로 대체하거나 연습실에서 해볼 수도 있고, 밤새 숙제로 하게 할 수도 있다.

눈을 뜨고 조용히 앉으라고 배우들에게 요구하면서, 그들의 눈이 다른 사람들이나 오브제들과 상호 작용하며 움직이는 카메라와 같다고 상상하게 하라. 「갈매기」에서는 마샤가 처음으로 코담배를 사는 것을 시각화할 수 있고, 꼰스딴찐이 뜨리고린의 작품을 관람하면서 아르까지나의 연기를 보는 것을 시각화할 수 있다. 배우는 프레임마다 사건이 어떻게 펼쳐질 것인가 상상할 것이다. 만약 배우가 눈을 뜨고서 훈련하기 위해 고군분투한다면, 눈을 감으라고 제안해보라.

시각화 훈련은 한 등장인물에게 발생한 과거의 사건들에 대해서는 매우 유용하지만, 한 사람 이상의 사람들에게 영향을 미치는 과거의 사건들에 대해서는 덜 유용하다. 그런 경우에는 즉흥극으로 탄생한 하나의 영상을 공유하는 것이 더욱 유용할 것이다. 「갈매기」에서 꼰스딴찐이 제1막과 제2막 사이에서 갈매기를 죽이는 것을 시각화해보이는 것은 아무도 그 사건에 연루되지 않았기 때문에 좋을 것이다. 그럼에도 공동의 영상을 갖는 것이 필요하다는 이유로 니나와 뜨리고린이 제3막과 제4막 사이에서 임신, 아이의 탄생과 죽음을 겪는 것을 시각화해보는 것은 유용하지 않을 법하다.

- **요약**
  > 배우들에게 눈을 뜬 채(혹은 감은 채) 앉아서, 마치 그들의 눈이 프레임마다 하나의 사건을 촬영하는 카메라인 것처럼 등장인물의 전기 중 하나의 사건을 택해 시각화해보라고 요구하라.
  > 이러한 훈련은 한 사람 이상의 사람들에게 일어나는 사건에 대해서는 덜 유용하다는 것을 기억하라.

(13) 짧은 리허설 기간에 이 모든 것을 하는 방법

짧은 리허설 기간에 맞추기 위해 리허설 과정 중 몇 단계를 생략하거나 압축하는 것은 위험하다. 그것은 과거나 미래에 대한 분명한 영상이 없는 상황에서 등장인물을 구축하거나, 혹은 구축해놓은 등장인물들이 실제의 시간과 장소에서는 존재하지 않는다는 것을 의미하기 때문이다. 그러니 작업할 때 선택해야 하는 요소들과 관련하여 다음 사항들을 명심하라.

사실들과 질문들을 도입하기 만약 시간적 여유가 없다면, 눈앞의 상황에 대한 질문들이나 사실들을 과제로 정해놓지 말라. 눈앞의 상황의 세부 항목들을 준비하고, 관련이 있는 장면 리허설 직전에 배우들에게 알려주어라. 배우들과 함께 과거의 사실들과 관련 질문들을 목록으로 만드는 데 드는 시간을 세 시간으로 압축하라. 그러고 나서 훈련이 정확하게 지속되도록 하되, 긴 토론은 피하라. 토론이 발전하는 것을 보자마자 배우들에게 그들의 논점을 간단한 질문들로 축약하라고 요구함으로써 토론이 길어지는 것을 애초에 차단하라. 시간을 다 써버린 것을 발견했다면, 팀에게 사실에만 초점을 맞추라고 부탁하라.

조사 배우들에게 극의 세계에 대해 세 가지 단순한 사실을 만들어내도록 요구하라. 그것을 첫날의 과제로 삼아라. 팀을 모으고 다함께 한 시간 반 동안 각각의 사실들에 귀를 기울여라. 이것은 극의 세계에 대한 하나의 공통된 영상을 구축하는 데 도움을 줄 것이다. 그러고 나서 첫 주 내내 개별 배우들이 밤중에 할 핵심적인 과제를 내주어라. 예를 들어 코담배를 모르고서 마샤를 연기하는 것은 가능하지 않다. 이상적인 상황이라면, 어떤 조사 결과도 그룹 전체의 피드백 모임을 통해서 공유되어야만 한다. 그러나 그럴 시간이 없더라도, 조사는 개별 배우들이 등장인물을 구축할 때 도움이 될 것이다. 조사 과정에서 알게 된 중요한 요소들을 공유할 수 있는 좌담회를 마련해보라. 모두가 알아야 하는 중요한 정보가 있다면, 밤새 읽어보도록 종이에 적어서 나눠주어라. 「갈매기」에서 모든 배우는 아르까지나가 버려진 영지들에 대해 언급했던 제1막 내내 무대에 있었다. 그들은 영지들이 왜 붕괴했는지, 그리고 그 시절 영지의 전반적인 경제 상황에 관해 약간의 기본적인 정보들을 알고 있을 필요가 있다.

장소 리허설 첫날에 장소의 범위에 대한 최초의 훈련을 하라. 이후 과정에서도 특별히 시간을 확보하지 않고도 장소에 대한 모든 작업에 주의를 기울일 수 있어야 한다. 어떤 연기 훈련이나 즉흥극, 혹은 리허설에서도 장소에 대한 명확한 피드백을 주는 식으로 상소의 범위에 대해 훈련하라.

작가와 장르 첫날에는 작가에 관한 기본적인 사실들을 소개하라. 별도의 그룹 모임은 마련할 필요가 없다. 그 대신 등장인물의 전기에 관한 작업을 하면서 관련된 정보를 약간씩 끼워 넣어라. 예를 들어 도른의 전기를 담당하게 되었을 때, 체호프가 어떻게 의사로서 훈련받았는지를 알아보기 위해 체호프의 생애를 살펴보라고 요구하라. 그리고 나서 관련 배우들에게 작가의 삶 속의 사람들에 대한 조사 과제를 내주어라. 그것은 작가의 삶에 대한 정보를 공유하기 위해 전체 회의를 소집하기 보다 해당 인물에 대한 기본 지식으로 활용될 것이다. 희곡의 장르가 무엇인지 배우들이 알게 하되, 그 일은 장면 리허설 때 하라.

아이디어에 관한 실제적 작업 작업 중인 희곡의 아이디어에 관해 합의를 도출하는 그룹 모임은 아무리 많이 걸려도 30분 정도여야 한다. 중심 아이디어를 선택하고, 배우들에게 밤새 그 아이디어와 관련된 자신의 삶의 부분을 생각해보라고 요구하라. 다음 날에는 세 시간짜리 모임에서 그 부분을 재연시켜보라. 피드백을 줄 때 그들의 삶과 극 행위 사이의 관계를 강조하고, 배우들의 주의를 리허설의 핵심적인 요소들(시간, 장소, 의도, 사건과 정확한 실제 행위들, 사람들이 일상적으로 사용하는 제스처들)로 이끌어내라. 장면 리허설을 할 때나 등장인물의 전기를 구축할 때 다른 아이디어에도 신경을 쓰라. 마음속으로 희곡을 지탱해주는 모든 아이디어를 가지고 등장인물을 구축하는 것은 아닌지 배우들에게 일깨워줄 수도 있다. 아르까지나를 연기하는 배우는 가족이라는 주제뿐만 아니라 '사랑과 결부된 불행'이라는 아이디어도 연기할 수 있다. 이것은 뜨리고린과의 연애를 연기하는 부분에서 명백하게 드러날 것이다. 그러나 '꼰스딴찐의 어머니' 역할로는 부족해 보일지도 모른다. 그녀에게 가족에 대한 생각을 좀 더 구축해보라고 제안하라.

감정에 대한 실제적 작업 이 단계를 모두 생략하라.

등장인물 전기 배우들이 과제로 간단한 등장인물의 전기를 작성하는 훈련을 하는 것과, 당신도 그룹 모임에서 그 전기를 작성해봐야 하는 것은 필수적이다. 그것을 단 한 번에 세 시간짜리 그룹 모임에서 할 수 있어야 한다. 그 훈련을 서둘러 해버린다면, 결말 부분이 다른 때보다 더 늘어질 것이다. 그러니 장면에 대해 작업할 때에는 반드시 그것들을 정리해두도록 하라. 정말 시간에 쪼들린다면, 당신 스스로 스케치하듯이 전기를 구성하고, 그것을 배우들에게 토론의 출발점으로 제공하라.

등장인물 및 등장인물 템포에 대한 첫 번째 실제적 작업 이 훈련들은 15~20분밖에 안 걸린다. 그러니 적어도 세 가지 정도를 초반 2~3일 동안 해보라. 정말 시간을 낼 수 없다면 아예 생략하라.

관계들 그룹 훈련을 건너뛰어라. 그 대신 당신이 준비해놓은 작업을 배우들과 함께 장면 작업을 할 때나 혹은 등장인물의 전기를 구축할 때 그들을 안내하기 위해 사용하라. 예를 들어 많은 등장인물이 등장하는 그룹 장면에서 두 명의 배우에게 그들이 서로에 대해 배려하지 않는다고 지적할 수 있다. 그들에게 등장인물에 대한 자신의 생각을 명료하게 하라고 요구하라.

즉흥극들 시간이 얼마 없다면, 모든 즉흥극을 생략하고, 그 대신 장면 리허설을 할 때 리허설과 관련된 과거의 시점에서 발생한 것에 대해 토론하는 것(혹은 사건을 시각화하라고 요구하는 것)을 고려해볼 수 있다. 예를 들어 한 등장인물이 과거의 사건을 묘사할 때, 그 묘사를 멈추게 하고서 그 사건에 관해 이야기하게 하거나, 혹은 2~3분을 주어 그 사건을 시각화하게 하거나, 혹은 그 사건이 밤중에 어떻게 발생했는지 생각해보라고 요구하라. 만약 과거의 영상이 공유되면, 관련이 있는 배우들에게 함께 사건을 시각화해보라면서 리허설 중에 시간을 주어라. 그러나 잘 구성된 즉흥극이 토론보다 시간이 덜 든다는 것을 명심하라.

시각화 훈련 이 훈련들 중 두세 개를 설정하는 것이 도움이 되지만, 반드시 중요한 것은 아니다.

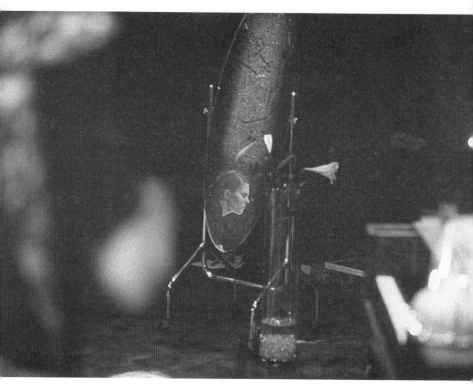

장 주네의 「하녀들」

CHAPTER 11

희곡의 장면들에 대해 작업하기

제11장에서는 희곡을 어떻게 현실화시키는지를 살펴볼 것이다. 이 작업은 리허설 기간 중 60퍼센트를 차지하며, 희곡의 행위 분석에 서부터 연습실에서의 최종 예행연습까지를 포함한다. 이 장은 다음과 같은 열한 개의 영역들에 대한 조언을 담고 있다.

- 배우들과 함께 희곡 행위 분석하기
- 마킹
- 촉발 사건과 눈앞의 상황 즉흥극
- 리허설을 어떻게 구성하나
- 처음 장면 리허설
- '블록킹' 혹은 관객을 위해 행위를 명료하게 만들기
- 두세 번째의 장면 리허설
- 총연습(예행연습)
- 연습실에서의 막바지 날들 대처하기
- 리허설 중 무대, 의상, 음향, 조명 디자인, 음악에 대한 작업
- 짧은 리허설 기간에 이 모든 것을 어떻게 할까?

(1) 배우들과 함께 희곡 행위 분석하기

극 행위가 시작되기 전에 존재했고 발생했던 모든 것에 대한 사실들과 질문들을 찾기 위해서 그룹은 이미 한 번 희곡을 철저하게 읽어봤다. 이제 구체적인 과제 네 가지를 염두에 두고 배우들과 함께 희곡 전체를 다시 읽을 것이다.

① 사건들을 분리하고, 그것들에 제목을 붙일 것
② 각 막 혹은 각 장면 사이에 무슨 일이 일어났는지에 대해 사실들과 질문들을 기록하기
③ 각 막과 장면의 눈앞의 상황에 대한 사실과 의문점 기록하기(예를 들어 그 장면의 행위가 일어나기 전 24시간 동안 무슨 일이 일어났나?)
④ 각 막에 적절한 이름 찾기

아이디어와 감정에 관한 훈련에 대해 피드백을 주면서, 그리고 초반에 즉흥극들을 구축하면서 배우들에게 '사건'이라는 단어를 사용했기 때문에, 지금쯤 그들은 '사건'이라는 단어에 익숙해져 있을 것이다. 그럼에도 이 시점에서 그 단어의 단순한 정의를 상기시키더라도 그들이 상처를 입지는 않을 것이다. 즉, 사건이란 모든 사람이 하고 있는 것 혹은 연기하고 있는 것을 바꾸는 하나의 순간이다. 단어를 이렇게 상기시키고 나서, '막과 장면의 이름은 그 막 혹은 그 장면 전체를 통해 일어나고 있는 것에 대한 가장 간단한 묘사여야 한다'는 사실을 인식시켜라.

대본은 처음과 같은 방식으로 자신의 역을 읽지 말고, 한 사람이 한 번에 한 줄씩 읽어라. 앞서 말한 네 개의 과제에 도움이 되는 정

보를 포착했을 때마다 읽는 것을 멈추게 하라. 만약 어떤 정보를 지나쳐버렸다면, 지나친 정보에 주의를 돌려라. 대본을 함께 읽기 전에 막과 장면의 제목에 관해 배우들에게 물어보는 것이 가장 좋다. 그룹의 모든 사람이 장면과 사건에 대한 제목을 적게 하라. 또한 모든 사람이 언제 사건이 시작하고 끝날지에 대해 명확하게 인식하고 있어야 하며, 사건을 묘사할 때 같은 단어들을 사용해야 한다. 그들을 지도하기 위해 준비를 해놓은 대본을 사용하라.

가끔 나는 배우들의 직감을 쫓으면, 사건 몇 개의 위치를 수정하거나 혹은 준비하면서 내가 놓쳤던 두어 개의 새로운 사실을 추가하게 된다는 것을 발견한다. 또한 사건에 대한 가장 간단한 제목으로 배우들이 무엇을 생각하는지 물어보는 것이 유용하다는 사실을 발견하는데, 제목을 찾느라고 배우들이 애를 쓴다면 준비한 제목을 제공한다. 만약 배우가 사건에 관해 혹은 그것의 제목에 관해 전적으로 동의하지 않는다면, 그것 옆에 물음표를 표시하라고 제안하면서 리허설 후반에 다시 검토할 것이라고 말해주어 안심시켜라. 긴 토론으로 그룹 회의의 시간을 낭비하지는 말라.

그룹의 모든 사람이 연습에 함께하도록 하라. 그들이 사건 근처에 선을 긋거나 이름을 붙이기에는 시간이 좀 걸릴 것이란 점을 기억하라. 모든 사람이 각 과제를 완성시킬 때까지는 더 나아가지 말라. 이것을 시간이 많이 필요한 모임에서 시도하지는 말라. 차라리 하루나 이틀 동안 하라. 그것을 주제에 대한 실질적인 작업 혹은 즉흥극이나 동작 사이에 끼워 넣어라. 그것은 모든 사람의 상당한 주의력을 요구한다. 마음을 열고 배우의 아이디어와 인식에 반응하라. 동시에 그들이 벗어나지 않도록 준비해온 것을 사용하라.

리허설 과정의 마지막에 배우들에게 촉발 사건에 대한 정의를 알려주고, 촉발 사건을 알아내게 하라. 그다음에 각 막의 주요 사건들과 작품 전체에서 가장 중요한 사건을 알아내게 하라. 대사를 외울 때 그 사건들이 텍스트의 어디에서 나오는지 알아내라고 배우들에게 요구하면서 마쳐라.

마지막으로 배우들에게 '의도'에 대해 상기시키고, 그 단어의 가장 간단한 정의를 알려주어라. 의도란 한 등장인물이 무엇을 하기를 원하거나, 혹은 다른 등장인물(혹은 다른 등장인물들)이 무엇을 바꾸었으면 하고 원하는 것이다. 그들이 이미 리허설에서 했던 연습이나 희곡의 장면에서 당신이 의도한 것에 대해 구체적으로 예를 들어주어라. 그룹에게 의도란 사건에 따라 변한다는 것을 상기시켜라. 배우들이 이 모든 것을 이해했을 때, 그들에게 사건들 사이에 어떤 의도가 있는지 알아봄으로써 장면 리허설을 준비하라고 요구하라. 이것은 연습실 밖에서, 여가 시간에도 할 수 있다. 처음 몇 장면의 리허설을 하게 되었을 때, 그들에게 이러한 의도에 대해 분명히 이해시켜라. 이 시점에서 의도를 길게 설명하느라 많은 시간을 허비하지는 말라.

- **요약**
  극단 팀과 함께 다시 희곡 전체를 읽어본 다음, 네 가지 사실들 – 사건, 막의 제목, 장면 사이에서 일어난 일, 각 장면의 눈앞의 상황 – 을 분리하라.
  반드시 전원이 정보를 모두 적으며, 쫓아오지 못하는 사람을 제쳐두면서까지 서둘지 말라.
  새로운 발견들, 혹은 그룹의 새로운 제안을 기꺼이 수용하면서 미리 준비한 답변을 수정하라.
  과제에 대한 대답을 하느라 긴 논쟁을 함으로써 시간을 낭비하지 말라.

이 과제를 다른 실질적인 과제 사이에 끼워 넣어라.

촉발 사건, 각 막의 중심 사건, 극 전체에서 가장 중요한 사건을 알아내라.

배우들에게 어디에서 사건이 발생했는지 알아내도록 요구하라.

배우들에게 의도의 가장 간단한 정의를 상기시켜라.

배우들에게 첫 장면 리허설을 준비시키면서 사건들 사이에 있는 그 의도를 파악하는 숙제를 내주어라.

(2) 마킹

희곡의 행위가 발생하는 장소(들)에서 실제 작업을 시작하려는 순간에 이르면 무대 감독에게 그곳에 마킹, 즉 표시를 해놓으라고 요구하라. 이런 일은 대체로 촉발 사건에 대한 즉흥극이나 첫 장면에 나오는 눈앞의 상황들을 연기할 때, 혹은 첫 장면의 리허설 전에 생긴다. 만약 희곡의 행위가 여러 장소에서 발생하면, 무대 감독은 각 장소를 표시하기 위해 다른 색의 비닐 테이프를 들고서 일련의 계획들을 하나씩 세울 것이다.

이상적인 상황이라면, 제8장에서 기술한 것처럼 연습실 사방 모서리에서 최소한 2~3미터 여유를 두고 무대를 표시할 수 있을 만큼 충분히 넓은 연습실을 사용해야 한다. 무대 감독에게 연습실의 모서리에서 3미터 이상을 남기고 그 중간에 표시하라고 요구하고, 관객이 다른 방들을 보지 않더라도 할 수만 있다면 방의 여러 부분과 실내, 그리고 다른 방들도 표시하라고 요구하라. 예를 들어 극 행위가 식당에서 일어난다면 부엌, 복도 그리고 식당에서 이어지는 현관도 추가로 표시하라고 요구하라.

런던의 국립 극장에서 「갈매기」 리허설을 할 때, 우리는 제법 호화스러운 연습실을 사용했다. 우리는 극장의 바닥에 제3막의 행위가 발생하고 제4막도 걸쳐져 있는 두 개의 방, 즉 식당과 꼰스딴찐의 서재를 포함하여 여러 개의 장소에 표시를 할 수 있었다. 표시가 된 다른 장소들(침실, 부엌, 복도 같은)은 최종 디자인에서 관객들에게는 보이지 않으나, 배우들이 행위를 할 때 어디에서 왔고 어디로 향하는지를 파악하여 영상을 명료하게 구축하도록 돕기 위해 연습실에서 사용되었다.

물론 이것은 예외적인 크기의 연습실이었고, 연출가 경력 초기에는 기대하기조차 어려운 크기다. 만약 세트 디자인에 공간의 정확한 크기를 (혹은 그것보다 작게라도) 표시할 수만 있다면 걱정하지 말라. 그 경우에는 배우가 극의 행위가 일어나는 장소에 등장할 준비를 하도록 도울 다른 방도를 찾을 필요가 있다는 것만 명심하라. 예를 들어 시각화 연습을 사용하거나, 혹은 어디에서 와서 그 장소에서 무엇을 하고 있는지를 스스로 정확히 상기해보도록 장면을 시작하기 직전 몇 분을 배우들에게 허용할 수 있다.

만약 몇 개의 다른 장소에서 사건이 발생하는 내용의 희곡이라면, 그리고 여러 장소를 연이어 표시하여 배우들을 혼동시키고 싶지 않다면, 방이나 장소의 경계를 나타내기 위해 대나무 막대기를 사용하라. 막대기는 바닥에 쉽게 놓을 수 있고, 이곳저곳으로 움직일 때 들고 다닐 수 있다.

무대 감독에게 하루의 리허설이 끝날 즈음 혹은 리허설이 시작되기 직전에 마킹을 해놓으라고 요구하라. 배우들에게도 출근하자마자 표시가 의미하는 환경에 친숙해지라고 요구하라. 마루 위의 어떤 줄이 건축물과 풍경을 나타내는지 스스로 기억하면서 팀 전체와 표시한 둘레를 걸어볼 수도 있다. 표시한 장소(혹은 장소들)의 외부에서 무엇이 보일 수 있고 들릴 수 있는지, 혹은 다른 출구와 입구들이 어디로 향하고 있는지 토론하고, 늘 그런 것처럼 배우들이 360도를 회전하여 각 장소에서 무엇을 볼 수 있는지 알게 하라.

이 시점에서 모형이 필요한 특정 장면의 중요한 요소가 있다면 무대 디자이너와 토론하는 것이 유용하다. 예를 들어 문이 있는 문틀, 창문틀, 혹은 벽을 나타내는 판자와 같은 장면의 모형을 만드는 것을 고려해보라. 문을 제대로 만들어 세워놓는 것이 좋지만, 연습실에서는 사용하면서 넘어지더라도 문의 모형으로 연습하는 것이 중요하다.

- **요약**

  무대 감독에게 연습실 중앙 바닥에 세트를 표시하게 하라. 가능하다면 표시한 것의 모서리와 연습실 벽 사이에 2~3미터를 남기게 하라.

  관객에게는 보이지 않더라도, 가능하다면 중요 세트 표시 주변에 많은 인접한 방이나 장소를 추가하여 표시하라.

  표시할 정도의 공간 밖에 없다면, 배우들이 어디에서 왔고, 그 장소에서 무엇을 하고 있는지 영상을 구축할 수 있는 다른 방도들을 찾아보라.

  만약 한 연기 공간에 여러 장소가 설정되어 있는 상황에서 작업하고 있다면, 다른 장소들을 설명하기 위해 대나무 막대를 사용할지 고려해보라. 그럼으로써 배우들이 각기 다른 색의 비닐 테이프들 때문에 혼동하지 않게 하라.

  무대 감독에게 그날의 리허설이 끝날 즈음에 표시하게 하라.

  다음 날 팀과 함께 표시한 것 근처를 걸어보면서 바닥의 어떤 줄들이 풍경이나 건물의 무엇을 나타내는지 상기해보라.

  문틀 창문틀 혹은 벽과 같은 중요한 장면의 요소들의 모형을 추가하는 것을 고려해보라.

(3) 촉발 사건과 눈앞의 상황 즉흥극

이제 첫 장면에서의 눈앞의 상황 이후 전개되는 촉발 사건에 대해 당신이 계획한 즉흥극을 해보라. (제10장을 보고) 다른 즉흥극에 대해 했던 것과 똑같은 방법으로 즉흥극을 설정하고, 계속 정확한 피드백을 주어라. 막이나 장면 사이에서 발생한 사건에 관해서는 즉흥극을 하지 말라. 다른 장면과 막에 대한 눈앞의 상황에 대해서도 즉흥극을 하지 말라. 그러한 즉흥극들은 극 행위를 전개하면서 리허설 후반에 하게 될 것이다.

- **요약**

  촉발 사건과 첫 장면 혹은 제1막의 눈앞의 상황에 관한 즉흥극을 해보라.
  계속 피드백을 주어라.

(4) 리허설을 어떻게 구성하나

이 시점에서 리허설 일정이 바뀌는 가운데 리허설이 진행되니, 작업할 부분에 나오는 배우들만 소집하라. 시간 순서대로 작업하되 희곡을 작은 부분들로 쪼개기 위한 지침으로서 사건들을 이용하라. 행위가 전개되는 중에 누군가가 등장한다면, 반드시 그에게 이전 리허설에도 참여하여 자신이 등장하는 사건을 연습하게 하라. 이런 방식으로 연습하는 부분들은 중첩될 텐데, 총예행연습에서 장면의 부분 부분을 엮을 때 이 점이 극 전체를 훨씬 부드럽게 해줄 것이다.

여기에 「갈매기」의 리허설 첫날 일정이 있다.

오전 10시 마샤, 메드베젠꼬, 야코프, 일꾼들

오전 11시 30분 꼰스딴찐과 소린 합류

오후 1시 30분 점심

오후 2시 30분 꼰스딴찐, 소린, 야코프와 일꾼들

오후 4시 니나 합류

오후 5시 30분 끝

배우들이 등장 전에 워밍업을 할 수 있도록 시간을 몇 분 주어라. 만약 시간에 쫓긴다면, 그룹의 수많은 배우가 등장 전에 몇 분을 가지게 하라. 연습 과정에서 동작 훈련과 목소리 훈련을 위해 혹은 새로운 조사 자료를 전달하기 위해 팀 전체를 부를 수도 있다. 공동의 팀워크와 목적에 대한 감을 잃지 않는 것이 중요하다. 그 같은 훈련을 매주 한 시간 정도씩 하라. 물론 이것은 리허설 기간이 길 때 하는 이상적인 구성이다. 리허설 기간이 짧고, 이러한 팀 호출을 해볼 시간이 없더라도 걱정하지는 말라.

■ **요약**

시간 순서대로 희곡 전체를 리허설을 해보라.

리허설을 하기 위해 희곡을 작은 부분으로 쪼개라. 쪼개는 지침으로 사건들을 이용하라.

리허설을 위한 호출을 겹치게 하여, 배우들이 그들의 등퇴장을 연습할 수 있게 하라.

어디서라도 워밍업을 하게끔 계획하라.

동작 훈련을 위해 혹은 조사 자료에 대한 피드백을 위해 경우에 따라 전체 모임을 구성하라.

(5) 처음 장면 리허설

한 개의 장면을 처음 연습할 때 세워야 하는 목표는 배우들이 오랫동안 작업할 때 필요한 모든 좌표를 설정하고, 자료를 부드럽게 등장시키기 위한 것이다. 작업할 부분을 탐색하기 전에 텍스트에서 이야기하는 것의 의미에 대해 특별히 질문할 것이 없는지 확인하라. 만약 있다면, 그것들에 대해 토론하고 문제들을 처리하라.

이제 첫 연습이 '하고자 하는 부분의 말을 연습하는 것'이 아니라는 사실을 배우들이 알게 하라. 그 대신 첫 연습의 목적은 이야기를 만들어내고 구축하는 모든 것을 연습하기 위한 것임을 알게 하라. 이 '구축물들'은 의도들, 눈앞의 상황들, 시간, 과거 영상들, 관계들과 장소들을 포함한다.

첫째, 사건과 의도를 같이 보라. 연습은 대개 사건 별로 하게 될 것이다. 그러니 배우들에게 사건이 어느 곳에서 발생하는지, 즉 어디에서 시작하고 끝나는지를 상기시켜라. 그러고 나서 그들 각자에게 사건 전후의 의도를 물어보라(사건에 따라 의도가 바뀐다는 점도 상기시켜라). 이런 것들도 대본에 미리 적어 넣었을 것이니, 배우들을 올바로 안내하기 위해 사용할 수 있다. 배우들의 직감은 원래 써넣은 문장을 바꾸게 할 수도 있다.

의도에 대해 하나의 합의에 도달했으면, 배우나 당신 둘 다 반드시 합의한 문장을 정확히 적어 놓아야 한다. 배우들이 연기하기를 원했던 핵심을 포착해낸다면, 준비하면서 당신이 품었던 생각과 마지막 문장이 다르더라도 상관없다. 어떤 배우들은 "메드베젠꼬가 불편하게 느끼도록 하기"와 같은 멋스럽고 지적인 말하기를 좋아한다. 반면에 다른 배우들은 "당신은 메드베젠꼬 자신이 호구처럼 느끼게 만들었어"와 같은 강렬한 표현을 선호한다. 각 배우에게 적합한 어휘나 구문에 맞게 의도를 어떻게 해석할지, 그리고 당신이 원하는 결과를 어떻게 얻게 될지 연습 중에 알게 될 것이다. 의도에 관한 결정 과정은 이 첫 연습의 50퍼센트를 차지할 것이다. 연습 막바지에 배우들에게 의도를 염두에 두고 다 같이 장면 전체를 읽어보라고 요구하라.

그다음으로 눈앞의 상황들, 시간, 그 상황에서 작업하고 있는 장면이나 막의 이름을 배우들에게 상기시켜라. 마지막으로 장면이 발생하는 장소에 대해 그들이 가지고 있는 영상을 새롭게 하라고 배우들에게 요구하라. 자신들의 힘으로 그것을 할 수 있도록 배우들을 격려하는 것이 가장 좋다. 나는 대체로 배우들에게 다 같이 장소에 대해 이야기하도록 5분에서 10분 정도를 주는데, 그러면 그들은 표시한 것에 선 채 자신들의 주변에 무엇이 보이는지 서로에게 묘사한다(이와 같이 장면을 처음 연습할 때마다 배우들에게 장소에 관해 간단한 질문을 하는 것이 도움이 되리라. 실내에서 발생하는 장면이라면 "창문으로 뭐가 보이나요?"와 같은 단순한 질문이, 밖에서 발생하는 장면이라면 "저 멀리에 뭐가 있나요?" 같은 질문이 좋다. 제10장에서 소개했던 대로 연습 과정에서 초반에 등장시켰던 장소의 지도를 참고할 수 있으며, 이제 그것들은 연습실 벽에 붙어 있어도 된다).

배우들에게 기억나는 대본의 단어들과 그 부분을 실제로 연습하면서 만들어낸 단어들을 혼합하여 이용해보라고 요구하라. 이것 때문에 첫 연습은 즉흥극에 가까워질 것이며, 더욱 중요한 점은 배우들이 연습할 때 대본을 고수할 필요가 없어진다는 것이다. 대본은 테이블이나 의자 혹은 바닥 위처럼 행위가 발생하는 장소의 밖에 놓게 하라.

장면을 처음 연습하면 배우들은 다소 어색해할 것이다. 어떤 것들은 기억하고, 다른 것들은 잊어버릴 것이다. 배우들은 다소 좌절할 것이고, 특히 이런 방식으로 작업하는 것이 처음이라면 나중에는 당혹해할 것이다. 이런 일이 일어나더라도 걱정하지 말라. 그 대신 초반에 즉흥극에서 정해 놓았던 것처럼 그들에게 정해준 (사건들, 의도들, 눈앞의 상황들, 그리고 시간과 장소를 포함한) 과제에 대해 피드백을 주어라. 예를 들어 그들에게 시간과 장소에 대한 연기를 명확하게 하도록 요구하되, 반드시 그들의 의도를 명료하게 드러내도록 요구하라.

그러고 나서 그들에게 그 장면을 다시 '해보라고' 요구한 다음, 당신이 준 메모들을 어떻게 실행하는지 살펴보라. 만약 그 연습을 세 번할 정도의 시간이 있다면, 지속적인 피드백을 주기 위해 관계나 등장인물(과거 영상들, 템포, 자신들에 대한 생각들)과 같은 다른 것들도 체크리스트에 추가하라. 예를 들어 특히 과거의 사건의 영상은 정확하게 상상된 것이 아니라고 알려주거나, 등장인물들 사이의 관계를 더욱 정확하게 연기하도록 유도하라. 대부분의 경우 이 메모들은 연습 과정에서 이미 해본 것들을 상기시킬 것이다. 이러한 초반 연습 단계에서 장면은 관객이 앞으로 보게 되는 것만큼 아주 정확하게 연기되지는 않을 것이다. 빈틈과 부정확함이 있겠지만, 배우들은 미래의 시점에 그곳에 있을 필요가 있는 모든 요소에 대해 명확히 인식하게 될 것이다. 어떤 배우들은 이 첫 연습에서 받은 메모들을 전부 이해할 것이며, 다른 배우들은 연습 후 그것들을 소화하는 데 시간이 걸릴 것이다. 이 시점에서 그것을 늦게 소화하더라도 걱정하지는 말라.

연습 막바지에는 배우들에게 새롭게 나타난 조사 과제에 착수하도록 요구하라. 그러면서 등장인물의 과거에 벌어진 특정 사건에 대한 영상을 명료하게 한다든지, 혹은 장소의 영상에 있는 빈틈을 메우는 것과 같이 다음 리허설을 위해 생각해야 하는 것들을 주어라. 그러고 나서 그들이 의도를 외우게 하라. 의도를 외우는 것은 대사를 외우는 것만큼이나 중요하다. 삶에서 중요한 사건을 돌아봤을 때, 그것은 종종 당신이 말한 어떤 것보다도 더욱 강력하게 기억에 자리하고 있는, 성취하고자 했거나 욕망했던 것이다.

당신은 사건에서 사건으로 움직이면서 희곡의 모든 부분에 대해 이러한 과정을 반복하게 될 것이다. 보통 첫 장면 리허설에서 하게 되는 대사 중 대부분은 즉흥적으로 이루어질 것이다. 이상적이라면 대사들은 두세 번째의 리허설 때 암기되고, 그리하여 총연습 때에야 대본의 것과 같아질 것이다.

이러한 초반 장면 연습 방식은 그것을 처음 했을 때 내 머릿속에 우연히 떠올랐던 일종의 계시였다. 나는 몇 년 동안 초반의 즉흥극으로부터 장면에 관한 작업으로 이행하는 문제로 인해 몸부림을 치고 있었다. 즉흥극의 유동성과 편리함을 사랑했고, 초반 장면 연습의 긴장과 정체를 싫어했다. 희곡의 언어와 배우들의 상상력이 만들어낸 언어를 혼합하는 아이디어는 리허설의 두 단계를 잇는 다리를 구축하는 완벽한 방법이었다. 그렇지만 몇몇 배우는 이러한 작업 방식에 적응하는 데 시간이 걸린다는 점을 명심하라. 어떤 배우들은 대사를 제대로 외우는 것을 걱정할 것이니, 당신은 그런 걱정을 덜라고 요구하라. 배우가 이미 대사를 외웠다면 그것을 사용해야만 하지만, 아직 대사를 외우지 못한 동료 배우들로부터 적절한 대사 큐를 얻지 못할 수도 있다는 것을 일러주어라. 또한 나이가 많은 배우들의 진정한 관심사는 텍스트를 외우는 것이니까, 그들에게는 희곡에 있는 단어들을 다른 사람들보다 더 많이 사용하도록 허용해야만 한다. 배우들은 이 연습에서 그들이 요구받은 모든 것을 해내기 어렵다는 사실을 발견할 것이다. 아마도 그들은 의도나 과거 영상들과 마찬가지로 시간이나 장소에 대한 메모들을 연기하는 데 익숙하지 않을 수도 있다. 그들에게는 시간이 많이 걸리겠지만, 결국 이것을 성취할 것이라는 확신을 주어라.

의도에 대해 작업할 때 몇몇 배우는 행위의 모든 단계마다 의도를 꼭 집어 정해 놓는 것이 등장인물을 인위적으로 보이게 한다며 항의할 수 있다. 이런 일이 일어나면, 우리는 보통 실제 삶에서 충동적인 의도나 욕망들에 대해 의식하지 않지만, 심리학자들은 외부에서 관찰하면서도 어느 순간에라도 원하는 것을 정확하게 이야기해줄 수 있다고 그들에게 상기시켜라. 그러므로 의도를 분석하고 이름을 붙이는 과정을 통해 무의식적인 욕망은 의식적이 될 것이며, 어떤 힘이 등장인물을 충동하는지 적절하게 이해할 수 있을 것이다. 그렇다고 배우들이 목적을 위해 모든 등장인물을 분명하게 조종하는「오셀로」의 이아고처럼 다른 이들의 눈을 의식하면서 연기할 필요는 없다.

어떤 배우들은 장면 연습을 처음 해본 후에 의도를 바꾸기를 원할 것이다. 그 배우가 진정한 명분을 가지고 있지 않다면, 그런 요구를 거부하라. 그 대신 그 배우에게 합의된 의도를 다른 방식으로 연기해보는 것을 탐색해보라고 요구하라. 연습이 끝날 무렵에도 배우가 여전히 그 의도가 옳지 않다고 확신하고 있다면, 당신과 그 배우 둘 다 다음 연습 전까지 대안을 생각해보기 위한 시간을 가지자고 제안하라. 이상적이라면 의도에 대한 결정은 이 첫 연습부터 마지막 공연 날 밤까지 거의 변하지 않을 테니, 연습 초기에 연출이 장기간의 지도를 설계하고 있다는 사실을 깨닫게 하라.

의도에 관한 작업을 하게 되면서 의도를 연기하는 것을 수정하게 만드는 방해물이 있을 수 있음을 알아차릴 것이다. 방해물들은 정오의 태양의 열기와 같은 등장인물의 '외부'일 수도 있으나, 속 쓰림, 심한 감기 혹은 그들이 이야기하고 있는 사람에게 했던 것에 대해 등장인물이 느끼는 죄의식 같은 등장인물의 '내부'일 수도 있다. 이와 같은 방해물은 의도를 어떻게 연기할지 고려할 때 영향을 미치겠지만, 의도를 절대 한꺼번에 없애지는 않을 것이다.

등장인물들이 사건에 내재된 의도를 필요로 하는지 아닌지 주시하면서, 그 등장인물들이 하고 있는 것을 명료하게 하는 데 도움이 된다고 느끼는 것이 있으면 그것을 추가하라. 예를 들어 (등장과 퇴장 같은) 특정 사건들이 텍스트를 쓰면서 의도했던 것보다 시간이 더 걸린다는 것을 발견할 수 있다(이것은 아마도 배우들이 그 사건들을 연기하는 방식 때문이거나, 혹은 예상 밖으로 복잡한 무대 디자인 때문이다). 이 경우 배우들이 등장과 퇴장을 하는 동안 의도를 가지게 하라. 그 대신 어떤 사건들은 다른 사건들보다 더 오래 진행될 수도 있다. 배우들은 이 사건들이 진행되는 중에 의도들이 필요할 것이다. 몇 줄의 대사를 통해 발생하는 '서서히 타오르는' 사건들에 대해서도 의도들이 필요하다.

장면이나 막의 막바지에 이르면, 다음 장면이 시작되기 전에 무대 밖에서 일어나는 사건들에 대해 즉흥극을 해보라. 즉흥극을 할 시간이 없다면 배우들에게 무슨 일이 일어났는지 물어보고, 그것에 대해 간단히 이야기해보라고 요구하라. 그다음으로 당신이 작업하게 될 다음 장면의 눈앞의 상황을 즉흥극으로 만들고 나서, 그다음 장면이나 막에 대해 연습하라. 눈앞의 상황을 즉흥극으로 만들 시간이 없다면, 이 상황에 대해 준비해놓은 정보를 다음 장면을 연습하기 위한 지침으로서 배우들에게 주어라.

- **요약**

> 텍스트의 의미와 관련하여 불거지는 문제들을 해결하라.
>
> 배우들에게 각 사건이 어디서 시작되고 끝나는지를 상기시켜라.
>
> 각 막 사이의 의도에 대해 토론하고, 합의된 사항을 정확하게 적어라.
>
> 배우들에게 눈앞의 상황들, 시간, 장면의 이름을 상기시켜라.
>
> 배우들에게 장소를 정할 시간을 주고, 그것에 대한 명료한 영상을 구축하게 하라.
>
> 텍스트에서 외운 말과 즉흥극 중에 만든 대사를 섞어서 사용할 것이라고 배우들에게 알려라.
>
> 첫 시도가 어색해도 걱정하지 말라. 배우들에게 같은 지시에 따라 그것을 다시해보라고 요구하라.
>
> 연습 막바지에 배우들에게 의도를 외우라고 요구하라.
>
> 배우들이 이러한 새로운 연습 방식을 익히는 데 시간이 걸릴 수 있다는 것을 염두에 두어라.
>
> 만약 그럴 이유가 없다면, 배우들이 의도를 바꾸지 못하게 하라.
>
> 등장인물들의 의도를 수정하게 하는 방해물이 무엇인지 생각해보라.
>
> 사건에 내재된 의도를 추가해보라.
>
> 각 장면이나 막의 말미에서 장면 사이에 일어난 것을, 그리고 다음 장면 이전의 눈앞의 상황을 즉흥극으로 만들어보라.

(6) '블록킹', 혹은 관객을 위해 행위를 명료하게 만들기

배우들이 무대에 잘 배치되어서 행위, 사건, 중요한 이야기 시점이 관객에게 잘 드러나 있고 초점도 제대로 맞추어져 있는지와 같은 문제는 매우 중요하다. 이것이야말로 연출가인 당신이 해야 할 일 중에서 중요한 부분이다. '블록킹을 긋는다'는 것은 이러한 '무대 영상'을 배치하는 방법 중 하나를 묘사하는 말이다. 많은 연습 과정은 '블록킹을 긋는 것으로 시작한다. 일반적으로 연출가와 배우는 등장인물들이 어디에서 등장하고 어디에 앉으며, 서 있거나 뛰어야 하는지 등을 토론한다. 그 대신 연출가가 배우에게 어디에 서고 무엇을 할지 간단히 이야기해줄 수 있다. 이러한 결정들은 연습 중에 다시 논의되며, 그러고 나서야 움직임들은 모든 공연에서 동일하게 반복될 것이다.

그러나 나는 블로킹을 긋는 것은 관객을 위해 초점이 잘 맞춰진 행위를, 그 상황에서 등장인물들의 유동적이고 무의식적인 움직임과 균형을 맞추는 것이라고 본다. 만약 배우에게 어디에 서 있으라고 직설적으로 말하고, 그래서 관객이 그들을 보게 되면, 그것은 배우들이 관객에 대해 더 많이 생각하게 만들고, 상황 속의 등장인물에 대해서는 덜 생각하게 할 것이다. 그로 인해 자의식적인 제스처와 행위 혹은 어색한 움직임이 유발될 수 있다. 그것은 또한 관객에 대해 일관되지 않은 경험을 가지게 할 것이다. 때때로 관객은 삶과 유사한 움직임을 바라보는가 하면, 때로는 인위적이며 자의식적이고 어울리지 않는 움직임을 보게 될 것이다. 자의식적인 움직임이란, 거칠게 표현하자면, 한 등장인물이 무대 앞쪽으로 세 발자국을 커다랗고 비스듬하게 떼고 관객들을 바라보면서 그가 그들과 사랑에 빠졌다고 말하는 순간을 의미한다. 이것은 실제 삶에서 끌어낸 신뢰할 수 있는 움직임이 아니다. 물론 관객은 그 차이를 의식적으로 인식하지는 않는다. 그러나 어떤 측면에서는 그것을 이해할 수도 있겠지만, 실제로는 그것은 진행되는 일에 대한 믿음과 흥미가 이는 것을 방해한다.

한번은 신경과학자인 친구를 내가 연출한 작품을 보게끔 데려간 적이 있는데, 그는 시키지도 않았는데도 연기에 관한 중요한 문제를 찾아냈다. 그는 그 공연에 두 개의 다른 유형의 연기, 즉 하나는 일상적이고 다른 하나는 '더욱 고양되고, 자의식적이고, 연극적인' 연기가 있다고 말했다. 또한 배우는 어느 방식의 연기든 해낼 수 있지만, 두뇌가 가장 분투하는 순간은 배우들이 한 양식과 다른 양식 사이에서 휘청거리는 순간이며, 그러한 순간에 배우는 진행되고 있는 극의 행위와의 모든 연관성을 잃어버린다고 말했다.

제6장에서 나는 디자인 과정 중 등장인물들이 환경을 논리적으로 사용한다고 가정하고서 초점이 잘 맞춰진 연기 지도 방식으로 공간, 위치에서의 풍경, 입구, 출구 그리고 가구가 어디에 놓일지를 당신이 예상하고 있어야 한다고 언급했다. 이것이야말로 무의식적이고 자연스러운 움직임과, 관객에 대해 초점이 잘 잡힌 행위의 균형을 배우로부터 유도하는 첫 단계다. 장면에 대해 처음 작업할 때, 움직임이 상황의 논리로부터 자연스럽게 발전하도록 하라. 그렇게 할수록 많은 행위에 대해 저절로 연기 지도가 이루어져 배우들은 그것에 대해 걱정할 필요가 없게 되고, 나아가 연기 지도가 이루어지는 중이라는 것조차 모를 것이다.

그것은 또한 관객이 배우의 얼굴이나 신체를 정면으로 바라보고 있을 때 무대 위의 행위에 초점이 맞춰져 있다고 생각하지 않게 하는 데 도움이 될 것이다. 최악의 블록킹을 긋는 것은 배우들이 무대 아래를 향해 멋진 반원형으로 자리를 잡고 게처럼 옆으로 걸을 때 발생한다. 옆모습과 뒷모습 역시 행위를 초점화하는 데 사용되고, 특정 등장인물이나 오브제 또한 관객의 시선을 끌어내기 위해 사용할 수 있다는 것을 기억하라. 대체로, 말하는 사람의 눈은 무대 앞쪽으로 향하게 하고, 듣는 사람의 눈은 무대 안쪽으로 향하도록 위치를 잡아주면, 말하는 사람의 초점이 잘 맞게 될 것이다.

이와 같이 블록킹을 설정하는 것만으로 모든 초점에 관한 문제들을 해결할 수는 없을 것이다. 언제나 행위의 신체적 형태를 수정할 필요가 있을 테니까. 즉, 배우들에게 그들이 무엇을 하고 있는지, 어디에 서 있는지 등을 수정하도록 요구하라. 그러나 배우들이 그들의 등장인물과 상황에 몰입할 때까지는 이렇게 하지 말라. 배우들 자신이 무엇을 하고 있는지에 대해 명확히 알고 있다면, 무엇을 하고 어디에 서 있을지를 바꾸는 것이 훨씬 쉬워진다. 그런 방식으로 배우들은 자의식에 이르지 않고도 그것들을 바꿀 수 있다. 배우들에게 걱정을 끼치지 않고 문제를 해결할 수 있다면, 어디에서고 소도구나 가구의 위치를 바꿀 수 있다. 물론 지적인 배우라면 왜 의자나 무대 장치가 이동해야 하는지 정확히 알겠지만, 그들은 블록킹을 긋는 연습을 위해 배우들을 소집하지 않고서도 상황을 바꿀 정도로 당신이 문제에 접근했다는 사실에 고마워할 것이다. 만약 유용한 수정을 할 수 없다면, 그 문제에 대해, 즉 그 문제가 시야에 관한 것인지 혹은 특정한 순간에 초점을 맞추기 위한 것인지에 관해 배우에게 직접적으로 명료하게 이야기하라.

배우들을 공간적으로 구성하는 것은 행위를 명료하게 만들기 위해 당신이 쓸 수 있는 도구 중 하나에 불과하다. 이 일은 조명, 의상, 무대 디자인으로 보완될 것이다. 이러한 부가적인 요소들은 당신이 테크니컬 리허설을 시작할 때 추가될 것이다. 그렇지만 연습실에서도 이 요소들을 염두에 두라. 때때로 장면의 물리적인 초점만을 걱정할 수 있다. 그 결과 시점이 밤이라는 것을 잊어버리고 세트의 연습용 불빛으로 중요한 행위를 보아야 할 때가 있다. 해결할 수 없는 문제가 있다면, 조명이나 음향 혹은 의상을 결정하는 것이 해결책을 찾는 데 어떻게 도움이 될 수 있는지 생각하라.

만약 적절한 무대 장면의 영상을 만드느라 분투하고 있다면, 화가들과 그림들을 연구하면서 어느 정도 시간을 보내라. 그것은 구성을 보는 눈을 키워줄 것이다. 책을 읽는 것보다 미술관에서 인간의 모습을 소재로 하는 화가의 작품을 연구하는 것이 더욱 바람직하다. 카라바조, 하르먼스 판 레인 렘브란트, 얀 페르메이르, 에두아르 마네, 그웬 존, 빌헬름 하메르스회, 에드워드 호퍼, 루치안 프로이트, 파울라 레고와 같은 예술가들은 구상 미술의 대가들이다. 등장인물의 모습과 가구, 환경이 만들어내는 관계를 살펴보라. 자연의 빛과 인간이 만든 빛이 등장인물의 모습을 어떻게 비추는지 자세히 보라. 색을 통해 하나의 형체와 오브제가 어떻게 다른 것보다도 더 많은 시선을 끌게 되었는지 주목하라. 무대가 그림처럼 보이게 할 필요는 없으나, 구도에 관한 지식을 얻는 것은 관객이 보게 될 행위를 초점화하는 데 도움이 될 것이다.

▪ 요약

관객이 배우들의 행위를 보도록 배우들을 무대에 배열하는 것은 중요하다. 움직임이 상황의 논리로부터 자연스럽게 전개되도록 하라.

시야를 위해 행위에 신체적 수정을 할 필요가 있다면 연습 과정 중 나중에 하고, 가구나 소도구와 같은 무생물인 사물들을 움직여야 한다면 그것을 제일 먼저 하라.

공간 안에 배우들을 구성하는 것은 초점을 만들어내는 데 필요한 하나의 도구일 뿐이다. 이러한 작업은 조명, 음향, 의상, 그리고 무대 디자인으로 보완될 것이다.

구상 미술 작품들을 연구함으로써 구상에 관해 많이 배워라.

(7) 두세 번째의 장면 리허설

연습 기간의 길이와 희곡의 길이에 따라 한 장면에 대해 리허설을 몇 번이나 할지 결정할 수 있다. 8주의 리허설 기간을 가지고 「갈매기」와 같이 (세 시간 이상이나 공연되는) 19세기 장막극(長幕劇)을 작업하고 있다면, 부분마다 리허설을 할 시간이 서너 번 밖에 없다는 것을 알 수 있다. 그러니까 평균적으로 한 장면에 대해 세 번 정도의 리허설을 하게 될 것이다.

한 장면에 대해 두세 번째 리허설을 할 때, 첫 번째 리허설 때 내렸던 것과 똑같은 지시 사항을 준 다음, 지시 사항들에 대해 계속 피드백을 주어라. 이미 의도들을 토론하고, 알아보고, 이름을 붙였기 때문에, 배우들은 그 장면들을 세 번, 네 번, 다섯 번까지 작업해볼 수 있을 것이다. 장면을 연습하기 전에 언제나 일단 앉아서 대사를 끝까지 해보거나 읽게 하라.

배우들은 계속 자신들이 생각해낸 언어와 텍스트에서 기억하는 단어들을 섞어서 사용해야만 한다. 리허설 기간 동안 텍스트의 언어에 더욱 친숙해진다면 이상적이다. 그러나 때때로 어떤 배우는 대사를 연습할 충분한 시간을 확보하고 싶어서 두 번째 리허설 전에 자신의 대사를 다 외워버리기도 한다. 이후 리허설에서 그 배우는 대사하기를 지나치게 강조할 수 있으며, 반면에 의도들이나 장소와 같은 상황의 다른 측면들에 대해서는 한동안 시들해할 수 있다. 그들의 작업에서 무시되고 있는 부분에 대해 계속 메모를 주어라. 그러면 배우들은 마침내 모든 요소를 한꺼번에 소화해낼 것이다.

두세 번째 리허설에서 장면이나 막의 마지막 부분을 작업하게 되었을 때, 장면 혹은 막 사이에 일어난 것을 혹은 그 장면의 눈앞의 상황을 다시 즉흥극으로 해볼 필요는 없다. 단지 배우들에게 극 행위를 전부 해봤을 때 했던 즉흥극을 상기시켜라. 첫 장소에서 즉흥극을 한 것이 아니라면, 장면 사이사이에 무슨 일이 일어났고, 다음에 연습하게 될 다음 장면에서 무슨 일이 일어나는지에 대해 상기시켜라.

다른 각도에서 장면들을 관찰하기 시작하라. 하루는 관객의 시야에서 장면을 관찰할 수 있다. 다른 날에는 무대 왼쪽, 오른쪽 혹은 안쪽에서 관찰할 수 있다. 시야를 변화시키는 것은 장면을 더 잘 이해하는 데 도움이 된다. 그것은 또한 배우에게 관객보다 상황에 관해 더 많이 생각도록 유도할 것이다. 이것은 실제 삶의 제스처와 행동에 좀 더 유사하도록 연기하게끔 유도할 것이다. 동시에 관객의 시야를 염두에 두어야 한다. 아무도 안 보는데 살아 있는 것처럼 움직임을 만들어낼 이유가 없다. 그리고 여기에 연출 기법의 핵심이 있다. '배우들이 지금 하고 있는 것이 관객의 시야에 따라 구축되었다' 같은 확신을 주면서, 그들을 상황에 몰입하게 만드는 것이 그것이다. 언제나 나를 매료시켰던 것은 바로 실제 삶 같은 어떤 것을 창조하는 것과 인위적인 어떤 것을 구성하는 것 사이의 이러한 멋진 균형감이다. 이상적인 면에서 연출가는 매우 조심스럽게 이 두 가지 과제의 균형을 잡는 것을 목표로 해야 한다.

한 장면의 세 번째 리허설은 전체 막 혹은 총연습하기 전 개별 장면 리허설의 마지막 기회일 수 있다. 대부분의 사항에 있어서 이 리허설은 앞서 했던 것들과 같아야 하지만, 이 시점에서는 각 장면에 대한 관객과의 관계도 고려해야만 한다. 즉, 당신은 좀 더 신중하게 가시적인 면, 초점, 서사의 명료함을 고려해야 한다. 리허설 과정의 규칙을 바꾸지 않은 채 블록킹 혹은 의도나 시간대를 바꾸기 시작하

라. 전에 보지 못했던 것인 양 작업을 관찰하려고 하라. 이제까지는 관객 가까이에서 작업을 해왔지만, 이제는 정신적으로 물러서라. 관객들이 공연을 처음 볼 때, 연출가들은 종종 그때서야 정신이 번쩍 들어서 지금까지 만들어온 작품으로부터 좀 더 객관적으로 거리를 둘 수 있게 된다. 객관적으로 보는 것이 충격적일 수 있으며, 필요한 변화를 허용하기에는 너무 늦을 수 있으니, 리허설 공간에서 인식을 약간 바꿔보라. 그러고 나서 이제까지 했던 것처럼 같은 도구를 정확히 사용하여 배우들에게 메모를 주어라. 이와 같이 작업을 관찰하고 평가하면 관객과 정확하게 소통하는 데 반드시 도움이 될 것이다.

이 마지막 리허설에서 배우들에게 아직도 작업을 명료하게 할 만한 시간이 충분하다는 인상을 주도록 하라. 이것은 반드시 지켜야 할 경우는 아니지만, 배우들이 침착함을 유지하는 데 도움이 될 것이다. 작업을 관객과 공유해야 할 시간이 처음 다가올 때, 불안감이 부정적인 방식으로 일에 영향을 미칠 수 있다. 도움이 안 되는 '관객 생각하기'는 증가하게 되고, 배우들은 그동안 쌓아 올린 정확한 작업의 층들을 놓쳐버릴 것이다. 그들은 이 작업을 얄팍한 선택들로 대치하거나 혹은 새로운 가능성을 시도해보려고 하지 않을 수 있다. 배우들은 지금 하고 있는 것이 완성되지 않았거나 명료하지 않더라도 견고해지기를 원할 것이다. 일관되라. 부드럽고 단호하게, 리허설 기간 내내 그들에게 하라고 부탁한 과제를 완성시키고, 정확하게 하도록 격려하라.

여기에 한 장면의 두세 번째 리허설에서 발생할 수 있는 문제들을 해결하는 데 도움이 될 만한 정보가 있다. 후반부의 리허설에서 어떤 사건들이나 의도들이 더 이상 정확하게 보이지 않는다는 것을 발견할 수 있다. 때때로 어떤 배우가 그것을 포착해 지적할 것이다. 아마 당신은 또 다른 사건을 추가할 필요가 있으며 혹은 현재 존재하고 있는 사건이 잘못된 위치에 있다고 판단할 수도 있다. 사건의 변화에 관한 어떤 제안에 대해서도 공개적으로 반응하되, 변화를 감행하기 전에 그것이 정확한지 확인하라. 사건들이나 의도들이 장면 리허설 때마다 바뀌는 리허설 공간 문화는 만들지 말라.

때때로 한 명의 배우가 모든 등장인물의 과거를 하나의 장면에 우겨넣으려고 하는 것을 보게 될 것이다. 이것은 그들이 감정 과잉일 때 두드러진다. 그들은 등장인물이 과거에 일련의 고통스런 일들을 겪었음을 정확하게 파악했으나, 모든 사건이 행위가 일어나기 전에 발생한 것처럼, 모든 사건에서마다 겪었던 고통들을 한 장면에 우겨넣는다. 만약 이런 일이 일어나면, 그 순간들은 각기 다른 부피와 강도로 기억되어 있고, 그 장면은 한 인간의 전체 삶에서 단지 하나의 조각에 불과할 뿐임을 상기시켜라. 그 작업의 목적은 그 장면보다 앞서 나온 등장인물의 전기에 가능한 정확하고 진실한 단면을 만들어내는 것이다. 당신이 느낀 대로 그 행위를 가장 정확하게 추동시킨 하나의 옛 기억에 집중하도록 요구하라.

때때로 배우들은 등장인물의 과거에 대해 당신이 해놓은 작업을 어떻게 사용할지 모를 것이다. 희곡에 대한 작업을 시작하자마자 그들은 등장인물의 과거에 대한 작업을 폐기하고, 마치 드넓고 특색 없는 바다에 한 조각의 배가 떠다니는 것처럼 당연한 장면에만 집중할 것이다. 그들은 머릿속에 어떤 그림도 없이 과거의 사건들에 관해 이야기할 수도 있다. 이 일을 걱정하지는 말라. 등장인물의 과거에 대해 그들이 한 작업과 현재 행위를 계속 연결시켜라. 예를 들어 등장인물들이 특정 기억을 언급했을 때, 그들에게 기억을 떠올렸을 수도 있는, 그들이 전에 했던 즉흥극에 대한 명료한 영상을 기억해보도록 요구하라. 그들이 새로운 의도를 연기할 때, 그것을 추동하는 연료는 그들 자신과 다른 등장인물 사이에 있었던 과거의 사건임을 상기시켜라. 당신을 위해 그 사건이라는 그림에 색을 칠하라고 부탁하고, 그것에 관해 그들이 했던 즉흥극을 상기시켜라.

어떤 때에는 리허설을 관찰하면서 장면 전체가 초점이 없고 혼돈스럽다고 느낄 수 있다. 예를 들어 한 장면 안의 두 배우가 어색해 보이거나 혹은 그 장면의 템포가 아주 정확하지 않거나 혹은 그게 모두 '엉망인 것처럼 느낄' 수도 있다. 두려워 말라. 그리고 그 문제에 대해 설명하지도 말라. 그 대신 그 장면을 다시 해보라고 요구하고, 제9장의 피드백 체크리스트에서 했던 작업의 한두 가지 측면에 집중하라고 요구하라. 예를 들어 "사건과 의도에 관한 작업을 정확하게 하라"고 요구하라. 그 장면을 다시 관찰하고, 심각한 문제들이 어디에 있는지 분석할 동안, 그 방식으로 배우들은 핵심적인 요소 몇 개를 연습하면서 장면을 다시 작업해볼 수 있다. 때때로 이 중요한 요소들에 배우들을 주목시키는 간단한 행위만으로 장면을 마무리 지을 수 있고, 장애나 문제도 제거될 수 있을 것이다. 장면이나 막의 제목을 상기시키는 것은 막힌 장면을 돌파하는 데 도움이 된다.

당신이 장면에 대해 가지고 있는 것과 같은 부정적인 느낌을 배우들도 가지고 있을 때가 있다. 그들은 완전히 혼란스럽고, 무엇을 하고 있는지도 모르겠다고 말할 것이다. 이러한 반응에 놀라지 말고, 이런 말을 한 직후에 그 장면을 다시 작업해보라고 요구하지도 말라. 그 대신 앉아서 어떤 부분이 명확하지 않은지 물어보라. 다시 한 번

제9장의 체크리스트를 떠올려보라. 예를 들어 문제가 등장인물의 과거의 사건 중 하나, 혹은 눈앞의 상황과 같이 행위 전의 어떤 것과 관련된 것인지 물어보라. 혹은 그것이 의도나 사건처럼 그 장면에 관한 것인지, 혹은 등장인물들이 있는 장소의 혼돈에 관한 문제인지 물어보라. 이렇듯 간단한 질문들은 장면에서 문제를 일으키는 부분으로 당신을 인도할 것이다. 너무 오래 이런 대화가 지속되지 않도록 하라. 일단 그 문제를 인식하면, 그 장면을 다시 작업함으로써 그들로 하여금 분석한 것을 시험하게 하라.

한 번의 모임에서 모든 것을 설명하려는 유혹을 극복하라. 그 대신 훈련이나 다음번의 장면 연습을 위해 계속 메모를 주어라. 당신이 하는 말이 우선시하는 목적—관객을 위해 등장인물의 행위를 명료하게 만들어야 한다는 것—을 반영해야 한다는 것을 명심하라.

리허설 전체를 통해 배우들이 신체적으로 무엇을 하고 있는지 주시하라. 내 경험으로 보면, 배우들은 희곡에 깊이 파고들수록 몸이 실제 삶에서 어떻게 반응하는지에 관해 리허설 초기에 했던 모든 유용한 관찰을 더욱 더 잊어버리고, 그들의 신체에 강력한 영향을 미치는 (시간이나 장소와 같은) 것들을 연기하는 데에는 관심을 더욱 덜 가진다. 그들은 신체의 각 부분에 대해 덜 정확히 인식하게 되는데, 특히 하체 부분에 대해서는 더 그렇다. 그들은 허리 아래의 근육을 움직이지 않으면서 가만히 앉아 있을 수 있고, 혹은 그들의 팔이나 손이 몸 옆에서 자연스럽지 않게 이완된 상태로 매달려 있을 수도 있다. 가능하다면 언제나, 특히 아이디어나 감정에 대해 작업할 때 그들이 실제 삶과 관련지어 수행했던 것들을 상기하도록 만들어라.

배우들이 대사를 외울 때, 당신은 그들이 대사를 연습하도록 비켜서 있을 필요가 있다. 리허설 초반에 대사를 외우게 하고, 무대 감독에게 그 일을 진행하게 하라. 그것이 테크니컬 리허설이며, 그것은 또한 연출 없이 하는 것이 가장 좋다.

이러한 리허설이 끝날 무렵에 배우들은 총연습을 할 준비되어 있을 것이다.

- **요약**

  첫 리허설에서 내린 것과 같은 지침을 두 번째 리허설에서도 반복해서 주고, 같은 과제에 대해 명료한 피드백도 주어라.

  배우들이 희곡의 자기 대사를 모두 모를 수 있다는 사실을 인정해주어라.

  다른 각도에서 작업을 관찰하되, 절대 머릿속에서 관객의 관점을 잃어버리지 말라.

  세 번째 혹은 마지막 리허설 때 작품을 처음 바라보는 관객이 된 것처럼 생각해보라. 보는 방식에 따라 생긴 발견들에 대해 당신의 반응을 메모하여 배우에게 주어라.

  유효하지 않은 의도나 사건들은 바꿔라.

  장면에 대한 작업에서 등장인물의 전기를 어떻게 사용하는지 배우가 익히도록 도와주어라.

  장면의 초점이 완전히 맞춰져 있지 않다면, 문제를 파악할 때까지 계속 당신의 체크리스트에 따라 지침을 주어라.

  배우들이 완전히 혼란스러웠다고 말한다면, 멈추게 한 다음 문제가 무엇인지 함께 정확히 잡아내라.

  배우들의 작업에서 신체적인 면을 주시하라.

  배우들이 자신의 대사를 외우도록 시간을 별도로 주어라.

(8) 총연습(예행연습)

총연습을 하기 전에 희곡의 작은 부분들을 한데 모아라. 그것이 「갈매기」처럼 형식적 구조를 지닌 고전극이라면, 논스톱 총연습에서 모든 막을 한데 연결하기 전에 각 막을 개별적으로 연습해보라. 형식적 구조를 결여하고 있는 희곡으로 작업하고 있다면, 희곡 중 논리적인 불연속점(아마도 당신이 휴식하려고 계획 중인 시점)을 골라, 그 부분을 먼저 연습하기 시작하라.

연습 기간 중 마지막 두 번째 주 후반에 총연습하라. 전체 구조에서 발견된 것에 따라 바꿀 것이 생긴다면 최소한 한 주를 벌어줄 것이다. 연습 기간이 짧아서 총연습을 나중에 해야 한다면, 하루나 이틀뿐이더라도 반드시 잘못을 바로잡기 위한 시간을 할당하라.

모든 장면을 한데 모아보면, 몇 가지 선택은 생각대로 되지 않을 것이다. 그런 것은 불가피하다. 그 일이 원하던 것이 아니더라도 너무 놀라지 말라. 첫 번째 총연습은 연습 과정의 일부분일 뿐, 완전한 공연을 보여주는 것이 아니다. 총연습을 또 하나의 연습이라고 느끼게 하라(그것은 당연히 그렇다). 구슬을 줄로 꿰어 목걸이로 만들 듯이 작은 장면들을 한데 모을 것이라고 말하라. 당신이 가지고 있는 기대치가 낮으며, 총연습이란 그저 지금까지 무엇을 했는지 그리고 다음에는 무엇을 할지 모든 사람이 알도록 도와주는 것이라고 배우들에게 알려라. 만약 당신에게 콜 시트^{call sheet, 다음 연습 개요를 적은 기록}가 있다면, 배우들의 스트레스를 줄이기 위해서 총연습을 '더듬거리기 연습'이라고 표현하라.

연습 과정에 부분적으로만 연루된 사람들은 처음 총연습에서 빼라. 예술 감독이나 제작자가 초반의 총연습에 오면, 배우들이 지나치게 불안해할 수 있기 때문이다. 이런 두려움은 배우들의 선택을 왜곡시켜, 당신이 배우들에게 잘해내라면서 부탁한 선택 사항들을 제대로 수행할 수 없게 할 것이며, 그리하여 당신은 총연습에서나 알아낼 수 있는 것을 알아내지 못하게 될 것이다. 리허설이 끝난 후 사람들로부터 피드백을 받는 것은 이 과정에서 핵심 사안이기 때문에 피드백의 타이밍도 중요하다. 마지막 총연습, 드레스 리허설 혹은 첫 번째와 두 번째 공개 리허설에서도 물어보라. 나중 단계에서 질문할수록 좋다. 그러나 때때로 초반의 총연습 때 새로운 사람들이 구경하러 오는 '어쩔 수 없는 상황'이 있다. 이런 상황을 극복하는 방법은 스스로에게 성취해야 할 과제를 상기시키고, 그것들을 고수하는 것이다.

첫 총연습을 지켜본 후 스스로 두려움, 당혹감, 흥분 때문에 약간 불안정해질 수 있다. 메모를 주기 전에 스스로를 다스려라. 이상적인 상황이라면 총연습은 그날 마지막에 끝날 것이고, 밤새 메모 작업을 할 수 있을 것이다. 그게 아니면, 메모 모임을 가지기 전에 적어도 차를 마시는 휴식 시간을 가져라. 무엇을 배우에게 이야기할지, 그리고 무엇을 반영할지 선택하면서 메모들을 조심스럽게 정리하라. 종종 총연습 중 중요한 것들을 발견하게 되는데, 처음에 이들 몇 가지는 일반적으로 보일 것이다. 커다란 문제들이 조금 수정을 가하는 것만으로도 잘 해결될 수 있음을 명심하라. 그러니 커다란 문제에 대한 생각을 배우들과 공유하지 않는 것이 가장 좋다. 그 대신 다른 데로 가서 어떻게 이 일반적인 인상들을 구체적이고 명료한 메모로 변화시킬지 생각하라. 당신의 중요한 관심사가 무엇이든지 간에 작업을 진행하는 연출 방식이 만족스럽고, 배우들이 하고 있는 일에 대해 고마워한다는 인상을 주어라.

종종 총연습 이후에 하는 메모 모임을 총연습이 끝날 무렵에 억지로 꾸겨 넣다 보니, 연출가들은 서둘러 메모를 배우들에게 주게 된다. 할 수만 있다면, 그런 것은 피하라. 그 대신에 명료하지 않은 것에 대해 토론할 수 있도록 배우들에게 시간을 주어라. 이것은 모든 것을 다시 연습할 수 있을 만큼 시간이 충분하지 않을 때 특히 중요하다. 나는 총연습 후 메모 모임을 위해 한 시간 반에서 두 시간가량을 따로 떼어놓는다.

당신이 만들어 놓은 메모를 배우들에게 주기 전에 한 사람씩 차례차례 불러 간단하게 질문하면서 총연습을 어떻게 했는지 피드백을 주고, 그들이 가장 많이 해보고 싶어하는 장면들을 파악하라. 종종 어떤 배우는 자신이 지닌 문제를 정확하게 집어내어 당신이 메모를 주는 시간을 절약하게 해줄 것이다. 그것은 또한 배우들의 관심이 어디에 있는지를 확실하게 알게 해주며, 그것에 따라서 당신은 다음 주 작업 계획을 세울 수 있다.

배우에게 피드백을 요구함으로써 각 배우는 자기비판과 자기분석이라는 힘을 기르도록 유도될 것이다. 이상적인 목표는 배우 스스로 자신에 대해 연출하는 것이다. 그들은 공연 후 무대 밖에서 자신이 한 것을 평가하고, 그것을 어떻게 향상시킬지 혹은 심화시킬지 알 수 있어야 한다.

배우의 피드백을 들은 뒤 메모를 주어라. 처음 총연습 후 메모를 주는 순간은 이 과정의 특별한 순간이다. 배우들은 장면에 대한 일상적인 리허설 후보다 총연습 후의 메모들을 더욱 열심히 수용할 것이다. 그리하여 총연습 후의 메모들은 당신이 배우들의 선택을 바라면서 배우들과 오랫동안 씨름해오던 문제들을 해결할 기회가 될 것이다. 어쩌면 배우들이 추구하는 행동이 가능한 것이 아니라는 사실을 총연습으로 알게 되었다고 반박할 수도 있다. 그것은 또한 당신의 마음에 들지 않는 것을 대대적으로 삭제할 수 있는 좋은 기회이기도 하다. 그러나 배우들은 장면 리허설 후보다 총연습 후에 더욱 상처입기 쉽다는 것을 명심하면서, 변화를 만들 생각이 있다면 조심스럽게 접근하라. 그 순간을 잘 판단하면 작품에 대해 몇 가지 중요한 변화를 만들어낼 수 있다.

극장으로 더 가까이 다가가면서 메모를 적을 때 배우들은 더욱 더 긴장할 것이다. 첫 총연습 후 메모 모임에서 그러한 긴장은 저절로 드러난다. 예를 들어 리허설 과정 중 빠르게 메모했던 배우들은 당신이 만든 모든 메모에 갑자기 동의하지 않을 수 있으며, 진부한 것 하나를 붙잡고 늘어지면서 질문을 할 수도 있다. 메모 모임에서 늘 장황하게 말하던 배우가 갑자기 조용해질 수도 있다. 이것은 공연 시작에 대해 점점 커지는 두려움의 징후일 뿐이고, 배우들은 각기 다른 방식들로 자신의 두려움에 대처할 것이다. 인내심을 가지고 이해하라. 그것은 지나갈 것이다.

■ **요약**

작품 전체를 총연습하기 전에 작품의 작은 부분들을 한데 모아라.

발견한 것에 대해 수정할 수 있도록 적어도 이틀을 확보한 시점에서 첫 총연습을 하라.

연출 실수가 있더라도 걱정하지 말라.

리허설 과정에 참여하지 않은 사람들을 첫 총연습에 초대하지 말라.

총연습이 다른 리허설처럼 느껴지게 만들어라.

스스로 진정하기 위해 메모를 주기 전에 잠시 휴식 시간을 가지고 당신 자신을 다스려라. 그것은 밤중에 하는 것이 이상적이다.

배우들에게 일반적인 인상을 주지 말라. 차라리 이러한 인상들을 처리한 다음, 해결안들을 배우들에 대한 작은 단위의 구체적인 과제로 바꿔라.

메모를 주기 전에 총연습과 관련해서 가장 손보고 싶은 장면에 관한 것을 포함하여 간단한 피드백을 달라고 배우들에게 요구하라.

첫 총연습 후 메모를 주는 순간의 특별함을 소중히 여겨라.

첫 총연습 후 배우들이 상처받기 쉽다는 것을 기억하고, 어떻게 수정을 가할지에 주의하라.

메모 모임에 시간을 허용하여 배우들이 분명하지 않은 메모들에 대해 토론할 수 있게 하라.

총연습 후 메모들에 대해 배우들이 다르게 반응할 수 있음을 예상하라.

(9) 연습실에서의 막바지 날들 대처하기

이 단계의 연습에서는 당신이 처리해야 하는 일과, 배우들이 가장 걱정하는 일의 균형을 잡아야 한다. 가끔 그것은 겹치기도 하지만, 그렇지 않더라도 배우들이 걱정하는 것에 대해 인내심을 가져라. 장면 연습 중 그 걱정들을 현명하게 제거하면, 배우들은 더욱 자신감을 가지고 테크니컬 리허설에 임할 것이다.

첫 총연습 후 첫 공연 때까지 남아 있는 몇 시간, 며칠 혹은 몇 주를 활용하여 그동안 바꾼 것을 연습하라. 바람직한 경우라면 리허설 마지막 날로부터 하루 전에 다시 총연습하는 것이 좋다. 그러면 마지막 날을 이용하여 메모에 관한 일을 처리할 수 있을 것이다. 다시 한 번 강조하지만, 배우들에게 메모를 주는 데 충분한 시간을 할당하라. 그것이 마지막 총연습이 될 것이니, 반드시 메모가 명확해야 한다.

공연이 가까워질수록 배우들에게는 두려움과 쓸데없는 '관객에 대한 생각'이 증가할 것이다. 그것은 마지막 총연습에서 가장 눈에 띌

터인데, 그로 인해 하던 것을 바꿀 수도 있다. 수정한 것들은 때로는 미묘하고 적을 것이며, 때로는 크고 눈에 번쩍 띌 수도 있다. 예를 들어 관객들이 자신들을 보지 못할 수 있다는 것을 염려하여 배우들은 서 있는 위치를 바꾸기 시작하거나, 혹은 자신들의 소리를 관객이 들을 수 있을지 걱정하여 너무 큰 목소리로 대사를 하기 시작할 수도 있다. 자신의 행위가 실제 삶과 같다면 관객이 이해하지 못할 것이라고 걱정하면서, 분별력 있던 이전 행위들을 갑자기 과장하기 시작할 것이다. 당연히 드러나겠지만, 배우들 각자가 자신이 하고 있는 것을 관객들이 어떻게 받아들이고 이해할지 걱정하기 시작하면서 등장인물이나 상황을 연기하는 것과 상관없이 정신적 에너지를 소모시키고 있음을 알아차리게 될 것이다. 이 경우라면 해당 배우에게 그 점을 지적해주고, 균형을 맞추도록 요구하고, 체크리스트에 따라 작업에 대한 피드백을 계속 주어라.

당신은 또한 연출가인 자신을 돌봐야 한다. 연습 마지막 날 혹은 마지막 주에 자신을 소진시키지 말라. 다음 단계, 즉 테크니컬 리허설을 위해 에너지와 기량이 필요할 것이다. 앞서 소개한 '배우들과 작업하기 위한 열두 개의 황금률' 중 1번부터 12번까지를 명심하라. 작은 보폭을 취하고, 장기 계획을 염두에 두고, 침착하라. 이 두 가지 규칙은 당신이 전체적인 시야를 유지하는 데 도움을 줄 것이다.

- **요약**

  첫 총연습 후 작업에 대해 변화와 수정을 가하라.

  배우들이 당장 극장으로 가는 것을 두려워하여 자초하는 변화를 주의 깊게 살펴보라.

  자신을 돌보라. 장기 목표를 정하고, 작은 보폭을 취하면서 침착하라.

(10) 리허설 중 무대, 의상, 음향, 조명 디자인, 음악에 대한 작업

크리에이티브 팀 구성원들과의 관계를 정기적으로 유지해왔다면, 최상의 서비스를 받을 것이다. 사소하거나 무관해보이더라도, 관심사나 아이디어가 나타날 때마다 그것들을 구성원들과 공유하라. 문제는 연출가가 정기적으로 크리에이티브 팀과 소통하지 않을 때 일어난다. 이는 작품을 극장으로 옮겨가면서 모든 일이 원하는 대로 이루어지지 않은 것이 드러날 때 발생한다. 예를 들어 상상 속에서 봤던 실제 빛은 급히 만들어낸 빛과는 다를 것이고, 무대에서 처음 본 의상의 색깔이나 스타일도 당신이 원하던 것과 다를 것이다. 이 시점에서 그것들을 바꾸기는 사실상 늦었다.

연습 과정에서 크리에이티브 팀과 소통하는 방식에는 세 가지가 있다. 첫째, 크리에이티브 팀이 연습실에 온다. 둘째, 제작 회의에서 말한다. 셋째, 크리에이티브 팀에게 전화를 걸 수 있다.

이상적인 상황에서라면, 크리에이티브 팀의 모든 구성원은 이전 장에서 간략하게 이야기했듯이 각기 다른 단계의 연습 현장에 함께 있을 것이다. 어떤 경우에는 그들을 특정 연습, 예를 들어 '인물 전기 그룹' 모임에 초대할 수 있다. 이것은 무대 디자이너 혹은 의상 디자이너에게 당신이 이미 그들과 했었던 등장인물에 관한 작업에 추가하도록 중요한 등장인물에 관한 정보를 제공할 것이다. 이제 의상 디자이너는 이 정보를 세부 항목으로 번역할 수 있다. 만약 조명의 관점에서 볼 때 특정 장면 하나가 걱정스럽다면, 조명 디자이너에게 그 장면을 같이 보자고 요구할 수 있다. 그렇지 않으면 팀의 구성원들은 다른 일에 전념하면서 필요에 따라 연습에 참여할 수 있다. 때때로 그들은 어떤 리허설도 보지 않은 채 최종 총연습에 나타날 수 있다.

이 마지막 총연습은 그들이 공연의 전체 분위기와 형태를 알아차리게 해주는 중요한 무대가 된다.

매주 열리는 제작 회의는 리허설에서 나타난 특정 전문 영역에 영향을 미치는 세부 내용을 토론하기 위한 장을 제공할 것이다. 제작 회의는 새로우며 예상 밖에 있는 진행에 대해 토론할 기회이다. 예를 들어 한 장면에서 누군가가 테이블 위에 뛰어오를 필요가 있음을 발견하게 되면, 무대 감독 팀은 리허설 메모로 크리에이티브 팀에 이 정보를 이미 전달했을 것이다. 제작 회의에서 당신과 디자이너는 이미 디자인해놓은 테이블을 어떻게 보강할 것인지 논의할 것이다. 연습 도중 특정한 실제 빛이 필요하다는 것을 발견했을 수도 있다. 그러면 당신과 조명 디자이너는 제작 회의에서 어떤 종류의 조명이 필요한지 토론할 것이다.

크리에이티브 팀의 개별 구성원들에게 전화하여 다른 영역과 관련된 문제에 대해 물어봄으로써 대화의 부족을 메워라.

디자인에 영향을 미칠 만큼 변화를 주는 것에 대해 토론하는 것은, 연습이 시작되기 전에 무대 디자인이 결정되었다면 특히 중요하다. 세트는 연습하는 중에 제작될 것이다. 연습 과정의 결과 때문에 불가피하게 원래 디자인에 수정을 요구하게 될 것이다. 몇 개의 변화는 가능하고 다른 것은 가능하지 않은데, 예를 들어 세트를 얼마만큼 줄 아래쪽으로 내릴지 정도라면 변화가 가능하다. 현실적이어야 한다. 정기적으로 관계를 유지하는 것은 수정을 가하는 데 최대한의 기회를 줄 것이다.

조명 디자이너와 음향 디자이너는 조명 계획서와 음향 계획서를 전달하는 것으로 데드라인을 맞는다는 사실을 명심하라. 데드라인이란 장치 위나 세트에, 혹은 무대 위 어디에 조명과 마이크를 달지에 대한 계획이다. 데드라인으로 인해 디자이너들이 연습실에서 돌출되는 새로운 제안을 쉽게 수용하지 못할 수 있으니, 데드라인을 언제 정할지 염두에 두라. 좋은 조명 디자이너나 음향 디자이너는 이런 상황에서 창조적인 대안을 제공할 것이다.

첫 총연습 후 어떻게 디자인을 발전시킬지 혹은 어떻게 배우들과 만든 것을 향상시킬지 연습실 밖에서 논의하기 위하여 크리에이티브 팀의 각 구성원들과 만나기 위한 스케줄을 짜라. 장면을 짚어가며 그들의 아이디어와 당신이 필요로 하는 것에 대해 개별적으로 이야기하라. 무대 부감독(혹은 공연에 큐를 주는 누구든)에게 이 회의에 가능한 많이 참석하라고 요구하라. 음향과 조명의 측면에서 무엇을 원하는지 그들을 이해시키기 시작하는 것은 중요하다. 결국 이 사람들이 모든 새로운 요소가 작동하도록 큐를 주는 책임을 질 것이다.

무대 부감독의 대본에 음향, 조명, 음악 같은 모든 큐를 적는 것이 테크니컬 리허설의 많은 부분을 차지할 것이다. 그러니 연습 후반에 할 수 있는 한 되도록 많은 큐를 미리 적어두라. 만약 테크니컬 리허설 기간이 짧다면, 큐를 미리 많이 적어두는 것은 특히 중요하다. 무대 부감독과 함께 앉아서 큐를 줄 시점을 점검하거나, 책^{book}에 임시로 큐를 적어놓기 위해 작곡가, 조명 디자이너, 음향 디자이너를 개별적으로 만나 물어보라고 말하라. 큐를 주는 시점들이 테크니컬 리허설에서 바뀌더라도, 잠정적인 큐들은 매우 중요한 출발점을 제공할 것이다. 연습실에 음향 오퍼레이터가 있다면, 사운드에 대한 아이디어가 이미 행위에 통합되니 큐들을 당장 대본에 적어 넣을 수 있다. 이 경우 테크니컬 리허설 전에 강조해야 할 점은 조명과 음악에 관한 것이다.

대본에 어떤 큐도 적을 시간이 없다면, 최소한 오프닝 회의를 통해 이야기하라. 특히 극장 조명이 언제 어두워지기를 원하는지, 행위가 언제 드러나기를 원하는지, 음향이 언제 시작되기를 원하는지 설명해주어라. 큐를 주는 관점에서 본다면, 이들의 복잡함에 놀라게 될 것이다.

■ **요약**

연습 중에 하는 작업에 대해 크리에이티브 팀과 정기적으로 소통하라.

아무리 사소하고 무관해보일지라도, 새로운 아이디어가 나타날 때마다 업데이트하라.

제작 회의에서 크리에이티브 팀의 개별 구성원들에게 이야기하거나 전화하고, 또한 그들을 제작 회의에 가능한 많이 초대하라.

이상적인 상황이라면 크리에이티브 팀이 연습 전부를 봐야 하지만, 적어도 최종 리허설을 한 번은 반드시 보게 하라.

크리에이티브 팀의 개별적인 데드라인들을 알고 있어라.

장면 하나에 대해서마다 아이디어를 논의하기 위해 연습 마지막 주 내내 크리에이티브 팀 전원이 참석한 회의를 열 계획을 세워라. 무대 부감독은 반드시 이 모든 회의에 참석하게 하라.

무대 부감독은 테크니컬 리허설이 시작되기 전에 조명, 음향 혹은 음악에 대한 큐들을 할 수 있는 한 많이 적어두어야 한다.

(11) 짧은 리허설 기간에 이 모든 것을 어떻게 할까?

연습 기간이 짧다는 것은 그 과정을 타협하여 해낸다는 것을 의미하지 않는다. 준비만 잘한다면, 그리고 시간을 경제적으로 잘 이용한다면 최상의 결과를 얻을 수 있다. 제한된 시간을 가지고 어떻게 명료한 작업을 성취할 수 있는지에 대한 제안 몇 개가 여기 있다.

배우들과 희곡의 행위 분석하기 텍스트를 통독하고, 사건들을 분리해내고, 사건들에 이름을 붙이는 것은 중요하다. 308~311쪽에서 기술한대로 이것을 해보고, 모든 선택을 선명하게 하기 위해 시간을 가져라. 막들 혹은 장면들 혹은 눈앞의 상황들 사이에서 발생되는 사건들이 막과 장면에 관련되는 한, 사건 분석 중 혹은 장면에 대한 작업 전에 배우들에게 그 정보를 주어라. 이것은 그들이 명확하게 시작하도록 출발점을 제공할 것이다. 그들은 장면 연습 도중에 사건들에 대한 자세한 내용들을 연습할 수 있다.

마킹 무대 감독은 연습 시간을 건드리지 않고 표시를 할 수 있다.

촉발 사건과 눈앞의 상황을 즉흥극으로 만들어보기 전체 연습 과정 중에 한두 개의 즉흥극을 만들어본다면, 즉흥극을 촉발 사건 주변에서 구축하라. 촉발 사건이 행위를 발생시킨다는 것을 기억하라. 시간이 없다면, 눈앞의 상황을 즉흥극으로 만들 필요는 없다. 그 대신 관련 장면을 연습하기 전에 배우들에게 눈앞의 상황을 상기시켜라.

리허설 날을 어떻게 구성하나 이 장에서 제안했던 대로, 당신이 가지고 있는 날들을 어떻게 구성할지에 대해 만들어 놓은 지도를 고수하라. 그러면서 다음을 명심하라. 한 장면은 두 번만 연습하는 것이 더 좋다. 열 번 연습하기보다, 좌표를 설정하고 지침을 내리는 방식을 약간 바꿔라.

처음으로 장면 연습하기 위의 섹션에서 묘사한 대로 연습을 진행하라. 함께 토론하는 대신 시간을 절약하기 위해 의도에 대해 배우에게 의견을 제안하라. 배우들은 장면을 작업할 때 그것들을 시험 삼아 연습할 수 있고, 그것들이 유효하지 않으면 대안을 찾아낼 것이다. 장면이나 막 사이의 행위들을 즉흥극으로 만들지는 말라. 그 대신 사건에 대해 간단히 설명해주어라. 그럼에도 신속하게 잘 구축된 즉흥극은 종종 토론보다 더욱 효과적이라고 충고해주어라.

블록킹 혹은 관객을 위해 행위를 명료하게 만들기 희곡을 연습하기 위해 열흘이 있든, 여덟 달이 있든 연기 지도를 하는 것은 가능하다. 시간이 없다면, 배우들에게 연기 지도를 하는 것을 생략하라. 연기 지도를 서둘러 한다면 보기에 흥미로울 정도의 지속적인 작업을 만들어내지는 못할 것이다. 그 대신 각 등장인물이 논리적으로 어떻게 공간을 사용할지에 대해 자세히 확인하면서 디자인 과정을 구성하라. 디자인이나, 디자인 안에 물건을 배치하는 것을 확실히 하기 위해 당신과 디자이너가 할 수 있는 모든 것을 해야 한다.

장면의 두세 번째 리허설 대부분의 연습 기간은 총연습 전에 각 부분마다 세 번 정도 연습해볼 시간을 허용한다. 만약 두 번 밖에 연습하지 못한다면, 지침을 아주 분명하게 내리고, 그것을 고수하라.

피드백을 간단하게 하여, 이야기하는 것보다 장면을 작업해보는 데 시간을 더 사용하도록 하라.

총연습 총연습을 구성하고, 첫 총연습을 한 후 적어도 하루를 사이에 두고 다시 총연습을 하라.

요한 아우구스트 스트린드베리의 「부활절」에서

안톤 체호프의 「이바노프」에서

3

극장으로 들어가기와 공연

Getting into the theatre
and the public performances

게오르크 프리드리히 헨델의 「제프타」에서

∗∗∗

테크니컬 리허설과 프레스 나이트 사이의 기간 동안에 매우 불안할 수 있다. 아무리 리허설 중에 해온 작업에 만족하거나 안심했더라도 첫 공연이 다가올수록 이런저런 면에서 영향을 받게 된다. 코앞에 다가온 공연이나 프레스 나이트에 대한 불안감으로 판단력이 흐려지지 않도록 하며, 작업 방식을 바꾸지 말고, 배우들이나 크리에이티브 팀과의 관계에 영향을 미치지 않게 하라. 이런 불안감은 프레스 나이트에 이르는 리허설 과정 중 언제라도 덮쳐올 수 있다. 연습실에서 결정한 언어와 목표들을 고수함으로써 불안감에 대처하라.

이 시점에서 해야 할 일은 최대한 일관되고 침착해야 한다는 것이다. 두려워하지 말며, 마지막 순간에 갑자기 하던 것을 바꾸지 말라. 두려우면 몇 분을 두고 쉬면서 생각을 천천히 하고, 다음과 같이 스스로에게 질문하라. '작품을 명료하게 하고, 문제를 해결하기 위해 취할 수 있는 간단하고도 실질적인 조치는 무엇인가?' 이제 그 간단한 조치를 하나씩 취하라.

배우들이 리허설 중에 했던 것들을 잊어버리기 시작하더라도 지나치게 불안해하지 말라. 다시 생각해낼 것이다. 그 대신 상상의 세계를 믿는 것을 방해하는 것이 있다면, 그것들을 모두 제거해버려라. 크리에이티브 팀의 구성원 중 하나가 지나치게 불안해하거나 역할을 못할지라도 침착하라. 취해야 할 간단한 것들 혹은 남은 시간 동안 현실적으로 할 수 있는 것들에만 집중하도록 하라.

극장으로 '들어간다'면 연습실에서 보다 더욱 더 많은 것에 신경을 써야 한다. 연기뿐만 아니라 조명들, 음향, 시각적 요소들에도 신경을 써야 한다. 그러니 효율적으로 메모하라. 메모할 요소들이 증가하는 것에 대처하기 위해 대본의 한 쪽을 두 개의 칸으로 만들어 지면을 분할하라. 한 칸에는 연기 메모를 붙이고, 다른 칸에는 기술적 사항에 관한 메모를 붙여라. 그런 방식으로 하면 다른 사람들에게 빨리 그리고 효율적으로 피드백을 줄 수 있다. 각 장면에 대해 손을 볼 필요가 있는 것을 분명한 목록으로 만들어 지니고 있어라. 장면마다 페이지에 이름을 붙이면, 정확한 페이지에서 이행될 필요가 있는 일이 떠오를 때마다 생각을 적을 수 있고, 그것들을 쉽게 되돌아가서 참고할 수 있다. 목록에 있는 각 아이템을 언제 어떻게 설명할지 용의주도하게 계획을 세워라.

작품 하나를 제작하는 것은 뜨개질을 하는 것과 같다. 연습 과정의 이 단계에서 어떤 것을 너무 세게 혹은 갑자기 잡아당기면, 올이 전부 풀릴 것이다. 머리를 맑게 유지하고, 해야 할 필요가 있는 것을 우선시하며, 변화를 세심하게 모색할 순간을 포착하라.

설명할 수 있는 것과 없는 것을 조심스럽게 구분하라. 예를 들어 캐스팅에서 실수를 했다면, 당신이 원하는 대로 배우를 완전히 바꿀 수 없다는 것을 인정하라. 그러나 당신이 바라는 결과에 가깝게 배우들을 변화시킬 수는 있다. 이렇게 타협안을 받아들이고, 당신이 바꿀 수 있는 부분에 에너지를 쏟아라. 초반에 내가 했던 가장 큰 실수는 캐스팅과 같은 부분처럼 해결되지 않는 것에 대해 걱정한 것이다. 바꿀 수 없는 것에 대해 불평하느라 혹은 바꾸려고 시도하느라 문제를 전혀 해결하지도, 영향을 미치지도 못했으면서 많은 시간을 소모했다. 이런 식으로 몇 년을 소모한 후에 이런 일들을 지나치는 것을 배우게 되었고, 내가 영향을 미칠 수 있는 부분에 집중할 수 있었다.

마지막으로 연습 중 이 과정에 이르면, 알아야 할 많은 새로운 개념과 용어가 있음을 명심하라(이 단계의 모든 새로운 용어를 밑줄로 표시해놓은 411~416쪽의 「용어 해설」을 참조하라). 당신 자신이 새로운 개념과 용어에 친숙해지도록 시간을 가져라. 다른 사람이 이야기하는 것을 이해하지 못해서 실수를 하거나, 테크니컬 리허설에 나타났다가 연출가가 필요하지 않다는 것만을 발견하는 것 이상으로 최악의 상황은 없으니까.

요한 아우구스트 스트린드베리의 「부활절」에서

CHAPTER 12

테크니컬 리허설을 시작하기 전 음향 및 음악회의

제12장에서는 작품을 극장으로 들여가는 단계와, 첫 공연 전까지 작품에 대해 해야 하는 일들을 다룰 것이다. 이 장은 다음과 같은 일곱 개의 영역들에 대한 조언을 담고 있다.

- 극장으로 들여가는 스케줄과 테크니컬 리허설
- 배우들을 연습실에서 극장으로 어떻게 이동시킬까?
- 테크니컬 리허설 중에 크리에이티브 팀과 어떻게 일할 것인가?
- 조명 회의
- 테크니컬 리허설이 시작되기 전 음향과 음악 회의
- 테크니컬 리허설
- 드레스 리허설

(1) 극장으로 들여가는 스케줄과 테크니컬 리허설 스케줄

아무리 작은 극장이라도 대부분의 극장에서는 작품을 극장으로 들여가기 위해, 그리고 첫 공연을 준비하기 위해 당신에게 모든 것이 적힌 테크니컬 리허설 스케줄을 제공한다. 이 스케줄은 극장에 들어가기 전 약 한 주간 제작 회의에서 논의된 것이다. 당신과 당신의 크리에이티브 팀이 바라는 대로 시간이 사용되는지 꼼꼼히 살피고 확인하라. 각 프로젝트마다 우선시해야 할 각기 다른 사항들이 있다. 그러나 더욱 정교한 맞춤식 접근이 필요한 과정에 일반적인 스케줄을 적용할 때 종종 실수가 발생한다.

모든 기술적 스케줄에는 세 가지 기본적 단계가 있다. 첫째는 세트, 조명들, 음향 요소들을 극장에 설치하는 과정이다. 이것은 무대 세트가 극장으로 들어오는 것과 함께 시작하여 조명들의 초점을 맞추고 음향 스피커와 밴드 배치를 확인하는 것으로 끝난다. 연출가가 이러한 단계의 테크니컬 리허설에 반드시 참여할 필요는 없다. 둘째는 조명, 음악, 음향 큐들을 테크니컬 리허설의 준비를 위해 작동해 보는 기획 회의가 있다. 이 단계에서 연출가의 존재는 중요하나, 배우들은 대개 초대받지 않는다. 마지막으로는 조명과 음악 큐로부터 변화를 빠르게 하기 위한 세트의 새 문고리를 연습해보는 것에 이르기까지 배우들이 기술 팀과 함께 기술적 문제점들을 해결하면서 작품을 차례차례 점검하는 테크니컬 리허설이다. 테크니컬 리허설은 완전한 조명, 음향, 의상, 무대, 무대 장치, 분장, 가발, 그리고 바람이나 피 같은 특수 효과와 함께 이루어진다. 배우들이 의상을 입고 벗는 시간조차 스케줄로 정해놓는 것이 바람직하다. 그러면 조명과 음향 큐를 기획하는 것과 같은 기술적 작업을 위한 30분 정도의 여유시간이 생긴다. 사실 기술자나 무대 감독은 이보다 더 긴 휴식을 갖기를 원하지 않는다.

극장들마다 이 세 단계의 각각에 예산, 조합과 합의한 사항, 그리고 레퍼토리에 따라 시간을 다르게 배분할 것이다. 예를 들어 런던 국립 극장에서는 이틀 동안 들어가면서 사흘 동안 테크니컬 리허설도 할 수 있으나, 같은 런던 내의 프린지 극장에서는 두 시간 내에 들어가야 하고, 세 시간 동안 테크니컬 리허설을 할 수 있을 뿐이다. 그러나 내 경험에 따르면, 극장에 들어가는 기간은 극장의 크기와 상관없이 언제나 낮게 평가된다. 극장에 들어가는 데 시간을 너무 많이 소모했더라도 예외적인 경우가 아니라면 미리 계획된 테크니컬 리허설을 지연시키지 않고 시작하는 것이 관례다. 그것은 계획을 실행할 때 원래의 스케줄보다 언제나 시간이 모자란다는 것을 의미한다. 음향이나 조명 디자이너에게 시간을 어떻게 사용하고 싶은지 이야기할 때 그것을 염두에 두고, 시간이 줄어들 경우를 대비해 반드시 대안을 마련해두라.

- **요약**
  > 기술적 스케줄의 세 단계와 친숙해져라.
  > 당신과 크리에이티브 팀이 원하는 대로 모든 것이 계획되었는지 확인하기 위해 극장에 들어가기 전에 스케줄을 살펴보라.
  > 극장에 들어가는 데 시간을 너무 많이 써서 기술적 스케줄에 할당된 원래의 시간이 줄어들 경우에 대비하여 기획 회의를 위한 대안을 마련하라.

(2) 배우들을 연습실에서 극장으로 어떻게 이동시킬까?

연출가가 배우들을 연습실에서 극장으로 이동시키는 일을 성사시키는 데에는 세심한 사고가 필요하다. 그 일을 부드럽게 처리하라. 그러면 배우들의 일도, 그들을 도와서 하는 일을 발전시키는 당신의 능력도 모두 강화될 것이다. 그것을 효율적으로 처리하지 못하면, 배우들이 하는 일도, 그들의 일에 대한 당신의 영향력도 약화될 것이다. 그때에는 그들의 신뢰와 연기 선택을 재구축하기 위해 시간을 소모해야 한다.

제9장에서는 음향, 의상들, 실제 소도구들, 그리고 신발들과 같은 요소들을 리허설에 도입함으로써 테크니컬 리허설에서 배우들이 새롭게 부담해야 할 요소의 수를 줄일 수 있다고 적었다. 그것을 이루어냈다면, 이러한 이동 순간이 상당히 쉽게 이루어지는 데 도움이 될 것이다. 그러나 그러한 요소들을 리허설에 도입하지 않았더라도 걱정하지는 말라. 명심해야 할 것은 배우들이 테크니컬 리허설에서는 아주 많은 새로운 요소를 소화해내야 하며, 그러므로 테크니컬 리허설을 세심하게 이끌어야 한다는 것이다.

나는 338~339쪽에서 배우들이 극장으로 이동할 때 관객에게 자신들이 연기하는 것을 명료하게 하고자 하는 생각으로 인해 결국 상황이나 인물의 연기를 희생시킬 수 있다고 말한 적이 있다. 이 문제는 극장에서 일을 시작하면서 더 심해질 것이다. 만약 배우가 리허설 장소에서 곧 있을 공연으로부터 영향을 받지 않더라도, 그 배우는 테크니컬 리허설이 시작되고 난 뒤 크고 작은 방식으로 그것을 절감할 것이다. 제11장에서 총연습에 대해 적었던 것처럼, 배우들은 그들의 위치가 적절하고, 보이스 코치도 목소리가 잘 들려서 만족스러워해도 보이거나 들리는 것에 대해 점점 더 예민해질 수 있다. 그들은 자신의 등장인물이 어떻게 이해될지 걱정하고, 의상에 대해 의심하기 시작하며, 타당했다고 인정한 연기 선택에 대해서마저 이의를 제기하기 시작할 수 있다. 이런 반응들은 주로 두려움에서 연유한 것들이라

이해할 만하다.

배우들이 이러한 두려움을 더는 데 도움이 될 만한 간단한 방법이 네 가지 있다.

첫째, 이것은 극장에서 당신이 할 작업과 관련이 있다. 리허설 장소에서 사용하는 언어에 주의하라. 리허설 마지막 주에 나는 우리가 '다른 사람들과 작업을 공유할 장소'라는 의미로 농담 삼아 극장을 '다른 방'이라고 말한다. 이런 언어의 사용은 배우가 리허설 과정의 두 단계 사이에 다리를 놓는 데 도움을 주기 위한 나만의 방식이다. 연출가마다 두 단계를 연결하기 위한 자신만의 방법을 찾아낼 필요가 있다.

둘째, 리허설 마지막 며칠 동안에는 리허설 중 사용해오던 언어를 바꾸지 말도록 하라. 리허설 중 마지막 며칠 동안 혹은 극장에서 작업을 시작하면서 스스로도 의식하지 못하는 사이에 '연극'은 '공연'이 되고, 새가 노래하는 것이 '첫 번째 큐'가 되는 등 언어가 바뀐다. 이런 언어들은 리허설 중 구축해온 상상의 세계에서 배우들을 벗어나게 만들고, 그들의 두려움도 배가시킨다.

셋째, 이것이야말로 가장 중요한데, 배우들에게 당신이 침착하며 리허설 장소에서 극장으로 이동하는 상황을 완전히 주도하고 있다는 인상을 주어라. 장면 뒤에서 무슨 일이 일어나고 있든지 간에 말이다. (극장으로 들어가는 것이 지연되는 것처럼) 이 단계에서 돌발할 수 있는 문제들이 많은데, 그중 대부분은 시간이 지나면 쉽게 해결된다. 그 문제가 배우가 하는 것과 직접 관련되고, 당장 영향을 미치는 경우에만 알려주어라. 그 밖의 문제는 문제가 있다는 것조차 배우 자신도 모르게 해결하라. 당신이 어떤 문제를 해결할 수 없으면, 배우에게 그 문제가 무엇이고, 무슨 조치를 취하고 있고, 언제쯤 해결될지 알려주어라. 그것을 설명하면서 신중한 자세를 취하고, 문제를 과도하게 극화하지 말라.

마지막으로, 극장 환경이 리허설 공간과 비슷하다고 느끼게 할 방법을 강구하라. 리허설 공간은 보통 아주 조용하고 집중이 잘되는 장소다. 섬세한 분위기의 리허설이 진행될 때 어느 누구도 난입하지 않으며, 사람들은 대개 조용히 방에 들어오고 나간다. 대조적으로 무대 뒤는 (제작진, 무대 감독, 기술자 등) 테크니컬 리허설 혹은 공연 중임에도 덜 예민한 방식으로 여기저기에서 움직이는 사람들로 북적일 수 있다. 그들의 움직임은 대체로 아주 많이 필요하지만, 무대 감독만이 그들의 움직임을 교묘하게 조정할 수 있다. 집중된 분위기의 작고 조용한 공간을 만들기 위해 무대 뒤 공간을 섬처럼 차단하는 방법도 있다. 테크니컬 리허설이나 이후의 공연 중에 배우들이 장면을 위해 스스로를 준비시킬 수 있도록 말이다. 개인이 무대에 등장하기 위해 준비하거나 장면 사이사이에 연습하도록 밀폐된 부스나 울타리를 쳐서 독립된 공간을 만들 수 있을지 확인해보라. 관리 책임자와 무대 감독에게 무대 뒷부분에서 이렇게 할 방법을 생각해보라고 요구하라. 그러면 모든 사람이 배우를 방해하지 않고서 자신의 일을 할 수 있을 것이다.

국립 극장에서 「아울리스의 이피게니아」를 연출했을 때, 우리는 검은 장막으로 몇 개의 부스를 만들었다. 그리고 배우들이 그곳에서 준비할 수 있도록 무대 뒤 공간을 차단했다. 무대 왼쪽에는 의자들과 옷가방들을 놓을 수 있는 부스를 세웠는데, 그곳에 앉아 있는 클리타임네스트라, 이피게니아, 그리고 수행원들은 그것이 자신들을 아울리스로 데려다주는 마차라고 상상할 수 있었다. 무대 오른쪽에는 관객에게는 보이지 않지만 아가멤논의 막사를 재현하는 방이 있었다. 클리타임네스트라, 이피게니아, 아가멤논 그리고 아가멤논의 특별 보좌관들은 각기 다른 시점에 이 방으로 들어갔고, 자신들이 등장하는 장면 사이사이에 일어나는 일을 그곳에서 계속 즉흥적으로 연습하고 있었다. 공연이 시작되었을 때 각 부스에 있던 배우들은 큐를 받았고, 자신의 등장인물이 무대에 언제 등장하는지 상관하지 않고서 같은 시간에 연기하기 시작했다. 하지만 관객은 폐허가 된 호텔에 아가멤논이 등장하는 행위의 일부만을 봤다.

이와 같이 일하는 것은 많은 극장에서 정통으로 행해지는 방식이 아니다. 그러니 이런 방법을 쓰기를 원한다면, 다른 부서나 다른 사람들에게 당신이 무엇을 원하는지, 왜 그것을 원하는지 설명하는 것이 중요하다. 시간을 충분히 가지고서 왜 그것들이 필요하다고 느끼는지 설명하기만 한다면, 극장에서 일하는 사람들 중 대개가 이런 제안에 매우 긍정적이라는 사실에 놀랄 것이다.

▪ 요약

가능하다면 배우들을 미리 리허설에 합류시킴으로써 극장에서 받아들여야 하는 새롭고 낯선 것들의 수를 줄여라.

두려움과 관객에 대한 불안이 커짐에 따라 배우들은 자신이 해오던 것을 바꿀 수 있다는 사실에 주의하라.

작품의 다음 단계에 관해 사용하는 언어에 주의함으로써 공연 직전에 배우들이 하던 것을 바꾸는 경향을 줄여라. 언어는 반드시 리허설 동안 사용하던 것과 같아야 한다.

자신의 두려움을 잘 다스리고, 안 보이는 데서 진행되는 기술적 문제들로 배우들을 걱정시키지 말라.

극장의 무대 뒤를 연습실과 유사한 환경으로 만드는 방법을 강구하라.

(3) 테크니컬 리허설 중에 크리에이티브 팀과 어떻게 일할 것인가?

테크니컬 리허설 중에 배우들은 처음으로 같은 공간에서 크리에이티브 팀과 일하게 될 것이다. 크리에이티브 팀이 연습실을 방문했을 때, 그들은 직접 피드백을 주지 않고서 작업을 지켜볼 것이다. 극장에서 크리에이티브 팀과 배우들 사이의 상호 작용을 관리하는 것은 좋은 기술이며, 그것이 용이하도록 도와줄 몇 가지 방안도 있다.

배우들이 테크니컬 리허설 단계에 도달했을 즈음 크리에이티브 팀이 당신과 같은 목표를 가지고 일하는지 확인하라. 크리에이티브 팀원들을 미리 만나서 테크니컬 리허설을 어떻게 진행하기를 원하는지 말해주라. 더욱 중요한 것은 배우들의 걱정과 불평을 어떻게 처리할지 크리에이티브 팀에 이야기해주는 것이다. 특히 크리에이티브 팀이 걱정하고 있는 부분이 있다면, 그 일에 대해 꼭 이야기를 나눠라.

테크니컬 리허설 중 문제나 걱정거리에 대해 크리에이티브 팀과 대화해야 한다면, 배우들이 들을 수 없는 곳에서 하라. 배우들이 언제나 같은 용어를 사용하는 것은 아니다. "조명이 너무 밝다"는 디자이너의 말은 관객이 극장에서 공연을 볼 때 무대가 보이는지를 염두에 두고 하는 말이다. 하지만 배우들은 시점이 여름낮이 아니라고 받아들인다.

배우들 앞에서 디자이너가 순전히 미학적 관점에서만 말한다거나 혹은 기술적 문제들에 관해 이야기하는 것을 막아라. 디자이너가 보기에 조명이 너무 어둡다거나 무대 장치가 관객에게 안 보인다면, 배우가 못 듣는 곳에서 당신에게 알리게 하라.

마지막으로, 테크니컬 리허설 기간 중 하루의 마지막 시간은 핵심적인 팀과 문제나 관심사들을 토론할 수 있도록 확보해두어야 할 시간이다. 배우들이 극장을 떠나고 난 뒤 토론하는 것이 이상적이다.

이 시점에서 시간이 부족하다면 크리에이티브 팀 구성원 모두에게 부담을 준다는 것을 명심하라. 또한 배우들과 일할 수 있는 시간은 몇 주였지만, 크리에이티브 팀과 일할 수 있는 시간은 고작 며칠 혹은 몇 시간뿐이라는 것도 명심하라(당신이 크리에이티브 팀을 처음 만나 그들이 할 일을 알게 될 때, 그들 역시도 자신들이 해야 할 일을 처음 보고 듣게 될 것이다). 조명 디자이너가 아무리 열심히 조명 계획과 관련해서 일했더라도, 실제 공간에서 그 조명을 조합해놓은 것이 어떻게 보일지는 예상할 수 없었을 것이다. 페인트 가게에서 벽의 판자를 아무리 정확하게 칠했다고 생각했어도, 디자이너는 건축물이나 페인트 마감이 정확한지 아닌지를 그것이 무대에서 조합될 때까지 확실히는 모를 것이다. 새 소리가 음향실에서 들었을 때 아무리 매력적이었더라도, 음향 디자이너는 극장의 새로운 음향 시스템으로 그 소리를 들었을 때 그것이 적합한지 아닌지 절대 확신할 수 없다.

앞에서 말한 것처럼 대개의 기술적 스케줄은 과도하게 낙천적인 분위기에서 이루어져서, 극장에 세트를 설치할 수 있는 시간을 충분하게 배당하지 않는다. 이것은 조명을 설계하고, 음향을 적절하게 확인하고, 세트에 색을 칠하고, 혹은 밴드에 큐를 주어야 할 시간이 줄거나 때로는 없어진다는 것을 의미한다. 이 모든 것으로 인해 팀원들이 받을 스트레스에 유의하라. 피드백을 가지고 덤비기 전에 세트 디자이너에게 무엇을 바꿀 필요가 있다고 생각하는지 물어보라. 종종 당신이 걱정하고 있는 것들을 이미 디자이너가 설명을 요구하면서 목록에 적었을 수 있다. 걱정이 있다거나 극장에서 보고 듣는 어떤 것이 마음에 들지 않으면, 걱정이 되는 부분에 대해 간단하고 명료하게 말하라. 시연이 임박했다는 불안감으로 인해 격하게 이야기하거나 행동하지 말라. 마지막으로 배우가 있는 데서 처음으로 세트나 조명을 보거나 음향이나 음악을 듣지 말고, 이런 영역에 대해 배우들이 듣는 곳에서 첫 번째 피드백도 주지 말라.

- **요약**
  테크니컬 리허설을 어떻게 할지, 그리고 테크니컬 리허설 중 피드백을 어떻게 처리할지 계획을 세우려고 한다면, 리허설의 마지막 주 동안 크리에이티브 팀의 모든 구성원과 만나라.
  테크니컬 리허설 동안 크리에이티브 팀이 가지고 있는 걱정에 대한 대화는 배우들이 안 듣는 데서 나눠라. 바람직한 것은 배우들이 극장을 떠난 뒤 크리에이티브 팀하고만 이야기할 수 있도록 시간을 확보하는 것이다.
  자신들의 작업을 준비하거나 시험해볼 시간이 부족해서 크리에이티브 팀이 받게 될 압박감에 대해 세심하게 주의하라.
  배우들이 있는 데서 처음으로 무대나 조명을 보지 말고, 음향이나 음악을 듣지 말라. 배우들이 듣는 데서 이러한 첫 시도들에 대한 피드백을 주지 말라.

(4) 조명 회의

조명 기획 회의는 처음으로 조명 상태에 대한 조명 디자이너의 계획안을 보는 순간이다. 조명 기획의 주요 목적은 테크니컬 리허설이 시작되기 전에 할 수 있는 한 많은 조명을 조명대에 다는 것이다(조명대란 조명마다 계획된 다른 단계를 입력한 기계다).

이미 지난주 리허설 동안 조명에 대해 조명 디자이너와 상세하게 이야기했을 것이다. 그때 조명 디자이너는 조명 기획을 구상했을 터이고, 그 기획은 모든 조명이 어느 조명 설비에 달리고, 어느 쪽 방향을 가리킬지 보여줄 것이다. 극장에 들어가고 난 후, 조명은 계획안에 따라 조명 설비에 달릴 것이고, 그리고 나서 초점이 맞춰지고 색이 덧입혀질 것이다.

조명 기획 회의는 조명 디자이너, 조명 오퍼레이터 그리고 무대 감독과 함께 진행된다. 조명 디자이너를 위해 임시로 객석에 테이블을 하나 들여놓을 것이다. 당신은 조명 디자이너들이 보통 그들 앞의 테이블에서 그들이 세운 조명 기획에 따라 일하는 것을 보게 될 것이다. 조명 계획안과, 개별 조명의 숫자며 기능을 읽는 방법까지 알 필요는 없다. 그러나 몇몇 중요한 조명과 그 수를 기억할 수 있다면, 원하는 것을 더욱 정확하게 이야기할 수 있을 것이다.

테이블에는 오퍼레이터가 부스에서 사용하는 컴퓨터 시스템과 연결된 노트북 컴퓨터가 한 대 있을 것이다. 조명 디자이너는 보통 헤드폰을 끼며 오퍼레이터 및 (부스 안에 같이 있는) 무대 부감독과 소통할 수 있다. 조명 감독 옆에 앉아라. 당신이 각 조명의 상태를 확인하면, 그것에 1부터 숫자가 붙여진다. 당신과 나란히 앉은 무대 부감독은 그때 이 숫자들과, 바뀌는 조명 큐 같은 무대 지시를 대본에 적을 것이다. 시간을 들여 이 과정을 준비하고, 짜증을 내지 말라. 각 큐들이 조심스럽고 정확하게 메모에 써 있다면, 무대 부감독은 테크니컬 리허설을 훨씬 더 효율적으로 진행할 것이다. 어떤 큐의 위치는 임시적일 수 있고, 움직임과 같이 큐를 주는 것은 테크니컬 리허설 중에 약간 바뀔 수도 있다.

기획 회의를 이용하는 방법이 몇 가지 있다. 그리고 조명 디자이너들마다 다른 절차를 가지고 있다. 기획 회의의 구조나 속도는 시간을 얼마나 쓸 수 있는지에 달려 있다. 만약 세 시간이 걸리는 회의가 있다면 일을 한가하게 처리할 수 있고, 반 시간만 가지고 있다면 조명대와 기획서의 초기 단계에 약간 빨리 도달할 필요가 있을 것이다. 경험상 조명 기획 회의는 조명 디자이너들에게 그들의 주요 아이디어들과 핵심 조명들을 당신에게 이해시키라고 요구하는 것으로 시작하는 것이 최선이다. 조명 디자이너가 다른 가능성들을 펼쳐 보이는 순간 당신은 전혀 이해하지 못할 것이다. 이 시간은 설치된 조명에 대한 안목을 당신에게 줄 것이다. 만약 특별한 효과나 특정한 빛을 좋아한다면, 디자이너에게 그것을 말하라. 조명 상태가 당신이 보기에 적절치 않으면, 나중에 조명 디자이너에게 그 조명을 시험해보라고 요구하라.

그다음으로 각 장면을 위한 각각의 조명 상태를 점검하라. 디자이너에게 첫 계획안들을 한군데로 모으라고 하고, 그것을 당신이 원하는 무대를 구축하기 위한 토대로 사용하라. 인내심을 가지고, 피드백을 주기 전에 디자이너들이 장면에 대해 자신의 아이디어를 사용해보게 하라.

상태를 함께 보고, 조명 디자이너에게 당신이 원하는 바 대로 수정을 요구하라. 처음 조명 몇 개를 만지작거리느라고 시간을 많이 허비하지 말라. 기본 스케치는 놔두고 전진하라. 그 방식으로 첫 기술적 모임에서 일을 마칠 수 있다. 사람이 무대에 서면 조명 상태가 다르게 보인다는 것도 명심하라.

빈 무대를 밝히는 데 너무 많은 시간을 쓰는 것도 어리석다. 대략적인 스케치를 하면, 조명 디자이너가 장면 안에서 배우들이 실제로 하는 것에 따라 조명을 조정할 수 있다. 준비하면서 너무 진행시키지는 말라. 나는 대개 기획 회의에서 첫 한두 장면 이상을 작업해본 기억이 없다. 이 회의는 프레스 나이트까지 계속될 조명에 대한 작업을 시작하기 위한 것이다. 당신과 조명 디자이너는 이 기간 동안 조명이 정확해지도록 끊임없이 조정할 것이다.

조명의 문제들은 종종 행위에 적합한 사실적 조명이 필요한 상황과, 관객이 볼 수 있도록 배우의 얼굴을 비춰야 하는 상황 사이에서 균형을 맞춰야 하기 때문에 발생한다. 얼굴을 비추는 조명이 너무 많이 강렬하게 사용되면서 종종 상황을 압도한다. 그처럼 한 장면에 조명이 과도하게 들어오면, 등장인물이 있는 장소의 실제 빛은 어떤지, 그것이 대낮의 자연광인지 아니면 인위적인 빛인지 잊게 된다. 아무리 잘 보이도록 하기 위해 조명을 키우더라도, 실제 빛의 기본적인 구조를 잊지 말라. 그 구조를 알아보는 데 문제가 있다면, 눈을 찡그려 눈에 적은 빛만 들어오게 하라. 이렇게 하면 표면의 세세한 것을 지우고, 어둠의 기본적인 부분, 빛, 그림자를 보게 될 것이다.

디자이너가 제안하는 조명 상태에서 눈을 가늘게 떠보라. 표면의 세세한 구조를 식별할 수 없다면, 조명 디자이너를 암막(暗幕)으로 보내 처음부터 다시 조명 상태를 구축하라고 부탁하라. 배우나 행위가 잠시 보이는 것에 대해 걱정하지 말라. 그 대신 '실제로 이 장소에 무슨 빛이 비춰지는지 자문해보라. 햇빛인가? 그렇다면 햇빛이 어디에서 오는가? 그 각도는 어떤가?' 햇빛을 만들어내는 조명을 추가하고, 햇빛이 당신에게 주는 구조 주변의 나머지 상황의 조명을 천천히 구축하라. 만약 한 장면이 하나의 실용 조명으로 비춰진다면, 디자이너에게 조명을 하나만 켜라고 하라. 빛이 비춰지는 형태를 살펴보고, 그 형태 주변에 조명을 구축하기 시작하라. 그 밖의 조명을 추가하더라도 그 환경에 실용적 조명이 비춰지고 있다는 인상을 잃어서는 안 된다.

- **요약**

  대본에 조명 큐를 적는 과정을 시간을 들여 준비하라.

  공연의 첫 몇 개 큐에 대한 조명 상태를 결정하고, 기획 모임을 끝내야 한다.

  빈 무대에서 조명 상태를 완벽하게 하려고 애쓰면서 너무 많은 시간을 허비하지 말라. 사람들이 무대에 서면 그것이 다르게 보일 것이다.

  무엇이 그 장면을 비추는지, 그것이 태양이든 실용적인 조명이든 구조적 관점을 잃지 말라.

(5) 테크니컬 리허설이 시작되기 전 음향과 음악 회의

이 회의의 주요 목적은 음향과 음악의 수준을 기획하고, 상황이 괜찮다면 소리가 나오는 스피커를 확정하려는 것이다. 음악가들은 밴드실에 있거나 극장에서 연주할 것이다(밴드실은 방음이 된 방이며, 그곳에서 연주되는 라이브 음악은 극장의 스피커로 전달된다). 만약 음악가들이 밴드실에 있다면, 모든 큐의 수준을 확인할 필요가 있다. 만약 음악가들이 극장에서 연주하고 있다면, 작곡가가 극장의 음향 상황에 따라 소리의 크기를 조정할 필요가 있다.

테크니컬 리허설 스케줄에서는 테크니컬 리허설 전에 있는 음향이나 음악 기획 회의에 거의 한 시간 이상을 배당하지 않는다. 대부분의 경우 음향 디자이너와 작곡가가 처음 열 개 정도의 음향 큐에 대한 초반 음역을 정하는 짧은 기회를 가지기 전에, 당신이 먼저 테크니컬 리허설의 스케줄을 짜면서 몇 개의 중요한 큐들을 듣게 될 것이다. 이 시간이 짧기 때문에, 테크니컬 리허설 중 부지불식간에 아주 빨리 대부분의 음향 큐나 음악을 듣게 될 것이다.

음향 큐를 프로그래밍하거나 밴드실에서 밴드의 연주에 대한 수준을 정하려면 시간이 걸린다는 것을 기억하라. 당신의 연출가 경력이 아직 초기라면 이것은 아주 놀랄 만한 일이다. 당신은 오퍼레이터가 단추를 누르고 소리의 크기를 조정하면, 모든 것이 완벽하다고 상상해왔다. 사실은 그렇지 않다. 하나의 음악과 음향 큐를 위해 모든 세팅을 프로그래밍하기 위해서는 몇 분이 걸릴 수 있다.

짧은 기획 회의뿐만 아니라, 테크니컬 리허설이 시작되기 전에 '조용한 시간'으로 알려진 점심시간이 있을 수 있다. 이것은 음향 디자이너가 단계를 설정하고, 작곡가가(아니면 음악 감독이) 밴드를 들을 수 있는 시간이다. 부탁을 받지 않았다면, 이 회의에 있을 필요는 없다. 또한 공연 중에 연주하는 라이브 음악가들이 있다면, '밴드 회의'에도 참석할 필요가 없다.

- **요약**

  음향 큐나 음악을 듣는 간단한 회의에 대비하라.

  음향 큐를 프로그래밍하기 위해 걸리는 시간에 대비하라.

  테크니컬 리허설 중 처음으로 음향 효과를 들어야 한다는 것에 대비하라.

  음향 디자이너, 작곡가, 음악 감독으로부터 부탁을 받지 않는다면, '조용한 시간'이나 '밴드 회의'에 참석할 필요는 없다.

(6) 테크니컬 리허설

테크니컬 리허설은 제작에 관련된 모든 사람에게 처음부터 끝까지 작업을 해볼 기회를 주고, 모든 새로운 기술적 요소가 이미 세심하게 리허설 공간에서 만들어진 작업과 잘 조합되었는지 확인시켜준다.

명료한 명령 체계를 만드는 것은 테크니컬 리허설이 효율적으로 기능하는 데 중요하다.

첫째, 누가 테크니컬 리허설을 주도해야 할지 결정하라. 그것을 당신이 하든가, 아니면 무대 감독에게 하라고 요구하라. 내 경험상 그것은 무대 감독이 맡는 것이 더 좋다. 그것은 모든 요소가 한데 통합되는지 지켜보면서 음향, 세트, 의상, 조명 디자이너들과 논의하는 데 당신의 에너지를 쏟게 할 것이다. 무대 디자이너는 모든 사람을 체계화하고 리허설을 진행하면서 무대에 있을 것이고, 그리하여 테크니컬 리허설은 당신이 계획한 스케줄 대로 진행될 것이다. 이 스케줄은 당신과 무대 감독 사이에서 구상될 것이며, 공연의 어떤 부분이 각 리허설 모임에서 완성될 필요가 있는지를 구체화할 것이다. 계획을 고수하라. 계획 대로만 되면 드레스 리허설과 첫 공연이 준비된다. 공간의 크기와 필요한 분별력의 정도에 따라서 소리를 지르거나 마이크를 사용하여 혹은 헤드폰으로 무대 감독과 소통할 수 있다. 테크니컬 리허설이 시작되기 전에 반드시 마이크나 헤드폰이 잘 작동하는지 확인하라. 소리를 지르는 것은 당신이 공격적이라는 인상을 줄 수 있으니 하지 말아야 한다.

그다음으로 무대 부감독과 어떻게 소통할지 강구해야 한다. 그들은 이제 공연에 신호를 보내는 장소에 앉아 있을 것이다. 이로 인해 그들은 객석 뒤의 방음 처리된 부스에서 소리를 듣지 못할 것이다.

작은 객석에서는 상대와 보통 이야기라도 하듯이 말할 수 있으나, 넓은 공간에서는 헤드폰을 사용해야 하거나 혹은 무대 감독의 헤드폰을 거쳐야 할 것이다.

마지막으로 조명 및 음향 디자이너들과 의사소통 시스템을 마련하라. 이상적인 상황에서라면, 조명 및 음향 담당의 책상은 객석에 놓일 것이고, 조명 및 음향 디자이너들이 그들의 도구들과 계획서들을 들고 이 책상에 앉을 것이다. 이 책상을 대개 당신 가까이에 놓음으로써 당신들 세 명은 쉽게 대화할 수 있을 것이다. 두 디자이너들은 헤드폰을 가지고 있어서 박스 안에 있는 오퍼레이터들과도 소통할 수 있다. 이러한 상황은 흔한 변두리 극장에서처럼 책상이 오퍼레이터의 공간에 있으며, 장치들이 기본 설비에 불과한 상황과는 다르다. 상황이 어떻든 간에 테크니컬 리허설이 시작되기 전에 조명 디자이너 및 음향 디자이너와 어떻게 소통할지 논의하라.

테크니컬 리허설을 하기 위해 배우들이 도착하면, 즉시 가서 그들을 환영하라. 테크니컬 리허설을 어떻게 진행할지 설명하고, 어떤 기술적 문제와 맞닥뜨리자마자 그들을 멈추게 하라. 그다음으로 무대 감독이 그들에게 무대와 무대 뒤의 구역을 보여주게 하라. 이것은 그들과 극장 사이에 인연이 생기도록 할 것이다. 그런 다음 그들에게 시작 위치beginners position, 배우가 큐를 처음 받기 전에 서 있는 무대 뒤 공간로 가게 하라.

배우들이 준비되면, 모든 것을 하나씩 해보라. 공연 연습은 조명 큐가 적시에 들어가지 않는다든가, 조명 상태가 당신이 원하는 수준에 도달하지 못했다든가, 혹은 음향 큐가 너무 큰 경우처럼 거슬리는 요소가 눈에 띌 때까지 진행시켜라. 거슬리는 요소가 나타났을 때 멈추게 하고, 왜 멈췄는지 무대 감독이 알게 하라. 크리에이티브 팀의 관련된 구성원과 기술적 문제를 어떻게 해결할지도 이야기하라. 무대 감독에게 다시 돌아가라고(즉, 모든 것을 다시 시작하도록 준비하라고) 요청하라. 그러고 나서 잘못되기 직전의 시점부터 행위를 진행시켜라.

처음 몇 개의 큐에 시간을 너무 많이 쓰지 말라. 좀 더 손볼 필요가 있더라도, 진행시키는 것이 최선이다. 그것이 그룹으로 하여금 일이 효율적으로, 스케줄에 따라 진행되고 있다고 느끼게 함으로써 사기를 높이는 데에도 도움이 될 것이다. 첫 15분 정도 후 속도를 줄여라.

배우 중 대부분이 지각 있는 성인들이고, 자신들의 관심사를 진지하게 여긴다는 것을 인정하라. 배우들이 가져오는 어떤 관심사에 대해서라도 반드시 즉각 설명해주어라. 그런 관심사들 중 몇은 세 번째로 빠르게 바꾸는 것을 연습한다거나 의상의 논리에 관해 이야기하는 것처럼 진부해 보일 수도 있다. 하지만 그것들이야말로 그들의 연기가 명료하고 공연이 부드럽게 흘러가도록 해주는 세부 사항들이다. 그들은 답을 듣기 전까지 쉽게 물러나지 않을 테니, 그것에 대해 당장 대답을 해주는 것이 이익이 된다.

때때로 두세 시간밖에 없을 수도 있지만, 평균적인 테크니컬 리허설은 적게는 하루, 많게는 사흘간 진행된다. 362~364쪽에 제시한 것처럼 크리에이티브 팀의 모든 구성원과 새로 나타난 문제들 및 관심사에 대해 논의하기 위해 각 모임의 마지막 시간에 회의를 하라. 대부분의 극장들이 무대에서부터 의상실과 무대 뒤 구역까지 소리를 전달하는 공연 전달 시스템을 가지고 있음을 기억하라. 이 전달 체계는 또한 객석에서부터 무대 뒤까지 소리를 보낸다. 객석에서 크리에이티브 팀과 만났다면, 당신이 하고 있는 고민을 신중하게 털어놓으라. 때때로 흥분하면 배우들에 관해 적절치 못하게 이야기할 수 있고, 혹은 당신의 체신을 깎는 두려움을 노출시킬 수도 있다. 몇몇 극장에서는 전달 시스템을 꺼버릴 수 있다.

- **요약**

  테크니컬 리허설의 목적은 새로운 기술적 요소들을 리허설 공간에서 이미 만들어놓은 작업으로 통합시키기 위한 것이다.

  테크니컬 리허설의 진행을 위해 명료한 명령 체계를 만들어라.

  무대 부감독과 최상의 소통 방식으로 이야기하라.

  당신이든 무대 감독이든 누가 테크니컬 리허설을 진행할지 결정하고, 서로 소통할 방법을 확립하라.

  배우들이 도착했을 때 어떻게 작업할지 이야기해주고, 무대 뒤 주변을 그들에게 보여주면서 익숙해지도록 하라.

  문제가 있을 때마다 멈추고, 논의하고, 관련 부분으로 돌아가라. 그러고 나서 계속 연습하라.

  처음 몇 개의 큐로 너무 많은 시간을 소모하지 말라. 진행시켜라.

  극장의 분위기를 리허설 공간의 조용하고 집중된 분위기에 가깝게 만들어라.

  배우들이 가지고 있는 어떤 문제에 대해서도 즉시 설명해주어라.

  그날의 테크니컬 리허설이 끝날 무렵에 크리에이티브 팀과 회의를 하라.

  대부분의 극장에는 공연을 전달하는 시스템이 있음을 기억하고, 화가 났을 때 객석에서 당신이 이야기하는 것에 주의하라.

(7) 드레스 리허설

드레스 리허설은 이제까지 작업해온 모든 요소를 빠르게 한데 모을 수 있는 첫 번째 기회다. 테크니컬 리허설 동안 진도를 많이 나가지 못한 채 멈추고 시작하는 것을 반복할 것이다. 드레스 리허설에서는 실제 공연 속도로 일을 진행하게 될 텐데, 이것은 언제나 새로운 문제들을 던져 놓는다. 빠른 전환은 시간이 지나도 완성되지 못할 수도 있으며, 조명 큐는 너무 늦거나 빠를 수 있다.

드레스 리허설의 스케줄을 세울 때, 콜의 마지막 부분에 반 시간 정도를 확보하면, 시연 전에 수정할 수 있다. 종종 드레스 리허설은 늦게 시작되고 콜이 끝나는 시간에 종료되는데, 그것은 어떤 문제도 수정할 기회가 없을 뿐만 아니라, 그 문제들이 저녁 공연 때마다 반복될 것이라는 뜻이다. 그 대신 주요한 기술적 문제를 수정하기 위해 반 시간 정도를 사용하라. 드레스 리허설을 보면서 메모하라. 저녁 공연 전에 급히 바꿔야 할 필요가 있는 일들이 있을 수 있다. 기술적인 것과 관련된 메모들은 배우들이 가고 난 후, 그리고 이후에는 공연이 끝나고 난 후 크리에이티브 팀에게 줄 수 있다. 그들에게 제대로 이야기할 수 있는 시간이 더 많이 확보된 그다음 날에 손볼 수 있는 것들도 있다.

마지막으로, 당신이 쓴 모든 연기 메모에 관한 것이다. 내 경험상 드레스 리허설과 시연 사이에 연기 메모를 주는 것은 현명하지 않다. 그 대신 다음 날까지 그것들을 가지고 있으라. 즉, 배우들에게 메모들을 구겨 넣느라고 드레스 룸과 분장실을 돌아다니면서 저녁 휴식 시간을 소비하지 말라. 배우들은 드레스 리허설과 시연 사이의 두 시간 동안 쉬어야 한다. 그들은 먹고, 쉬고, 공연을 준비할 시간이 필요하다.

드레스 리허설이 끝나자마자 배우들을 모아서 그들의 작업이 명료하며, 저녁 공연 후에 메모를 줄 것이라고 다시 당부해두라. 그러고 나서 누가 어떤 중요한 기술적 문제나 걱정을 가지고 있는지 물어보라. 그다음 30분간 그들의 걱정에 대해 의논하거나, 당신이 기술적인 문제들을 급히 적은 메모들에 대해 설명해주어라. 이 모임이 끝날 무렵 배우들에게 저녁 공연 전에 워밍업에 참여하라고 제안하라. 이것은 의례적인 시연을 할 때면 있기 마련인 두려움에 대처하는 데 도움을 줄 것이다. 배우들에게 또한 동료들과 조화를 이루며 연기할 것과, '혼자 튀려고 하는 것'을 자제하라고 당부하라. 혼자 튀는 것은 배우가 연습해온 것에서 벗어나 관객에게 깊은 인상을 주기 위해 다른 방식으로 하기 시작할 때 일어난다. 이런 가벼운 이야기를 하고 난 후에 배우들을 혼자 있게 두라.

물론 이 단계들은 드레스 리허설과 그 이후의 일을 관리하는 완벽한 방법을 묘사한다. 그러나 단순히 시간이 없어서 이런 일들을 진지하고 조심스럽게 처리할 수 없는 경우가 있을 수 있다. 이런 일이 발생하면, 최소한 5분간만이라도 드레스 리허설 후 배우들을 모이게 하라. 그리고 공연을 하기 전에 그들이 하는 것에서 당장 수정이 필요한 잠재적 위험 요소가 없는지 확인하라.

그러나 어떤 경우에는 드레스 리허설을 할 기회가 없거나, 테크니컬 리허설을 완결하지 못할 수도 있다. '국립 극장'에서 「꿈의 연극」을 연출하고 있을 때, 우리는 스케줄을 맞추기가 너무나 힘들어서 첫 공연을 취소해야 했고, (두 번째 공연에 나타났던) 대중 앞에서는 테크니컬 리허설을 해야 했다. 그것은 정말 다시는 반복하고 싶지 않은 상황이다. 그것은 돈을 낸 관객에게 작품을 보여주어야 한다는 압박감 때문에 이상적인 상황으로부터 얼마나 멀리 벗어날 수 있는지 보여준 사례다.

▪ 요약

테크니컬 리허설 당시에는 예상도 못했던 문제들이 드레스 리허설에서 나타날 것에 대비하라.

드레스 리허설 마지막에 나타난 주요 문제들을 설명하기 위해 30분을 확보해두어라.

드레스 리허설을 지켜보면서 메모를 우선시하라.

드레스 리허설 마지막 무렵에 배우들에게 급하고 주요한 기술적 문제가 있는지 물어보라. 당신의 중요한 기술 관련 메모들을 참고하면서 반 시간 정도 동안 그 문제들에 대해 배우들과 이야기하라.

휴식 시간에 연기 메모를 들이밀면서 배우들을 방해하지 말라.

장 주네의 「하녀들」

CHAPTER 13
공연

제13장에서는 첫 몇 회의 공연들과 프레스 나이트를 어떻게 감독하는지, 그리고 공연이 진행되는 중에 공연을 어떻게 검토할지에 대해 다룰 것이다. 이 장은 다음과 같은 여섯 개의 영역들에 대한 조언을 담고 있다.

- 첫 몇 회의 공연들
- 공연 후의 메모들
- 첫 몇 회의 공연 중에 하는 리허설
- 프레스 나이트
- 프레스 나이트 이후부터 마지막 밤까지의 공연
- 공연이 끝난 후 당신 자신의 작업 분석하기

(1) 첫 몇 회의 공연들

초기의 공연들은 관객 앞에서 작업을 시험해볼 기회를 제공하는데, 관객들의 반응은 연출 면에서의 선택이 얼마나 정확했는지를 측정하게 해준다. 무대 위의 작업을 지켜보면서 관객이 언제 공연에 집중하고, 언제 산만한지 특별히 주목하면서 메모하라. 이것을 보면 어떤 부분이 가장 손질이 많이 필요한지 명확히 알 수 있을 것이다.

반드시 관객에 대해 명확하게 생각하라. 관객들이 부산하거나 지루해하면, 당신의 작업이 더욱 더 명료해질 수 있을지 자문해보라. 그들의 반응에 감정적으로 대응하지 말라. 당신이 좋아하는 순간을 관객이 지루해하더라도 당황하지 말고, 중요한 시각적 사건이 전개되는 상황인데 관객이 과자를 먹기 시작해도 화내지 말라. 그들의 반응이 당신의 집중력에 영향을 미치도록 허용한다면, 당신은 느낌에 함몰되어 관객의 집중을 훼손하는 문제를 파악해야 하는 장면을 냉정하게 보지 못할 것이다.

배우들은 다양한 방식으로 초기 공연들에 따른 스트레스에 반응한다. 어떤 사람은 매우 두려워하고, 또 어떤 사람은 매우 흥분하고, 또 다른 사람은 위축된다. 그들의 반응은 더 부드러워지거나 더 부딪치면서 그들과 당신의 관계를 변화시킬 수도 있다. 침착하라. 관객과의 관계나 작업 과정의 목적을 조정하지 말라.

초기 공연의 신체적 영향이 배우에게 위경련을 유발할 수 있다는 것에 주의하라. 어떤 배우는 실제 공연 전에 구토나 설사를 한 적이 있다. 그들은 당신이 설정한 목표를 성취하고 싶겠지만, 그들의 신체적 조건은 이것을 불가능하게 한다.

배우들로 하여금 어떤 피드백을 받든 조율할 수 있는 기술을 습득하게 하라. 배우는 초기 공연 중의 비판에 가장 많은 상처를 받을 수 있다. 긍정적인 비평이든, 부정적인 비평이든 모두 그들에게 영향을 미친다. 이런 비평은 연출가, 에이전트, 사랑하는 사람으로부터 올 수 있고, 혹은 낯선 자들의 일상적 코멘트에서 올 수도 있다. 그것들은 배우가 등장인물에서 벗어나게 하고, 그들이 하고 있던 모든 것을 의심하게 만들 수 있으며, 한 장면의 특정 순간에 대해 자의식을 갖게 할 수도 있다. 관객이 한 논평은 리허설 과정 중 당신이 억눌러온 오래전의 걱정을 일깨울 수 있고, 예상하지 못했던 새로운 불안을 야기할 수도 있다. 특정 배우들은 그들이 하기를 원했으나 당신이 좌절시킨 선택을 주장하기 위해 이 단계에서 받은 피드백을 이용하기조차 한다. 이 비평들 혹은 논평들은 배우와 작품 자체를 위해 연출가로서 당신이 가지고 있던 목표를 전개하는 과정을 방해한다.

공연 전에 배우들과 간단히 담소하면서 그들에게 어떤 피드백에든 조심스럽게 접근하라고 경고하고, 작업이 아직 끝나지 않았다는 것도 상기시켜라. 어떤 피드백을 듣더라도 이것을 명심하라고 그들에게 부탁하라. 취향의 차이를 반영하는 피드백과, 작업 자체를 받아들이는 피드백은 차이가 있다고 배우들에게 경고하라. 그들은 자신들이 어떤 유형의 피드백을 상대하는지 분간할 필요가 있다. 예를 들어 어떤 사람이 작품의 디자인이나 흐름의 속도를 좋아하지 않는다면, 이것은 취향의 차이 탓일 수 있다. 그들의 논평은 작품의 발전에 언제나 유용하지는 않을 것이다. 반면에 어떤 사람이 작품이 지향하는 연출 방식을 분명히 이해하면서도 어떤 특정한 순간이 명료하지 않음을 발견하면, 그때 그들의 메모는 작품에 유용할 것이다. 마지막으로 당신의 작품에 부정적인 영향을 미치는 어떤 피드백에 대해서도 말하라고 배우들에게 요구하라. 간단히 토론하는 것만으로도 몇몇 일상적인 비판이 배우에게 미치는 영향력을 무력화시키고, 그들을 자유롭게 하여 작품이 요구하는 작업으로 돌아가게 한다.

자신의 작업에 관한 메모들을 조심스럽게 처리해야만 한다. 배우들처럼 취향의 차이에 따른 피드백과 작품에 유용한 피드백을 구별하는 방법을 배워라. 또한 작품을 만드는 일을 아직 끝내지 않았음을 명심하라. 반만 끝내놓고 과도하게 수정하지 말라. 그 대신 비평을 적어두고, 당신의 아이디어에 대한 일을 우선 끝마쳐라. 당신이 성취하려고 계획했던 것을 끝냈을 때, 그 비평이 옳은지 메모를 다시 봐라. 만약 옳다면, 당신이 하고 있는 것을 바꿔라.

모든 피드백을 똑같은 관심으로 대하지 말라. 공연 후에 술집에서 듣게 되는 '청하지도 않은 논평'은 귀중한 동료가 건네준 구체적인 메모와는 다르다. 누구의 피드백을 심각하게 받아들일지, 누구의 메모를 실행할지 선택하라. 공연이 시작되기 전에 개인의 특성을 파악하고, 그들에게 특정한 날에 오라고 부탁하라. 관람을 하는 중에 대사가 분명한지, 특정한 순간이 잘 전개되고 있고 배우가 잘 연기하고 있는지 아닌지 확인하는 것과 같은 구체적인 과제를 그들에게 줄 수도 있다. 돈을 지불하면 이런 사람들을 찾아낼 수 있고, 그들로 소그룹을 구성할 수 있다. 모든 사람이 리허설 중에 당신이 사용하던 용어로 말하지는 않겠지만, 용어가 다르다고 해서 그들의 비평이 쓸데없는 것도 아니다. 그들이 말한 것을 당신의 언어로 번역하고, 유용한 메모를 위해 그것을 꼼꼼하게 살펴서 추려내라.

당신이 받은 피드백을 배우들에게 있는 그대로 전달하지는 말라. 그 대신 중요하게 여겨지는 메모를 개별 배우를 위한 구체적인 지시사항으로 전환시켜라. 만약 한 배우가 공연을 관람한 연극계의 중요한 어떤 사람의 의견에 대해 물어보면, 사실이든 아니든 그들이 작품을 즐겼다고 말해주는 것이 현명하다.

프리뷰가 진행되는 초기에 매 공연이 끝나면 크리에이티브 팀, 무대 감독, 제작 감독, 그리고 작품을 만드는 데 관련된 누구라도 한데 모으라(배우는 빼고). 그런 다음에 다음 날의 리허설을 위해 계획안을 짜면서 당신이 가지고 있는 기술 관련 메모들을 점검하라.

- **요약**

  배우들에 대해 메모하면서 관객의 반응을 살펴라. 관객의 주의가 언제 산만해지는지 알아내라.

  관객의 반응에 감정적으로 대응하지 말라.

  처음 몇 회의 공연에 대한 배우들의 다양한 반응에 대비하라.

  작업에 대해 관객들로부터 받은 피드백을 조율할 수 있는 기술을 배우가 갖추게 하라.

  배우가 어떤 부정적인 피드백을 털어내지 못하겠다고 한다면 함께 논의하자고 요구하라.

  당신의 연출 메모들을 조심스럽게 처리하라.

  피드백을 배우들에게 있는 그대로 넘기지 말라.

  프리뷰 이후 매번 다음 날 리허설을 위한 계획안을 처리하면서 기술 관련 메모들을 점검하라.

(2) 공연 후의 메모들

배우들이 무대에서 벗어났을 때, 그들은 매우 상처받기 쉽고 본능적인 상태에 있다. 당신 자신도 불안정하고 머릿속도 명료하지 않을 수 있다. 그들이 한 것에 대해 만족해할 수도 있지만, 그들이 하지 않은 것 때문에 불만스러울 수도 있다. 그래서 균형 잡힌 관점을 가지기 어려울 수 있으니, 공연 직후 배우들에게 메모를 주지 말라. 그 대신 그들의 수고에 대해 고맙다고 말하면서 다음 날 메모 모임을 마련하라. 그러고 나서 어떤 것을 그들에게 줄지, 어떻게 줄지 생각을 정리해보면서 두 시간 정도 천천히 혼자서 메모를 해보라. 메모 모임에서는 반드시 배우 각자가 자신의 메모에 대해 토론할 수 있도록 자리를 마련하라. 그들이 겪은 어떤 문제에 대해서도 간단하고도 구체적이기를 유도하면서 그들의 피드백을 듣기 위해 반 시간가량을 확보하라.

공연이 끝난 후 메모를 주는 것과 연습실에서 주는 것은 아주 다르다. 연습실에서 배우들은 시간이 있을 뿐만 아니라, 메모를 연습하고 관련 장면을 서너 번 작업해볼 공간도 있다. 공연에서 처음으로 메모에 따라 연기하는 것은 훨씬 더 어려우니, 당신이 적는 메모는 간단하고 구체적이어야 한다. 모호한 메모 여섯 개보다 분명한 메모 하나를 주는 것이 훨씬 좋다. 또한 당신이 메모 다섯 개를 주었는데 네 개만 명료하다면, 명료하지 않은 메모 하나가 명료한 메모 네 개를 망칠 수 있음을 기억하라. 문제를 해결할 방법이 확실하지 않다면, 그것에 대해 다른 배우들에게 언급하지 말라. 그 대신 공연을 다시 한 번 본 뒤 원인 혹은 처방을 분리해낼 수 있는지 생각하라. 또한 배우가 단 한 번 공연에 대해 아주 많은 메모가 나온 것을 감당하지 못할 수 있다는 것을 염두에 두고, 각 배우에게 최대 열 개 정도의 메모만 주어라. 혹자는 더 많은 메모를 받고, 또 혹자는 덜 받을 것이다. 어느 배우가 무엇을 하는지 알기 위해서는 시간이 필요할 것이다.

당신의 기술이 얼마나 발전했는지는 무대에서 무엇이 진행되는지를 배우가 신체적으로 얼마만큼 정확하게 표현하고, 그것을 관객이 이해해하는지에 근거할 것이다. 예를 들어 등장인물이 서 있는 장소가 좁다면, 이 정보는 그들의 신체적 움직임에 가장 명확하게 기입될 것이다.

그들은 언제나 움직이고, 온기를 유지하기 위해 퍼덕이며, 자기도 모르게 몸을 떨 것이다. 추운 것이 그 장면의 특징이라면, 당신은 배우에게 낮은 기온이 그의 몸에 끼치는 영향을 연기하라고, 추울 때의 행동을 연기해보라고 끊임없이 일깨울 것이다. 때때로 이런 요소들은 충분히 연기되고, 때로는 전혀 그렇지 않다. 배우들은 종종 리허설이나 공연마다 이 요소들을 연기하는 방식이 얼마나 다른지 의식하지 못한다. 어떤 경우에 몇몇 배우는 이러한 신체적 요소를 연기하는 것을 모두 멈추고 있다는 사실을 단순히 잊어버린다. 등장인물들이 스스로를 발견하는 상황에 대한 신체적 징표들을 구축하는 것이 배우가 하는 작업의 핵심이다. 그러나 배우의 신체적 삶에 대한 너무 많은 피드백은 어색한 자의식을 유발할 수 있음에 주의하라. 이런 일이 발생하면, 한동안 이 부분에 대한 피드백을 주는 것을 멈춰라.

만약 메모가 효과가 없다면 사과하면서 배우에게 원래의 선택 대로 가라고 제안하라. 메모를 주었는데 배우가 "제가 하던 건데요"라고 말하면, 느낌의 강도에 초점을 두어 다른 대안을 제시하라. 만약 그 느낌이 아주 강하면, 그 메모를 취소하고 다음 날 밤에 당신이 옳았는지 아닌지를 확인하기 위해, 혹은 그 문제에 접근하는 다른 방식을 생각해볼 수 있는지 알아보기 위해 그 순간을 다시 보라. 만약 느낌이 덜 강렬하게 보인다면, 그들에게 메모대로 두 번 연기해보라고 부탁하고 나서 그것을 다시 확인하겠다고 말하라.

만약 배우가 리허설 전체 과정이나 공연에 관한 일반적인 불안감을 그룹 메모 모임에서 이야기하기 시작하면, 그룹 메모 모임이 끝난 후 그 배우에게 개별 대화를 하자고 제안하라. 당신은 한 사람의 불안이 모든 팀원마저 불안하게 하는 것을 원치 않을 것이다. 때때로 배우로서는 그냥 자신의 작업에 대해 재확인하고 싶어하는 것이니, 당신은 그저 그렇게 해주면 된다. 배우가 정말 리허설 과정 혹은 장면 혹은 등장인물에 대해 갈등할 수도 있다. 만약 그런 경우라면, 일반적 관심을 행위의 구체적 순간에 맞추라고 요구하라. 그러고 나서 그들에게 시간을 두고 구체적인 미세한 발걸음을 뗌으로써 걱정을 이야기해보라고 하라. 거짓되게 재확인하지는 말라. 그런 해결책으로는 얼마 안가 문제가 불거진다.

공연 바로 직전에 메모를 주지 말라. 메모를 주느라고 공연 직전에 분장실을 서둘러 돌아다닌다면, 배우들은 무대에 오르기 전에 그것들을 적절히 소화할 시간이 전혀 없을 것이다. 당신의 메모를 거칠게 연기하거나, 아니면 이전의 메모 모임 중에 주었던 모든 다른 메모를 없애버리고 서둘러 준 메모만 연기의 초점으로 삼을 것이다.

■ **요약**

공연이 끝난 후 메모들을 즉시 주지 말라. 자신의 생각을 적절히 소화하고 난 후인 다음 날에 배우들에게 메모를 주어라.

공연 후 메모를 주면서 배우들이 관객 앞에서 그것들을 연기해야 한다는 사실에 주의하라.

메모를 너무 많이 주지 말라. 배우마다 최대 열 개 정도만 주어라.

당신이 메모를 주었는데, 그 배우가 "그것을 하고 있었는데요"라고 주장하면, 그 메모를 취소하고 그 순간을 다시 보거나, 혹은 다음 날에 그 메모를 더욱 명료하게 연기해보라고 부탁하라.

한 배우가 메모 모임을 장악하고서 전체 공연이나 리허설에 대한 불만을 털어놓으면, 그 대화를 개별적으로 계속하자고 부탁하라.

공연 직전에 메모를 주지 말라.

프레스 나이트 후에 당신이 어떻게 노트를 할지에 대해 확립하라.

(3) 첫 몇 회의 공연 중에 하는 리허설

대부분의 극장이라면 프레스 나이트 전의 반나절 동안 음향과 조명으로 작업할 수 있을 것이다. 리허설을 하고 있는 배우들과의 메모 모임을 실제 기술적 작업과 결합해보라.

리허설을 위한 반 시간을 확보하면, 배우들은 전날 저녁 공연에 대해 자신들끼리 피드백을 할 수 있고, 첫 공연 후 당신이 했던 것처럼 자신들이 어떻게 보였으면 하는지 말할 것이다. 그러고 나서 남은 시간을 실현가능한 실질적 목표의 목록을 작성하는 데 사용하라. 이 목록에는 반드시 배우들이 메모 모임에 가져온 중요한 문제들이 포함되어야 한다.

서두르지 말라. 그리고 비현실적으로 많은 일을 하루에 다 하도록 몰아버리지 말라. 그것은 공연을 모호하게 만들기 때문에, 나중에 그 일들을 또 다시 해야 한다. 한두 가지 수정을 적절하게 서서히 하는 것이, 열 개를 산만하게 꿰어 맞추듯이 바꾸는 것보다 더 바람직하다. 무대 감독은 손보기를 원하는 것들의 목록을 반드시 가지고 있어야 한다. 그래야지만 그들은 당신을 위해 효율적으로 그날을 활용할 수 있을 것이다.

하루를 시작하고 끝내면서 연기에 관한 메모 모임을 가져라. 메모 모임을 객석이나 로비에서 하면, 크리에이티브 팀은 조명의 포커스를 맞춘다든지 음향 큐를 시험하는 기술적 작업을 위해 연기 메모를 이용할 수 있다. 이 메모 모임은 하루 종일 했었던 작은 부분들뿐만 아니라 작품 전체를 '요리'하도록 보장해줄 것이다.

■ **요약**

실질적인 기술적 작업과, 배우들과 하는 메모 모임을 결합하라.
그날의 시작과 마지막에 무대를 벗어나서 연기 메모 모임을 가진다면, 크
   리에이티브 팀이 무대를 이용할 수 있다.

(4) 프레스 나이트

프레스 나이트 공연에서의 두려움이 가장 크다. 두려움은 배우들이 그것에 어떻게 대처하느냐에 따라 공연의 템포를 더욱 천천히 혹은 더욱 빠르게 바꾼다. 두려움으로 인해 배우들은 말 그대로 떠느라고 신체적 과제를 수행하는 것을 방해받는다. 두려움으로 인해 배우들의 목소리는 덜 분명해지거나 들리지 않게 되고, 목의 근육은 수축된다. 이러한 것들은 그 뒤 배우들로 하여금 주변의 시선을 의식하도록 만들고, 하나의 상황 속의 특정 등장인물이기보다는 무대에서 발가벗고 서 있는 것처럼 느끼게 할 것이다. 두려움으로 인해 배우들은 부자연스럽고 생명이 없는 것처럼 행동하게 된다. 이런 한두 가지 이상 징후 없이 프레스 나이트 공연을 하는 배우는 거의 없다. 그러나 그날에 조심스럽게 대처하면서 프레스 나이트에 이르면 문제를 줄일 수 있고, 어떤 경우에는 그것들을 아예 없애버릴 수도 있다.

프레스 나이트 공연을 프리뷰 기간에 작업하던 여느 공연처럼 느끼도록 만들어라. 같은 시간대를 고수하되, 한 시간 정도 늦게 시작하여 배우들이 쉬게 하라. 눈에 두드러지는 실질적인 문제를 해결하고, 적절한 메모 모임을 가져라. 당신이 공연에 대해 메모를 할 것이고, 다음 날에 메모 모임을 위한 시간도 정할 것이라고 배우들에게 알려줌으로써 일상적인 분위기를 강화하라. 작업하는 연출가로서 당

신의 존재는 프레스 나이트를 배우들이 일상적으로 여기도록 하는 데 도움이 될 것이다. 프레스 나이트가 리허설 과정의 끝이 아님을 배우들에게 상기시켜라. 또한 그들이 프레스 나이트 이후의 관객들을 위해 공연을 구축하고 있으며, 그 관객 중 하나는 후반의 공연을 보고 난 뒤 삶이 바뀔 수도 있다는 생각을 고취시켜라.

비평가들이 관람하고 있다는 것을 알면 배우들은 비평가들에게 '인상적'으로 보이려고 할 것이다. 그러면 배우들은 이제까지 해온 것에서 벗어나 튀는 연기를 시도할 것이다. 프레스 나이트 전에 나는 배우들에게 앙상블을 유지하라고, 혼자 튀는 것을 피하라고 부탁한다. 나 같은 경우 카드, 선물, 꽃을 주는 것을 막으면서, 그런 행위를 마지막 공연까지 유보하게 한다. 이것은 모든 연출가, 공연 팀, 극장에 해당하는 사항은 아니다. 하지만 이것이 프레스 나이트를 잘 겪는 데 도움이 되는지 배우들과 토론해볼 가치는 있다.

프레스 나이트 뒤의 리뷰는 배우들이 보든 안 보든 그들의 연기에 영향을 미칠 것이다. 그 내용들은 어떻게든 새어나갈 것이고, 이미 그런 것에는 단련되어 있다고 배우들이 주장하더라도 작품에 영향을 미친다. 리뷰가 좋았다면 배우들은 느긋해지고, 연기도 느슨해질 것이다. 리뷰가 나빴다면 배우들은 혼란스러워할 것이며, 낙담하여 기가 꺾일 것이다. 어느 문제에든 당신은 확신에 찬 반응을 보여야 한다. 느긋하다면 그 리뷰들에 대해 열심히 메모하고, 낙담했다면 배우들을 안심시켜야 한다. 리뷰가 나빴다면 작업을 더욱 자주 보고, 배우들이 하고 있는 것을 발전시키도록 계속 응원해야 한다. 리뷰가 관객 동원에 방해가 된다면 특히 그래야 한다.

나는 작업에 관한 어떤 비평이라도 묵묵히 받아들이라고 충고하고 싶다. 만약 그것 때문에 나가떨어질 지경이라면, 리뷰를 전부 가지고 와서 자리를 잡고 앉아 침착하게 읽어보면서 당신의 의도에 대해 일관된 오해가 있는지 보라. 그리고 그러한 오해들을 제거하기 위해 작품을 더 분명하게 연출할 수 있을지 보라. 내가 연출했던 「친절함으로 살해당한 여자」의 리뷰를 읽었을 때, 나 자신은 무대 바닥을 땅으로 연출하려고 의도했지만, 대부분의 비평가들은 바닥에 모래가 덮였다고 생각한다는 것을 깨달았다. 나는 즉시 바닥을 덮었던 재료를 바꾸었다. 비평가들에게 허리를 굽히라고 제안하는 것이 아니다. 오히려 그들이 '신선한 눈'으로 당신의 작품을 보고 있고, 미래의 관객들을 위해 작품을 더욱 분명하게 그리고 어떻게 만들지에 대해 무엇인가를 가르쳐줄 수도 있다는 사실을 이용하라.

프레스 나이트 이후 배우들에게 메모를 주는 방식도 반드시 확립하라. 당신이 공연에 얼마나 자주 갈 것이고, 메모를 주는 최선의 방법 때문에 토론할 것임을 배우들에게 알려라. 오후 늦게 진행되는 두 시간짜리 메모 모임에서 메모를 줄 수도 있고, 메모들을 프린트한 뒤 공연 전에 배우들이 보도록 분장실에 남겨둘 수도 있다.

- **요약**

  두려움은 배우들과 함께 만든 작품을 왜곡시킬 수 있음에 주의하라.

  프레스 나이트의 두려움을 완화시키는 데 도움이 될 하루 일과를 계획하라.

  비평가들의 리뷰에 절대 맞대응하지 말라.

  프레스 나이트 이후 배우들에게 어떻게 메모를 줄지 확정하라.

(5) 프레스 나이트 이후부터 마지막 밤까지의 공연

공연이 진행되는 동안 공연에 대해 정기적으로 메모하면, 그동안 했던 작업은 공연을 보게 될 모든 사람을 위해 최고의 수준을 유지할 수 있게 될 것이다. 작품의 질을 유지하는 것이야말로 연출 작업 중 가장 어려운 면 중 하나다. 공연을 나중에 보는 관객들도 공연 초반의 관객들과 같은 돈을 지불했으며, 그들 역시 같은 수준의 작품을 볼 권리가 있음을 기억하면서 과제에 집중하라.

프레스 나이트 후 한동안 훌쩍 떠나 쉬면서 다 잊고 싶다는 생각이 치솟을 것이다. 과정이 힘들었거나 작품이 안 좋게 받아들여졌다면 특히 그럴 것이다. 그런데도 작품을 규칙적으로 보고, 공연을 향상시키거나 발전시키기 위해서 할 수 있는 것을 찾아라. 당신 자신의 방문이 연출을 어떻게 하는지에 대해 더 많이 배울 수 있는 일종의 과정이라고 여겨라. 그것조차 배움의 과정으로 만드는 최선의 방법은 메모 모임 후의 공연을 보는 것이다. 당신이 메모를 어떻게 주었고, 그것이 어떻게 연기되었는지(혹은 안 되었는지) 주의 깊게 살펴보라. 만약 메모가 명료하게 연기되었다면 배우에게 말한 내용, 당신 목소리의 어조, 당신이 사용한 말과 이미지들을 기억하라. 배우가 메모를 정확하지 않게 연기했다면, 다음과 같이 자문해보라. '내가 말한 것 중 분명하지 않은 게 있나?' 발견해낸 것에 따라 메모하는 방식을 개선하라.

어떤 공연이라도 그것에서 눈을 떼면 느슨해진다는 것을 명심하라. 대체로 공연이 짧으면 일주일에 한 번, 공연이 길면 2주에 한 번 공연을 보라. 배우들은 종종 당신이 멀리 있기를 바라고, 자신이 '작품을 소유하기'를 원한다. 연출가와 배우는 때때로 그들의 관계에서 숨을 쉴 공간이 분명히 필요하지만, 이러한 필요와 작품을 명확히 유지하는 목적의 균형을 맞춰라. 또한 당신의 임무가 배우들을 기쁘게 하는 것이 아니라는 사실도 명심하라. 오히려 당신은 관객을 위해서 배우들의 작업의 명확성을 보증해야 한다.

　공연을 본 다음 날에 두 시간짜리 메모 모임을 소집할 수도 있고, 메모를 정리할 수도 있다. 메모 모임을 소집했다면, 배우들에게 한 사람씩 차례차례 작품이 어떻게 발전하고 있는지 말하게 하라. 그리고 무슨 문제는 없는지 확인하라. 그러고 나서 당신이 정리한 메모를 주어라. 프레스 나이트 뒤 메모 모임에 참여하는 것이 어떤 배우에게는 다른 일이나 가족에 대한 의무 때문에 어려울 수 있다. 때때로 메모를 컴퓨터에 저장하는 것 외에 다른 선택이 없을 수도 있다. 배우들의 메모들을 컴퓨터의 똑같은 폴더에 저장한 뒤, 배우들 모두가 복사본도 한 부씩 가지게 하라. 그 방법으로 배우들은 자신의 메모뿐만 아니라 다른 사람의 메모도 읽을 수 있고, 그렇게 함으로써 생길 수 있는 변화도 예상할 수 있게 된다. 배우들에게 메모가 특정한 시간에 그들의 분장실에 출력되어 있다는 것을 알려주면, 공연이 시작되기 전에 그들은 메모들을 잘 소화할 수 있을 것이다. 분명하지 않은 메모들은 연기하지 않도록 하라. 당신의 전화번호를 주면, 배우들은 자신에게 당부한 것의 의미를 확인하기 위해 전화할 수 있을 것이다.

▪ **요약**

> 정기적으로 공연을 보고 메모하여 작품의 수준을 유지하라.
> 메모 모임 후에 공연을 관람함으로써 메모를 주는 기술을 정련하라.
> 공연이 짧다면 일주에 한 번씩 공연을 보고, 공연이 길면 2주에 한 번씩 보라. 배우들이 언제나 당신이 정기적으로 작품을 보는 것을 원하지 않으리라는 사실도 받아들여라.

메모 모임 시간에 메모를 주어라. 혹은 그것을 컴퓨터로 정리한 다음 공연 전에 출력하여 배우들의 의상실에 두라.

(6) 공연이 끝난 후 당신 자신의 작업 분석하기

연출가로 발전하는 가장 좋은 방법은 당신의 실수를 분석하는 것이다. 공연이 끝나고 당신이 경험하게 될 첫 느낌은 '공연이 끝났다'는 안도감이다. 당신은 다음 공연에 대해 생각하기 전에 쉬고 싶거나, 아니면 다음에 할 일을 찾게 될 것이다. 어떤 것을 하든 그 전 한 시간 동안 지금 막 해놓은 일에 대해 생각해보라. 관찰한 것을 적어 둔 뒤, 다음 일을 시작하기 전에 그것들을 반드시 참고하라. 만약 배우와 문제가 있었다면, 그 문제에 대해서도 철저히 생각해보라. 캐스팅을 포함한 각 단계를 살펴보고, 당신이 자초한 원인은 없었는지 찾아보라. 이것을 머리에 저장해두면, 다음번에 같은 실수를 하는 것을 피할 수 있다. 만약 디자인, 조명, 음향이 마음에 들지 않았다면, 되돌아가서 그 과정을 다시 밟아보고 당신이 전과 얼마나 다르게 했느지 확인해보라. 준비한 것과 최종 결과를 비교해보면서 검토하라. 자신이 잘 준비했었는지, 다음 작업을 위해 준비 사항을 개선할 수 있는지 자문해보라.

당신에게 어떤 기술이 부족한지 적어두고, 전문적 분야에서 그 빈틈을 메울 방법들을 찾아라. 예를 들어 당신의 약점을 극복하는 데 도움이 될 워크숍이나 마스터 클래스에 참가하라. 그 뒤 일이 시작되기 전에 당신의 배터리를 재충전하라.

이런 식으로 당신의 기술을 발전시키면서 무슨 텍스트를 무대화하더라도, 어떤 정확하고 절대적이며 이상적인 해결책은 없다는 것을 명심하라. 한편의 희곡을 무대에 올리는 것에 관해 연출가가 내리는 모든 결정은 크든 작든 그 정도에 있어서 해석 행위를 포함한다. 이 결정들 중 의상의 색 혹은 특정 디자인적 요소의 건축 시기와 같은 몇 가지 사항은 보통 관객들보다 한 명의 특정 관객에게 더욱 '또렷이' 눈에 띈다. 어느 주어진 순간에 등장인물이 무엇을 원하는지를, 혹은 그들이 서 있는 환경의 온도와 같은 다른 결정 사항들을 감지하기는 더욱 어려울 수 있다. 당신이 내린 모든 결정은 관객에게 그 연극이 무엇에 관한 것인지 알려주기 위해 축적될 것이다. 당신은 텍스트의 모든 무대 지문을 엄격하게 고수할 수 있고, 희곡에 당신 자신의 개념을 부연할 수도 있으며, 혹은 행위를 미래로 이동시킬 수도 있다. 당신이 무엇을 하든 안 하든, 연출가인 당신의 사인은 작가의 희곡 위에 있게 될 것이다. 그것을 희미하게 쓸 수도, 대담하게 쓸 수도 있을 것이다. 하지만 그것은 눈에 잘 띌 것이다. 그러므로 당신이 하는 모든 선택은 배우와 한 것이든, 크리에이티브 팀과 한 것이든 조심스럽고 멋지게 연출되어야 한다.

안에서든 밖에서든 작품과 예술가를 찾고 있다면, 희곡에 쓰인 당신의 사인은 그들이 당신을 판단하는 데 도움이 될 것이다. 25세 때 나는 처음으로 러시아 연출가들인 레프 도진과 아나톨리 바실리예프의 작품을 봤다. 그리고 아직도 19년 전에 봤던 그들의 작품과 내가 한 것을 비교하는 나 자신을 발견한다. 다른 영역의 예술가들도 있다. 독일의 무용가이자 안무가인 피나 바우슈나, 폴란드의 아방가르드 극단인 가르지에니스의 비전과 천재성은, 오늘날 내가 일을 하면서 불가능하리만치 높은 목표점을 설정하게 한 모델들이다.

아이스킬로스의 「오레스테이아」에서

4

문맥 그리고 출처들

Context and sources

안톤 체호프의 「이바노프」에서

CHAPTER 14

책에 쓰여 있는 기술을 어떻게 배웠나

제14장에서는 앞의 모든 장에서 소개한 기술들을 어떻게 배우게 되었는지 이야기하면서, 앞서 다룬 과제에 대한 맥락도 하나 제시할 것이다. 그것은 생각과 실천으로 이 책을 구성한 예술가의 생각과 방법론에 대한 아이디어를 줄 것이다. 다음에 나오는 네 개의 단계들과 지표들은 연출가의 기술에 대해 내가 이해하고 있는 것들이다.

- 스타니슬랍스키
- 러시아에서 연출을 가르친 레프 도진
- 영국에서의 개별 연출 수업
- 정서생물학에 대한 연구

(1) 스타니슬랍스키

꼰스딴찐 세르게예비치 스타니슬랍스키는 1863년에 러시아에서 태어나 1938년에 소련에서 사망했다. 배우로서 경력을 시작했지만 결국 자신의 작품을 연출하기 시작했던 스타니슬랍스키는, 작가이자 제작자이면서도 주로 연기를 했던 블라디미르 이바노비치 네미로비치단첸코와 1897년에 모스크바 예술 극장을 설립했다. 또한 주로 연기에 관해 집중적으로 다루고 있는 연극 만들기 관련 책을 몇 권 썼다. 스타니슬랍스키가 평생토록 했던 작업은 모국과 외국에 영향을 미쳤는데, 특히 정서적 기억에 대한 그의 초기 작업은 미국에서 '메소드'라고 불리는 연기 학파로 발전했다. 신체적 행위에 관한 그의 후기 작업은 20세기 전반에 걸쳐 (프세볼로드 에밀리예비치 메이예르홀트와 같이) 당대 연극의 실험뿐만 아니라 후대에는 (예지 그로토프스키와 같은) 아방가르드의 실천에도 영향을 미쳤다. 이렇듯 스타니슬랍스키가 이끈 혁명은 서양의 주류 연극뿐만 아니라, 아방가르드 연극에도 영향을 미쳤다. 이후 어느 실천가들도 연출방법론에 대해 그만큼 그렇게 오래 그리고 심오하게 영향을 미치지는 못했다.

스타니슬랍스키의 유산은 19세기 후반에 처음 출현한 이래 상당히 많은 오해를 불러일으키고 있다. 그것은 실천적 측면에 대한 몇 가지 비판과 건강한 문제 제기를 막는 식으로 숭배되고 있기도 하다. 그럼에도 스타니슬랍스키의 글들은 아직도 연출가들처럼 극장에서 일하는 사람들에게 지대하게 유용하고 실질적인 작업 과정을 설명해준다.

오늘날 우리가 리허설 공간에서 스타니슬랍스키에 관해 말할 때, 언제나 그가 발전시킨 작업 그 자체에 관해서 이야기하지는 않는다. 그의 훈련법과 아이디어들은 브라질의 아우구스토 보알에서부터 영국의 샘 코간에 이르기까지 다양한 실천가들에 의해 사용되고 실험되면서 긴 시간에 걸쳐 수정되고, 도전되고, 갱신되었다. 때때로 우리에게 전해진 것은 스타니슬랍스키 자신의 글에 근거한 것이지만, 때로는 오히려 스타니슬랍스키에 대한 보알과 코간의 해석이기도 하다. 스타니슬랍스키를 이해하는 데 있어서 스타니슬랍스키의 자료와, 보알과 코간의 자료를 구별하려는 어떠한 시도도 없었다. 그러한 상황은 당연히 혼란을 야기할 법도 하다.

그 결과 등장인물의 의도를 분리하는 것 혹은 그들의 전기를 구축하는 것과 같이 연습실에서 연출가들이 사용하는 많은 도구는, 기술에 있어서나 용어에 있어서나 스타니슬랍스키의 작업과는 거의 관계가 없다. 실제로 몇몇 경우에 스타니슬랍스키가 가르치고 쓴 것이 번역 과정에서 혼탁해지거나, 혹은 잘못된 어조를 띄게 된다. 예를 들어 우리는 종종 희곡을 다루기 쉬운 덩어리인 작은 단위로 나누는 방법에 있어서 '단위들units'이라는 말을 쓴다. 스타니슬랍스키 자신은 이 덩어리들을 묘사하기 위해 '조각들pieces'로 번역되는 러시아어인 '쿠스키kuski'를 사용했다. '조각들'이라는 말은 도자기로 된 꽃병 혹은 대리석으로 만들어진 조각품과 같이 하나의 전체적인 대상에서 작은 부분을 지칭하는 의미를 포함한다. 그것은 단순한 용어로 파악하기 쉽다. '단위'라는 말은 같은 것을 묘사하는 보다 더 과학적인 방식이면서도, 실험대에 놓여 있는 금속으로 된 물체의 차갑고 임상적인 영상을 불러일으킨다. '쿠스키'는 '단위들'이나 '조각들'이 속한 전체 구조물의 총체적 구조에 대해 우리에게 강한 영상을 주지는 않는다. 그것의 냉정함과 지성주의는 배우들의 연기로 나타날 수 있다. 더구나 서구에서 스타니슬랍스키의 작업을 처음 가르쳤던 교사들의 악센트마저 혼돈을 야기했다. 당신은 하부 단위를 묘사하는 데 사용되어 온 스타니슬랍스키식의 용어인 '비츠beats, 사이'에도 익숙할 것이다. 그러나 스타니슬랍스키 자신은 이 말을 결코 사용하지 않았다. 그 대신 이 하부 단위를 (보석 세공사가 목걸이를 만들기 위해 같이 꿰는 구슬들처럼) '비즈beads, 구슬들'라고 불렀다. 전설에 의하면 1920년대에 미국의 래보러터리 극장에서 스타니슬랍스키 시스템을 가르쳤던 리처드 볼레슬랍스키가 너무 강한 폴란드식 억양을 사용했고, 그로 인해 '비드bead'라는 말이 학생들에게 '비트'로 들리게 되었다고도 한다. 이 일화는 서구의 연극 전통에서 텍스트 분석을 위해 가장 보편적으로 사용된 용어 중 하나가 발음의 실수 탓에 생긴 것처럼 보이게 한다.

스타니슬랍스키의 작업에 대한 유일한 이론이나 시스템은 없다. 스타니슬랍스키의 작업이 일종의 고정되고 움직일 수 없는 시스템이라는 생각에서 스스로를 해방시키는 것이, 그가 전해주고자 했던 것을 더욱 효율적으로 사용하는 데 도움이 된다. 그의 방법론은 그가 살면서 겪은 구체적인 문제에 반응하면서 발전하고 성장했기 때문에 언제나 변했다. 스타니슬랍스키는 연습 방법을 끊임없이 재발명했고, 때로는 한 가지 방식을 택하면서 다른 것을 버릴 때 모순되는 행동을 하기도 했다.

그러나 거칠게 말하자면, 그의 작업은 두 가지 부분으로 나뉜다. 첫 번째 부분은 등장인물의 정서적 세계를 지원하기 위해 배우의 삶으로부터 정서적 기억을 사용하면서 '안에서 밖으로' 작업하는 방식을 포함한다. 두 번째 부분은 정서와 등장인물을 전달하기 위한 수단으로서 신체 행위를 사용하여 '밖에서 안으로' 작업하는 방식을 포함한다. 그는 "무엇을 느끼는가?"라고 물어보기 시작하여 나중에는 "무엇을 하는가?"라고 물어봤다. 나는 내 작업에서 신체 행위에 대한 스타니슬랍스키의 후반 작업이 초반 작업보다 더욱 유용하다는 것을 발견했다.

내 동료들은 이 19세기 러시아인식 훈련이 19세기 러시아 희곡을 작업할 때에만 사용될 수 있다고 생각한다. 사실은 그렇지 않다. 스타일, 희곡의 장르, 당신이 진행하고 있는 프로젝트와 상관없이 스타니슬랍스키의 기법을 사용할 수 있다. 나는 「아울리스의 이피게니아」와 같은 그리스 희곡을 작업할 때나 케빈 엘리엇의 「낮잠」 같은 새로운 희곡, 마틴 크림프의 「그녀의 삶에 대한 시도들」, 사뮈엘 베케트의 「발소리」와 같은 추상적 희곡 그리고 오페라를 작업할 때도 스타니슬랍스키의 기법들을 사용했다.

스타니슬랍스키가 사실주의 희곡만 연출하지는 않았다는 사실을 명심하라. 그는 윌리엄 셰익스피어와 장 밥티스트 라신의 작품들, 크누트 함순의 「인생이라는 드라마」, 레오니트 니콜라예비치 안드레예프의 「남자의 인생」도 작업했다. 당신이 인류의 구성원인 등장인물을 포함한 희곡을 연출할 때마다 언제나 등장인물들의 시대나 등장인물들이 속한 희곡의 스타일과 상관없이 스타니슬랍스키의 작업을 적용할 수 있다.

이제까지 스타니슬랍스키를 소개한 최고의 책은 장 베네데티가 쓰고 1982년에 매튠에서 출판한 『스타니슬랍스키 입문서』이다. 불과 80쪽 분량인 그 책은 스타니슬랍스키가 발전시킨 도구들과 아이디어들을 간단하고 명료하게 적었다. 스타니슬랍스키 자신은 『인물 구축하기』, 『역할 창조하기』, 『배우 준비』 등 세 권의 책을 썼다. 그 책들은 모두 읽을 가치가 있고, 2008년 장 베네디티에 의해 새롭게 번역되어 출판되었다. 루틀리지가 출판한 새 출판작에서 스타니슬랍스키의 첫 두 권은 『배우 작업』이라는 책 한 권으로 묶였다.

(2) 러시아에서 연출을 가르친 레프 도진

스타니슬랍스키의 유산과 실제로 처음 접촉한 것은 동유럽에서 연출가 훈련을 공부하기 위해 윈스턴 처칠 기념사업 연구비를 지원받았던 1989년이었다. 나는 폴란드, 러시아, 조지아, 리투아니아에서 모두 다섯 달을 보냈고, 모든 주요 연극 학교와 극장에서 제작과 연출 수업을 지켜봤다. 모든 연출 수업은 현직 연출가들에 의해 진행되었다. 상트페테르부르크에 소재한 말리 극장의 예술 감독인 레프 도진이 이끌었던 첫 번째 연출 수업은, 스타니슬랍스키 유산의 거의 모든 과학적 훈련법을 내게 처음 소개했다. 레프 도진은 스타니슬랍스키와 함께 공부했던 보리스 존과 훈련했다.

도진은 까맣고, 몸집이 딱 바라졌고, 수염이 있었다. 그가 방에 들어왔을 때, 모든 학생은 단정하게 일렬로 서 있었다. 그들은 모두 검정 타이즈, 검정 발레 펌프 슈즈, 몸에 딱 붙는 검정 티셔츠를 입었다. 러시아에서 연출 전공 학생들은 5년 동안 연출 훈련을 받는데, 첫 1년 동안은 스타니슬랍스키 시스템의 기본 스텝들을 쫓아가면서 연기를 공부한다. 그날은 학생들이 그들의 일상생활에서 그들에게 일어날 수 있을 법했던 사건들에 기초해 소위 그들이 '에뜌드étude'라고 부르는 일련의 연구들을 보여주고 있었다. 그들은 책상과 의자를 사용하도록 허락받았지만, 그들이 사용한 그 밖의 모든 오브제는 상상의 것들이었다. 첫 번째 학생은 지독한 독감 때문에 숨을 들이마시는 행위를 해보였다. 과제 중간에 도진이 그를 멈추게 했다.

"어떤 아파트지?" 도진이 물었다.

"저희 집인데요." 학생이 대답했다.

"개인 아파트인가?"

"네."

"그럼 왜 숨을 들이쉬기 위해 필요한 모든 물건을 부엌에서 침실로 가지고 왔나? 필요한 물건이 있는 부엌이나 욕실에서 숨을 들이마시는 건 어때? 자네가 지금 하는 행동에는 논리가 없어. 아프다면서 왜 그런 행동들을 하지? 정말 아프면, 가장 쉽고 빠른 방식을 취해야지."

"이제야 제가 왜 침실에서 그걸 했는지 기억나요. 제가 아팠을 때 부엌이나 침실에 누군가가 있었어요."

"만약 그런 경우라면 그런 상황을 보여줘야 해." 도진은 잠시 멈추더니 다시 물었다. "왜 숨을 들이쉬지?"

"좀 더 좋아지려고요."

"무슨 느낌이 드나?"

"아주 덥고, 두통에 목이 아파요."

"그런데 이런 증상이 있는 사람은 어떤 느낌이 들까? 자네는 지금 전문가에게 말하고 있으니 운이 좋지 않군. 난 심한 감기를 며칠간 앓았어. 이제 어떤 느낌을 극복하려는지 이해하고서 한번 해봐."

"애쓰는 느낌이요."

"물론 자네에게 그런 신체적 감각이 있을 수 있지만, 그건 최고로 고통스럽고 어려운 건 아냐. 가장 고통스럽고 어려운 건 자네가 거의 다른 사람이라는 거지. 침대에서 일어날 수 없기 때문에 자네는 자신이 아무것도 아니라고 느낄 걸세. 자네는 땀에 젖은 채 약을 먹고 있겠지. 도대체 왜 숨을 들이마시는 건가? 아플 때 숨을 들이쉬고 내쉬는 데에는 특별한 심리 상태가 내재해 있어야만 해. 만약 나라면 이렇게 생각할 거야. '이걸 해볼까? 침대에 앉아 약을 먹어보는 건 어떨까?' 또 자네는 그릇에 침을 뱉을 때 연기하듯이 하는군. 그러나 정말 아파서

침을 뱉는다면 다르게 해야 하지. 자네는 우리에게 자네가 상태가 안 좋다는 걸 보이기 위해 연기하듯이 했어. 차라리 실제 삶에서 하듯이 행동해야만 해. 또 얼굴에 뜨거운 수건을 대는 것도 올바르지 않아. 그건 자네에게 영향을 주는 것 같지 않으니까. 정말로 그걸 하면 눈엔 눈물이 고이고, 피부는 타오를 거야. 그런데 그게 안 보여."

그 학생은 조용히 있었다. 그러자 도진은 말을 이었다.

"발엔 뭘 신고 있지?"

"슬리퍼요."

"뭘 입고 있나?"

그 학생이 그의 옷을 상세하게 묘사하자, 도진은 그것들에 대해 다시 그 학생에게 질문을 던졌다.

"따뜻한 것도 걸치지 않고 추운 부엌으로 가려는군. 자네는 땀을 흘리고 있어. 온몸이 완전히 젖었으니 셔츠를 갈아입어야 해. 이 에뛰드에서는 머리부터 발끝까지, 자네 몸뚱이 전체로 실제 삶의 2~3분을 보여주어야 해. 심한 감기를 앓으면서 갖는 제일 불쾌한 느낌 중 하나는 머리카락 끝이 젖는 거지. 이건 만들어낸 이야기가 아냐. 실제로 내게 있었던 일을 기억하려는 것뿐이라고. 이게 자네가 했으면 하고 내가 원하는 거야. 이제 다시 연습해봐."

기가 죽은 학생은 자신의 과제를 다시 하기 시작했다. 그는 침대에 앉더니 무릎을 가슴 가까이서 껴안았다. 도진은 당장 그 학생에게 멈추라고 했다.

"벌써 틀렸어. 생각 좀 해봐. 열이 있잖아. 열이 식지도 않았는데, 몸이 이완되기 시작하고 있잖아. 열이 높으면, 열 때문에 생각을 명확하게 할 수 없어. 뇌에서부터 다리, 팔, 발 같은 사지까지 움직이는 자네의 생각은 더 천천히 움직여야 해. 건강할 때에는 몸을 느끼지 않지만, 아프면 몸을 느끼기 시작하니까. 자, 계속해봐."

이 시점에서 그 학생은 정말 고통스러워하기 시작했다. 학생의 얼굴이 붉어지고, 과제를 하면서 당황해하는 것을 견뎌내려는 것이 보였다. 도진이 끼어들었다.

"서두르지 않지. 아프면 서두르지 않아."

그 학생은 천천히 하려고 했다. 그는 침대에 누웠고, 잠을 자려고 했다. 그리고 눈을 떴다. 이때 도진이 끼어들었다.

"방이 어둡나, 밝나?"

"낮인데요."

"편안한가, 아닌가? 자네가 하려는 것에는 그에 대한 논리가 있어야 해. 지금은 낮인지 밤인지 분명하지 않아. 이 상황이 자네가 하고 있는 것에 영향을 줄 거야. 또 자네가 항상 뭔가를 생각하고 있다는 것도 기억해야 해."

그 학생은 책을 꺼내들면서 과제를 다시 시작했다. 도진이 그를 멈추게 했다.

"책을 읽는 것은 에뛰드를 시작하는 제일 진부한 방식이잖아."

그 학생은 에뛰드를 시작해야 했으나 몇 번이고 다시 제지당했으며, 도진의 주의도 들어야 했다. 이런 닦달은 거의 한 시간 동안 계속되었다.

무엇보다도 나는 그것이 잔인한 과정임을 알게 되었다. 수업이 진행될수록 나는 그것이 내적으로나 외적으로나 도진이 원하는 정도의 세밀함을 가르치기 위한 유일한 방법임을 깨달았다. 특히 도진 자신의 놀라울 정도로 강렬한 집중과 관찰을 요구하기에, 그가 학생에게 요구했던 정확함은 경외심을 불러일으킬 만했다. 나는 그가 생각과 행위를 똑같이 정확하게 읽어내는 것을 목격했다. 나는 그가 지닌 그 기술을 부러워했고, 그것은 나 스스로 작업을 통해 발전시켜야 할 목표가 되었다. 행동의 논리에 대한 그의 주장에는 과학적인 어떤 것이 있었는데, 그것 역시 장면을 분석하고 구축하는 방법으로서 내게 남겨졌다. 나는 또한 그의 주요 관심사가 말이 아니라 행동이라는 것도 깨달았다. 마지막으로 내가 깨달은 가장 중요했던 사실은 그가 말한 것 중 아무것도 모호하지 않다는 것이었다. 그의 모든 메모는 명료했고 구체적이었다. 이것이 그의 소름 돋는 수업에서 내가 얻은 핵심적 교훈이었고, 이후 그것은 내가 배우들과 작업할 때 시금석이 되었다. 그것이 이 책이 요약하는 도구들과 과제들의 이면에 있는, 즉 지침이 되는 원리들이다.

(3) 영국에서의 개별 연출 수업

앞장에서 기술한 작업 방식과의 만남은 10년 후 내가 연출 기법을 향상시키기 위해 개인 교습을 받기 시작하면서 다시 한 번 새롭게 발전했다. 이러한 수업들은 직업상의 스케줄과 연관되어 이루어졌다. 내게는 타티아나 올레와 엘렌 보먼이라는 두 스승이 있다. 타티아나 올레는 레닌그라드 주립 연극, 음악, 영화 연구소에서 레프 도진과 함께 배우 훈련을 받았고, 이후 이탈리아로 떠나기 전 6년 동안 도진의 극단과 공연했었다. 엘렌은 런던 소재 로열 아카데미 연극 학부에서 배우 훈련을 받았고, 이후 연출가로서의 경력을 시작하기 전에 러시아에서 망명한 샘 코간으로부터 런던 연기 학교에서 사사받았다.

샘 코간은 모스크바의 기티스GITIS, 러시아 연극 예술 대학에서 훈련을 받았는데, 그의 스승은 (아나톨리 바실리예프처럼) 스타니슬랍스키로부터 사사받은 마리야 크네벨이다.

타티아나와 엘렌은 스타니슬랍스키 시스템을 변형하여 가르쳤다. 그들이 중점을 두었던 목표는 배우에게 말할 때 그리고 관객과 소통할 때 필요한 간단하고도 효율적인 언어를 찾아내는 것이었다. 그 두 여성의 중요한 차이는 엘렌이 샘 코간에게서 훈련을 받았다는 것이다. 코간은 러시아에서 정신과 의사로 일했고, 이것 때문에 배우와 극중 등장인물의 마음속에서 진행되는 심리 상태를 심오하게 관찰하는 것을 그의 작업 방식에 포함시키는 독특한 방법을 개발했다.

이 책은 이 두 여성이 내게 가르쳐준 많은 훈련법을 포함하고 있다. 그 두 분이 연습실에서 스타니슬랍스키 작업 방식을 간단하고도 명확하게, 그리고 어떻게 사용할지 가르쳐준 만큼 그분들에게 감사를 전하는 바이다. 그분들은 도진과 코간에게로 가는 인연을 만들어주었고, 나는 그분들을 통해서 스타니슬랍스키에게로 연결될 수 있었다. 그 덕택에 나는 문화와 시대를 거슬러 정확한 실험과 검증을 거친 도구들을 제련해낸 실천가들의 대열에 합류했다고 자부할 수 있었다.

(4) 감정생물학에 대한 연구

스타니슬랍스키를 이해하는 마지막 단계에서 내가 이룰 수 있었던 향상은, 2003년에 '과학 기술 예술 기금'으로부터 지원을 받아 신체적 행위에 관한 스타니슬랍스키의 후반부 작업을 연구하면서 이루어졌다. 나는 스타니슬랍스키를 연구하면서 19세기의 중요한 철학자 윌리엄 제임스를 우연히 알게 되었다. 제임스는 1884년에 스타니슬랍스키의 후반부 작업에 영향을 미쳤을 것이 거의 확실한 「감정이란 무엇인가?」라는 논문을 썼다. 제임스는 감정에 관한 중요한 관찰자였다. 생명을 위협받는 상황에 놓이면 먼저 신체적으로 반응하고, 그러고 나서 그 신체적 반응의 의미에 대해 의식하게 된다는 것이다. 관찰이 있기 전에는 곰을 보면 두려워서 줄행랑을 친다고 믿어왔었다. 제임스는 다르게 관찰했다. 그는 곰을 보면 먼저 돌아서 뛴다는 것을 알아냈다. 그러고 나서야 두려움이 엄습하는 것을 의식하게 된다는 것이다.

얼핏 보면 이것은 아주 사소한 차이일 뿐이다. 그러나 인간 감정을 정확하게 형상화하고 전달하는 일을 하는 연극 관계자들에게는 아주 커다란 것이다. 이러한 의식의 순간 이후 전개되는 정신과 의식 상태로부터 신체적 반응을 분리하여 감정을 보는 방법이 있다. 그것은 신체적 형태와 상황을 다시 만듦으로써 감정에 작용하는 방법을 말한다. 1890년대 당시 신체 행위에 대한 스타니슬랍스키의 작업에 제임스의 관찰이 영향을 미쳤을 수도 있으리라는 것을 나는 알 수 있었다. 하지만 그것이 아직도 유효한지, 그래서 오늘날 연극을 만드는 데 사용되는지에 대해서는 의아했다.

그러한 의문들은 나를 안토니오 다마지오의 작업으로 이끌었다. 다마지오는 의식에 관한 글을 쓴 포르투갈계 미국인 신경과학자이며, 『무슨 일이 일어났는지에 대한 느낌』이라는 저서가 있다. 비록 현대의 두뇌 촬영 기술로 어떻게 감정이 작용하는지에 대한 보다 더 완전하고 복잡한 영상이 나타나기는 했지만, 난 100년 전에 윌리엄 제임스가 했던 인간 감정에 관한 관찰이 신경과학에 의해 아직 폐기되지 않았음을 발견했다.

제임스와 마찬가지로 다마지오 역시 감정이란 일차적으로 신체에서 눈에 보이는 변화를 만들어낸다고 주장했다. 이러한 변화는 우리의 얼굴 표정, 어조, 자세, 내적 신체의 흐름에서조차 또렷하게 보인다. (숲에서 곰을 보는) 자극과 (두려움의) 감정을 의식하게 되는 것 사이에는 약 0.5초의 차이가 있다. 실제로 무슨 일이 일어났는지 의식할 때까지 우리는 곰으로부터 벗어나기 위해 몇 미터를 뛸 수도 있을 것이다. 신체적 변화를 통한 감정에 대한 정의와, 자극과 감정의 의식 사이에서 0.5초 동안 지체된 시간은 나와 배우들에게 감정에 작용하는 새로운 방식을 제공해주었다. 나는 과학 기술 예술 기금에서 지원받은 장학금의 일부를 이 일련의 워크숍에 투자하여 배우들과 이러한 아이디어들을 실험해보기 시작했다.

지체된 감정에 관련된 인식에 대한 제임스의 관찰은, 우리가 해온 훈련에서 우리가 실제로 살펴본 것과는 반대된다. 나는 또한 실제 삶에서 발생하는 것과 비교해볼 때 배우들은 무대에서 더욱 이성적이고 우아한 감정을 연기하려고 한다는 사실도 깨달았다. 이러한 발견은 배우들과의 작업에서 중요한 전환점이 되었고, 이를 계기로 감정을 연출하던 방식도 과감하게 바꾸었다. 낭만적인 극적 관행이지만 삶에 대해서는 진실하지 않은 제스처들과 행위들을 알아냈고, 그것들을 배우들의 작업에서 제거해버렸다. 또한 뇌에 다른 사람의 감정을 알아차리는 것을 전담하는 부분이 있다는 것과, 그들의 신체를 '읽음'으로써 다른 사람에 관한 정보를 모은다는 것을 알아낸 것도 새삼스러웠다. 무대에서 감정을 재현할 때 만약 우리가 감정을 표현하는 데 중요한 신체적 단계를 놓친다면, 감정은 관객들에게 드러나지 않을 수도 있다. 고로 나는 관객들이 눈에 띄는 외면적인 것에 의해서만 내부에서 일어나는 것을 읽어낼 수 있음을 깨달았다.

이러한 발견의 결과로 내가 생각해왔던 관객과 나의 관계는 근본적으로 변했다. 배우가 감정을 느껴야 한다는 것은 더 이상 중요하지 않았다. 이제 문제가 되는 것은 관객이 배우들의 감정을 느껴야 한다는 것이다. 중요한 핵심은 배우들이 그 감정을 몸으로 정확하게 복제해내는 것이다. 배우들은 감정을 회상함으로써, 즉 그들이 자신의 삶에서 똑같은 것을 경험했을 때를 기억해냄으로써 내면적으로 재창조할 수 있고, 혹은 외면적으로 특정한 감정이 몰아쳤을 때 몸이 하는 것을 거의 임상학적으로 재구성함으로써 재창조해낼 수도 있다. 이러한 발견들은 신체적 행위에 대해 스타니슬랍스키가 가졌던 관심에 대한 내 이해를 공고하게 해주었다. 나는 스타니슬랍스키가 근본적인 신체적 진실 몇 가지를 밝혀냈기 때문에 그의 실천 방식이 유지되어 왔음을 깨달았다. 감정의 생리학은 연기에 적용되고, 그것에 대해 말함으로써 나의 핵심적인 참고 사항이 되어 심리학을 대치한 것이다.

다음 중 밑줄 친 항목들은 당신이 연습실에서 극장으로 이동할 때 처음 만나게 될 용어들이다.

<u>고요한 시간</u>^{Quite time} 극장에서 큐를 맞춰보기 위해 음향이나 음악에 주어진 시간.

관객 생각하기^{Audience thinking} 한 상황에서 등장인물을 연기하는 배우에게 방해가 되는 관객에 대해 그들이 갖는 생각들.

<u>나오기</u>^{Get-out} 극장에서 세트를 떼어내고, 음향과 조명을 장치에서 떼어내는 데 할당된 기술적 시간.

눈앞의 상황^{Immediate circumstances} 24시간 후 발생하여 장면의 행위로 연결되는 사건들. 눈앞의 상황은 그 전날 밤의 사건이나 행위보다 앞서 수분 전에 일어난 것들을 포함함. 눈앞의 상황은 행위에 대해 직접적인 영향력을 가지고 있고, 연기할 구체적인 어떤 것을 배우들에게 줌.

<u>다섯</u>^{The five} 공연이 시작되기 전 10분.

<u>더 리그</u>^{The rig} 조명이 달리는 막대들의 연결 조합.

<u>들어가기</u>^{Get-in} 조명을 달고, 음향을 준비하며, 세트를 장착하는 데 할당된

기술적 시간.

리그Rig 날아다니는 장면적 요소가 구성되는 절차.

마킹Mark-up 세트 디자인을 표기하는 방법 중 하나. 여기서 마킹은 세트가 나타내는 가구나 풍경을 나타내기 위한 연습실 마루 위에 테이프로 표시된 일련의 줄들임.

만나고 인사하기 Meet-and-greet 리허설 과정에 연루된 사람들과, 작품이 올라가는 극장을 위해 일하는 그 밖의 사람들이 만나는 것.

모델 보여주기 Model showing 리허설 과정 중 완성된 모델 보여주기. 모델 보여주기의 주 목적은 배우들의 상상에 극의 행위가 일어나는 장소의 명료한 영상(세트 디자인)을 각인시키고, 극을 올리는 데 연루된 극단이나 그 외 모든 사람과 작품에 대한 아이디어를 공유하기 위한 것임.

미디어 서버 Media server 현장의 이미지 혹은 녹화된 이미지를 처리하는 기계. 미디어 서버는 이미지를 분류하고 다루어서 이미지들을 투입된 자료보다 더 밝거나 더 어둡게 나타내고, 또한 색깔이 있는 이미지를 암갈색 혹은 흑백 이미지로 변화시킬 수 있음.

박스The Box 무대 감독이 공연에 큐를 주기 위해 앉아 있는, 방음 처리가 된 작은 방이나 부스 혹은 구역.

밴드 콜 Band call 작곡가나 음악 감독이 라이브로 연주되는 음악이 균형을 잘 맞추고 있는지 확인하면서, 아니면 밴드가 밴드실에서 보이는지 혹은 감춰져 있는지 확인하면서 음향 기술자와 보내는 시간.

밴드실 혹은 박스 Band room / box 라이브 음악이 연주되고 극장에 전달되는, 청각적으로 방음이 된 밀폐 공간.

블록킹Blocking 행위, 사건, 중요한 이야기의 시점이 보이도록 그리고 초점도 맞춰지도록 무대에 배우를 배열하는 것.

사건들Events 어떤 것들이 바뀌는 행위나 장면의 순간들. 인물들이 하던 것을 바꾸기 때문에 변화가 보임.

사운드 데스크 Sound desk 음향 설비가 놓인 탁자나 판자. 이 설비는 종종 테크니컬 리허설을 위해 객석에 놓이고, 공연 중 음향 디자이너가 앉는 부스에 재배치됨.

사운드 웨이츠 Sound weights 혼자 서 있는 스크린을 지탱하기 위한, 안전하거나 홀로 세울 필요가 있는 어떤 오브제나 장면 요소를 제공하기 위한 약 17센티 정도 너비의 무거운 사각형 금속.

사운드 체크 Sound check 음향 디자이너나 기술자가 모든 스피커가 작동하는지 확인하는 절차. 연출가는 이 과정에 참석할 필요가 없음.

사이트라인Sightline 관객 모두가 볼 수 있는 무대의 영역을 표기하는 눈에 보이지 않는 경계.

세트 백 Set back 모든 것을 다시 준비시킨다는 의미로, 테크니컬 리허설 과정에 사용되는 용어.

스탠드 인스 Stands-ins 배우들이 공연에서 사용하게 되는 것들을 대신한 소도구들. 아래에 소개된 '실제 것Actuals'을 참조.

스트라이크Strike 극장에 있는 세트를 뜯어내는 절차를 묘사하기 위해 사용하는 단어.

실용 조명 Practical light 샹들리에나 표준 램프 혹은 책상 스탠드 빛처럼 관객에게 보이는 세트 불빛.

실제 것 Actuals 대용물들과 반대로 공연에서 실제로 사용될 소도구들.

의도들Intentions 인물이 무엇을 누구에게 원하는지 묘사하는 용어.

인상An impression 객관적인 사실을 포함하고 있지 않은 희곡의 부분이나 대사를 읽는 것에서 당신이 유추한 정보.

장르Genre 희곡이 써진 스타일.

전환Changeover 레퍼토리로 두세 개의 공연이 번갈아 진행되는 상황에서 하나의 세트가 극장에서 제거되고 다른 것이 장착되는 것.

감정적 기억 Emotional memory 스타니슬랍스키가 배우들의 삶으로부터 실제 감정을 환기시키기 위해 극 중 행위에서 배우가 느끼는 것을 구축하거나 드러내기 위해 사용하는 감정을 묘사한 어구.

조명 책상lighting desk 조명을 프로그래밍하고 작동시키는 널판이나, 스크린이 놓여 있는 탁자나 판자. 테크니컬 리허설에서 조명 책상은 대체로 객석에 임시로 마련된 탁자에 놓임. 총연습 중 조명 책상은 조명 오퍼레이터가 공연을 진행시키는 곳으로부터 방음이 된 부스로 옮겨짐.

책The book 당신이 극장에 들어갔을 때 배우가 만드는 모든 움직임을 무대감독이 적어 넣고, 모든 조명과 음향 큐도 적어 놓은 대본. 그것은 극장을 떠나서는 안 됨.

첫 순간 Beginners 공연이 시작되기 전 5분.

촉발 사건 Trigger event 행위를 진행시키는 극적 행위 이전의 사건.

친밀감Affinity 당신 자신의 삶 혹은 당신이 세상을 보는 방식과 관련이 있기 때문에 희곡의 특정 요소나 특정 인물에게 끌리는 주관적 감정들.

콜 혹은 리허설 콜 Call / rehearsal call 리허설 일정의 계획안. '콜 시트call sheet'라고 불리는 이 계획안은 대부분의 큰 극장에서 사절지에 그려지고, 리허설 전날 빌딩 주변에 붙여질 것임.

쿼터The quarter 공연이 시작되기 전 20분.

테크 혹은 테크들 Tech / techs 테크니컬 리허설에 대한 약자.

템포Tempo 인물이나 사람이 어떤 것을 생각하거나 실제로 하는 전체적인 속도.

통독Read-through 처음으로 배우들이 희곡을 읽는 리허설의 첫 단계.

팔레트Pallet 세트 디자인의 장면 요소가 구축되는 비스듬한 단.

페인트 가게 Paint shop (페인트를 사오는 곳이 아니라) 페인트가 칠해지는 공간.

페인트 작업 Paint job 세트 디자인이 칠해지는 과정.

평면도Ground plan 무대 공간의 경계까지 세트 디자인을 어떻게 맞출지에 대한 계획안.

포커스 모임 Focus session 각 조명이 장치의 올바른 곳에 달렸는지, 공연을 위해 올바른 방향으로 향하고 있는지 확인하는 과정. 연출가는 이 작업에 참여할 필요가 없음.

프레스 나이트 Press night 평론가들이 공연을 살펴보기 위해 오는 밤.

프리뷰들Previews 프레스 나이트 전의 첫 몇 회의 공연.

플라이들Flies 스크린들, 장면 요소들 혹은 조명이 들고 나는 무대 위의 구역.

플래츠Flats 다른 공간을 창조하기 위해 연습실에서 여기저기로 옮겨 다닐 수 있는 이동 스크린들. 이 단어는 또한 상상의 방이나 빌딩의 벽을 만들기 위해 서로 들어맞는 나무 조각들 혹은 무대 뒤에서 사용된 스크린들을 언급하기 위해 사용될 수 있음.

플로팅 모임 Plotting session 실제 공연을 위한 음향이나 조명을 만들어내기 위해 소리나 조명을 섞는 절차. 연출가는 이 모임에 참석할 필요가 있음. 플로팅 모임은 배우들 없이 극장에서 실행됨.

피트 업 Fit-up 세트가 극장의 무대에 세워지는 기간.

하얀 균형 White balance 공연의 일부로 현장에서 비디오를 사용할 때 색깔의 균형을 잡기 위해 카메라 앞에 하얀 종이를 놓는 절차.

하얀 카드 모델 White card model 하얀 카드로 만든 세트 디자인의 스케치 모델. 대체로 색이 칠해져 있지 않고 일반적으로 색깔, 질감, 건축적 세부 사항에 대한 정보를 거의 가지고 있지 않다.

하우스^{The house} 객석에 앉아 있는 관객에 대한 또 다른 이름.

하프^{The half} 공연이 시작되기 전 35분 시점을 언급하기 위한 무대 감독의

용어.

아이스킬로스의 「오레스테이아」에서

10여 년 전 일이다. 어느 공연이었는지 잊었지만, 그 영국 극장 안에서 동양인이라고는 나 혼자였다. 그것이 신기했던지 옆에 앉았던 관객이 공연 관람을 자주 다니냐고 물었다. 지금 여행 중이고, 공연평을 잡지에 기고하는 일을 한다고 했더니, 그 관객은 자신도 연극 평론가라고 말하면서 반가워했다. 그렇게 몇 마디를 나누던 중 나는 요즈음 가장 주목할 만한 영국의 새로운 연출가가 누구냐고 물었고, 그 평론가가 언급한 여러 연출가 중 케이티 미첼에게 관심이 갔다. 인터넷 검색으로 케이티 미첼이 누구인지 확인한 나는, 그녀의 독특한 이력에 많은 호기심을 갖게 되었다.

2006년에 우연히 케이티 미첼의 「파도」라는 공연을 보던 중, 연극을 전공하는 혹은 연극과 관련을 맺고 있는 전문가들이 거의 대부분인 관객들이 모종의 흥분감에 들떠 있는 것도 보게 되었다. 사실 내가 흥미를 가졌던 부분은 '비디오 퍼포먼스'라는 새로운 연출 기법보다는 버지니아 울프의 섬세한 내면의 서사를 결을 닦아 윤택을 내듯이 건져낸 연출가 케이티 미첼의 원작에 대한 예리한 해석력이었다. 그리고 이후 두어 번의 런던 방문길에 런던 국립 극장 자료 정보관을 찾아간 나는, 여러 날 동안 미첼의 공연을 녹화한 동영상을 보고 리서치를 했다. 다행히 미첼이 국립 극장 소속 연출가인지라 이리저리 헤매지 않고 그녀의 공연 동영상과 작업 일지, 연출 노트 등을 한곳에서 검토할 수 있었다. 그리고 또 다른 기회에 미첼의 공연 몇 편도 다시 볼 수 있었다.

케이티 미첼의 공연을 보면서 매번 느꼈던 것은 텍스트를 완전히 관통하여 그 안에 담긴 의미를 발견하고 발굴해낸 듯한 예리한 해석력과, 섬세하고도 정확하게 구축해낸 연출가의 손길이다. 그러던 중 미첼이 자신의 연출 방법론을 상세히 정리하고 소개한『연출가를 위한 핸드북』도 읽게 되었다. 그녀의 무대가 재능만이 아니라 철저한 준비와 조사, 연구에 의해 탄생한 것이라는 사실을 알게 되니 오히려 반가웠다. 그 지독함이 경이로울 정도였지만 말이다. 이 책의 장점은 인문학적인 분석과 성찰을 기술과 결합하고 있다는 점이다. 단번에 매우 유용한 책이라 판단했고, 이 책만큼은 번역을 해서 우리나라의 연출가들에게도 소개를 해야 한다는 사명감마저 느꼈다. 또한 연출가뿐 아니라 배우, 디자이너, 그리고 연극 이론을 전공하는 사람에게도 연극이 어떤 과정에 따라 만들어지는지, 혹은 만들어져야 하는지 파악하는 데 유용한 도움을 주리라는 것을 믿어 의심치 않았다.

이리저리 시간이 흘렀고, 동료들과『동시대 연출가론-서구편』1권과 2권을 내는 사이에, 미첼은 소위 국제적인 유명 연출가로 성장했다.『동시대 연출가론』을 통해 미첼의 방법론을 소개했고, 책을 읽은 많은 분에게서 그 책을 좀 더 본격적으로 소개하든지, 숫제 번역해보라는 주문 반 권고 반의 격려도 여러 차례 들었던 터다. 그분들의 격려에 힘입어 그간 묻어두었던『연출가를 위한 핸드북』을 다시 꺼내

번역하게 된 것은 태학사의 적극적인 도움 덕이다. 지현구 사장님께서는 이 책이 우리 연극에 필요한 책이라는 주장에 흔쾌히 동의해주셨고 믿어주셨다. 작가가 지독하게 논리적인 생각을 전개하고 있기는 하지만, 원래 작가가 아닌 연출가인지라 논리가 충돌하는 부분이 종종 눈에 띄었고, 자기 생각에 몰두하느라 글이 엉킨 부분도 더러 눈에 띄었다. 그런 부분에 대해 다소는 불편해하면서도 예술가의 글이니 하고 포기했지만, 태학사 장웅진 과장은 그런 부분을 짚어 관객과의 소통을 환기시키며 세심한 윤색을 독려했다. 시간을 들여 꼼꼼하게 품을 들인 출판 디자인 팀의 조언도 있었다. 케이티 미첼을 위시한 모두에게 진정으로 감사드린다. 아, 한 권의 책이 독자와 만나는 과정이 정말 간단치 않구나!

2012년 11월
최영주